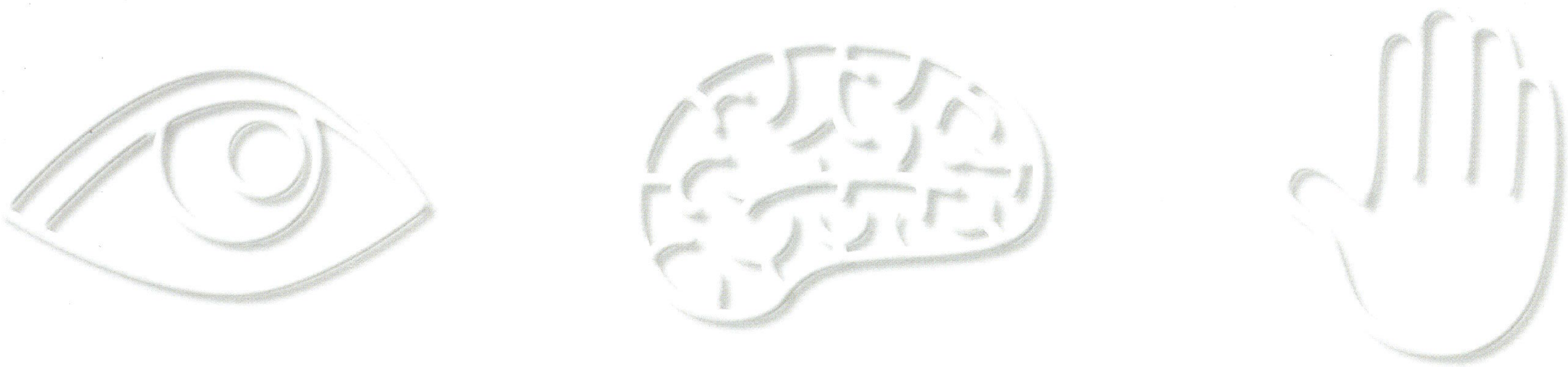

OBSERVAR INTERPRETAR EXPRESAR

3

educación plástica y visual

secundaria

Álvaro de Sandoval Guerra

sandoval EDICIONES

© 2014 by Ediciones Sandoval, s.l.
El Mansín, 15
39012 • Santander (España)
Tel. 942 393 299 • Fax. 942 393 305
www.ed-sandoval.es
correo@ed-sandoval.es

Director y autor de la obra
Álvaro de Sandoval Guerra

Proyecto y maqueta
A.S.G. & Dpto. Diseño Editorial

Diseño de portada y sobrecubierta
César Bustamante Casuso

Ilustraciones
Sergio Martínez Martínez
Marta de Sandoval Fernández

Diseño gráfico interior
César Bustamante Casuso
Sergio Martínez Martínez

Supervisión lingüística
Sergio Martínez Martínez

Impresión y encuadernación
Gráficas Calima, s.a.
Santander - Cantabria

DATOS TÉCNICOS DE ESTE LIBRO

Papel utilizado para los contenidos teóricos:
«MediaPrint», 135 gr/m², mate dos caras,
expresamente fabricado para esta obra.

Papel destinado a las propuestas operativas:
Papel de dibujo, 140 gr/m²,
expresamente fabricado para esta obra.

OBSERVAR. INTERPRETAR. EXPRESAR. 3
Depósito legal: SA-64-2012
ISBN: 84-920616-8-5

IMPRESO EN ESPAÑA - PRINTED IN SPAIN

DÉCIMOTERCERA EDICIÓN (ACTUALIZADA): julio de 2014

«Tienes ante ti, querido lector, un libro diferente que deseo abras con expectación –la que despierta la posibilidad de diseñar sobre él tu propio proceso de trabajo–, y lo cierres, cada día, con el fruto, la satisfacción y la alegría que proporciona recorrer, paso a paso, el camino que conduce a nuevas formas de sentir y compartir la vida».

«Me lo contaron y lo olvidé;
lo vi y lo aprendí;
lo hice y lo entendí».

Confucio
Filósofo, maestro y político chino (552-479 a. C.)

«Somos lo que hacemos cada día, de modo que la excelencia no es un acto, sino un hábito».

Aristóteles
Filósofo y pensador griego (384-322 a. C.)

Este libro, correspondiente al **Tercer curso de Educación Secundaria Obligatoria**, *área de Educación Plástica y Visual, forma parte de los materiales didácticos curriculares del Proyecto Editorial de Ediciones Sandoval, habiendo sido debidamente supervisado y autorizado como material didáctico ajustado al currículo oficial vigente.*

PRESENTACIÓN

Aquellos que son capaces de ***observar*** con detenimiento una escena (o pensar en una idea), ***interpretar*** correctamente su esencia y ***expresarla*** por medio de algún medio artístico tienen a su alcance un fantástico instrumento de comunicación: el lenguaje visual. Y, al igual que cualquier otro lenguaje, el lenguaje visual es posible aprenderlo si se comprende su naturaleza y se ejercita de modo regular. Comprender el sentido de lo «visual» y ser capaz de mostarlo a uno mismo y a los demás es un conocimiento maravilloso que todos debemos tratar de adquirir. Con ese cometido nace este libro.

A lo largo de quince Unidades Didácticas, ***«Observar, Interpretar, Expresar 3»*** introduce al lector en el mundo de la comunicación visual. En cada una de ellas los tres términos que dan nombre al libro se hallan tan íntimamente unidos que resulta difícil discernir dónde acaba uno y dónde comienza el otro. Y ello es así porque resulta imprescindible que el alumno aprenda a ver el mundo que le rodea, comprenderlo adecuadamente y expresar los sentimientos y sensaciones que le produce, entendiendo que se trata de un proceso al que no puede faltarle ninguno de sus pasos. Para *expresar*, antes hay que *interpretar;* y para interpretar es preciso, primero, *observar*.

Tras analizar los medios con los que se trabajará a lo largo del curso, el libro aborda, en primer término, el modo en que el estudiante debe acercarse al universo de lo «visual», esto es, *el arte y la técnica de percibir la imagen*. Al igual que nadie entraría en una casa por la ventana pudiendo hacerlo por la puerta, este libro ofrece, en primer lugar, la puerta de entrada a la interpretación de lo que nuestros ojos nos muestran; en este caso, la forma en la que se debe observar.

Los tres siguientes bloques analizan tres aspectos fundamentales: los *elementos configurativos del lenguaje visual*, el valor de la *geometría como soporte del proceso creativo* y la importancia de los conceptos de *espacio y volumen* en la comunicación gráfico-plástica. El aprendizaje y utilización de conceptos como el signo y la textura, la luz y el color, la geometría de las formas y la proporción, la composición y la representación objetiva del volumen o las perspectivas, colocan al alumno en la mejor disposición para expresar aquello que ha sido observado e interpretado.

El último bloque del libro se ocupa de familiarizar al alumno con los *procedimientos y técnicas gráfico-plásticas*. Los lápices de colores, las ceras, los rotuladores o las témperas, junto al lápiz de grafito en sus diversas durezas, pasarán a ser inmejorables compañeros de viaje en el apasionante mundo visual que nos rodea, un mundo lleno de fantasía y creatividad.

Como cualquier otro lenguaje, el visual requiere atención por parte del alumno, pero también precisa de una didáctica adecuada. Por ello, esta obra se estructura de modo que el aprendizaje de las nociones fundamentales y su puesta en práctica no sea un camino lleno de obstáculos sino una senda llena de recompensas; en este libro no se pretende tanto que el alumno consiga metas como que sea capaz de asumir retos; no se quiere forzar, sino ilusionar; no se busca alcanzar grandes destrezas, sino recorrer, paso a paso, el sólido mundo de las ideas básicas que hacen del lenguaje gráfico-plástico el mejor instrumento de comunicación.

Por nuestra parte, hemos puesto todo el esfuerzo y toda la ilusión en que tanto las páginas de contenidos teóricos como las láminas de propuestas cumplan con estos objetivos expuestos. Si al finalizar el curso los alumnos han conseguido mejorar su capacidad de *observación*, esclarecer su facultad de *interpretación* y ampliar sus posibilidades de *expresión* entonces todo nuestro esfuerzo quedará sobradamente compensado.

SUMARIO

BLOQUES TEMÁTICOS

ESQUEMA DE LAS UNIDADES DIDÁCTICAS

Cada Unidad Didáctica consta de cuatro partes claramente diferenciadas:

- La ***entrada a la Unidad***.
- Los ***contenidos*** y ***métodos de trabajo***.
- Las ***propuestas operativas***.
- Las ***verificaciones*** de autoevaluación.

1 ENTRADA UNIDAD DIDÁCTICA

Cada Unidad Didáctica se abre con una ilustración a toda página, representativa de los contenidos de la misma y reforzada con una selección de imágenes que aparecen en su interior. Asimismo, –a lo largo de una banda tintada con el color del bloque temático correspondiente–, se describen los ***«Objetivos»*** y ***«Criterios de Evaluación»*** propios de la unidad.

2 CONTENIDOS Y MÉTODOS DE TRABAJO

La información básica se acompaña de observaciones de la realidad a través de imágenes fotográficas, trabajos de artistas, dibujos e ilustraciones. Al pie de la última página se incluye un ***«Vocabulario»*** con algunos términos significativos, propios de la materia, con el fin de aclarar el significado de vocablos precisos y necesarios en la educación plástica y visual.

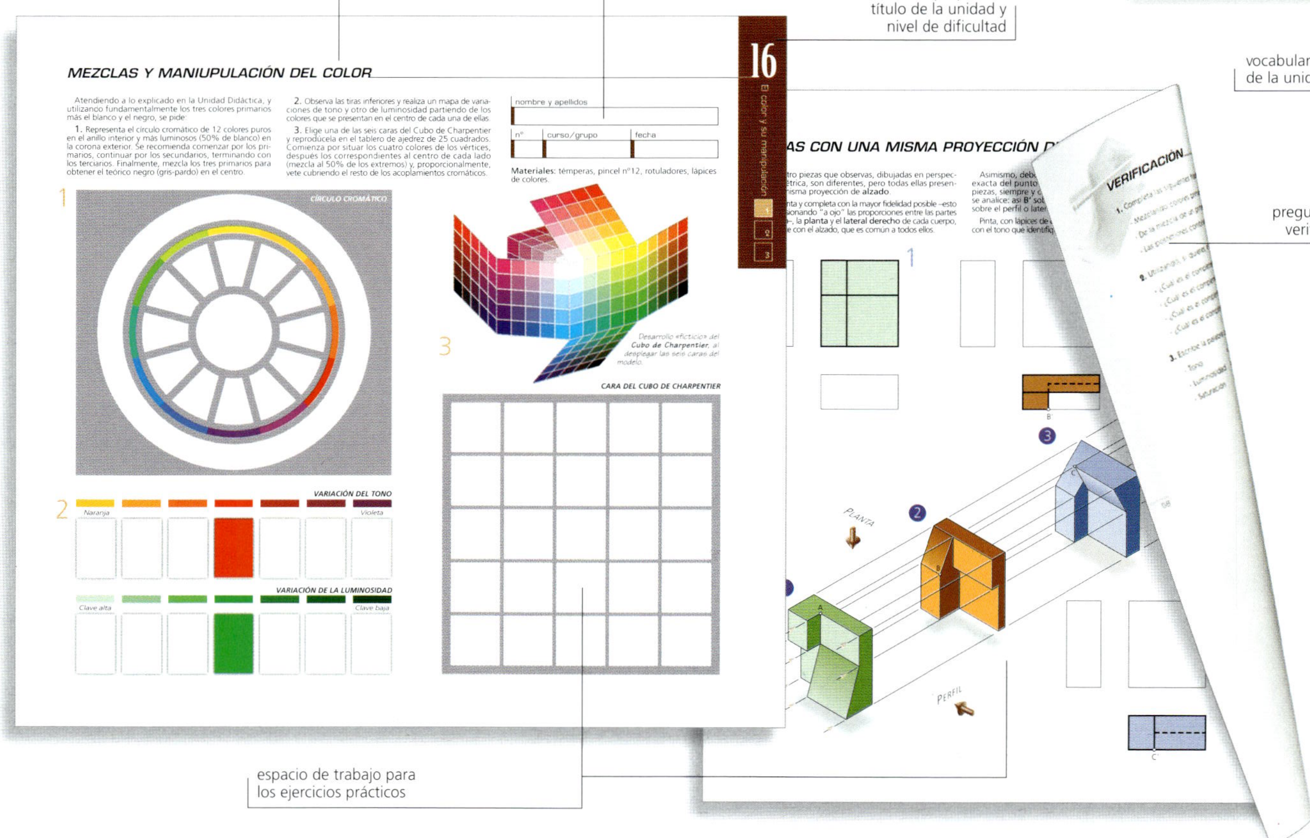

3 PROPUESTAS OPERATIVAS

Cada ***«Lámina»*** plantea, mediante un breve enunciado, ejercicios creativos con los que practicar los conceptos aprendidos en la teoría, ya sea a través de construcciones gráficas, lectura y análisis de obras de arte, diseños geométricos, utilización de técnicas gráfico-plásticas, etc.

Las propuestas cuentan con dos grandes virtudes: permiten asimilar de forma sencilla los contenidos de la unidad didáctica y facilitan, al mismo tiempo, la expresión de la creatividad e imaginación del alumno.

4 VERIFICACIONES

«Preguntas básicas» y ***«Momentos operativos»*** que refuerzan los conceptos, la comprensión y el rigor expresivo, al mismo tiempo que valoran y evalúan el nivel de conocimientos.

TEST INICIAL

¡Descubre tus conocimientos gráficos y artísticos!

Apellidos .... Nombre ....

Edad .... Centro escolar anterior .... Fecha ....

☐ Bien ☐ Mal

1. *¿Crees tener cualidades para el dibujo o para otra expresión artística? Señala con una cruz aquéllas para las que te consideras más capacitado.*

☐ Dibujo ☐ Escultura ☐ Música
☐ Pintura ☐ Modelado ☐ Teatro

2. *En tu tiempo libre, ¿sueles realizar alguna actividad creativa o artística?*

☐ Cómic ☐ Caricatura ☐ Pintura
☐ Modelado ☐ Copia de personajes ☐ Música

3. *¿Has acudido alguna vez a clases de pintura o dibujo?*

☐ Sí ☐ No

4. *¿Te gustaría aprender alguna de estas actividades creativas?*

☐ Sí ☐ No ☐ No lo sé

5. *¿En el futuro, te dedicarías profesionalmente a alguna de ellas? ¿A cuál y por qué?*

☐ Sí ....
☐ No ....

6. *Esta asignatura, ¿es para ti una más, la que más te gusta o la que menos? Contesta con sinceridad el porqué.*

....
....
....

7. *Señala qué sueles leer.*

☐ Cómics ☐ Revistas ☐ Novelas ☐ Fotonovelas
☐ Cuentos ☐ Periódicos ☐ Chistes ☐ Biografías

8. *Cuando lees, ¿qué te atrae más?*

☐ La historia ☐ El diseño ☐ Los personajes
☐ Las ilustraciones ☐ Los colores ☐ El conjunto

9. *De un anuncio publicitario de televisión, ¿qué te atrae más?*

☐ La idea ☐ Las imágenes ☐ La música

10. *Nombra algunos artistas que destaquen en:*

Pintura ....
Escultura ....
Arquitectura ....
Música ....
Teatro ....
Cine ....

11. *Nombra el título de obras que conozcas de:*

Pintura ....
Escultura ....
Arquitectura ....
Música ....
Teatro ....
Cine ....

12. *Comenta cuál de las seis expresiones artísticas anteriores te interesa más y por qué.*

....
....

13. *¿Has visitado alguna vez un museo o una exposición? ¿Cuál?*

Museo ☐ Sí ☐ No Lugar ....
Exposición ☐ Sí ☐ No Lugar ....

14. *¿Qué te gustó más? ¿Y menos?*

....

15. *Escribe el nombre de las técnicas, o diferentes materiales, que conoces en la pintura, el dibujo y la escultura.*

....

16. *Escribe el nombre de los estilos o corrientes artísticas que conozcas.*

17. *¿Te atrae más el arte figurativo o el arte abstracto? ¿Por qué?*

18. *Señala al pie de las ilustraciones aquélla cuyo tema te guste más.*

Naturaleza muerta

Paul CÉZANNE
«Naturaleza muerta», 1899.

Retrato

Pablo PICASSO
«Mujer sentada en sillón rojo», 1931.

Escena costumbrista

Edouart MANET
«Argenteuil», 1874.

Paisaje

Joaquín SOROLLA
«Puerto de Pasajes», 1904.

¿Por qué?

19. *Señala cuál de las dos pinturas te gusta más y por qué.*

Bartolomé Esteban MURILLO (1617-1682)
«Gallegas en la ventana», 1670.

Edvard MUNCH (1863-1944)
«El grito», 1893.

20. *Usando lápiz de grafito, intenta conseguir los diferentes trazos que ves abajo.*

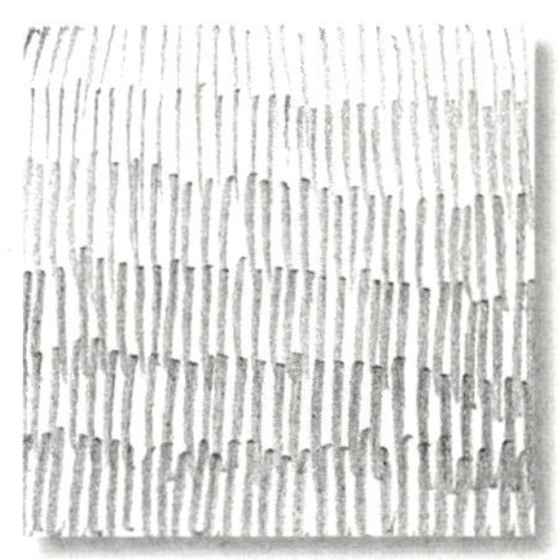

21. *Ahora, con los lápices de colores, fíjate bien e intenta conseguir los trazados que te mostramos.*

22. *Ahora queremos conocer tu capacidad expresiva. Intenta transmitir una sensación diferente con una misma imagen. Da color con rotuladores, ceras o lápices de colores representando un día soleado de verano, en la primera imagen, y un día nublado y frío de invierno en la segunda.*

Verano

Invierno

23. *Dibuja, mediante la técnica de claroscuro, algún objeto cotidiano como el que muestra el dibujo adjunto, tratando de conseguir la sensación de tridimensionalidad.*

24. *Dibuja algún objeto cotidiano (una silla, una mesa, un libro, una casa rural, una vasija...) tratando de conseguir efecto de tridimensionalidad a través de la perspectiva, como te muestra el ejemplo.*

25. *Observa tu entorno. En la vida cotidiana estamos rodeados de objetos que han sido diseñados, dibujados, coloreados, fotografiados o creados. De ahí la importancia de esta asignatura.*

Cita ejemplos de objetos y de profesiones relacionados con la expresión gráfica.

Objetos: ....

Profesiones: ....

materiales de
dibujo y pintura

1 MATERIALES PARA DIBUJO ARTÍSTICO Y COLOR

A continuación te presentamos los materiales con los que deberás trabajar cuando realices dibujo artístico con o sin aplicación de color. Aunque algunos de estos materiales pueden utilizarse también para el dibujo geométrico, como los portaminas, su fin principal es el de servir para la expresión artística.

LÁPICES

• ***Grafitos***. Los lápices de grafito tienen una mina de 2 mm. de diámetro en su interior. Son compactos y de madera en su exterior. La mina cuenta con diferentes grados de dureza según la cantidad de arcilla que acompañe al grafito.

Lápices de madera

• ***Portaminas***. Lapicero cuya mina se aloja en el interior de un estuche de metal o plástico. Tiene una mina en su interior y un mecanismo para guardar o sacar ésta.

Existen portaminas de diferentes grosores: 0.3, 0.5, 0.7, 0.9 y 2 mm. El de 0,5 mm. es el más utilizado para dibujo geométrico. El de 2 mm. es el más versátil en cuanto que posibilita el trazado de líneas de distinto espesor e intensidad.

Es muy importante reconocer la dureza de una mina. Observa la escala en el cuadro adjunto. Las blandas producen líneas oscuras y se desgastan con facilidad. Se extienden bien, pero también manchan mucho (dibujo artístico). Las duras producen tonos más claros, se desgastan menos, se difuminan peor y manchan menos (dibujo preciso).

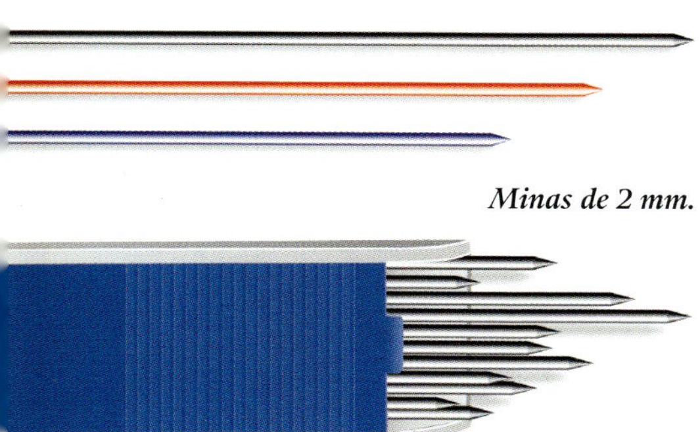

Minas de 2 mm.

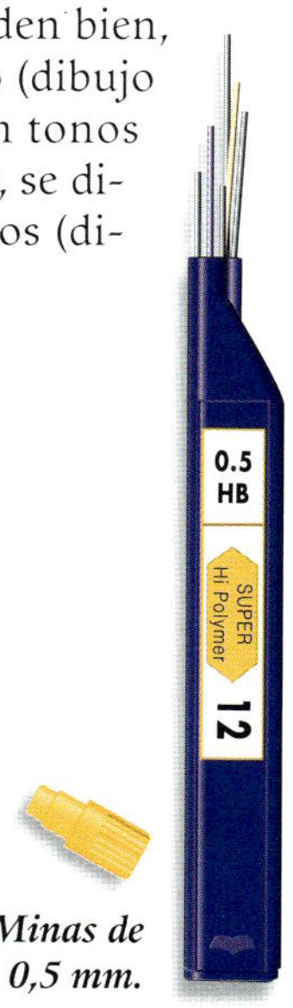

Minas de 0,5 mm.

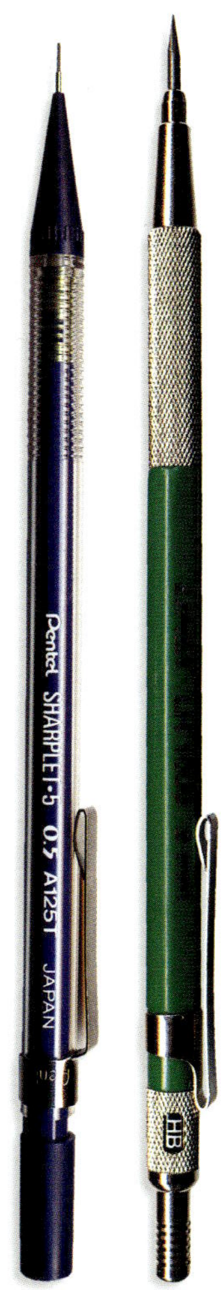

Portaminas

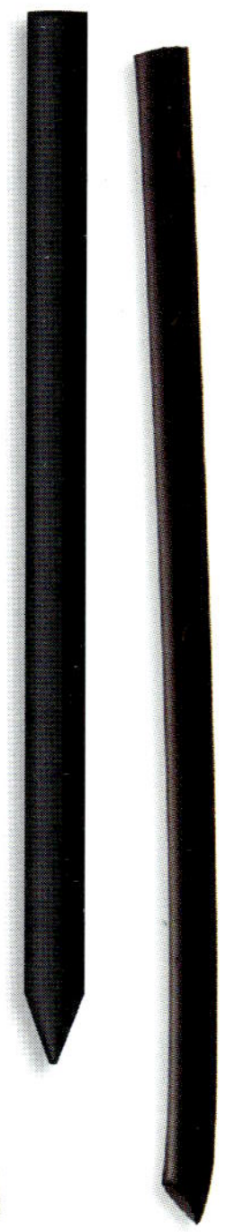

◁ *Barras de carbón comprimido y bastones de sauce*

• ***Lápiz de carbón***. Suelen ser más gruesos porque albergan una mina de diámetro mayor. Ésta es de carbón vegetal prensado (madera quemada). No debe utilizarse sobre papeles satinados o brillantes; sí sobre mates o rugosos. La mancha que producen es menos brillante y metalizada que la de los grafitos.

• ***Carboncillo***. Se trata de un trozo de madera convertido en carbón vegetal. Se trabaja sobre papeles fuertes y rugosos, nunca sobre superficies satinadas. Para esparcirlo y sombrear se utiliza el difumino, el trapo o el dedo. Terminado el trabajo debe aplicarse un barniz protector en spray para fijarlo al papel.

• ***Lápices de color***. La mina se compone, actualmente, de cera y resina con pigmento de color. Al igual que los grafitos tienen diferentes durezas y calidades, aunque no suelen venir indicadas. Los lápices acuarelables contienen una mina de acuarela. Una vez aplicado el color se puede pasar un pincel mojado por encima para diluirlo en una mancha de color líquida.

ESCALA DE DUREZA DE LAS MINAS

Muy blando	6B ◇ 00 5B ◇ 0 **4B ◇ 1**	Para dibujo a mano alzada y bocetos
Blando	3B ◇ 1 1/2 **2B ◇ 2**	
Normal	B ◇ 2 1/4 **HB ◇ 2 1/2** F ◇ 3	Dibujo geométrico y trazados técnicos
Medio	H ◇ 3 1/2	
Duro	**2H ◇ 4** 3H ◇ 4 1/2 4H ◇ 5 5H ◇ 5 1/2	Uso en superficies duras y/o rugosas
Muy duro	6H ◇ 6 7H ◇ 7 8H ◇ 8 9H ◇ 9	

▷ ***Colores al pastel.*** Son blandos, elaborados básicamente con una mezcla de pigmento y tiza.

Lápices de colores

CERAS

Se presentan en barras de todos los colores, por lo general con tonalidades muy vivas. Suelen venir en cajas de 6 a 72 unidades. Son fáciles de mezclar, aunque lo hacen mejor con calor. Éste las funde con más facilidad.

Existen ceras blandas, duras e intermedias: las primeras suelen ser más gruesas; las duras más delgadas. Para trazar líneas finas se deben afilar con el sacapuntas.

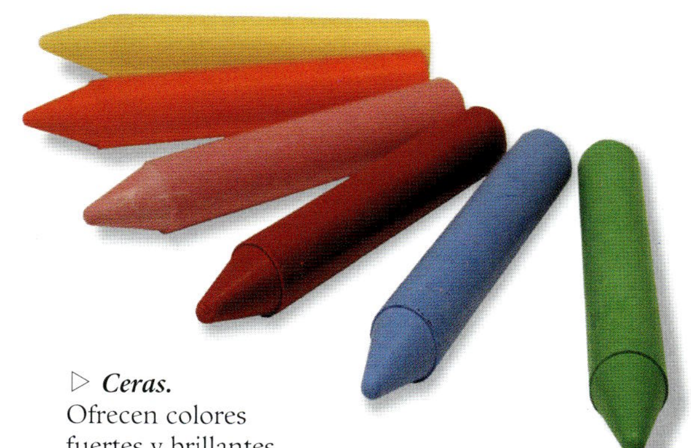

▷ ***Ceras.*** Ofrecen colores fuertes y brillantes.

PASTELES

Tiene aspecto parecido a la tiza, pero no lo es. Se presenta en barritas sólidas, cilíndricas o cuadrangulares, protegidas por un papel que las envuelve en su parte central.

Se aplican directamente sobre el papel que debe ser lo más poroso y áspero posible. Se pueden difuminar con el dedo, con un algodón, un trapo o un difumino.

Acabado el trabajo es conveniente aplicar un barniz protector para evitar que el roce pueda levantar el pigmento del papel.

△▽ ***Rotuladores de punta media y de punta biselada***

ROTULADORES

Son muy utilizados en arte comercial y publicitario, así como en proyectos de arquitectura, decoración, murales, etc., proporcionando al artista un medio versátil, traslúcido y de secado rápido que se puede utilizar por sí mismo o combinar con una pluma, lápices o acuarelas.

Sus puntas pueden ser de fieltro o de fibra. Las tintas que utilizan son de base acuosa o alcohólica; ésta última no es soluble en agua.

TINTAS

Se trabajan con agua y también se pueden diluir más o menos, pero nunca se puede obtener un color denso y pastoso. Siempre son líquidas.

Se puede pintar por transparencias. Al aplicar un color sobre otro seco no lo tapamos; lo dejamos ver, de modo que donde coinciden los dos colores percibimos un tercero que es el resultado de mezclar ambos. Se pueden aplicar con pincel, plumilla o estilógrafo.

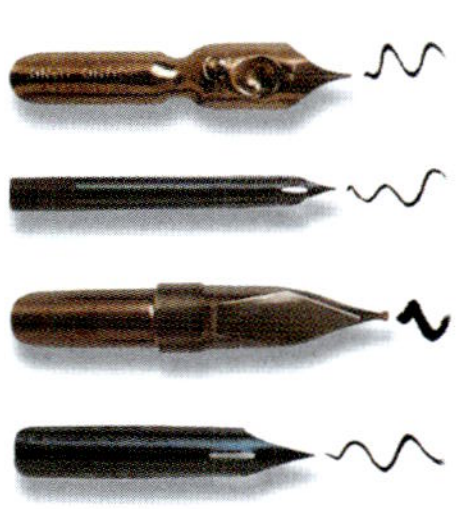

△ ***Tintas de colores.*** Se aplican con plumillas e incluso con pinceles.

Plumilla

△ ***Acuarelas.*** Pastillas secas para diluir con agua.

ACUARELAS

Son pinturas al agua. Esto significa que se diluyen con ella. Se presentan en pastillas secas que se deshacen con agua y vienen envasadas en estuches de varios colores.

También se pueden adquirir en tubos, estuchados o sueltos. Éstos contienen el color diluido y espeso. Son necesarios paleta (o depósitos) y pinceles (de pelo blando) para su mezcla y aplicación. No se utiliza el blanco, aunque algunos estuches lo incorporan.

Se pinta sobre papel especial.

ACRÍLICAS

Son pinturas al agua. Se encuentran en botes, tubos y frascos. Es el material más parecido al óleo, también pastoso y denso. Se puede pintar empastando (color espeso) o diluyendo la pintura. Se emplea en la realización de obras pictóricas, aunque algunos artistas lo prefieren para carteles. Secan rápido, se mezclan en paleta y se aplican con pincel. También se utilizan en aerografía.

Se pueden usar en el aula, aunque son más recomendables la témpera y la tinta.

Pinturas acrílicas

TÉMPERAS

Son pinturas al agua. Se presentan en botes de plástico o en tubos. El color es bastante denso.

Los colores son opacos, lo que significa que un color puede tapar a otro ya aplicado, siempre que el primero esté ya seco. Se puede aplicar fluida o espesa, pero si se espesa mucho, puede agrietarse al secar. Son necesarios pinceles y paleta.

Su origen se encuentra en la pintura al «temple» o pintura «al huevo», utilizada como pintura mural en el estilo románico.

△ ***Témperas.*** Pinturas densas y cubrientes para aplicar sobre grandes superficies.

ÓLEOS

Se trata de uno de los procedimientos más antiguos y tradicionales. Está compuesto por pigmentos y aceite de linaza. Esto significa que no se puede diluir con agua; sólo con aguarrás. Se presenta en tubos; su aspecto es pastoso y denso.

Tarda en secar, lo que no lo hace muy apropiado para trabajos de aula. Permite trabajar con la pintura muy espesa o muy líquida. El color se mezcla con pincel de pelo duro. Es conveniente el uso de paleta.

Pinturas al óleo

2 INSTRUMENTOS PARA DIBUJO GEOMÉTRICO

En el dibujo geométrico lo fundamental es la precisión. Por ello se emplean materiales distintos a los del dibujo artístico aunque, como vimos, los lápices pueden utilizarse en ambos tipos de dibujo según su grado de dureza. En el dibujo de precisión es fundamental que los lápices o los portaminas tengan un grado alto de dureza (HB-3H).

PLANTILLAS

Las plantillas de forma triangular para el trazado de rectas perpendiculares, rectas paralelas, y rectas que formen 30°, 45°, 60° o cualquier combinación de ellos, constituyen el principal instrumento de trazado en el dibujo lineal.

La escuadra tiene forma de triángulo rectángulo isósceles con ángulos de 90° y 45°. El cartabón, de triángulo rectángulo escaleno con 90°, 60° y 30°.

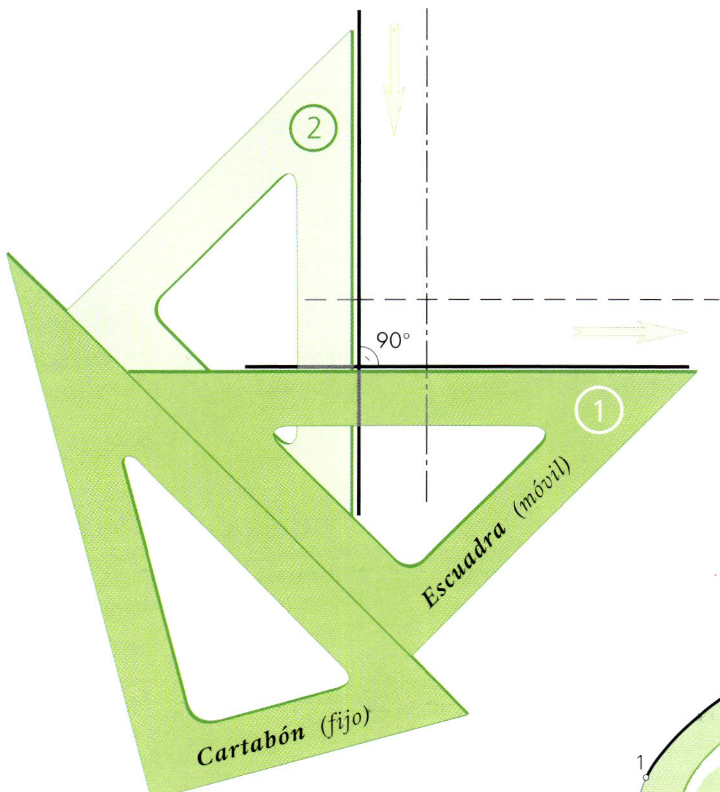

◁ ***Manejo de la escuadra y el cartabón.***
La ilustración muestra la posición idónea de las plantillas para el trazado de cualquier dibujo. El giro de 90º de la escuadra, que pasa de la posición 1 a la 2, es la constante a practicar para el trazado de rectas perpendiculares a las anteriores.

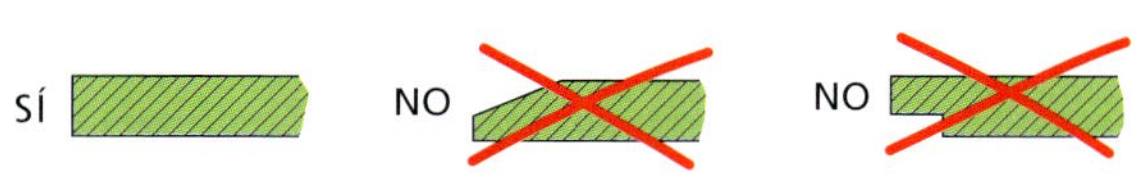

△ ***Secciones de bordes en plantillas.***
Se recomienda adquirirlas con bordes rectos, evitando así que, al juntar la escuadra y el cartabón, se monte una sobre otra haciendo incómodo su uso e incorrecto el trazado de paralelas, perpendiculares o ángulos.

REGLAS

La misión propia de la regla es trazar rectas y medir. Por eso, es muy corriente el uso de reglas graduadas en milímetros. Suelen ser de plástico transparente. Entre ellas destacan:

- ***La regla*** común, instrumento de medida de 40 a 100 cm. de longitud y graduada solamente por uno de sus lados.
- ***El doble decímetro***, que tiene una escala graduada de 20 cm. por los dos lados.
- ***El triple decímetro***, análoga a la anterior pero, como su nombre indica, con una escala graduada de 30 cm. por los dos lados.

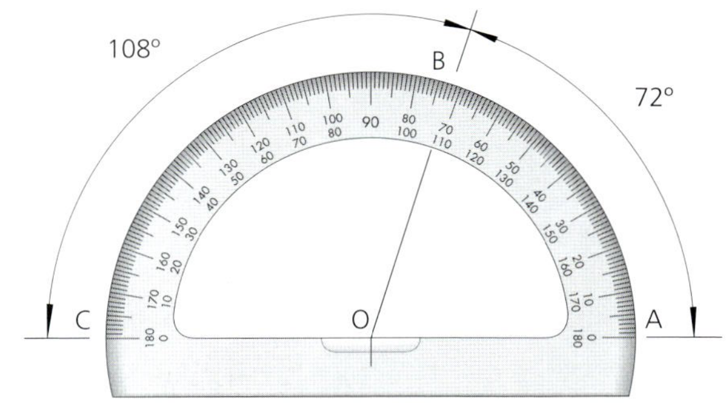

△ ***Transportador de ángulos.***
Instrumento empleado para medir y transportar ángulos con precisión. Se fabrica en material transparente acrílico, pudiendo tomar la forma de un círculo o de un semicírculo.

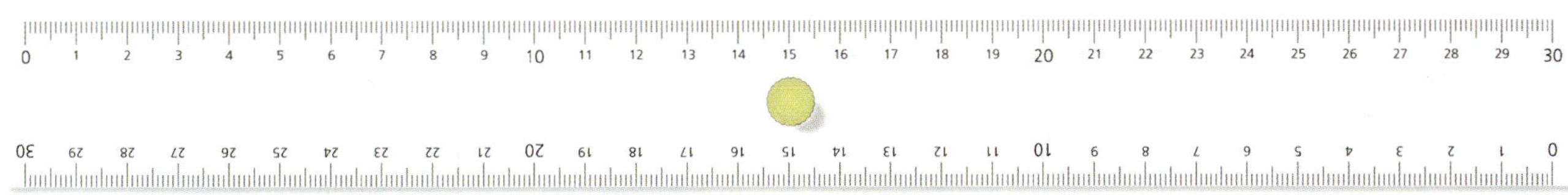

Triple decímetro

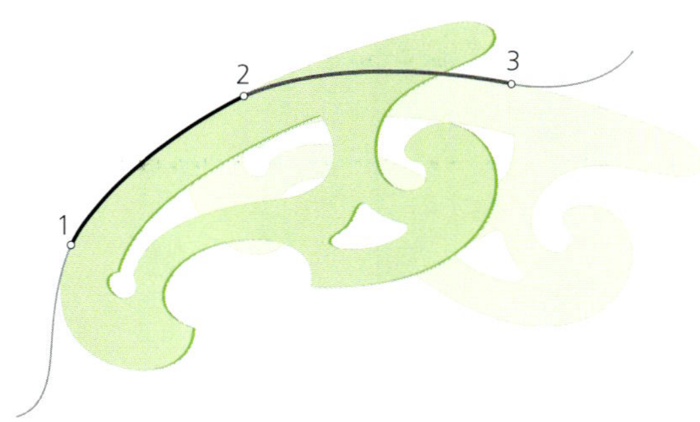

△ ***Plantilla de curvas.***
La figura muestra la manera de trazar una curva con un plantilla de *Burmester*. Se busca el arco de curva de la plantilla que más se adapte a los puntos dados y, deslizando el lápiz o estilógrafo por el borde elegido, se obtiene la curva deseada.

COMPÁS

Es un instrumento utilizado para el trazado de circunferencias y arcos de circunferencia, así como para tomar medidas. Está compuesto básicamente por dos brazos articulados por un extremo, abrazados a dicha articulación por una pieza en forma de horquilla, sobre la cual se acopla una pieza cilíndrica estriada, llamada *mango*.

Los brazos del compás suelen ser de 120 a 130 mm. de longitud. En uno de ellos se encuentra acoplada una aguja de acero, graduable en altura mediante un tornillo de presión; en el otro existe un dispositivo regulado al que pueden adaptarse cinco piezas diferentes, según el uso a que se destine el compás. Estas piezas son: portaagujas, portaminas, tiralíneas, alargadera y adaptador de estilógrafo.

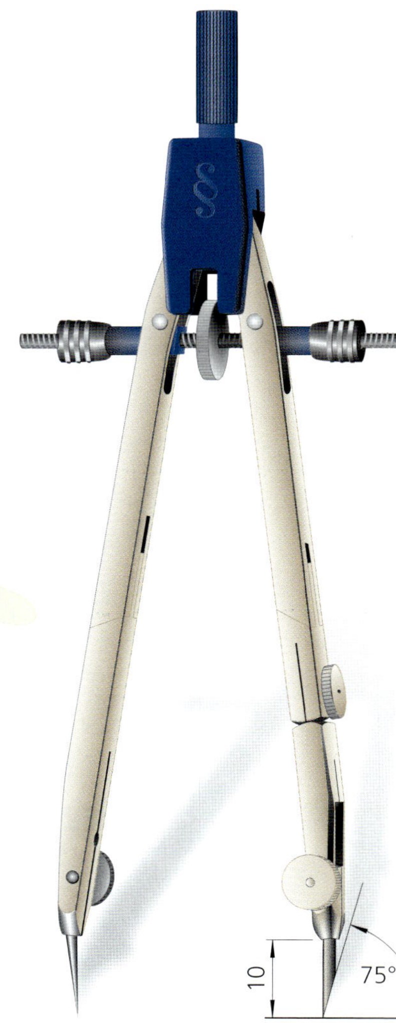

La punta del lápiz del compás ha de estar siempre bien afilada y en forma de bisel de unos 75°, sobresaliendo unos 10 mm. como se indica en la figura. Para ello utilizaremos un raspador o un trozo de lija fina.

Las dos puntas del compás han de estar sensiblemente al mismo nivel.

El manejo del mismo se hará con una sola mano y el trazado de circunferencias o arcos se llevará a cabo siguiendo siempre el sentido de giro de las manecillas del reloj para los diestros, y en sentido contrario para los zurdos.

MATERIALES COMPLEMENTARIOS

Después de haber descrito los principales materiales necesarios para trabajar en las clases, tanto para dibujo artístico como para trabajos de precisión, te presentamos ahora otra serie de materiales complementarios que te será necesario emplear en algunas ocasiones.

GOMA DE BORRAR

Para borrar los trazos de lápiz se aconseja utilizar gomas de vinilo de color blanco, especialmente indicadas para borrar lápiz de dureza media y alta; ligeramente abrasivas, pero igualmente utilizables para eliminar, eventualmente, trazos de lápiz en dibujos ya pasados a tinta.

Se ha de borrar con suavidad y despacio, siempre en el sentido del trazo, y no con movimientos de vaivén ni transversales, al objeto de no producir arrugas en el papel y un desgaste inútil de la goma. Los trazos fuertes y profundamente marcados desaparecen con gomas duras y de canto biselado.

Las gomas indicadas para borrar tinta, incorporan un abrasivo en su composición química.

▷ ***Lápiz borrador.*** Cilindro de goma de vinilo blanco para borrar con precisión sobre soporte de papel y de poliéster, con funda protectora en plástico y anillo fijador corredizo.

▷ ***Gomas blandas.*** Para borrar grafito de la gama B, en esbozos y dibujo artístico en general. La dureza de la goma deberá ser directamente proporcional a la dureza de la mina empleada.

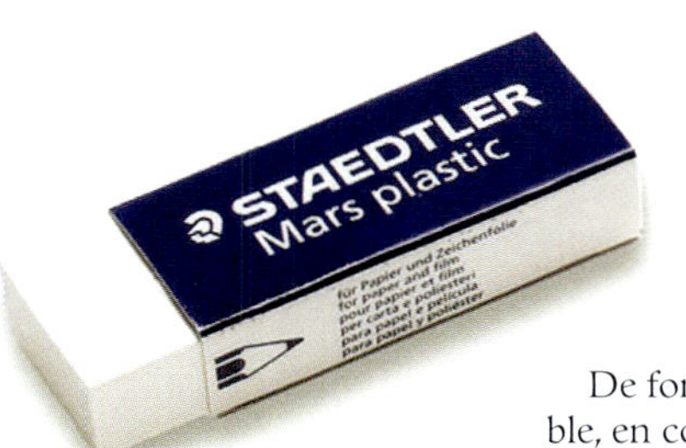

◁ ***Goma tradicional.*** De forma rectangular, flexible, en color blanco y sin contenido abrasivo. El frotamiento elimina fácilmente el lápiz del dibujo.

AFILADORES

Para dibujos de precisión es necesario contar con lápices de la gama H perfectamente afilados. Para ello, lo mejor es contar con cuchillas de hojas intercambiables y papel de lija.

Pero si el lápiz de grafito es más blando o si se trata de lápices de colores, resulta complicado mantener la punta larga y afilada mucho tiempo. En este caso, conviene usar un afilalápices convencional que proporciona una punta más corta.

Otros afiladores muy útiles son los empleados para sacar punta a las minas.

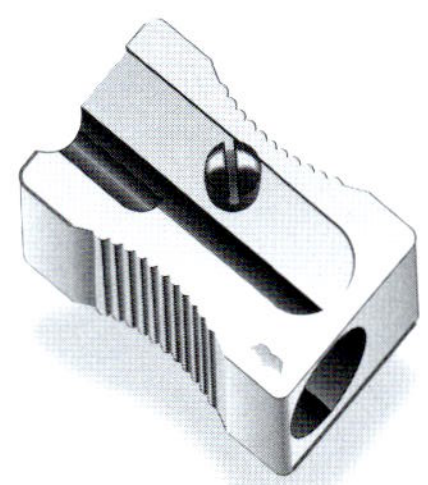

◁ ***Afilalápices convencional.*** Se fabrican en plástico y en metal; éstos últimos son más duraderos y útiles pues las cuchillas se pueden recambiar.

▷ ***Afilalápices rotatorio.*** Se emplea para minas de 2 mm. Contiene un depósito para el polvillo de grafito. Algunos modelos sofisticados disponen de un motor eléctrico.

△ ***Cuchilla.*** Consiste en un cuerpo de plástico o metálico con una hoja muy afilada que corre por su interior. Es recomendable su uso para trabajos que requieran un corte muy preciso. Cuando no se utilice debe mantenerse oculta la hoja para evitar cortes accidentales.

△ ***Lija o rascador.*** Para conservar la punta de la mina en buenas condiciones, esto es, bien afilada, tanto se trate de lápices de madera como de portaminas, es necesario disponer de un raspador. Consiste en una pletina de madera o plástico donde van adheridas una o varias hojas de lija, media y fina, para el afilado final.

Barra para pegar papel

PEGAMENTO EN BARRA

El pegamento es un elemento imprescindible para multitud de trabajos como, por ejemplo, los collages. Aunque existe una gran variedad de pegamentos (colas, pegamento en tubo...) lo más recomendable para el trabajo en el aula es la barra de pegar papel, fácil de usar, limpia y eficaz.

TIJERAS

Para ciertos trabajos, las tijeras son más adecuadas que las cuchillas. Aunque son menos precisas que éstas, son más rápidas y fáciles de usar para trabajos de recorte y montaje. Las más apropiadas son las de acero inoxidable de hoja larga y estrecha y con mango de plástico para mayor comodidad y control.

Reserva siempre las tijeras para cortar únicamente papel y otras superficies finas similares. Los cartones gruesos, plásticos y otros materiales deben cortarse con una buena cuchilla, pues podrías desafilar y mellar las hojas de las tijeras.

Tijeras

EL ARTE Y LA TÉCNICA DE PERCIBIR LA IMAGEN

percepción e ilusiones ópticas

UNIDAD DIDÁCTICA

1

OBJETIVOS

- Conocer los aspectos y mecanismos de nuestra percepción visual, tanto en el aspecto fisiológico como en el mental.
- Reconocer y experimentar la existencia de las constantes perceptivas: forma, tamaño y color.
- Saber reconocer las figuras imposibles e ilusiones ópticas, así como expresiones artísticas basadas en juegos visuales como el Op-Art.
- Desarrollar la curiosidad y el espíritu analítico.

DESARROLLO

1. La UD, a la que se dedicará una o dos sesiones de trabajo a lo sumo, se inicia con la descripción del funcionamiento del órgano de la visión y con la definición del concepto de percepción visual. Igualmente, se explica el fenómeno de la ambigüedad visual.

2. A continuación, se analizan las constancias perceptivas, esto es, la constancia de la forma, del tamaño y del color, ejemplificando cada una de ellas.

3. En último lugar, se expone el concepto de ilusión óptica y se experimenta con las diferentes ilusiones existentes: las ilusiones perceptivas, las figuras dobles, los objetos imposibles y las ilusiones de movimiento y tridimensionalidad, muy utilizadas estas últimas en el Op-Art.

4. Las propuestas de trabajo y sus correspondientes verificaciones colaboran en la consecución de los objetivos perseguidos.

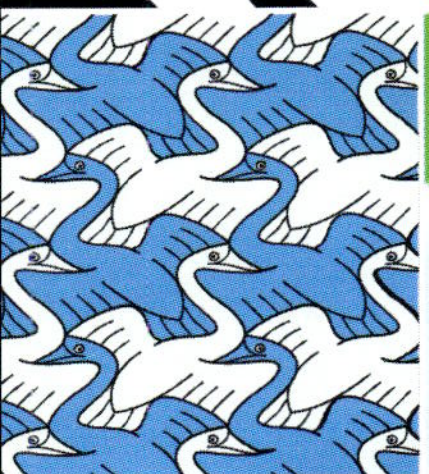

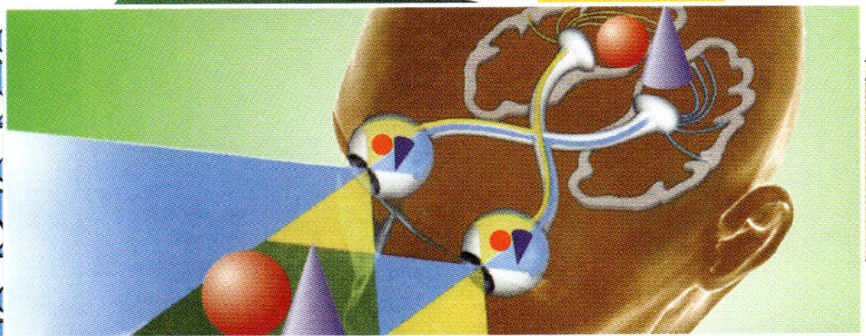

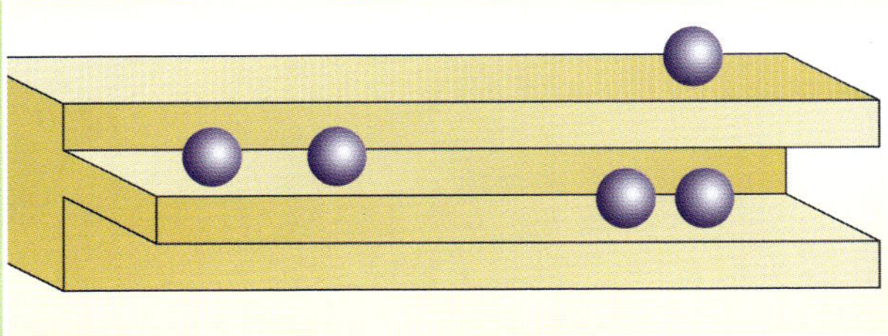

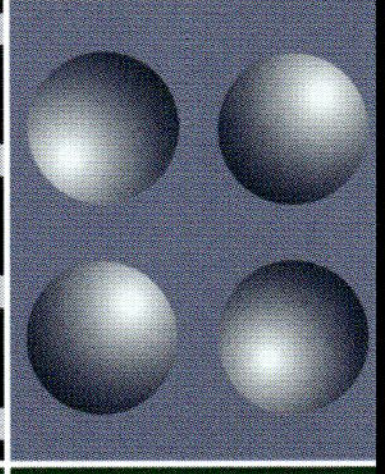

1 PERCEPCIÓN VISUAL

Fisiológicamente, el ojo humano funciona, ni más ni menos, como un cámara fotográfica. Su estructura esférica de 2,5 centímetros es un complejo y perfecto mecanismo de óptica siempre dispuesto a captar la información visual que nos proporcione una imagen mental del mundo que nos rodea.

Cualquier objeto –un árbol, un libro, nuestra mano– refleja luz. Esa señal luminosa pasa a través de la pupila e incide sobre la retina desde donde, convertida en impulsos eléctricos, viaja a nuestro cerebro.

El cerebro, por tanto, recibe una infinita cantidad y calidad de datos: los colores con todas sus gradaciones y relaciones; las formas con sus informaciones sobre tamaño, resaltes o entrantes; las luces y las sombras; la estabilidad o movimiento del objeto respecto al espacio circundante.

El cerebro registra y elabora estas informaciones, las clasifica y las memoriza hasta que el objeto «visto» acaba por «definirse» por completo: es entonces cuando consigue discernir su posición en el espacio, su forma y su color y revela su función y razón de ser y estar.

En consecuencia, *ver* es, esencialmente, un trabajo mental. Lo dicho anteriormente sobre los procesos desarrollados en el ojo constituye la *percepción visual*.

Sin embargo, es casi imposible que todos veamos del mismo modo: el ojo puede tener defectos que alejan o aproximan la imagen, la deforman o confunden los colores. Además, existen los componentes del carácter, del humor, del nivel de cultura, del hábito, etc. que hacen que resulte muy diferente la misma visión de un individuo a otro. El mismo paisaje puede suscitar, en personas diversas, serenidad o angustia, miedo o excitación.

También los demás sentidos contribuyen a ampliar y profundizar la percepción. El *tacto* y el *oído*, por ejemplo, completan la definición del objeto observado y su ubicación en el espacio–ambiente; y lo mismo sucede con el *olfato* y el *gusto*.

Con el tacto se puede tocar, medir, sentir el frío o el calor que desprende un objeto, valorar la calidad de la superficie (lisa, tosca, agradable, desagradable); con el oído se participa en el sonido de la materia y su relación con el medio o ambiente circundante (el chisporroteo de un leño incandescente, la dulce melodía de una flauta, el vibrar de un hierro golpeado, el rumor del viento o el eco que dilata el espacio).

El olor nos trae el perfume del heno o lo salobre del mar, pero también el tufo de los motores y las fábricas; el gusto agrio de un fruto nos hace sentir el campo: son todos elementos que enriquecen y completan la *percepción global*.

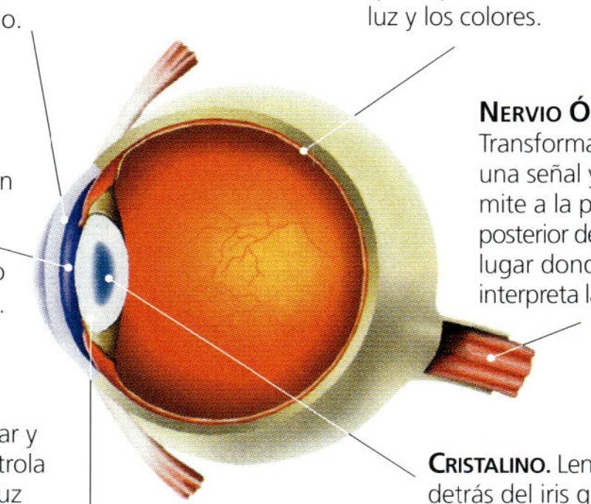

△ ***El ojo como una cámara de fotos.*** El cristalino funciona como un sistema de lentes que recoge los rayos luminosos; el iris actúa como el diafragma de la cámara y la retina corresponde a la película en la que se fijan las imágenes (sesenta por segundo a lo largo de toda nuestra vida).

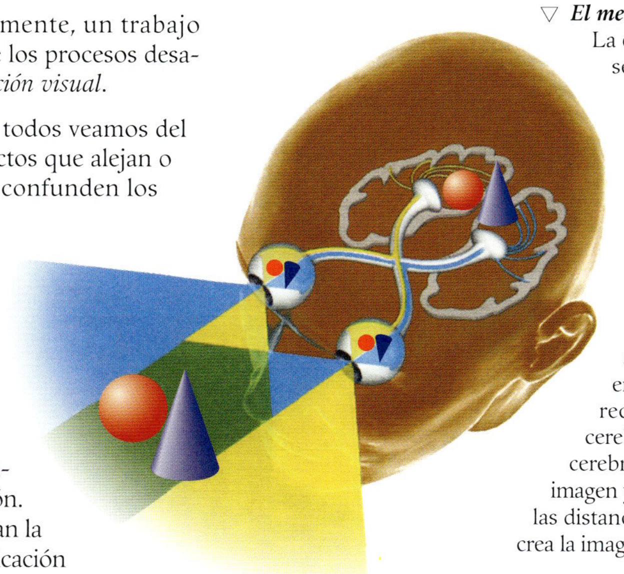

▽ ***El mecanismo de la visión.*** La explicación de cómo vemos se encuentra en nuestro cerebro, no en nuestros ojos. Cada ojo ve una imagen ligeramente diferente, pero la parte que uno no ve la suple el otro. En la retina de cada ojo se refleja la imagen y su volumen. Los nervios ópticos de ambos ojos transmiten esta información eléctrica al cerebro donde se bifurca, enviando el campo visual derecho a la parte izquierda del cerebro y viceversa. Entonces el cerebro comienza a interpretar la imagen y, ayudado por el análisis de las distancias que le dan ambos ojos, crea la imagen tridimensional.

▷ ***Prueba de percepción del color.*** No todas las personas reaccionan igual ante los mismos estímulos. Un individuo con una visión normal podrá leer el numero «29» sin problemas en el círculo de la derecha. En cambio, un individuo que padezca *daltonismo*, es decir, poca o nula sensibilidad al rojo y al verde, leerá el número «70».
En el ejemplo cuadrado, una persona con visión correcta lee «CH» mientras que un daltónico sólo es capaz de diferenciar los círculos por su grado de claridad y lee el número «31».

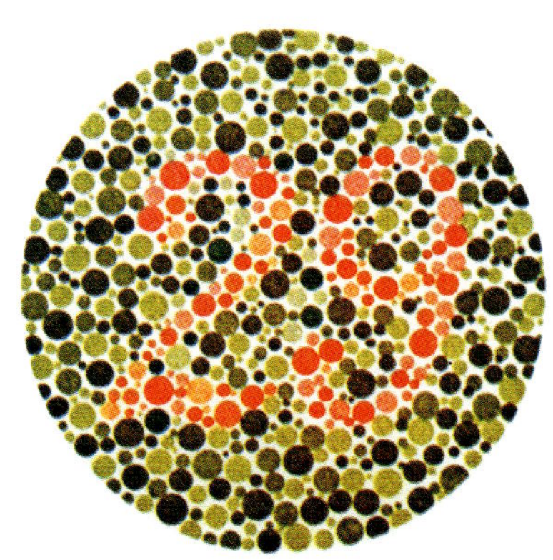

La ambigüedad visual

A pesar del magnífico funcionamiento de la visión, a veces vemos cosas que no hay y en otras ocasiones no logramos ni siquiera ver las que están, tal es la ambigüedad y la relatividad de lo que percibimos; algunas formas tienen sentido si se las considera dentro de un contexto, otras parecen alternar figura y fondo, y así sucesivamente.

◁ ***El dibujo de M.C. ESCHER (1898-1972)*** permite entender la importancia del cerebro en el proceso de la visión: los ojos miran las formas dibujadas, pero después es el cerebro quien decide si ver los cisnes azules o los de tono más claro.

▷ ***La falta de detalles*** puede provocar una ambigüedad en la comprensión de las imágenes. Observa este caballo; probablemente te parecerá que mira hacia delante pero, si te fijas con atención, podrás verlo igualmente mirando hacia el fondo de la imagen.

2 CONSTANCIAS PERCEPTIVAS

Constancia de la forma

Se denomina constancia de la forma al hecho de que un objeto no cambie de configuración en nuestra mente a pesar de los grandes cambios de sus proyecciones en nuestra retina debido a nuestros movimientos y la correspondiente modificación de los ángulos visuales.

◁ Una forma familiar es reconocida aunque su imagen óptica sea diversa. Vemos la hoja derecha de esta puerta como un rectángulo, no como un trapecio.

Constancia del tamaño

Es lo que caracteriza que un objeto permanezca «dimensionalmente» constante aunque lo observemos desde diferentes distancias.

El fenómeno de la constancia de las proporciones es un factor a considerar para que la representación del espacio sea coherente con la percepción de la realidad. Entendemos por tal fenómeno la diferencia entre la imagen que penetra por el ojo y la que se reconstruye en el cerebro.

◁ Aunque las figuras son de diverso tamaño en nuestra visión, no reconocemos a un gigante en primer plano y a un enano al fondo, sino a dos individuos situados en distintos planos de profundidad.

Constancia del color

Es la tendencia a ver los objetos con un «color invariable», a pesar de los cambios en las condiciones de iluminación.

△ Ópticamente un mismo color es percibido de modo diverso según el grado de iluminación. Pero una naranja siempre será reconocida por su color aunque esté iluminada de distintas formas.

3 ILUSIONES ÓPTICAS

3.1 Ilusiones perceptivas

La ilusión óptica está estrechamente ligada a los procesos de percepción y de atención, por lo que la imagen puede provocar en los observadores reacciones diversas; y, por el contrario, imágenes diversas pueden provocar idénticas reacciones. La causa de tales fenómenos es *la intensidad y la cualidad de la atención* que varía de un individuo a otro.

Artistas de todos los tiempos han intuido la importancia de las ilusiones ópticas y han explotado este proceso visual para proponer soluciones gráficas, cromáticas y tridimensionales con el fin de confundir y llevar a engaño al observador.

Es éste el caso del empleo de la «perspectiva cónica», (que se desarrolla en la UD 14), como también el del fenómeno de la «ambigüedad», por el que una misma imagen puede ser distintamente interpretada según el tipo de atención que se preste.

Una corriente artística contemporánea llamada «Op-Art» , abreviatura inglesa de «Optical Art» (Arte Óptico), está basada precisamente en las ilusiones ópticas. Este arte se dio a conocer, en la ciudad de Nueva York, en 1965.

▷ ***La perspectiva también nos confunde.*** Cuando vemos algo en perspectiva, tendemos a pensar que las cosas situadas más al fondo deben verse más pequeñas; pero, si son iguales ¿qué interpreta el cerebro? Entiende y traduce que al ser del mismo tamaño, la del fondo es mayor.

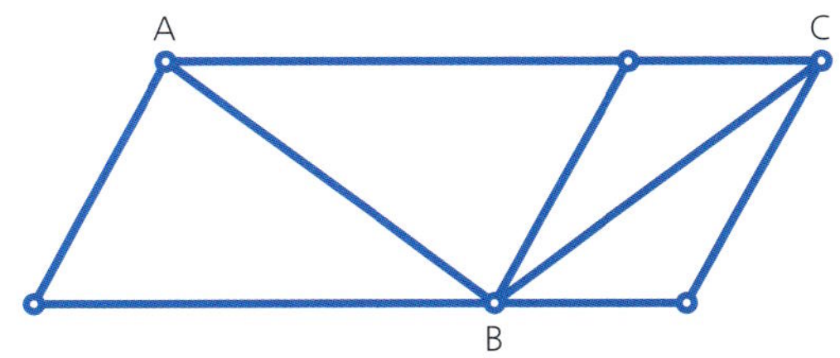

△ ***¿Apostarías a que la distancia entre A y B es mayor que la que separa B y C?*** Mejor no lo hagas. El resto de líneas distraen tu atención y te hacen creer que los segmentos son muy distintos, cuando en realidad tienen la misma longitud.

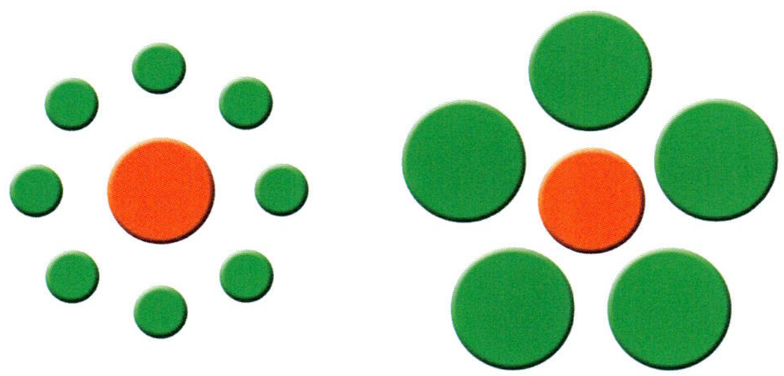

△ ***¿Me engañan los ojos?*** En realidad te engaña el cerebro. ¿Crees que el círculo central de la izquierda es mayor que el de la derecha? La verdad es que son exactamente iguales.

◁ ***Peligro: ilusión óptica.*** ¿Has leído, acaso, «un pájaro está en el nido solito»? Pues vuelve a leer la señal y verás cómo te has equivocado. Este fenómeno se debe a que el cerebro elimina por sí solo una información repetida que estorba a la lectura con sentido de la frase.

▷ ***Líneas curvas que no lo son.*** Los puntitos negros, aunque te cueste creerlo, siguen una línea recta; los círculos grandes son los encargados de distorsionar tu percepción.

En el ejemplo de la derecha, aunque tu cerebro no vea más que líneas ondulantes, lo cierto es que se trata de un ajedrez de cuadros perfectamente alineados.

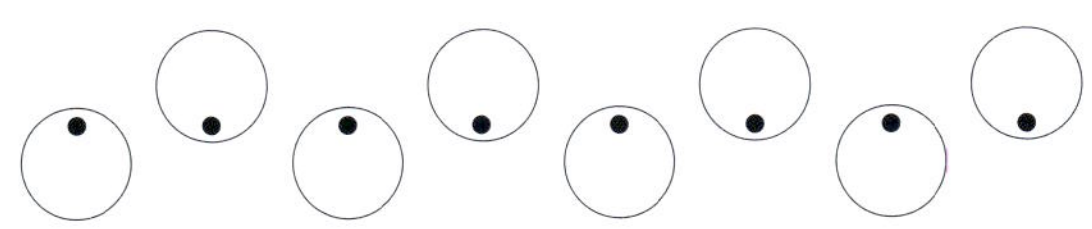

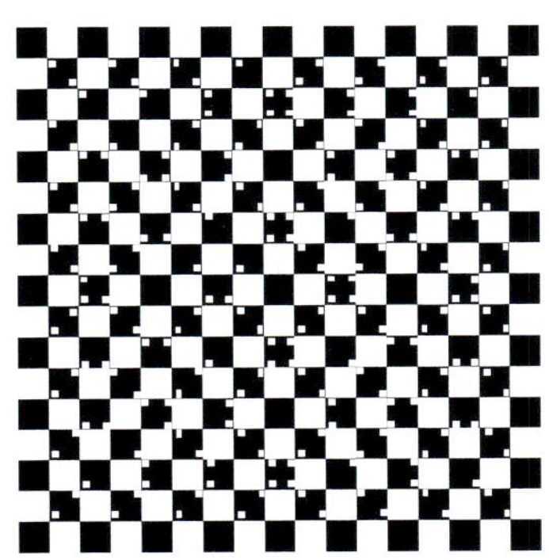

▷ ***Rectángulo mágico.*** Probablemente, lo primero que hayas observado en esta imagen es un rectángulo que oculta ligeramente los círculos. Pero, ¿podrías asegurar que existe realmente algún rectángulo? ¿No son, simplemente, círculos pintados en dos tonos de color?

3.2 Figuras dobles

Dentro del extenso universo de las ilusiones ópticas, una parte importante se refiere a las «ambivalencias», es decir, a las *figuras ambiguas*, que pueden «leerse» de maneras diferentes.

La incapacidad del cerebro de ver dos imágenes distintas a la vez le lleva a huir de la ambigüedad y transmitirnos la información de la más simple de ellas. Sin embargo, si las miramos durante un cierto tiempo termina por surgir la imagen menos evidente u oculta.

◁ ***Dos imágenes en una.*** Probablemente, lo primero que hayas observado es un saxofonista en plena actuación, pero ¿no ves también el rostro de una mujer? Aléjate de la hoja y seguro que lo observas con mayor facilidad.

▷ ***Mi mujer y mi suegra, obra del caricaturista W. H. HILL.*** Sorprendentemente, la barbilla de la joven se convierte en la nariz de la suegra, el collar se transforma en la boca, la oreja en el ojo...

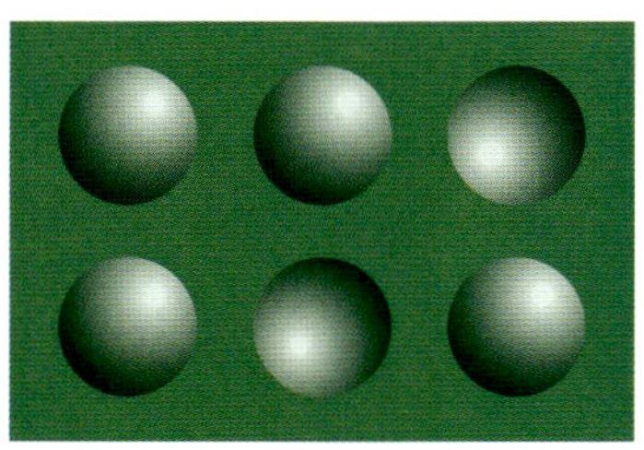

◁ ***Cóncavo y convexo.*** Seguramente, has contado dos superficies cóncavas y cuatro convexas. Da la vuelta al libro y prueba de nuevo. Seguro que ahora te resulta al revés.

3.3 Objetos imposibles

Otro serie de ilusiones de gran interés es la que se ocupa de las figuras imposibles, aquéllas que pueden dibujarse pero que nunca podrían existir en la realidad.

Fíjate bien en las ilustraciones inferiores y trata de imaginarte los objetos representados en el mundo real. Enseguida percibirás que se trata de una ilusión.

△ ***Estantería imposible.***
Obviamente, una estantería así sería imposible de construir en la realidad, porque ¿eres capaz de diferenciar dónde acaba una balda y donde comienza la otra?

◁ ***Extraña tuerca.*** Las tuercas se emplean siempre con sus inseparables compañeros: los tornillos. Trata de buscar alguno que encaje con esta tuerca. ¿Te cuesta encontrarlo?

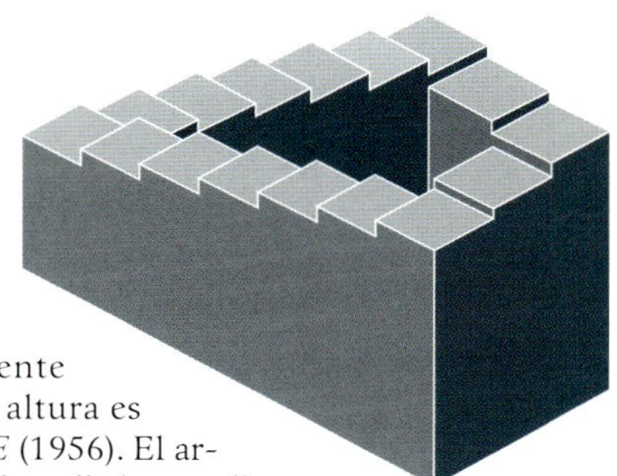

▷ ***¿Subir o bajar?*** Esta escalera por la que se puede subir o bajar continuamente sin ganar ni perder altura es obra de *R. PENROSE* (1956). El artista *M. C. ESCHER* lo aplicó en su litografía *«Escaleras arriba y escaleras abajo»*.

3.4 Ilusiones de movimiento y tridimensionalidad (Arte Óptico)

Hasta ahora has podido observar ilusiones que juegan con tu capacidad de percepción, con la ambivalencia de las figuras o con la imposibilidad de encontrar en la vida real ciertas piezas dibujadas en el papel; ahora vas a introducirte en otra serie fantástica de ilusiones que, sobre un plano bidimensional estático, son capaces de producir efectos muy realistas de movimiento y de relieve.

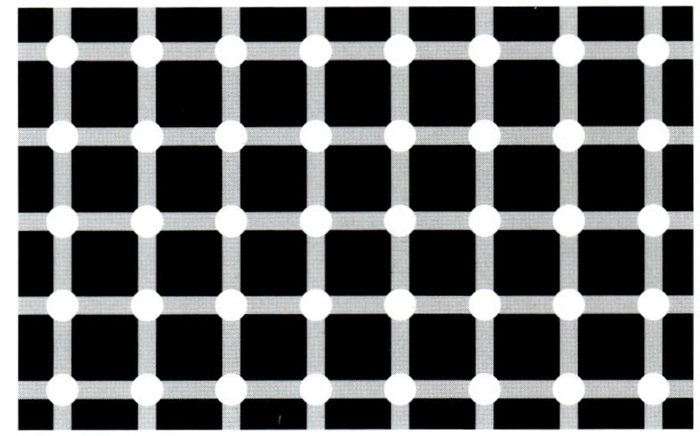

△ ***Puntos blancos y puntos negros.***
Aunque veas parpadear puntos negros donde están los blancos, no se trata más que de una ilusión: los puntos negros sólo existen en tu cerebro.

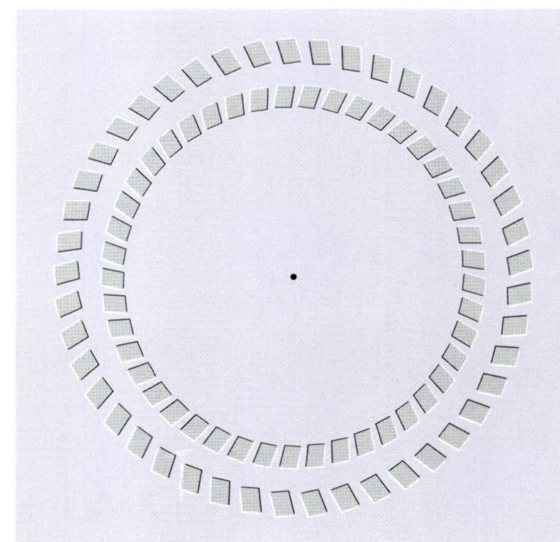

△ ***Estatismo o movimiento.***
Esta claro que esta figura impresa no puede moverse. Sin embargo, fija tu atención en el punto central y acércate y aléjate de la imagen ¿No ves cómo se mueven los círculos exteriores?

VOCABULARIO

- ***Daltonismo*** *Defecto de la vista que consiste en confundir total o parcialmente, según su intensidad, los colores rojo y verde.*
- ***Percepción visual*** *Conciencia inferida por el sistema visual en respuesta a un estímulo exterior.*
- ***Ver*** *Percibir con los ojos. El acto de ver es un proceso creativo y dinámico. Nos permite tener una percepción estable y tridimensional de las imágenes móviles y cambiantes que conforman nuestro mundo visual.*

CONSTRUCCIÓN DE ILUSIONES ÓPTICAS

A lo largo de la Unidad Didáctica has podido observar diversos tipos de ilusiones ópticas; algunas te hicieron ver imágenes ambiguas, otras te indujeron a apreciar movimiento donde no lo había, otras más te hicieron leer cosas que en realidad no existían, etc.

Ahora te proponemos otra serie de ilusiones, igualmente sorprendentes, con las que podrás apreciar hasta qué punto los ojos no son más que simples intermediarios entre la realidad que nos rodea y el órgano encargado de interpretarla: el cerebro.

En el reverso de esta lámina podrás encontrar la solución a las distintas ilusiones.

nombre y apellidos

nº	curso/grupo	fecha

1

Vamos a comenzar esta serie de ilusiones ópticas con una de rapidez visual: ¿qué has leído en primer lugar en la intersección de la fila y la columna?

2

S 8 X B

Observa esta letras. ¿Crees que son iguales las mitades superiores e inferiores de cada una de ellas?

3

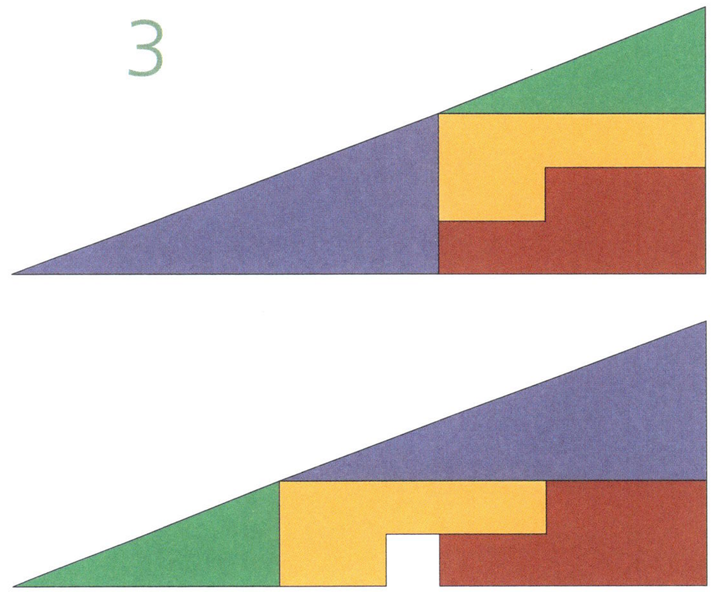

Tanto la figura superior como la inferior están construidas con las mismas piezas (puedes comprobarlo con la ayuda de una regla). Entonces ¿podrías decir por qué motivo en la figura inferior queda un hueco por llenar?

4

Mira atentamente esta figura. ¿Crees que el punto blanco está más cerca del vértice superior que de la base? Coge una regla y comprueba por ti mismo la respuesta.

5

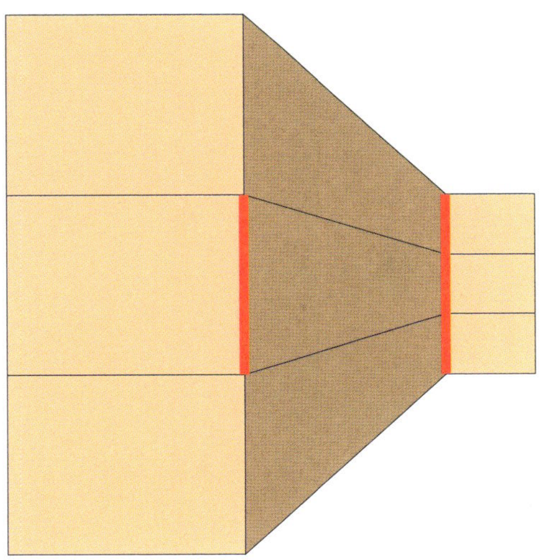

¿Cuál de los dos segmentos rojos te parece que tiene mayor longitud: el de la derecha o el de la izquierda?

6

En esta ilustración la información es realmente escasa: se reduce a una serie de manchas. ¿Puedes distinguir alguna figura familiar entre ellas?

7

Seguramente piensas que las líneas grises no son paralelas entre sí. ¿Crees que será realmente así o se tratará de otra ilusión óptica?

VERIFICACIÓN

1. ¿Qué órgano del cuerpo se ocupa de procesar la información que proporciona la vista?
2. Cierra uno de tus ojos y abre los brazos con amplitud. Ahora trata de juntar la punta de los dedos índice de cada una de las manos. ¿Has conseguido acertar exactamente?
3. Observa la figura de la derecha ¿Dirías que es una espiral?

Respuestas a los ejercicios de la propuesta 1.

1. ¿Has leído antes un «13» o una «B»? En cualquier caso, lo seguro es que tu cerebro es incapaz de ver al mismo tiempo la letra y el número; por ello, elige entre las dos posibilidades en función del contexto de la lectura.

2. Si das la vuelta a la hoja verás que la parte inferior de las letras y del número tiene mayores dimensiones que la superior. Se hace así para que las percibamos como iguales, ya que nuestro cerebro tiende a sobrevalorar la parte superior de las figuras.

3. La respuesta es sencilla: aunque lo parezca, ninguna de las dos figuras es un triángulo; en realidad, la superior es ligeramente cóncava y la inferior ligeramente convexa. Esto es, si trazas la hipotenusa del supuesto triángulo verás que no coincide con el perfil de la figura en ninguno de los dos casos, en uno por defecto y en el otro por exceso. Esa pequeña diferencia da como resultado el cuadrado vacío que presenta la segunda.

4. El punto blanco se halla exactamente en el punto medio entre la base y el vértice, pero al haber más masa en la base que en el vértice nuestro cerebro comete un error en su percepción de las distancias.

5. Aunque las dos rayas rojas tienen la misma longitud, la de la derecha parece mucho mayor que la de la izquierda. En este caso, la perspectiva engaña nuestra percepción.

6. Si te fijas con atención podrás ver a un dálmata olisqueando el suelo. Incluso con escasa información, como es el caso, el cerebro es capaz de agrupar las manchas para reconstruir figuras familiares.

7. Realmente no lo parece, pero las líneas grises son perfectamente paralelas entre sí. Los cuadrados desplazados de la vertical confunden nuestra percepción y nos hacen creer lo contrario.

ARTE ÓPTICO

Las distorsiones que producen ciertas figuras en nuestra capacidad de percepción han sido ampliamente utilizadas por los artistas del movimiento contemporáneo conocido como Op-Art o Arte Óptico.

En esta lámina queremos que experimentes con los diferentes efectos que estas imágenes son capaces de producir en el espectador: movimiento, tridimensionalidad, confusión, etc. Prueba a construir alguna de ellas en el reverso de esta lámina.

nombre y apellidos		
nº	curso/grupo	fecha

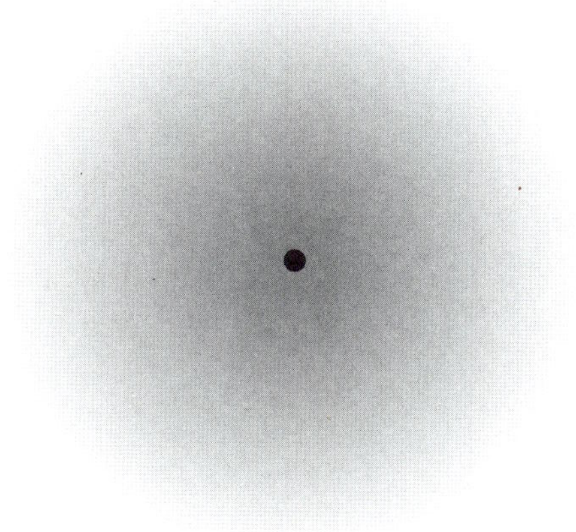

Fija tu atención en el punto negro central durante un buen rato. Verás como la mancha difuminada que lo rodea termina por desaparecer casi por completo. Las células sensibles del ojo se fatigan y acaban por no ver más que la zona de mayor oscuridad.

Esta figura está compuesta simplemente por círculos concéntricos. Sin embargo, la cercanía entre ellos y el fuerte contraste entre el trazo negro y el fondo blanco confunden al cerebro y le hacen ver movimiento donde en realidad no lo hay.

Una preocupación de los artistas de todos los tiempos ha sido la representación de efectos de tridimensionalidad sobre un soporte de dos dimensiones. En el «Op-Art» este efecto se logra con la distorsión de las formas dando lugar a sensaciones de volumen muy convincentes.

Las líneas ondulantes y el contraste acusado entre tonos claros y oscuros puede llegar a producir efectos tan contundentes como el de esta obra. Si se mira durante demasiado tiempo, incluso puede producir mareos.

V. Vasarely (1908-1997). «BIDIM-MC», 1968-1988.
Este conocido artista del movimiento Op-Art consigue confundir nuestra percepción a través de los colores y de la representación en perspectiva.

I

los lenguajes visuales

EL ARTE Y LA TÉCNICA DE PERCIBIR LA IMAGEN

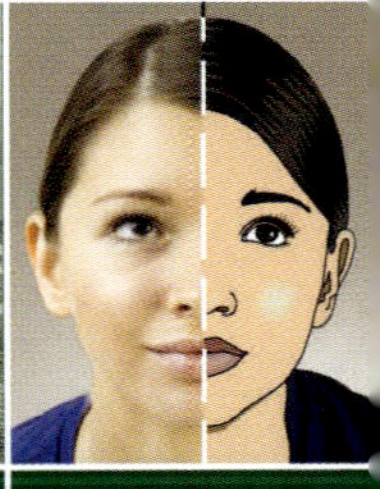

UNIDAD DIDÁCTICA

2

OBJETIVOS

- Saber definir qué es el lenguaje visual y conocer los elementos que lo configuran.
- Determinar las propiedades y los ámbitos de distintos lenguajes visuales.
- Reconocer los lenguajes a través de los cuales las imágenes comunican.
- Desarrollar el sentido crítico ante la publicidad, la televisión, la multimedia y las artes.

DESARROLLO

Se trata de una Unidad Didáctica básicamente teórica, propedéutica a las lecciones siguientes.

Deben dedicarse a su estudio de cinco a seis sesiones.

1. Suministra una explicación sintética de algunos conceptos básicos: lenguaje, lenguaje visual, lenguaje gráfico, artístico y audiovisual.

2. Se dan a conocer las aplicaciones del lenguaje visual en el campo de la información y publicidad, ahondando en la lectura y clasificación de imágenes.

3. Se profundiza en los lenguajes que rodean nuestra vida cotidiana y el mundo del arte. La recogida y catalogación de ejemplos sobre variantes del lenguaje visual, –tomados de revistas u otros medios–, constituirá el momento operativo y de verificación de los conocimientos adquiridos.

4. Muy brevemente, se exponen las nuevas tecnologías: el vídeo, la informática y las redes digitales, como elementos que transforman la manera de expresarnos y comunicarnos.

1 LOS LENGUAJES

A lo largo de la historia el hombre ha venido comunicándose por medio de diferentes lenguajes: gestuales o corporales, orales o verbales, escritos o gráficos y, por último, los audiovisuales.

La lengua española, la enumeración decimal, la música, los gestos, el modo de expresión gráfico y plástico son lenguajes; esto es, sistemas organizados de signos, como son también: las letras del alfabeto, los números arábigos, las notas musicales, los trazos y pinceladas, etc. A través de estos lenguajes se hace posible la expresión y la comunicación. Esto es: *las imágenes comunican y expresan a través del lenguaje visual.*

La comunicación visual es uno de los lenguajes más poderosos, capaz de transmitir acontecimientos e ideas, difundiendo el conocimiento con más eficacia que cualquiera de los distintos medios de comunicación.

La influencia del poder de la imagen en la educación es trascendente; saber ver la imagen constituye un proceso de formación y creatividad en la organización de la capacidad visual del individuo, que debe producirse en dos niveles: el de la *percepción visual* inmediata y el de la *comprensión conceptual.*

1.1 El lenguaje visual: Elementos y Tipos

El mensaje de una imagen se compone de algunos elementos formales constantes que se utilizan en combinaciones y modos diversos. Estos elementos constituyen el «alfabeto» del lenguaje visual y son: el ***signo***, la ***línea***, el ***color***, el ***volumen*** y el ***espacio***, organizadores de la forma a través de la composición.

Cada elemento tiene su personalidad, es decir, es perfectamente identificable; bien sea en las imágenes fijas (pinturas, dibujos, fotografías...), bien sea en las imágenes en movimiento (cine, televisión y multimedia).

△ [1] *El mensaje de los símbolos.*

△ [2] ***Plano del Jardín Botánico de Madrid.***

Toda imagen y toda obra de arte posee un lenguaje fácilmente identificable en función del predominio del elemento que lo constituye:

- El predominio del ***signo*** o la ***línea*** sobre otros elementos genera el lenguaje gráfico del dibujo.
- La prevalencia del ***color*** origina el lenguaje de la pintura.
- El predominio del ***volumen*** trae consigo el lenguaje plástico de la escultura.
- La prevalencia del ***espacio*** caracteriza el lenguaje arquitectónico de la arquitectura.

1.2 Aplicaciones del lenguaje visual

¿Qué sucede al contemplar una obra escultórica, un cuadro, una foto artística o un dibujo? Estamos viendo imágenes que pueden resultarnos agradables, más o menos estéticas, que incluso pueden inspirarnos sentimientos diversos, según la fantasía y el estado anímico en que nos encontremos: son obras de libre interpretación. Por el contrario, si nos paramos a observar un cartel convocando un acontecimiento, o vemos una señal vial, o contemplamos la cubierta de un libro, recibimos una información precisa y concreta sin posibilidad de ser mal interpretada.

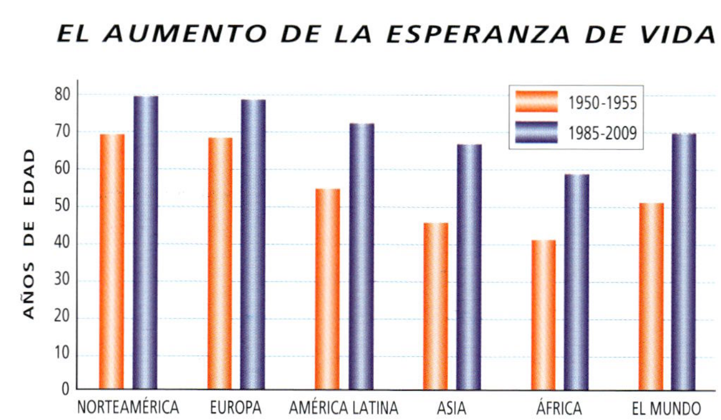

△ [3] ***Mensaje en forma de gráfico,*** en este caso de barras.

En el primer caso la información de la imagen tiene valor propio como obra de arte; en el segundo, sólo posee el valor de la información que el diseñador gráfico haya transmitido. Esta necesidad de que la información transmitida llegue con el mensaje exacto no es producto de un momento de inspiración, como en la obra de arte, sino consecuencia de un riguroso y consciente análisis.

Por tanto, el lenguaje visual encuentra aplicaciones no sólo en la obra artística, sino también en la ***información***: *señalizaciones* [1], *planos* [2], *gráficos* [3] y *fotografías* [4]; en la ***persuasión*** (siempre con su función exhortativa): *anuncios publicitarios, carteles* y *manifiestos*; y en la ***narración***: *cómic, historietas, ilustraciones de libros* o *material fonográfico, cine* y *televisión.*

En estos casos, el lenguaje visual es utilizado para *«comunicar»*. Los mensajes visuales son rápidos e inmediatos en su lectura, estables en el tiempo y, frecuentemente, hacen posible la comunicación entre personas de distintas lenguas, razas y culturas.

[4] ***Puenting: el terror más cardiaco.*** Puente Nevis Highwire, de 132 m. Segundo salto más alto desde un puente sobre tierra del mundo. Queenstown, South Island, Nueva Zelanda.

2 LOS LENGUAJES GRÁFICOS Y ARTÍSTICOS

2.1 El lenguaje gráfico

El lenguaje del dibujo se llama ***lenguaje gráfico***. El dibujo es la técnica básica y previa a todas las artes plásticas. Detrás de cada manifestación artística (pintura, escultura, arquitectura, etc.) se vislumbra la ejecución –real o mental– de un dibujo previo.

Gracias al dibujo es posible resolver los problemas técnicos que se plantea el pintor a la hora de ejecutar un cuadro y los volúmenes que el escultor quiere obtener de su obra.

Por su valor y finalidad un dibujo puede ser: ***artístico***, ***ornamental***, ***científico*** y ***técnico***.

El ***dibujo artístico*** realizado por *E. Maiotti* [5] se caracteriza por la línea que define el contorno del rostro y por el signo, esto es, por el modo en que se traza la línea, ágil y suelta, logrando expresar un poderoso efecto plástico. La línea, como elemento base, es soporte de la composición, de la expresión y de la distribución de espacios. Dentro de éste, el ***dibujo ornamental*** se ocupa de decorar espacios de dos o tres dimensiones.

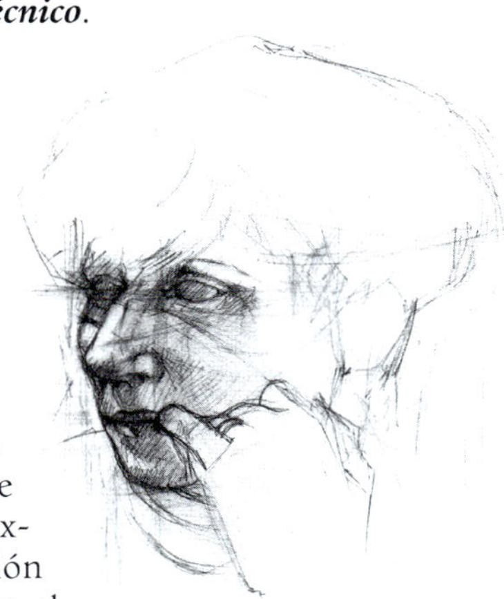

△ [5] ***Ettore MAIOTTI. «Rostro», 1982. Dibujo a lápiz.***

El objetivo del ***dibujo científico*** es dar información, y por ello su representación se realiza de forma analítica. Las líneas, con apoyo de los colores, permiten al observador conocer, por ejemplo, las características de las aves [6] y demás elementos de la naturaleza.

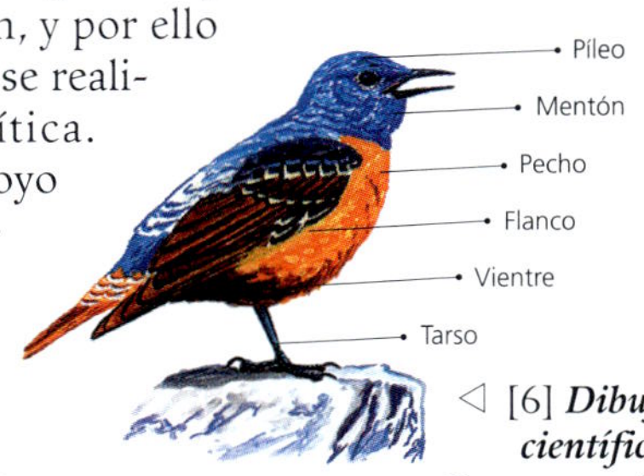

◁ [6] ***Dibujo científico.*** Roquero rojo.

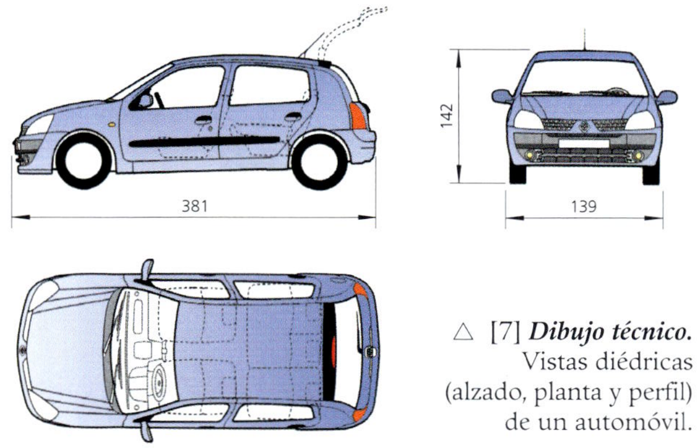

△ [7] ***Dibujo técnico.*** Vistas diédricas (alzado, planta y perfil) de un automóvil.

El ***dibujo técnico*** [7] viene desarrollándose desde tiempos primitivos, pues los grandes monumentos de la antigüedad fueron construidos bajo planos trazados con gran rigor científico. Durante la Edad Media los gremios fueron los impulsores de dicho arte, que alcanzó su importancia y desarrollo con la Revolución Industrial. Todo cuanto nos rodea, en definitiva, ha sido ejecutado a partir de un dibujo, más o menos técnico, en que se han señalado dimensiones, formas y otras características gráficas.

△ ***Copista trabajando en la sala central del Museo del Prado.***

2.2 El lenguaje pictórico

En la pintura el color es imprescindible. La superficie o soportes sobre los que se pinta son muy variados: tela, madera, papel, metal, pared, plásticos, etc.

Las técnicas o los tipos de pintura a emplear también son diversos y se adecuan al soporte utilizado: óleo, acrílico, acuarela, temple, laca, esmalte, etc.

2.3 El lenguaje escultórico

El lenguaje de la escultura se desarrolla en tres dimensiones. Es volumétrico y espacial, posibilitando varias modalidades, dependiendo de la técnica y los materiales.

- El ***modelado***, generalmente realizado en barro, consiste en añadir, paulatinamente, material a la obra que se construye.
- La ***talla***, en piedra o madera, consiste en restar material para definir la pieza escultórica.
- El ***vaciado***, es aquella técnica que utilizando moldes o matrices, vierte en ellos un determinado material que adopta la forma del molde y por tanto de la escultura.

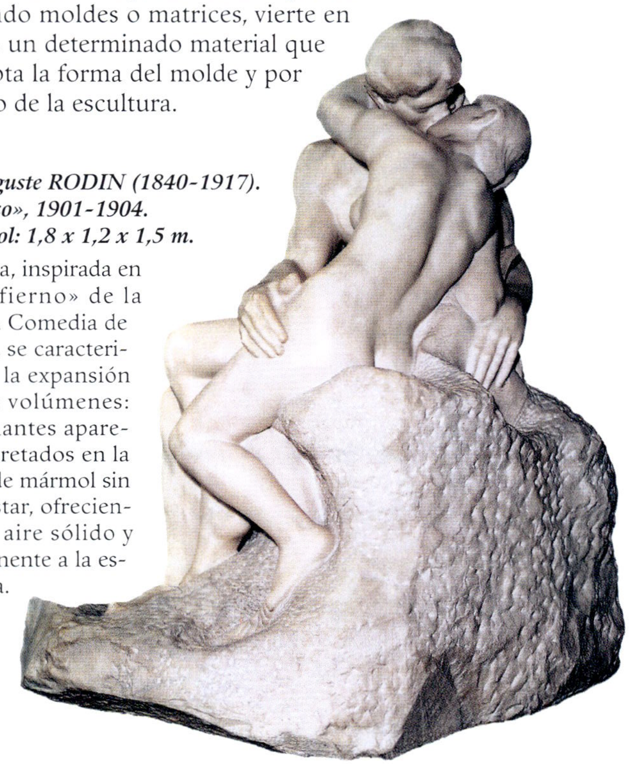

▷ ***Auguste RODIN (1840-1917). «El beso», 1901-1904. Mármol: 1,8 x 1,2 x 1,5 m.***
La obra, inspirada en el «Infierno» de la Divina Comedia de Dante, se caracteriza por la expansión de sus volúmenes: los amantes aparecen apretados en la masa de mármol sin desbastar, ofreciendo un aire sólido y permanente a la escultura.

2.4 El lenguaje arquitectónico

En el dibujo arquitectónico la exactitud es un imperativo, pues lo que se pretende es representar de forma objetiva la realidad (los edificios, obras públicas y trazados urbanos en general) o los proyectos a acometer. Sin embargo, en algunos casos la fidelidad del dibujo con lo representado puede abrirse incluso a una interpretación artística, resultando entonces dibujos de una gran calidad que unen la información con la belleza formal.

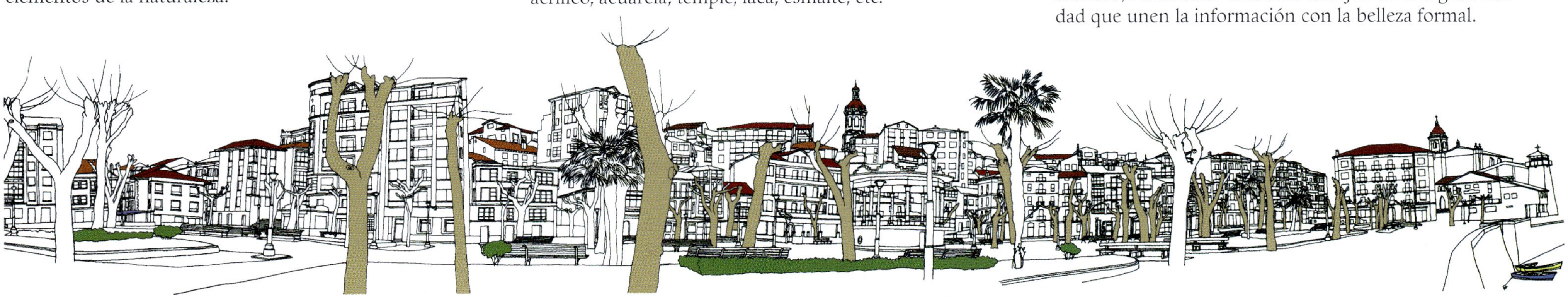

△ ***Dibujo arquitectónico de la villa de Bermeo (Vizcaya).*** José Luis García Fernández, *La Plaza en la Ciudad* (1986). Reelaborado.

3 LECTURA DE LAS IMÁGENES FIJAS

3.1 La publicidad estática

En la publicidad, las imágenes constituyen uno de los medios de comunicación más importantes. La imagen comunica de modo más inmediato que la palabra, expresa más mensajes y, sobre todo, consigue sugerir emociones, recuerdos y asociación de ideas.

Un buen anuncio publicitario debe conseguir en primer lugar atraer la atención del espectador y, posteriormente, suscitar su interés, despertar el deseo de consumir y provocar la adquisición de lo deseado.

△ *Imagen DIRECTA.*
Elemental ejemplo publicitario: si se desea vender un producto lo mejor es presentarlo directamente, con sencillez, y exhortar al consumidor a que lo adquiera.

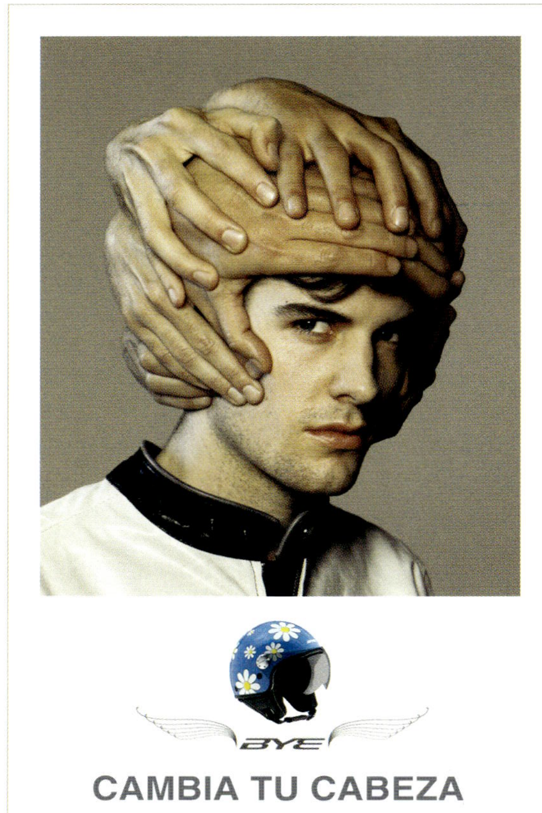

△ *Imagen SUBLIMINAL.*
Este tipo de anuncios publicitarios son diametralmente opuestos a los directos, aquellos en los que el producto se mostraba de forma sencilla e inmediata. Las imágenes subliminales, por el contrario, parten de una paradoja: anuncian un producto sin enseñarlo. Se pretende asociar la marca no a un producto concreto, sino a una actitud.

◁ *Imagen PROMOCIONAL.*
En general, éste o cualquier otro anuncio turístico no busca un consumo inmediato del producto, sino simplemente informar puntualmente. Por ello, no suelen ofrecer una exhaustiva relación de los atractivos arquitectónicos, culturales o paisajísticos, sino que simplemente intentan despertar en el observador el deseo de ser visitados.

3.2 La imagen de portada

Entre los medios de difusión que con mayor asiduidad recurren al empleo de ilustraciones artísticas se encuentran las publicaciones periódicas, destacando las revistas de gran tirada. La ilustración de portada, como lenguaje visual, emplea todos los medios de expresión a su alcance. Contempla, además de la necesidad de «atraer» simbolizando un tema de suficiente interés general, la idoneidad de tener muy en cuenta la composición de la portada. Podemos ver esto en el caso de una portada de revista, de un libro o de CD's o DVD's.

Las portadas de libros y revistas, dentro de las ilustraciones editoriales, se consideran como una variante destacable y destacada por sus connotaciones, entre las que sobresalen cuatro cualidades precisas: ser *llamativa*, *luminosa*, *publicitaria* y *representativa del contenido literario*.

△ ***Ilustraciones de portadas de revistas, libros, CD's y DVD's.***

3.3 La imagen fotográfica

El lenguaje visual de la fotografía está basado en la selección de encuadres, en los efectos de luces y sombras (fotografías en blanco y negro), en los efectos del color (fotografías en color) y en la eficacia expresiva y comunicativa del tema. Según desee expresarse el autor, el estilo fotográfico puede clasificarse como:

- ***Fotografía realista:*** cuando la imagen aparece plasmada de forma objetiva. En la prensa, destaca la llamada *«fotografía documento»* donde la capacidad comunicativa se ve acentuada por comentarios instructivos y titulares.
- ***Fotografía creativa:*** se constituye como un medio de expresión artística, con libertad de creación.

Asimismo, podemos observar cómo la fotografía se especializa, como lo hace el cine o la televisión, en variados géneros: *fotografía científica, publicitaria* y *periodística.*

△ *FOTOGRAFÍA REALISTA: **Pingüinos en Ciudad del Cabo.***
Se intenta ofrecer una imagen tal y como la observamos en el lugar. Se pretende mostrar animales, personajes, arquitecturas o paisajes tal como los percibimos en la realidad.

△ *FOTOGRAFÍA CREATIVA: **Jeffrey Vanhoutte, 2008.***
En este tipo de imágenes se intenta conseguir cotas de expresividad y valor artístico comparables a las de la pintura. El fotógrafo Belga *Jeffrey Vanhoutte* muestra sus composiciones a un generoso tamaño, para disfrutar más de su fotografía llena de belleza, buen gusto y un gran sentido del humor.

4 LOS LENGUAJES AUDIOVISUALES

El lenguaje del cine, del vídeo y de la televisión se fundamenta en la sucesión de las imágenes y su acoplamiento con la palabra y el sonido.

Las imágenes fotográficas y cinematográficas son muy empleadas por los *«mass media»* –medios de comunicación social– por su eficacia visual:

- para ***comunicar*** a través del reportaje la realidad más objetiva, inmediata, la crónica y, frecuentemente, el drama.
- para ***ilustrar*** narraciones o informaciones técnicas, científicas o artísticas.
- para ***publicitar*** de modo que el consumidor sienta interés por un producto al hacer atractiva su imagen.

Los *«mass media»* ejercen una gran influencia sobre el individuo, sobre su pensamiento y sobre sus costumbres. Modifica sus ideas, acelera su evolución y unifica las conductas de unos pueblos con otros. Aumenta la información, pero ésta es a veces tan enorme, tan acumulativa, que llega a saturar al ser humano e incluso anular sus propias posibilidades creativas.

4.1 El lenguaje de animación

El lenguaje de animación, llevado a cabo desde comienzos del siglo XX en miles de películas –especialmente dedicadas a un público infantil–, es un lenguaje donde se cuentan las historias más sensacionales mediante el empleo del dibujo y el color.

Últimamente a la animación convencional le ha surgido un duro competidor: la *animación por ordenador*. Ésta es capaz de generar, de un modo más rápido y barato, imágenes y efectos de gran impacto visual imposibles de igualar con otra técnica.

△ ***Eve y Wall-E. «Wall-E», 2008.***
Este filme de la Factoría Pixar, realizado íntegramente con animación por ordenador, es un buen ejemplo de conjunción entre humor, ritmo y calidad de imagen.

△ ***El desarrollo de la comunicación.***
Los medios de comunicación audiovisuales se han desarrollado vertiginosamente en los últimos años. Todos ellos tienen en común su capacidad de incidencia en los seres humanos hasta llegar a convertirse en elementos indispensables para la transformación de la vida política, económica, social y cultural.

4.2 El lenguaje cinematográfico

El cine son imágenes en movimiento: una sucesión de imágenes estáticas proyectadas a gran velocidad (24 fotogramas por segundo). Su tecnología se ha desarrollado considerablemente desde que los hermanos *Lumière* inventaran el cinematógrafo en 1895. Pero, a pesar de la mejora en la calidad de las películas, las lentes o el sonido, los métodos básicos de producción de una película han cambiado muy poco.

No obstante, los cambios recientes más importantes se deben a los ordenadores que hacen posible los denominados «efectos especiales digitales».

El lenguaje cinematográfico utiliza los mismos elementos que el lenguaje televisivo (secuencias de imágenes y palabras), casi siempre sobre una base musical. El impacto visual es mucho más fuerte por la dimensión de la pantalla, por el sonido estereofónico y por la penumbra del entorno que reina en la sala, consiguiendo que el espectador se implique y sienta como suya la historia narrada. Una película está narrativamente dividida en *secuencias* de diferente duración. Cada secuencia, compuesta de *escenas*, contiene la narración completa de una *acción*.

El lenguaje cinematográfico se fundamenta en los ***planos*** y los ***ángulos*** de las diversas *tomas*, entendiéndose por plano el *encuadre* y la *composición* de la imagen que aparece en la pantalla y por ángulo la *posición* relativa de la cámara respecto a aquello que filma.

PRINCIPALES TIPOS DE PLANOS CINEMATOGRÁFICOS

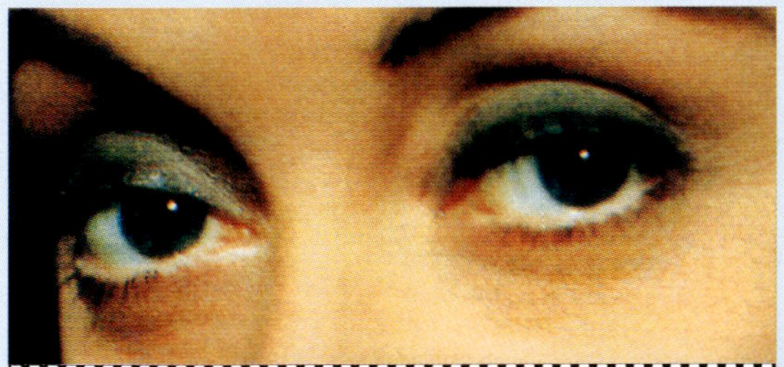

1. PLANO DETALLE «La Niñera», 1965

Es el más cercano. Nos informa de una parte de la realidad muy pequeña: unos ojos, una mano... Se utiliza solo cuando se precisa destacar algún detalle que de otra forma pasaría desapercibido.

2. PRIMER PLANO «Piratas del Caribe III», 2007

En el caso de una persona recoge solo la cabeza y los hombros. Capta todos los gestos y expresiones del rostro y, por tanto, transmite las emociones y sentimientos del personaje.

3. PLANO MEDIO «Valkiria», 2008

Capta solo la mitad del cuerpo, describiendo las expresiones de la parte superior del personaje (medio corto) o por debajo de la cintura (medio largo). Es la distancia ideal para la relación entre sujetos.

4. PLANO AMERICANO «El Jefe», 2005

También denominado 3/4 o plano medio largo es aquel en el que los personajes aparecen encuadrados de rodilla para arriba. Se utiliza desde los *westerns* para mostrar al sujeto con sus revólveres.

5. PLANO CONJUNTO «Australia», 2008

La pantalla está ocupada por uno o varios personajes de cuerpo entero vistos desde más lejos que en el plano anterior. Se ve algo más de fondo. Tiene un valor narrativo y dramático.

6. PLANO GENERAL «El Retorno del Rey», 2003

Muestra un escenario amplio en el cual se incorpora la persona, y ocupa entre una tercia y una cuarta parte del encuadre. Interesa la acción y la situación de los actores en el entorno que los rodea.

ANGULACIONES SINGULARES

1. PICADO «Star Trek», 2009

La cámara está por encima del objeto o sujeto mostrado, de manera que éste se ve desde arriba. Sugiere superioridad y dominio.

2. CONTRAPICADO «Troya», 2004

Al contrario que el anterior, la cámara se inclina hacia arriba provocando un agrandamiento de los elementos filmados.

4.3 El lenguaje televisivo

El lenguaje televisivo comunica a través de secuencias de imágenes y palabras, a menudo transmitidas en directo.

La imagen televisiva es solo una *«idea»* de la realidad, un *«modo»* de verla, la opinión de quien ha realizado aquel servicio. Por ejemplo, si la cámara encuadra solo al público de las primeras filas, podrá dar la *«idea»* de un espectáculo logrado; pero si encuadra el resto del aforo vacío, parecerá un fracaso.

La televisión transmite varios tipos de programas, dirigidos:

- a la ***información*** (telediarios, servicios especiales...).
- a la ***divulgación*** de conocimientos (documentales, programas científicos, mesas redondas...).
- a la ***diversión*** (películas, deportes, concursos, series...).
- a la ***publicidad*** (spots publicitarios que interrumpen los programas, rótulos publicitarios entre una transmisión y otra, espectáculos enteros en los que se recuerda continuamente quién es el *sponsor* o promotor).

La imagen televisiva es, por ello, muy variada, y toda ella entra en nuestras casas y en la cotidianidad, haciéndose así particularmente familiar.

▷ ***La noticia es mostrada al instante.*** Los terribles acontecimientos del 11 de septiembre de 2001, en Nueva York y Washington, fueron vividos en directo por millones de telespectadores de todo el planeta.

5 LA CREACIÓN CON LAS NUEVAS TECNOLOGÍAS: LA IMAGEN DIGITAL

Las nuevas tecnologías como el vídeo, la informática y las redes digitales *(Internet)* transforman la manera de expresarnos y comunicarnos. El ordenador es el nuevo *«mago»* de la era tecnológica y proporciona magníficos efectos plásticos. Incrementa la rapidez en los procesos de ejecución, visualización e investigación de los proyectos en todas las facetas del diseño: se pueden obtener imágenes que describen formas reales o imágenes que representan formas convencionales, como gráficos, diagramas, logotipos, dibujos en general, así como ilustraciones fotográficas con o sin tratamiento previo. La creación y manipulación de estás imágenes se conoce como ***Infografía*** y, aunque todas las imágenes digitales están conformadas por datos, éstas se pueden diferenciar en dos clases según la naturaleza de los mismos:

5.1 Imágenes de mapa de bits

Una imagen, tras ser digitalizada, es transformada en una rejilla (o trama) de pequeños cuadrados conocidos como ***píxeles*** (del inglés *«picture»* –imagen– y *«element»* –elemento–), en la que cada píxel tiene una posición determinada y un valor de color asignado. Estas imágenes se modifican seleccionando los píxeles de las mismas, en vez de los objetos o formas que éstas contienen, para así poder manipular la posición, el color, el brillo o la saturación.

El problema es que la calidad de las imágenes en mapa de bits depende de la *resolución,* es decir, contienen un número fijo de píxeles que representan los datos de la imagen. Por ejemplo, si hablamos de una fotografía que tiene 100 píxeles por pulgada (ppp), estaremos diciendo que cada 2,54 cm. (que es lo que mide una pulgada en centímetros) habrá 100 cuadraditos o píxeles, con lo que cada píxel de esa imagen equivaldrá a 0,254 milímetros. De este modo, a mayor resolución –más píxeles por pulgada– obtendremos imágenes con más detalle, pero también se generarán mayor cantidad de datos y por lo tanto ficheros más grandes. Por contra, al aumentar su visualización e imprimirlas con poca resolución, las imágenes pierden detalles y aparecen escalones o partes dentadas.

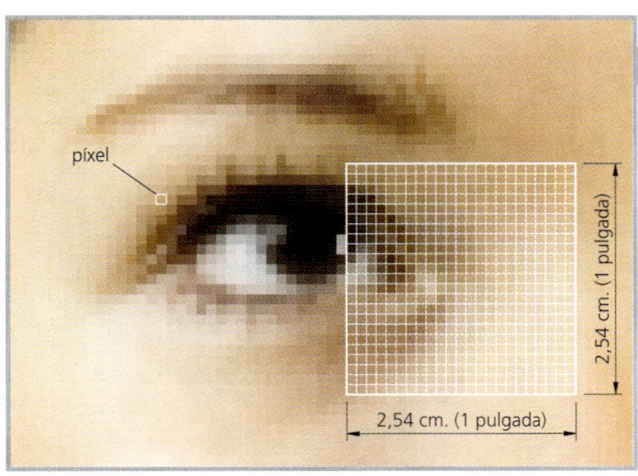

△ Las fotografías que se obtienen a partir de las cámaras digitales son ***mapas de bits;*** las imágenes que captura un escáner también lo son. En estas imágenes, la calidad máxima que tienen (número de píxel por pulgada) viene determinada en el momento de crearlas, por lo que no podremos ampliar el número de píxeles por pulgada posteriormente. Es decir, no podremos ampliar su resolución sin que se pierda calidad y definición, dado que los píxeles (cuadraditos) se ven cada vez más grandes.

5.2 Gráficos vectoriales

Son los que se conforman con elementales formas geométricas tales como puntos, líneas, curvas o polígonos definidos por objetos matemáticos denominados ***vectores***. De este modo, en lugar de realizar una simple línea a partir de una rejilla de miles de cuadraditos, lo que hacemos es pedirle al programa que la dibuje desde unas coordenadas (x_a, y_a) hasta otras (x_b, y_b). Son ideales para dibujos simples y compuestos que necesitan tener formas independientes o que no necesitan tener un carácter de realismo fotográfico. Al contrario que un mapa de bits, una imagen vectorial puede ser escalada, rotada o deformada, sin que ello perjudique en su calidad. Normalmente, un conjunto de trazos se pueden agrupar, formando objetos, y crear formas más complejas que permiten el uso de trazados compuestos, degradados de color, etc., sin que ello suponga un aumento excesivo en el tamaño del archivo.

Una cualidad de estos gráficos son las ***curvas Bézier*** (en honor a *Pierre Bézier,* quien ideó un método de descripción matemática de las curvas). Si en lugar de unir dos puntos con una recta se unen con una curva, surgen los elementos esenciales de una curva Bézier: los *nodos* o *puntos de anclaje*. La forma de la curva se define por unos puntos invisibles al dibujo, denominados *manejadores*.

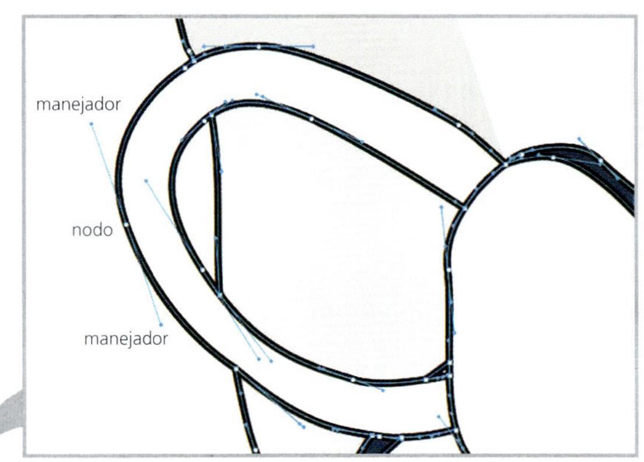

△ Los ***gráficos vectoriales*** son independientes de la resolución, es decir, se escalan matemáticamente para que siempre se impriman precisos y nítidos. En general, para trazar segmentos rectos se hace *clic* con el útil de dibujo (pluma), se mueve el ratón y se hace *clic* en un nuevo punto, y así sucesivamente. Para crear segmentos suaves y curvados, se hace *clic* y se mantiene apretado el botón mientras se ajusta la forma de la curva. Ésta puede modificarse posteriormente, moviendo los manejadores.

6 OBTENCIÓN DE IMÁGENES EN MAPA DE BITS

Hasta hace poco tiempo, solo algunas personas utilizaban imágenes, sobre todo por motivos de trabajo (fotógrafos, diseñadores, etc). Sin embargo, actualmente, y gracias a los potentes ordenadores personales, cualquier persona con unos pocos conocimientos informáticos obtiene y utiliza imágenes para fines tan diversos como la creación del albúm de boda de un familiar, de un cumpleaños o de un viaje, o para la realización de un trabajo escolar o la presentación de un informe. Pero, ¿de dónde se obtienen las imágenes?

Disponemos de varios modos para obtener imágenes digitales. Antes de comenzar a trabajar con una fotografía, ilustración o diapositiva, tendrás que *digitalizarlas* usando un ***escáner***, y si vas a tomar imágenes del natural el método más conveniente será una ***cámara de fotos digital***. Además, y gracias a la introducción de la *banda ancha (ADSL)*, ***Internet*** se está convirtiendo en uno de los métodos más populares para la obtención de imágenes, dada su rapidez de acceso y el gran volumen de información que maneja.

OBTENCIÓN DE IMÁGENES

▷ *ESCANER DE SOBREMESA.*
Por lo general, para escanear una imagen ésta se coloca boca abajo sobre el cristal, arrancamos el programa que controla el escáner, elegimos la opción de color, grises o blanco y negro, la resolución a la que queremos la imagen y su tamaño de impresión. Una vez hecho ésto, preescaneamos la fotografía para que aparezca en pantalla, seleccionamos la zona de la imagen a escanear y pulsamos el botón *Aceptar*.

▷ *CÁMARA DE FOTOS DIGITAL.*
Realizan las mismas tareas que las tradicionales de negativo, pero sustituyen el clásico visor por una pantalla de cristal líquido que, aparte de controlar la composición y la luz, da acceso a funciones y menús y permite visionar la imagen que se acaba de tomar o de las fotografías almacenadas en la tarjeta.

▷ *BUSCADORES WEB DE IMÁGENES.*
Rastrean e indexan los cientos de millones de imágenes que están asociadas a las páginas web, para luego ofrecerlas a los usuarios de forma ordenada. Cuando una persona introduce una determinada palabra, esta herramienta le devuelve aquellas imágenes que tienen dicho término asociado en la página web, bien porque es el nombre del fichero, o porque está relacionada con dicha palabra en los contenidos de la página web. Sin embargo, no todas las imágenes que podemos "descargarnos" valen para según qué cosas. Si lo que necesitas son imágenes para imprimir deberás filtrar la búsqueda para que solo te muestre las de tamaño grande. Si, por el contrario, únicamente vas a visualizarlas en el monitor, podrás utilizar tamaños más pequeños.

EDICIÓN DE IMÁGENES

△ *ORDENADOR PERSONAL.*
Hoy en día disponemos de un gran número de aplicaciones o programas de ordenador que sirven para hacer cambios en las imágenes digitales. Son las llamadas aplicaciones de *retoque fotográfico* o de *edición de imágenes* (la más conocida es Photoshop de la casa Adobe). Desde estos programas podemos quitar rasguños y arañazos, ajustar el brillo, el contraste o los colores y hacer otras muchas modificaciones para conseguir que las fotos se vean mucho mejor. También se pueden utilizar para cambiar el fondo de una imagen y ponerle otro, o quitar personas o cosas que estén en una foto.

DESTINO DE LAS IMÁGENES

◁ *IMPRESORA.*
Permite presentar en papel las imágenes que editamos con el ordenador. Según la manera en que se realiza la impresión podemos distinguir entre los modelos de *inyección de tinta* (escriben al proyectar tinta a través de una matriz con orificios) y los modelos *láser* (son más rápidas y silenciosas y su mantenimiento también es menos costoso).

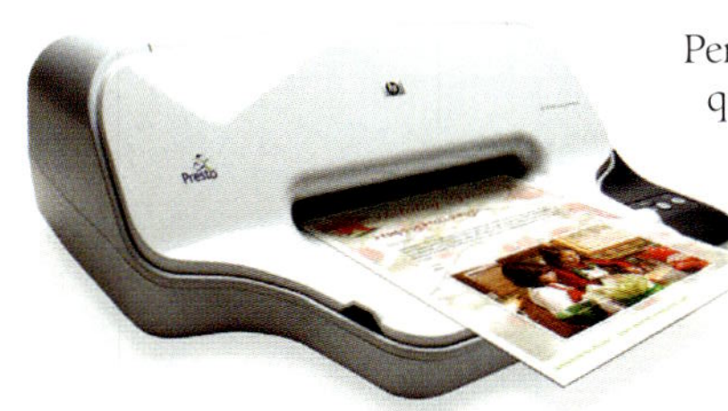

◁ *DISPOSITIVOS DE ALMACENAMIENTO.*
Gracias a estos soportes podemos guardar nuestras imágenes, bien para volver a verlas en el futuro (CD's, DVD's, discos duros, memorias USB) o para exponerlas como fotos normales (marcos digitales).

◁ *INTERNET.*
El ordenador e *Internet* han sido la verdadera revolución del siglo XX y, como la imprenta, han modificado nuestra manera de pensar, aprender y hasta de almacenar y compartir nuestras fotos. Dado que cada vez disponemos de más y más imágenes digitales que conservar, desde hace algunos años millones de usuarios han comenzado a guardar sus fotografías en los «álbumnes virtuales» que ciertas páginas webs ofrecen, permitiéndonos acceder a ellas desde cualquier parte del mundo. Asimismo, y por medio de la «red de redes», podemos enviar al instante una imagen gracias al uso del correo electrónico.

VOCABULARIO

- ***Indexar*** *Hacer índices. Registrar ordenadamente datos e informaciones, para elaborar su índice.*
- ***Multimedia*** *Procedimiento de comunicación interactiva que integra diferentes imágenes, textos y sonidos en un solo medio.*
- ***Observar*** *Contemplar atentamente la realidad con interés y sensibilidad, al mismo tiempo que se analiza la estructura y cualidades de sus formas.*
- ***Percibir*** *Sentir la información exterior de «ver», a partir de datos suministrados por la memoria y los sentidos. Con otras palabras: se ve con los ojos, pero se percibe con el cerebro.*

REINTERPRETACIÓN DE UNA OBRA DE ARTE: "LA GIOCONDA"

«La Gioconda», nombre dado a la dama napolitana *Monna Lisa,* esposa de *Zanobi de Giocondo,* fue inmortalizada por *Leonardo da Vinci* entre 1502 y 1506.

La obra ha sido reinterpretada por grandes y variados artistas con muy diferentes estilos y técnicas. Es el caso del madrileño *Juan Gris,* uno de los pintores más ortodoxos dentro del movimiento cubista; de *Picasso,* combinando la brillantez del color con un dibujo sin relieve y de una violenta intensidad; o del francés *F. Léger,* creando volumen con color y perfiles oscuros.

La propuesta consiste en que realices tu propia versión de la obra. Observa bien el original de Leonardo y las versiones de *Juan Gris* o el mismo *Pablo Ruiz Picasso* en otras muchas versiones; asimismo, busca en libros de arte y recuerda las interpretaciones que de la obra han hecho otros muchos artistas.

La reinterpretación de «tu Monna Lisa» debe ser sencilla pero llena de imaginación y fantasía. Tú pones la técnica, tú pones el fondo y tú pones la forma. Se trata de que dejes huella de tu grado de personalidad y sensibilidad artística.

nombre y apellidos		
nº	curso/grupo	fecha

Materiales: rotuladores, pinturas de colores, ceras duras, pasteles, acrílicos.

***Leonardo da Vinci* (1452-1519).**
Mucho se ha dicho y escrito sobre este cuadro y la sonrisa de la dama, que viene a ser un símbolo del eterno femenino.

***Juan Gris* (1887-1927).**
Obra de 1910.

***Pablo Picasso* (1881-1973).**
Obra de 1938.

***Fernand Léger* (1881-1955).**
Obra de 1914.

VERIFICACIÓN

1. Los diferentes lenguajes visuales están tan presentes en nuestra vida cotidiana que no nos percatamos de ello. Piensa en tu casa, en el recorrido que sueles realizar para venir a clase. Anota los ejemplos de lenguajes visuales que encuentres.

2. Enumera las profesiones que estén relacionadas con los lenguajes visuales (recuerda cómo un entrenador traza las estrategias de los jugadores, tu propio profesor puede ser otro ejemplo, etc.).

3. Las ilustraciones que observas abajo poseen una marcada diferencia en función del tipo de lenguaje visual que representan. Si te fijas, puedes extraer de ellas una información visual que las palabras no pueden sustituir.
   Indica, al pie de cada una, el tipo de lenguaje que representan comentando en cada caso, el predominio del elemento/s que lo hacen identificable (signo, línea, color, espacio o volumen).

Pablo Picasso (1881-1973). «La Tauromaquia, 17», 1957
Grabado a punta seca.

Lenguaje: ______________________

Comentario: ______________________

Marino Marini (1901-1966). «Jinete», 1947
Bronce.

Lenguaje: ______________________

Comentario: ______________________

Frank O. Gehry (1929)
«Museo de diseño Vitra», 1986-89. Alemania.

Lenguaje: ______________________

Comentario: ______________________

DISEÑO DE UN LOGOTIPO

Se llama ***logotipo*** al grupo de letras, signos y grafismos fundidos en un único bloque para generar la imagen que caracteriza y distingue a una marca (nombre corporativo de una empresa o de un producto).

En general, el logotipo presenta formas simples y puede estar compuesto por todas las letras del nombre representado o por una contracción (extracción de ciertas letras) o un acrónimo, que en muchos casos es el nombre en sí; caso de AVE: *Alta Velocidad Española*.

En esta lámina te presentamos nueve ejemplos reales para que analices.

1. Con ayuda de la cuadrícula de fondo, traza la silueta de las dos letras iniciales de tu nombre y apellido. Puedes enlazarlas o superponerlas parcialmente. Colorea con colores planos y alegres, sin que se noten los trazos y habrás diseñado tu propio logotipo. Comienza empleando un lápiz blando y después aplica rotuladores, lápices de colores o ceras duras. También puedes combinar estas técnicas con un montaje o collage.

nombre y apellidos

nº | curso/grupo | fecha

2. La propuesta consiste en elegir una de estas dos opciones:
   a. Diseña un logotipo representativo de las «Artes escénicas».
   b. Diseña un logotipo que sirva de identidad para el lanzamiento de una nueva «marca deportiva».

Manuel Estrada
«Autorretrato»
Diseñador Gráfico.

Manuel Estrada
«Premio Cervantes de Literatura»

1

2

VERIFICACIÓN

1. ¿Qué representa un logotipo?

2. Comenta en qué consiste la publicidad y por qué es necesaria.

3. ¿Recuerdas en qué medios de comunicación encontramos publicidad?

DISEÑO Y COMPOSICIÓN DE UN CARTEL PUBLICITARIO

El ***cartel*** es un medio de comunicación visual en permanente evolución –quizás el más importante de la presente época– y su cualidad más importante es la rapidez de lectura del mensaje que quiere transmitir.

Básicamente un cartel debe contener: el ***eslogan***, la ***imagen***, el ***texto complementario*** y el ***patrocinador/es***. La correcta relación entre el texto y la imagen, la claridad, la originalidad y sus cualidades estéticas pueden enumerarse como las características ideales del cartel.

Nótese que el observador ni lo va a tener en sus manos ni su lectura será voluntaria: en un principio, se lo va a encontrar en el camino, por lo que el mensaje transmitido ha de ser lo más sucinto y expresivo posible, lo que le convierte en el medio de expresión gráfica en el que más alto riesgo existe de que el mensaje se vea invalidado por el exceso de elementos ornamentales.

Por la misma razón, la cantidad de texto que se incorpore ha de ser cuidadosamente medida, limitándola al máximo. El texto, y por extensión todo el cartel, debe ser captado de *un solo golpe de vista*, al menos en su mensaje principal.

Lo que te proponemos en esta lámina es que, tras la observación del esquema adjunto, elabores tu propio cartel con la intención de promocionar turísticamente tu ciudad, pueblo o barrio; o bien con otra temática escogida por tu profesor/a.

nombre y apellidos		
nº	curso/grupo	fecha

Si dispones de un ordenador, puedes probar a realizar el cartel en una aplicación de dibujo y, posteriormente, pegar en esta hoja el resultado impreso.

Materiales: rotuladores, pinturas de colores, collage...

ESLOGAN

Sirve de título al cartel y es el primer elemento del texto que llama la atención del receptor. Se debe escribir con letras de mayor tamaño que las del texto complementario, y con una, dos o tres palabras a lo sumo.

IMAGEN

Tanto si es un dibujo como si se basa en una fotografía, la imagen debe ser una síntesis que resuma la idea a la mínima expresión gráfica, sin dejar de ser clara y significativa.

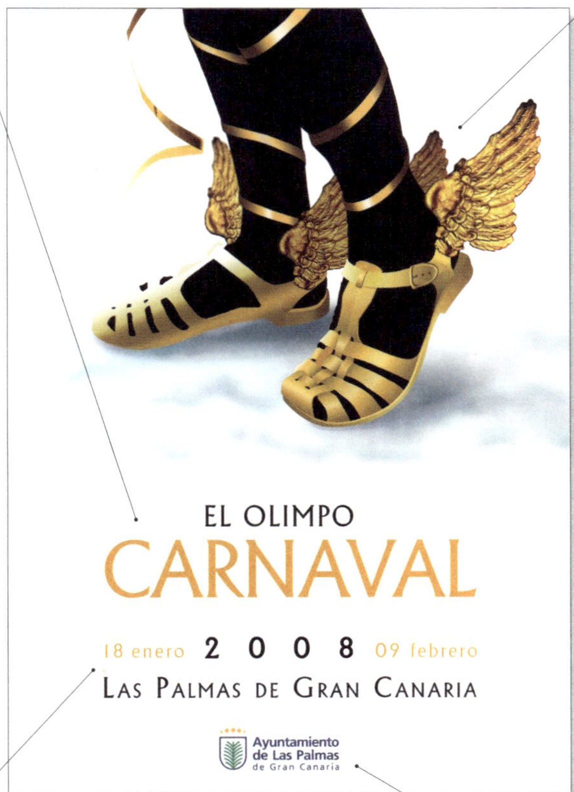

TEXTO COMPLEMENTARIO

Tiene como función clarificar y profundizar en el mensaje: da los detalles y globaliza la información. Para su lectura e interpretación es necesario que el observador se aproxime más al cartel.

PATROCINADOR

Generalmente, se inserta el logotipo de la institución o empresa que patrocina o publicita el mensaje que pretende transmitir el cartel.

VERIFICACIÓN

1. El cartel, como ya conoces, es un medio de comunicación publicitaria muy eficaz porque es de lectura inmediata y tiene gran difusión. ¿Qué dos elementos lo constituyen fundamentalmente?

2. ¿Sabes de algún artista que haya alcanzado la fama especialmente a través de la realización de carteles?

Oscar Mariné, «800 Balas».
Cartel cinematográfico, 2002.
Offset.

EL PÍXEL COMO ELEMENTO BASE DE LA IMAGEN DIGITAL

Ya hemos visto que cuando una imagen está en baja resolución sus contornos aparecen como con *«dientes de sierra»*, algo que hay que procurar evitar pues evidencia un desconocimiento del medio. Sin embargo, en los comienzos de la informática de consumo y los ordenadores personales, la resolución de las pantallas era tan pobre que las imágenes necesariamente aparecían «pixeladas» (hoy en día sucede algo parecido con los juegos para móviles) y en blanco y negro.

La fuerza de aquellas imágenes residía en lo simple de su lectura y en la economía de medios con que estaban realizadas (mediante la ordenación precisa de los píxeles blancos y negros se lograban ilustraciones bastante claras y precisas).

Lo que te proponemos es que realices un dibujo «píxel a píxel». Para ello, debes escoger uno de los tres personajes que te mostramos, u otro de tu invención, y trasladarlo a la retícula de la derecha. Puedes utilizar los colores de referencia o bien otros que te gusten más, aunque es muy importante que respetes el orden de las casillas. Verás que estos grafismos están tan estudiados que, incluso a gran tamaño, mantienen un gran nivel de legibilidad.

nombre y apellidos

nº | curso/grupo | fecha

1985 1993 2008

*Un buen ejemplo de cómo los gráficos basados en píxeles han evolucionado con el tiempo son los **iconos** de nuestro sistema operativo. De los primitivos dibujos realizados en blanco y negro, a los que con el tiempo se les añadirían detalles y perspectiva, hemos llegado a los sofisticados iconos de hoy en día, auténticas obras de arte en miniatura.*

BATMAN MAGO MERLÍN SHERLOCK HOLMES PAPÁ NOEL LA MASA

RONALDINHO LUCIANO PAVAROTTI DON QUIJOTE Y SANCHO PANZA FORREST GUMP

*Esta serie de personajes famosos, realizados por el artista y diseñador **Craig Robinson**, nos demuestra como, si se escoge la información adecuada, una imagen puede reproducirse fácilmente con unos pocos píxeles.*

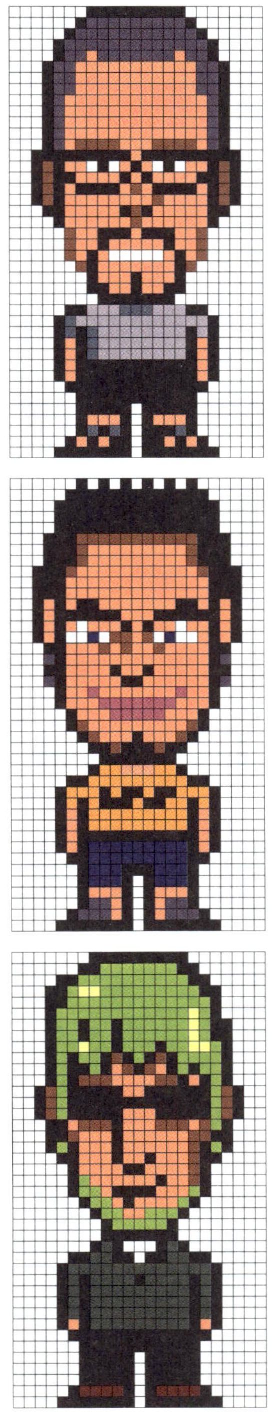

VERIFICACIÓN

1. ¿Cuál es la diferencia entre las imágenes en mapa de bits y los gráficos basados en vectores?

2. Observa las siguientes imágenes e indica cuáles están formadas por píxeles y cuáles son vectoriales.

Imagen: ______________________

Imagen: ______________________

Imagen: ______________________

Imagen: ______________________

Imagen: ______________________

Imagen: ______________________

Imagen: ______________________

Imagen: ______________________

SIMULACIÓN DE UN DIBUJO VECTORIAL POR SUPERPOSICIÓN DE CAPAS

nombre y apellidos

nº | curso/grupo | fecha

Como has podido ver en la teoría de esta Unidad, los ***dibujos vectoriales*** tienen la capacidad de conformar objetos complejos a partir de elementos simples como líneas, curvas, circunferencias, rectángulos, elipses, etc. Los objetos resultantes de la combinación, perforación, unión, etc., se van solapando unos sobre otros a medida que se dibujan, de modo que el primero queda debajo y el último encima de todos los demás.

En esta lámina, te proponemos que simules esta peculiar forma de dibujo digital, a partir de recortes de cartulina de colores. Para ello, únicamente deberás copiar las líneas del dibujo inferior en las cartulinas, de modo que después puedas pegarlas unas sobre otras. Observa que la escena es un atardecer, por lo tanto tenlo en cuenta a la hora de escoger los colores.

Si dispones de un ordenador dotado de una aplicación de dibujo vectorial, puedes probar a trasladar el boceto a un documento y, posteriormente, pegar en esta hoja el resultado impreso.

Ilustración vectorial realizada por superposición de capas.

Vista en perspectiva de cada una de las capas.

- *Las **rayas continuas gruesas** indican el contorno que debes calcar en la cartulina.*
- *Las **rayas discontinuas** te muestran cómo continúa la silueta de un objeto cuando se encuentra por debajo de otro.*
- *Las **líneas continuas finas** te sirven como referencia a la hora de formar objetos complejos a partir de formas geométricas simples.*

ELEMENTOS CONFIGURATIVOS DEL LENGUAJE VISUAL

signos, formas y texturas

UNIDAD DIDÁCTICA

3

OBJETIVOS

- Saber explicar el concepto de signo y textura en el lenguaje visual.
- Reconocer y realizar signos, formas y texturas gráficas, pictóricas y plásticas.
- Analizar las texturas presentes en nuestro entorno y en el mundo del arte.
- Tomar conciencia de la expresividad de las texturas en la creación de composiciones propias tridimensionales imposibles en la realidad.

DESARROLLO

La programación de esta U.D. requiere de tres a cuatro sesiones.

1. Se puede introducir el concepto genérico de signo, incidiendo de forma especial en la expresividad del punto y su presencia en la definición de la imagen en el entorno cotidiano, el arte y las nuevas tecnologías. La primera propuesta de trabajo y verificación cierra la sesión.

2. Se analiza el concepto y posibilidades de la línea como signo básico en el lenguaje visual, muy unido al concepto y características de la forma. Sus aplicaciones prácticas se desarrollan con la segunda propuesta.

3. Se estudian las texturas, su clasificación y diferencias gráficas de cada técnica pictórica. Se termina con un recorrido de sus aplicaciones en el arte. Las dos propuestas últimas dan apoyo a los conceptos expuestos.

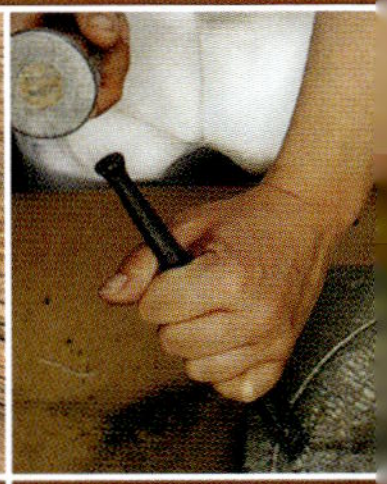

EL SIGNO

Es un gesto, una palabra, un sonido empleado para comunicarse con los demás o para expresar un estado de ánimo: *estrechar la mano es un signo de amistad.*

En el lenguaje visual el signo es un punto, una línea, un trazo del lápiz sobre el papel, del pincel sobre la tabla o el lienzo, del dedo sobre la plastilina o la arcilla. En definitiva, la huella hecha para representar o expresar algo.

Los trazados de los modos anteriores son signos gráficos, pictóricos o plásticos. Existen también signos arquitectónicos, de los que hablaremos más adelante. A menudo el signo se convierte en la huella de identidad del autor. El signo instintivo es un importante medio expresivo, pero no debe ser casual. Es necesario, por ello, descubrir, inventar y estudiar *«nuestros»* signos, aprendiendo a utilizar instrumentos sobre diversas superficies, con trazos lentos o rápidos, seguros o indecisos.

△ ***Pintura rupestre del abrigo de Peña Escrita. Tercer milenio a.C. Fuencaliente. Ciudad Real.*** Figuras humanas, soles y otros signos esquemáticos organizados.

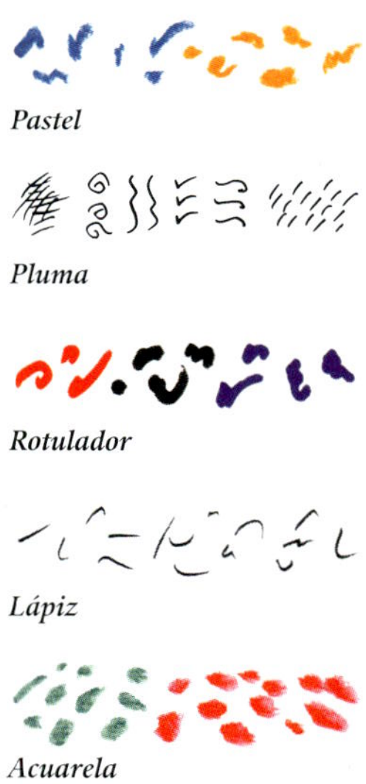

△ ***Signos libres*** trazados sobre un mismo soporte con diferentes instrumentos. Su huella difiere y se hace identificativa del material empleado.

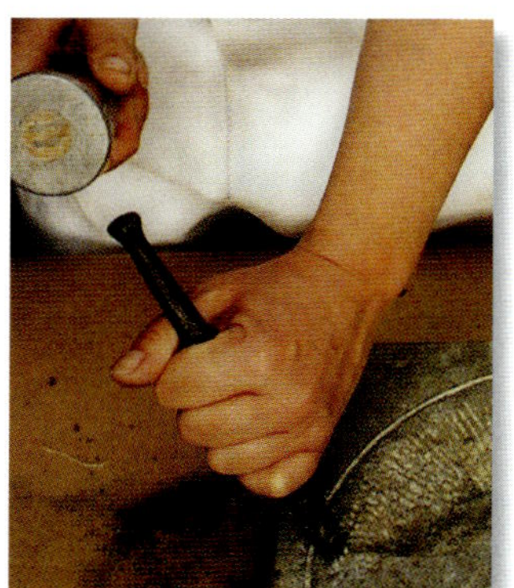

△ ***El cincel sobre la piedra*** o la digitalización del escultor que talla la madera determina un signo: la huella sobre la materia.

△ ***Visión parcial del espacio astronómico.*** Los astros y estrellas aparecen como formas puntuales autónomas de diferentes tamaños, formando un sistema estructurado por infinidad de signos puntuales.

1.1 El punto y su expresividad

Es el elemento base de la comunicación visual, y por tanto el más elemental de los signos gráficos. La imagen de un punto gráfico no se corresponde con la del punto geométrico que, como ente abstracto, carece de dimensiones y, por tanto, de forma. El punto visual o gráfico es el *signo de menor tamaño* y, como tal signo, emerge del fondo, se impone a la percepción y tiene un significado.

La forma y las dimensiones de un punto visual varían en función del instrumento que lo produce (lápiz, rotulador, pincel, punzón, etc.), del soporte sobre el que actúa el instrumento (papel, cartón, tela, barro, madera, etc.), y de la presión de la mano que lo imprime.

En un espacio o superficie limitada, el punto carece de expresividad; solamente al concretar el soporte o al relacionarlo con otros puntos adquiere un verdadero valor expresivo y descriptivo.

Varios puntos juntos forman una composición y donde los puntos están más próximos es más intenso el campo de atención. Este proceso perceptivo puede provocar *expansión* (mediante la concentración de puntos); *tensión central* (por dispersión de los puntos); y producir *múltiples tensiones* y energías espaciales, lo que trae consigo la sensación de movimiento y profundidad cuando la distribución de los puntos gráficos es aleatoria y las formas y dimensiones distintas.

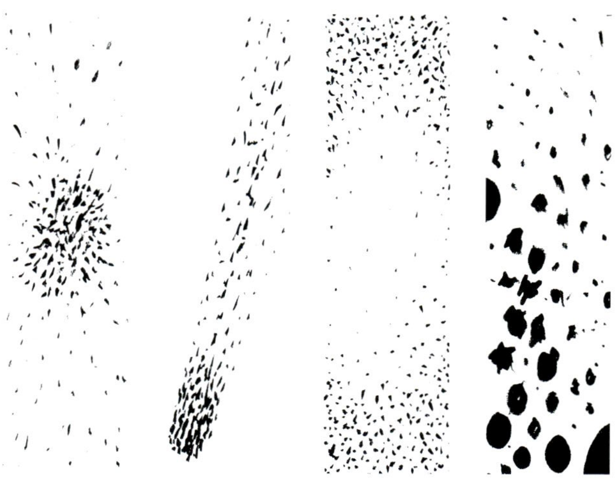

1.2 El punto en las artes gráficas

El punto yuxtapuesto en varios tamaños es el elemento integral de las composiciones fotomecánicas con la utilización de las *tramas de puntos*.

También lo es de la fotografía, donde se encuentran finísimos granos de bromuro de plata que, al ser expuestos a la luz, sufren un proceso de descomposición; o en las imágenes de televisión, producidas por un bombardeo de electrones sobre la pantalla.

△ ***Al aumentar la imagen impresa*** se descubre la trama de puntos que definen la cuatricromía de tonos básicos (cian, magenta, amarillo y negro) con que se compuso.

1.3 El punto en la imagen digital

El *pixel* –del inglés *picture* (imagen) y *element* (elemento)–, es el sustituto del punto en la imagen digital. Cada pixel es un cuadradito muy pequeño, no existiendo separación alguna entre ellos. La definición de la imagen depende de su tamaño, caracterizándose por el número o cantidad de pixels por centímetro cuadrado (ppc) o por pulgada (ppp).

△ ***Sólo al aumentar la imagen*** descubrimos la retícula de pixels que definen la calidad (resolución) de una imagen digital. A esta retícula se la conoce como «mapa de bits».

1.4 El punto en el entorno y en el arte

Si observamos la naturaleza, encontramos en la arena del mar, en el cielo estrellado, en la imagen de una galaxia, en las formas microscópicas de células, virus y bacterias, en el núcleo central de una flor, en el plumaje de las aves exóticas, en la piel de peces, reptiles y anfibios, etc, ejemplos de formas con signos gráficos puntuales.

△ ***Henri E. CROSS (1856-1910). «Mediodía en Pardigan», 1907. Museo Orsay, París. Óleo sobre tela.***
Estilo neoimpresionista basado en la teoría de la fusión de los colores. La riqueza de colores yuxtapuestos, superpuestos y difuminados aporta una gran luminosidad al cuadro. La utilización de pequeñas pinceladas cuadradas es propio de la técnica del artista.

1.5 La línea y su expresividad

La línea surge del trazo que deja un punto en movimiento sobre una superficie. En definitiva, es el resultado de una sucesión de puntos o signos gráficos que se desplazan en una determinada dirección.

Si el ente generador de la línea tiene configuraciones distintas, la línea también puede tener aspectos diferentes, pudiendo ser variables en *grosor*, *tamaño*, *color*, *forma*, etc.

La realidad no tiene líneas; no obstante, desde los tiempos más antiguos el ser humano ha hecho uso de ellas, en su manifestación gráfica, como elemento expresivo y descriptivo para explicar las imágenes.

Su representación –como cualquier otro signo– puede trazarse con diversos instrumentos y sobre diversos materiales. Si el trazo se realiza en una sola dirección tenemos una línea ***recta***, que puede ser *horizontal*, *vertical*, *oblicua* o *quebrada*. Si la dirección varía continuamente tenemos una línea ***curva*** que puede ser *circular*, *ondulada*, *libre*, *quebrada* o *zigzagueante*.

En el dibujo libre la fuerza expresiva de la línea es tal, que permite representar los conceptos abstractos de una idea. Podemos conseguir –mediante variaciones visibles de la velocidad, el grosor, y el modo en que el medio o soporte responde– significados y respuestas a sensaciones y talantes diferentes. No obstante, tales cualidades expresivas son inadecuadas en el dibujo técnico de proyectos, que exige, sobre todo, una exactitud cuantificable y líneas de espesores constantes.

◁ ***Lo esencial en el dibujo gesticular*** es la impresión de movimiento que despiertan los trazos con alteraciones de grosor. Trabajar con la mayor rapidez posible sin corregir errores es la clave de la expresividad de la línea.

△ ***Henri MATISSE (1869-1954). «Rostro en tres cuartos», 1942. Lápiz de grafito.***
Excelente demostración del artista que logra transmitir el sentido de los volúmenes y del movimiento con la simple modulación de la línea.

△ ***La línea*** permite sintetizar la estructura de las formas, su trayectoria y su posición en el espacio.

Una de las principales funciones de la línea es *cercar*, *encerrar*. La línea sirve para representar las formas y volúmenes que determinan la estructura del objeto, trasladando al papel sus contornos que pueden ser cerrados o abiertos.

Asimismo, se usa también para contornear superficies planas: dibujar un polígono, un círculo o una forma irregular. En estos casos la línea es guiada por propiedades geométricas que se estudiarán más adelante, por su útil aplicación para desarrollar el sentido del orden, del rigor y de la precisión gráfica.

Para aprender a trazar líneas de modo no casual, es necesario adiestrar la mano a seguir orientaciones preestablecidas: dibujar composiciones formadas por líneas horizontales, verticales, polígonos –triángulos, cuadrados y círculos– concéntricos y en espiral, haces de líneas paralelas con orientación ondulante, zigzagueante o mixta.

1.6 La línea en la estructura compositiva

• Las ***líneas rectas***. Paralelas, perpendiculares y oblicuas, constituyen, combinadas entre sí, el andamiaje geométrico de toda forma.

- La ***horizontal***. Tiene un gran valor en la composición. Produce sensación de reposo y tranquilidad.

- La ***vertical***. Es la más estable de todas las líneas. Sugiere equilibrio y elevación.

- La ***diagonal***. Simboliza el movimiento. A medida que va siendo más inclinada produce en el observador una sensación de caída y, por tanto, inestabilidad o desequilibrio. Entrecruzadas en varias direcciones, expresan confusión y discordia. Cuando parecen concurrir hacia un mismo lugar, sugieren direccionalidad y movimiento.

• Las ***líneas curvas***. Son las que mejor complementan a las rectas, imprimiendo variedad y dinamismo al conjunto. Producen sensación de potencia y profundidad cuando son muy cerradas, y de movimiento cuando son variables.

1.7 La línea en el arte

En el dibujo y en la pintura la línea se utiliza como instrumento para representar la forma (el volumen de los objetos, el tronco de un árbol, los perfiles de los elementos compositivos de un paisaje, etc.), pero también se ha de considerar como elemento que genera ritmos y movimientos visuales: líneas que conducen la mirada en el proceso de percepción del dibujo o pintura (como, por ejemplo, el romperse de una ola o la inclinación de los árboles por la fuerza del viento). Son las denominadas ***líneas maestras o líneas virtuales*** (con existencia aparente y no real) en la composición artística.

En la escultura y en la arquitectura, la línea, además de constituir el perfil de las formas, direcciona a éstas. Toda estructura compuesta por superficies cóncavas o convexas genera líneas de fuerza ocultas: unas tienen su origen en la disposición de las formas, y otras surgen del interior del volumen como energías que emanan de cada una de las partes de las que se compone la forma corpórea, de modo que la mirada recorra con fluidez la obra tridimensional.

△ ***Antoni GAUDÍ (1852 -1926).***
«Templo de La Sagrada Familia», 1882.
Después de más de 100 años continúan en Barcelona, de forma intermitente, las obras de la Sagrada Familia. Aunque la construcción se inició en 1882, todavía no se ha concluido. Su creador, el arquitecto catalán Antoni Gaudí, predijo que se tardaría dos siglos en terminarla.

△ ***Eduardo CHILLIDA (1924-2002).***
«Elogio del horizonte», 1986-1990.
Cerro de Santa Catalina, Gijón (Principado de Asturias).
El análisis tan firme y seguro que el artista experimenta con la línea en esta sólida y comunicativa escultura, conduce fácilmente a conclusiones gráficas identificadas con los ritmos propios de todos los elementos de la naturaleza.

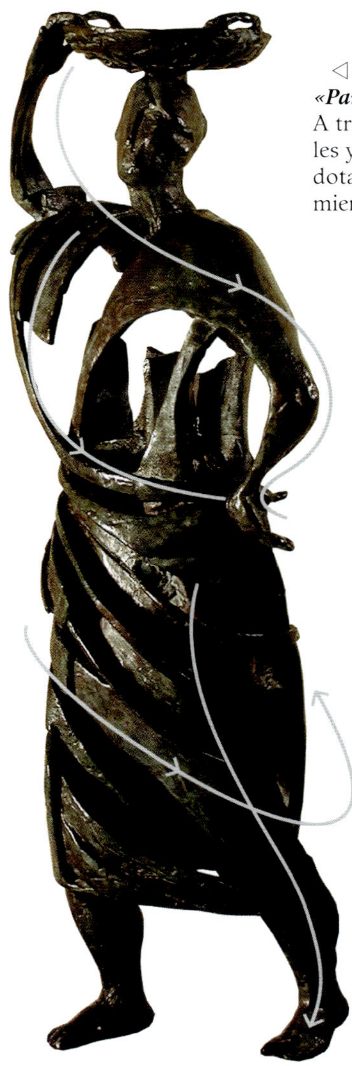

◁ ***J. G. NAZÁBAL (1939).***
«Panchonera», 1995. Bronce.
A través de líneas elementales y espacios vacíos el autor dota a la escultura de movimiento, gracia y expresividad.

△ ***Manuel SÁNCHEZ (1930). «Gente», 1999. Acrílico sobre tela.***
La línea, trazada con mucha soltura y rapidez, modela el contorno de las figuras y a la vez las une con un inteligente juego de transparencias.

2 LA FORMA

La forma es la *configuración exterior de las cosas*, es decir, la apariencia y estructura que percibimos a través de los sentidos. Gracias a la percepción de las formas podemos distinguir unos objetos de otros. El conjunto básico de formas bidimensionales –triángulo, rectángulo y círculo– son las formas generales que más fácil y rápidamente reconocemos.

Mediante la vista captamos formas extremadamente complejas que intentamos retener en nuestro cerebro; pero lo cierto es que, cuando almacenamos imágenes, lo hacemos simplificando detalles con el único fin de poder identificarlas posteriormente.

Cuando a lo lejos percibimos una silueta humana en movimiento, sabemos sin duda si se trata de alguien conocido. No distinguimos su cara ni el color de sus ojos, pero apreciamos sus proporciones y su modo de moverse. Estos datos nos sirven para saber que esa forma humana, esa mancha en el paisaje, pertenecen a alguien que nos es familiar.

2.1 Las formas y sus tipos

Una misma forma puede ser interpretada y por tanto representada de diversos modos. Podemos utilizar su contorno para representarla. El *contorno* o *borde* es el límite aparente de la forma y suele representarse por medio de la línea. La superficie interior que encierra la forma se conoce con el nombre de *dintorno*. El conjunto de ambos conforma la *silueta*.

Tanto la superficie que encierra la línea de la forma (dintorno) como la exterior a la misma (fondo) pueden ser planas o tener texturas y colores variados.

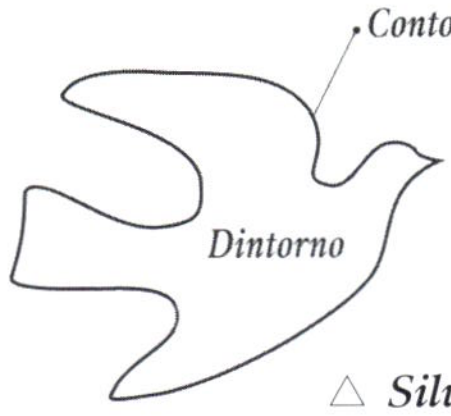

△ *Silueta*

En el ámbito artístico se puede hablar de diferentes tipos de forma:

Abierta
Aquella forma artística que se caracteriza por integrarse en el entorno o medio.

Cerrada
La que muestra continuidad de contornos en todo su perímetro, lo que la independiza claramente del fondo.

Positiva
Cuando la forma ocupa un espacio.

Negativa
Cuando la forma se aprecia como vacío rodeado de espacio ocupado.

△ ***El fuerte contraluz que produce la luz solar en el atardecer*** nos permite distinguir la forma de las figuras humanas, pero sin que podamos apreciar apenas detalle alguno del interior de esas formas: el color de piel, las texturas de los objetos o los tonos de las ropas.

Es de destacar la importante relación de la *forma* con el *fondo* y la tensión que se establece entre ambos elementos. El equilibrio en la tensión *forma/fondo*, –que puede ser acentuada o no con la aplicación del color y la textura–, es básico para que la composición o dibujo resulte armónico.

Por último, hay que indicar que las formas, asimismo, pueden percibirse *visualmente* (a través del sentido de la vista) o *táctilmente* (a través del sentido del tacto).

2.2 Posiciones relativas entre formas

Las formas en el plano pueden interrelacionarse de varios modos, todo dependerá de cómo las situemos:

Distantes
Cuando las formas están separadas entre sí.

En contacto
Cuando las formas tienen un único punto en común.

Superpuestas
Si una de las formas se solapa y oculta parte de la otra.

Penetrantes
Cuando cada una se solapa con la otra creándose un campo o área común.

Unidas
Cuando las dos formas se funden en una sola.

2.3 Formas geométricas y formas orgánicas

Las formas, en cuanto a las artes visuales se refiere, pueden ser *planas* (2D), y *corpóreas* (3D).

Atendiendo a su génesis o formación pueden ser:

• ***Geométricas***: aquéllas cuya estructura responde a leyes de la geometría. Cumplen propiedades matemáticas y son clasificables (vasijas, un pavimento de baldosas, una sucesión de arcos, etc). Asimismo, en una primera impresión pueden ser regulares e irregulares.

• ***Orgánicas***: son aquéllas que se generan libremente, como las que solemos encontrar en la naturaleza, caso de una nube, un árbol, las pisadas en la arena, las manchas en la piel, etc.

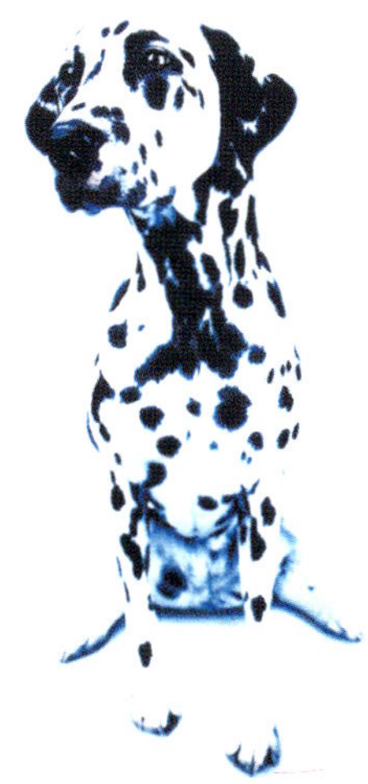

3 LA TEXTURA

Puede definirse como *la estructura material de una superficie*. Cualquier superficie comunica sensaciones visuales o táctiles mediante un conjunto organizado de signos repetidos, cruzados, superpuestos o entrelazados, formando una textura determinada. Así, las superficies disponen de una textura o configuración propia. Basta observar con atención –o con una lupa– para comprobar como papeles diferentes evidencian texturas superficiales distintas, obtenidas en el proceso de fabricación, encontrando superficies desde muy rugosas hasta otras más satinadas o pulidas, fibrosas, porosas, absorbentes, etc.

△ ***Distintos tipos de papeles,*** desde el liso y satinado de la parte inferior, hasta el cartón rugoso empleado para fabricar embalajes situado en la parte superior.

La textura de los objetos influye en los sentidos del ser humano y crea una corriente de atracción o rechazo según sus propiedades, y unas impresiones visuales y táctiles de variados efectos. Así, la madera resulta cálida y agradable al tacto, y por ello aceptamos confiadamente el contacto y la proximidad con muebles y demás elementos de este material. El vidrio, sin embargo, puesto que resulta duro y frío al tacto y tenemos conocimiento de su fragilidad, produce una impresión general de escapar a nuestro dominio y, por tanto, mantenemos cierto recelo hacia él.

Así pues, debido a que el conocimiento de la superficie de los objetos puede obtenerse a través de dos modos de percepción –visual y táctil–, se hace necesario diferenciar, con claridad, entre lo que se entiende por **texturas táctiles** y lo que significan las **texturas visuales**.

3.1 Texturas táctiles y visuales

Sea cual fuere el tipo de textura, la percibiremos como una *sensación táctil* y como una *sensación visual*.

La ***percepción táctil*** dependerá del grado de aspereza, suavidad, dureza, temperatura, etc. Toman un importante protagonismo, haciéndose imprescindibles, en la escultura, arquitectura, decoración, diseño industrial y textil. En pintura también tienen su interés, aunque el relieve suele ser más escaso.

Las ***texturas visuales*** son aquéllas que se perciben con la vista dependiendo, por tanto, del tipo y calidad de la luz, así como del grado de reflexión u opacidad de la superficie.

Pueden o no distinguirse al tacto (al ser planas), pero sí pueden reproducirse gráficamente (de ahí que también se las conozca como texturas gráficas). Se consiguen sometiendo la superficie de papel o cartulina a un tratamiento de signos (punteado, rayado, coloreado, etc.) o frotándolo con otro papel o cualquier otro procedimiento; de este modo se pueden sensibilizar las superficies de manera que atraigan sobre sí la atención, ofreciendo una cualidad que sin dicho tratamiento no tendrían.

Nos evocan sensaciones al verlas, ya que recordamos lo que experimentamos cuando fueron tocadas en otro tiempo. Así, nos puede venir a la memoria lo áspero, lo suave, lo duro, lo blando, lo pulido, lo satinado, etc. Tienen especial transcendencia en dibujo, pintura, artes gráficas, estampación artística y textil, en fotografía, etc. Algunas sugieren formas y elementos tridimensionales: ciertas líneas onduladas se asocian con el mar, el cielo con trazos horizontales, la vegetación con signos entrecruzados, los estratos de la roca con trazados lineales, la mampostería mediante sombreados, etc.

△ *Lápiz de color*

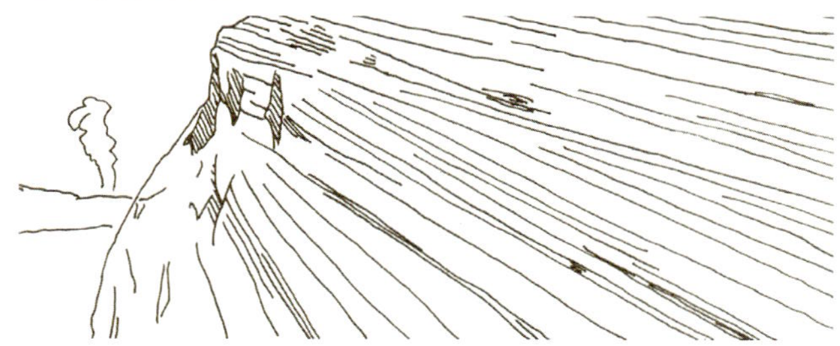

△ *Pluma*

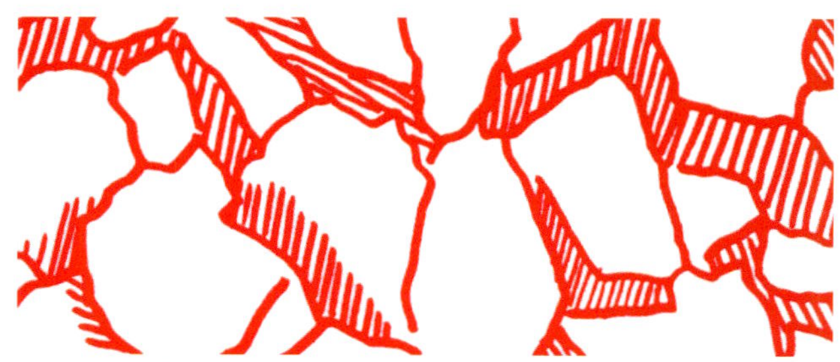

△ *Rotulador*

△ *Acrílicos*

3.2 Texturas orgánicas y geométricas

Las ***texturas orgánicas***, son aquéllas que obedecen a la propia configuración de la materia. Lo son casi todas las de la naturaleza, como por ejemplo las formadas por las nerviaturas de una hoja y las irregularidades de la superficie de hormigón.

Este tipo de estructuras no responden a una geometría definida. Los elementos o signos que las constituyen son irregulares, variables en tamaño, posición y orden. En definitiva, poseen una microestructura en donde se observa un proceso de expansión no voluntaria, lo que produce un efecto de generación orgánica y caprichosa.

Las ***texturas geométricas***, son las realizadas con signos de generación sistemática y repetitiva; esto es, obedecen a un trazado básicamente regular, otorgando a las superficies una organización geométrica. Generalmente son creadas por el hombre aunque la naturaleza sea la inspiradora. En este campo entran todas las texturas obtenidas por entramados de líneas cruzadas o de pequeños elementos geométricos (puntos, líneas, comas, ceros, trazos en uve, etc.) uno al lado del otro o superpuestos para formar retículas más o menos texturizadas, más o menos densas.

△ ***Textura orgánica natural*** y su representación gráfica.

Actualmente, son de gran aplicación e interés las denominadas ***texturas degradadas***, que son aquéllas que resultan de la variación progresiva de sus tonos. Pueden degradarse tanto las texturas orgánicas como las geométricas.

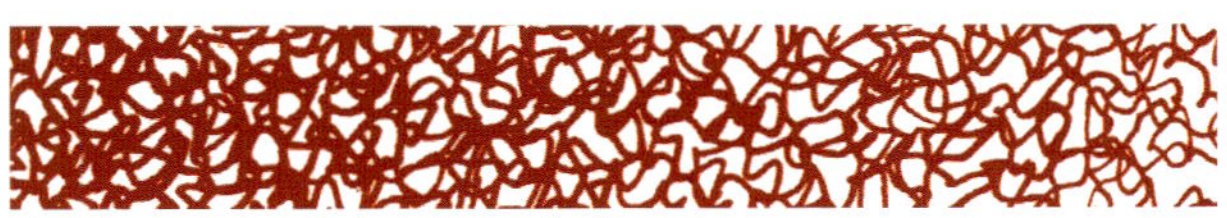

△ ***Textura orgánica degradada***

△ ***Textura geométrica degradada***

Podemos descubrir texturas orgánicas y texturas geométricas tanto en las superficies naturales como en las artificiales, esto es, en las producidas o elaboradas por el hombre.

3.3 Texturas naturales y artificiales

La textura puede ser ***natural*** o ***superpuesta***. La primera es aquélla que depende del material del que está hecho el objeto, mientras que la segunda, se trataría de una textura ***artificial*** (superpuesta o elaborada), fruto de la adición de otro u otros materiales (yeso, pinturas, colas, etc.) o de la aplicación de alguna técnica como el grabado, ceras, óleo, collage y otras.

Cada técnica pictórica posee su propia textura. Por ello, tras una detenida observación es posible apreciar con qué tipo de materiales se ha resuelto la obra. Si comparas las imágenes que siguen comprobarás que no resulta difícil diferenciar una técnica de otra.

△ ***Lápices de color***

△ ***Rotuladores***

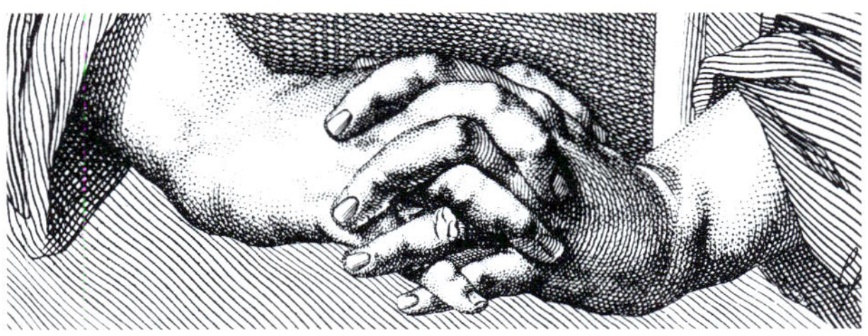

△ ***Tinta***

△ ***Ceras***

△ ***Témperas***

4 TEXTURAS EN EL ARTE

4.1 La textura en el dibujo

La textura en el dibujo se consigue al trazar sobre un soporte (con lápiz, carboncillo, pluma o cualquier otro utensilio capaz de dejar huella) signos, como puntos, líneas o esbozos de formas figurativas copiadas o ideadas.

A veces está hecho sólo con signos varios (como en el dibujo a pluma de Van Gogh) o mediante líneas (como en el dibujo de A. George) o con puntos que, al ser un signo más pequeño, pueden tener dimensiones y formas diversas, creando efectos texturados y de volumen.

△ ***Vincent VAN GOGH (1853-1890).***
«Barcas en Saintes-Maries de la mer», 1888. Dibujo a tinta. El artista obligó a las plumas de caña a describir sus sentimientos sobre la mar, con trazos decididos, consiguiendo sensaciones y movimientos diferentes en cada parte de la marina.

△ ***A. GEORGE. «British Theatre», 1983. Lápices de color.*** El rayado de la falda, con trazos convergentes hacia la cintura, determina un ritmo más «volátil» que el suave y profundo azul del fondo, con líneas entrecruzadas.

4.2 La textura en la pintura

Pintar significa extender zonas de color usando lápices de colores, témperas, acuarelas, óleo, pasteles o tizas con un signo particular y personal.

El ***signo*** de la pincelada o del golpe de espátula crea la *textura pictórica*, que puede aparecer homogénea, hecha de pequeños trazos uniformes, o variada y vibrante, hecha de amplias pinceladas escurridizas y pastosas.

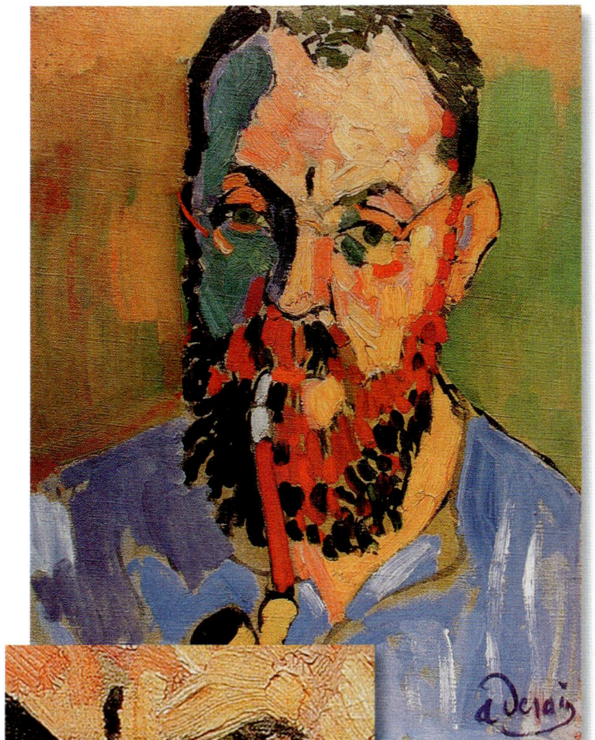

△ ***André DERAIN (1880-1954). «Retrato de Henri Matisse», 1905. Óleo sobre lienzo.*** Además de por el empleo valiente del color, este retrato destaca por una pincelada corta y cargada de materia que da a la obra un profundo dinamismo y una gran sensación de relieve.

4.3 La textura en la escultura

Esculpir es la acción de quitar material de un bloque de mármol, de piedra o de madera usando cincel y mazo.

Modelar significa dar forma a materia que está privada de ella como, por ejemplo, la creta (carbonato de cal terroso), utilizando los dedos o varillas de madera apropiadas.

El ***signo*** en escultura es la huella del cincel sobre la materia, o la digitalización del escultor que talla la madera o modela el barro.

El acodamiento, el entrelazado o la superposición de esos signos crean las superficies y las texturas, que pueden resultar: lisas, rugosas, ritmadas, porosas, plásticas, moduladas, etc, según los efectos de luz y sombra deseados por el escultor.

▽ ***Miguel Ángel BUONARROTI (1475-1564). «Esclavo atlante», 2´77 m. de altura. Mármol, 1519-1536.*** En esta escultura del genial Miguel Ángel la textura alcanza una expresividad extrema: la rugosidad de la piedra, en contraste con el suave acabado de la piel, parece mantener cautivo al esclavo, el cual trata inútilmente de escapar de su condición.

4.4 La textura en la arquitectura

Los edificios, las plazas, los puentes, los trazados urbanísticos, son *arquitectura*. En ella, el concepto del signo es más complejo que en la pintura y en la escultura.

– El ***signo*** en un edificio es aquel elemento arquitectónico que asume un particular significado formal: una portalada, un rosetón sobre la fachada de una iglesia, una escalera helicoidal, un balcón con decoración de estilo singular, una puerta o ventana encuadrada entre columnas y tímpano, etc.

– Los ***subsignos*** son aquellos elementos constructivos que, repetidos o combinados, contribuyen de manera determinante a la imagen compleja del edificio: materiales de fachada (vidrio, aluminio, piedra, ladrillo, hormigón, etc.), arcos, columnas, cornisas, etc.

La textura en arquitectura está determinada por los materiales de construcción empleados (acero, piedra, hormigón, ladrillo, etc.) y por su preparación y/o colocación. En definitiva, la textura viene determinada por el ritmo y relieve que establece la inserción de signos y subsignos.

▷ ***Arquitectura de finales del siglo XX.*** Todos los conductos esenciales de este gran bloque de oficinas se han sacado al exterior y se han tratado como un elemento decorativo (lo que configura el *signo* de la edificación). Los *subsignos* vendrían dados por los materiales que componen la fachada, el ritmo de las ventanas, la textura de los cilindros, etc.

Vocabulario

- ***Satinado*** *Sensación táctil o visual de una superficie pulida por medio de presión.*
- ***Signo*** *En el lenguaje visual, es la huella hecha para representar o expresar algo.*
- ***Textura*** *Es la calidad exterior de las formas, esto es, la estructura material de una superficie.*
- ***Yuxtaponer*** *Poner un elemento junto a otro o inmediato a él.*

PUNTILLISMO. EL USO DEL COLOR FRAGMENTADO

El valor expresivo del punto puede ser matizado mediante la utilización de diversas técnicas gráficas.

El *puntillismo* o *divisionismo*, –entendido éste como la fragmentación del color en los signos o elementos que lo componen–, es una técnica pictórica que desarrollaron los neoimpresionistas franceses durante los últimos años del siglo XIX, consiguiendo efectos atmosféricos maravillosos. De esta manera, se modelan zonas enteras de color mediante signos puntuales, contiguos o yuxtapuestos entre sí, o se avivan zonas de un solo color plano, añadiendo encima salpicaduras fragmentadas de otro color.

Al usar esta técnica se pretende producir la impresión de un color global, de manera que no trates de yuxtaponer colores que imiten con exactitud los matices originales del modelo, ya que los colores más improbables se combinan ópticamente para producir en el observador el efecto deseado.

En este tipo de dibujos se intercalan trazos o signos puntuales de otros colores, sin fundirlos. Es un estilo de dibujo muy libre, donde los signos que hagas pueden tener la forma que quieras. Aplica los colores con confianza y energía y no exageres ninguna zona porque perdería espontaneidad.

Dibuja la composición de la fotografía inferior de modo puntillista o cualquier otro motivo de tu agrado e incluso, si es posible, tomado del natural.

nombre y apellidos

nº	curso/grupo	fecha

Compón un conjunto de numerosos puntos, del mismo o diferentes tamaños para experimentar los efectos de dilatación, contracción, profundidad, etc. Comienza por esbozar, con lápiz muy fino, el contorno de la forma principal.

Materiales: rotuladores, lápices de color y tintas.

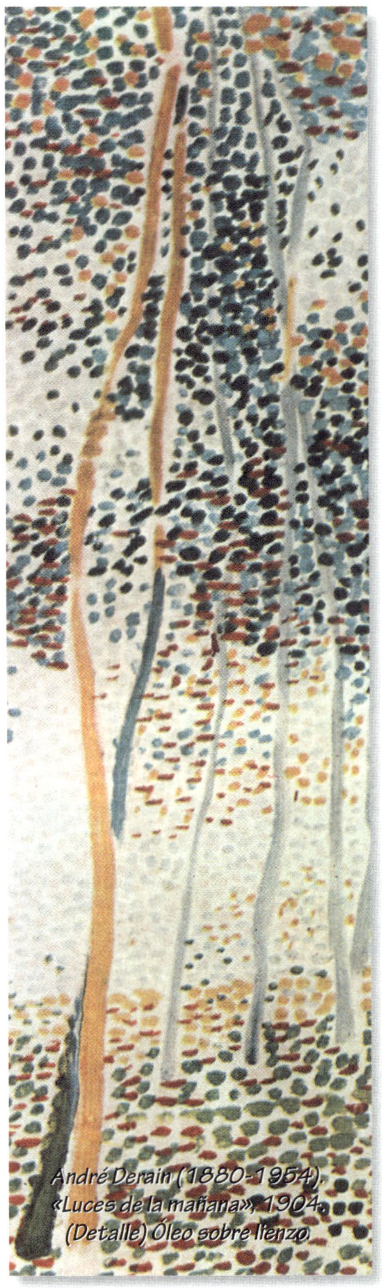

André Derain (1880-1954). «Luces de la mañana», 1904. (Detalle) Óleo sobre lienzo

VERIFICACIÓN

1. Enumera todos los tipos de signos que conozcas.
2. ¿En qué se diferencian los signos gráficos de los pictóricos y ambos de los llamados signos plásticos en las texturas artísticas?
3. ¿El conjunto de varios puntos constituye una composición? ¿Influye la manera en que se agrupan los puntos?

Giorgio Morandi (1890-1964).
***«Naturaleza muerta con taza y tarro»**, 1932.*

Combinando trazos simples y entrecruzados consigue superficies más o menos densas que representan las zonas de sombra y luz de los objetos. A partir de este contraste se genera el efecto de espacio.

LA LÍNEA EN LAS TEXTURAS DE MODELOS DEL NATURAL

Escoge una de las siguientes propuestas:

1. Parte de la fotografía de las manzanas o de otra escena compositiva que puedas organizarte, convenientemente iluminada, de acuerdo a las observaciones de tu profesor.

Plantea, primeramente, el esquema base con un lápiz blando afilado. Después, y con paciencia, agrupa líneas partiendo del núcleo de cada objeto representado, de forma análoga al ejemplo de la manzana en grises.

2. Dibuja, mediante líneas y trazos, la textura de las figuras geométricas construidas en cartulina blanca, aprovechando la iluminación de la clase. Comienza por esbozar el dibujo a lápiz (HB) con trazo ligero, de modo que se pueda borrar fácilmente al finalizar el trabajo. Una vez estudiadas las zonas de luz y sombra, extiende un primer texturizado cambiando la inclinación de cada objeto. Después, superpón dos o más composiciones de trazados para oscurecer donde sea necesario.

nombre y apellidos

nº | curso/grupo | fecha

Materiales: lápices de color, rotuladores y tintas.

1

2

VERIFICACIÓN

1. Enumera todos los tipos de línea que conoces.

2. Líneas quebradas, onduladas, continuas, tienen significados expresivos diversos. Intenta describirlos mediante el trazado de líneas que mejor expresen el significado (contrastado) de los adjetivos siguientes:

sinuoso	———————	quebrado
continuo	———————	discontinuo
tranquilo	———————	turbulento
orden	———————	desorden

3. La línea permite representar visualmente el contorno de las formas, su estructura, las superficies y espacios. Pon algunos ejemplos en el mundo del arte.

Richard Serra (1939). «Snake», 1994-1996. Acero, seis secciones cónicas. 104 m.

Partiendo de la simplicidad de la línea curva, el artista consigue dotar a sus obras de un notable movimiento; esta sensación del espectador se ve acrecentada por la posibilidad de adentrarse en la obra de arte, dado su enorme tamaño, y pasear por su interior.

HACIA LA ABSTRACCIÓN: ARMONÍAS DE COLORES Y FORMAS

nombre y apellidos

nº | curso/grupo | fecha

Escoge una imagen que te guste. Puede ser un paisaje o cualquier otro motivo de la naturaleza. Busca fotografías de tu entorno o en revistas.

Antes de comenzar a colorear, busca las formas más significativas de la imagen y encájalas con trazos sencillos y muy suaves, empleando un lápiz blando y afilado. Para ello, entrecierra los ojos y visualiza el motivo. Prescinde de los detalles, como hace *W. Kandinsky* en el óleo que se muestra.

A modo de ejemplo, fíjate en cómo se ha resuelto, con ceras, el litoral que observas en la foto y que, en esencia, se puede definir como una armonía de colores y formas.

Pinta con los lápices de color, ceras o rotuladores las formas obtenidas con diferentes trazos intensos y variables. Usa tu imaginación y desarrolla tu propia interpretación cromática, sin necesidad de que se ajusten a los del modelo elegido.

LA ABSTRACCIÓN EN EL ARTE

La renuncia a la imitación es una de las características más destacadas del ***arte abstracto***, aunque lo imitativo no se excluye de sus manifestaciones, sobre todo en las iniciales tendencias pictóricas inmateriales de gran parte del siglo XX, en las que la forma, el color y la técnica son las únicas formas de expresión.

Para el pintor ruso *Wassily Kandinsky* –nacionalizado alemán y en los últimos años de su vida francés–, pionero en el *arte abstracto*, la pintura debía alcanzar la expresividad y la abstracción de la música y poseer la estructura sintáctica del lenguaje.

Corría el año 1908 cuando, tras viajar por Europa, encontró en el pacífico pueblecito alpino de Murnau el ambiente idóneo para su trabajo. *Kandinsky* potenció el color y las formas como únicos medios de expresión, principios que fueron perdiendo progresivamente su referencia a realidades visuales exteriores y se convirtieron en expresión de los sentimientos del pintor.

Wassily Kandinsky (1866-1944). «Vista de Murnau», 1908. Óleo sobre cartón, 33 x 44,5 cm.

VERIFICACIÓN

1. ¿Qué son texturas?

2. Comenta las texturas naturales e indica algunos ejemplos.

3. ¿Cuáles son las texturas no naturales o artificiales? Pon algunos ejemplos.

TEXTURAS MEDIANTE LÁPICES DE COLOR Y FROTADO

Comienza por seleccionar un tema de tu agrado: una vista rural, una zona urbana, un bosque, un paisaje marino...

1. Elabora una composición basada en un dibujo libre, variando la presión, con trazos cortos paralelos, con colores diferentes, difuminando, borrando en las zonas de más luz y creando varias texturas.

EL FROTADO

Se trata de una técnica que permite obtener, en una hoja de papel, de modo automático, la transcripción de los relieves de una superficie. Se consigue frotando un lapicero o una barra de pastel en una hoja puesta sobre una superficie en la que se desea obtener imágenes creativas de la «casualidad».

El frotado se utiliza con finalidades expresivas por primera vez en 1925 por el pintor surrealista Max Ernst (1891-1976). El artista observando las estrías de un pavimento de madera, intuyó que de las grietas, del dibujo de las fibras, del raspado, podrían brotar formas casuales y alusiones a figuras misteriosas, que trató de fijar en una hoja de papel con el método del frotado. Quizás habréis usado ya esta técnica de forma banal, por ejemplo para reproducir en el papel el relieve de una moneda; intentad ahora utilizarla de modo creativo en la propuesta de esta lámina.

Abajo, una composición realizada con el método de frotado. Recuerda que es clave trabajar con creatividad y libertad. No estás obligado a trabajar sobre este soporte, puedes hacerlo sobre otro papel más delicado y presentar, luego, tu trabajo pegado dentro del formato rectangular.

2. Ahora sigue matizando la composición mediante frotado. Coloca el papel sobre una superficie texturizada: paredes de gotelé, rejillas, vidrio labrado, tejidos gruesos, maderas y, en general, sobre superficies granulosas. Frota suavemente con tu lápiz de grafito blando (6B), lápices de color, ceras o pasteles.

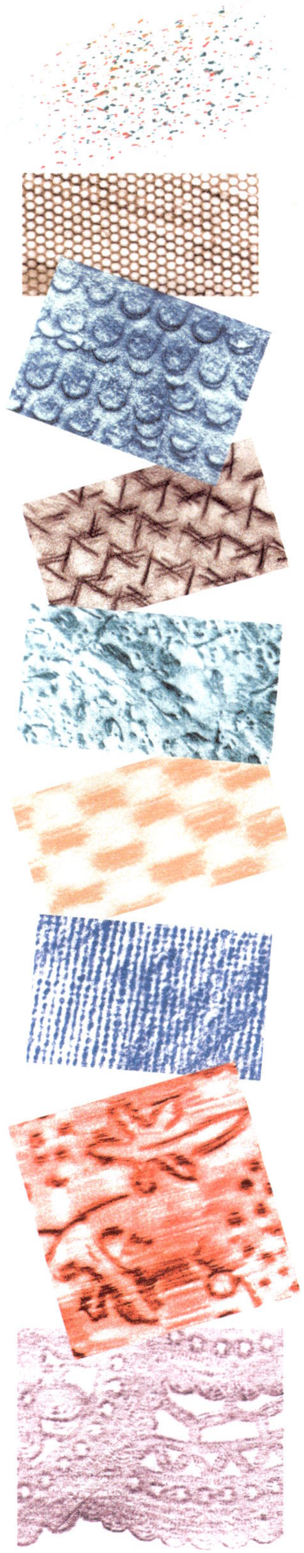

nombre y apellidos		
nº	curso/grupo	fecha

Materiales: tres lápices: HB (medio), 2B (blando) y 4B (muy blando), lápices de colores, ceras o pasteles y goma de borrar.

II

ELEMENTOS CONFIGURATIVOS DEL LENGUAJE VISUAL

luces y sombras

UNIDAD DIDÁCTICA

4

OBJETIVOS

- Saber observar y analizar el comportamiento de la luz sobre las formas corpóreas.
- Saber describir la luz y las sombras como elementos que sugieren el efecto de volumen.
- Reconocer los distintos tipos de iluminación sobre diferentes modelos, apreciando sus cualidades expresivas.
- Desarrollar destrezas con la elaboración de propuestas en colores acromáticos o colores neutros (blanco, negro y gama de grises).

DESARROLLO

Se trata de tener un concepto definido del comportamiento de la luz y de su utilización con fines expresivos y artísticos. Dedicar de cuatro a cinco sesiones para completar el desarrollo teórico y práctico de la Unidad.

1. Se analiza la naturaleza de la luz y se dan a conocer los tipos básicos de iluminación en las artes visuales.

2. Se estudia el comportamiento de la luz y se analizan sus tonalidades mediante el claroscuro.

3. Se analiza el tratamiento de la luz y las sombras en una obra de arte.

4. Se realizan propuestas que desarrollan los conceptos adquiridos, lo que, junto a las preguntas específicas de las verificaciones, constituyen los materiales para la evaluación.

1 NATURALEZA DE LA LUZ

La luz que incide sobre los objetos reales, o es luz natural (del sol), o es luz artificial (de un foco o una lámpara); a su vez, los objetos pueden encontrarse en el espacio exterior o en un interior. Éstas son las cuatro posibilidades que pueden darse en la observación de cualquier escena o imagen. Es evidente que un mismo motivo nos ofrecerá matices muy distintos según el ambiente en el que se dibuje.

La ***luz natural*** [1] varía según las horas del día, lo que obliga al dibujante al recurso del apunte previo, a la representación rápida de las zonas de luz y sombra que muestra el objeto iluminado por ella.

La ***luz artificial*** [2] es constante, no varía la posición de su fuente, permitiendo sesiones cuya duración puede controlarse a voluntad.

Todos los objetos que forman parte de nuestro entorno los percibimos gracias a la luz natural o artificial. La alteración de las formas es consecuencia del mayor o menor grado de intensidad de los rayos luminosos.

Cuando la luz no tropieza con objetos o gases nuestro ojo no la percibe; pero cuando se le interpone un objeto en su trayectoria, éste se hace visible, resultando iluminado por la zona enfrentada al foco y oscurecido por la opuesta. Por este motivo las fotos de espacio tienen el fondo oscuro [3].

Las sombras, causa contraria de la luz, dan efecto de relieve a los cuerpos y ayudan a comprender la forma y el volumen. Nos permiten, pues, identificar los paisajes, los objetos, valorar las formas, sus texturas, los materiales que los componen, e incluso las posiciones respecto a otros objetos.

△ [3] ***La Tierra vista desde el espacio exterior.*** La luz producida por las radiaciones solares ilumina nuestra atmósfera de color azul debido a los gases que la componen. En el resto del espacio, prácticamente vacío de materia, no se percibe la luz.

1.1 La luz y la sombra

La luz va acompañada siempre de la sombra, son inseparables y complementarias. Ambas poseen el mismo valor configurador en la percepción de las formas volumétricas [4].

△ [4] ***Ausencia de sombra.*** La sombra es tan necesaria como la luz para percibir las formas. Podemos comprobar cómo a medida que se desvanecen las sombras la visión de los objetos es más difícil.

◁ [1] ***Luz natural (foto izda.).*** La luz solar dota a las formas de una cualidad de suave modelado, un volumen delicadamente definido y un contraste muy sutil.

◁ [2] ***Luz artificial (foto dcha.).*** La luz de un foco acentúa los contrastes, potenciando los volúmenes, a la vez que la sombra arrojada se proyecta muy definida.

1.2 Iluminación directa e indirecta

Aunque en una misma imagen hay multitud de zonas con distintas intensidades de luz, deberemos distinguir dos tipos bien diferenciados: la ***luz directa*** [5] que produce contrastes muy fuertes (cuanto más intensa es, más oscura resulta la sombra) y la *luz* ***indirecta o reflejada*** [6] que, por el contrario, matiza las superficies de los objetos con valores degradados.

En el caso de la luz reflejada, el color de la pantalla influye enormemente en los colores del modelo representado. Si la pantalla es amarilla el modelo recibe reflejos de luz amarilla. Si queremos que reciba otro color, sólo tendremos que cambiar el color de la pantalla por el deseado.

△ [5] ***Iluminación directa.*** Así designamos a la iluminación que incide directamente sobre la composición escénica.

△ [6] ***Iluminación indirecta o reflejada.*** Se trata de aquella iluminación que incide directamente sobre la pantalla reflectante y es devuelta de nuevo sobre el modelo. Para lograr este efecto puede utilizarse, como pantalla, una simple cartulina.

2 DIRECCIÓN Y EFECTOS DE LA LUZ EN LOS OBJETOS

1 *Luz FRONTAL*
La luz está frente al modelo, iluminando casi todas las zonas pero generando pocas sombras por lo que se pierde la sensación de relieve y volumen. Nos produce una imagen bastante plana y las texturas pierden relevancia.

2 *Luz LATERAL*
La luz ilumina un lado del modelo, generando la sombra en el lado contrario. En este caso se obtiene la sensación de relieve o volumen y las superficies parecen enriquecerse en detalles haciendo la textura más expresiva.

3 *CONTRALUZ*
La luz llega desde atrás de modo que los planos frontales del modelo quedan en sombra, mientras que los contornos de la figura ofrecen un halo de luz muy característico que la recorta o separa del fondo.

4 *Luz CENITAL*
La luz viene de arriba. En los retratos oscurece las cuencas de los ojos y el labio superior, que recoge la sombra de la nariz. Exagera los pliegues y arrugas de la piel e inunda de sombras la mandíbula, los pómulos y la barbilla, contorneando la parte inferior y exterior del rostro con sombras fuertes.

5 *Luz BAJA*
La luz viene de abajo. Al contrario de la anterior todo lo que antes se hallaba en sombra ahora se encuentra iluminado y todo lo que se encontraba iluminado ahora es sombra. Todos los estudiosos le atribuyen un carácter fantasmal.

6 *Luz COMBINADA*
La luz no tiene una única fuente de iluminación. Se utilizan varias en diversos puntos y con distintas intensidades. En realidad es una mezcla o combinación de los efectos de iluminación vistos anteriormente.

3 COMPORTAMIENTO DE LA LUZ

La luz baña las superficies de los cuerpos manifestándose o percibiéndose con distinta intensidad, en función de la *forma*, la *textura*, el *color* y el *material* del que se componen.

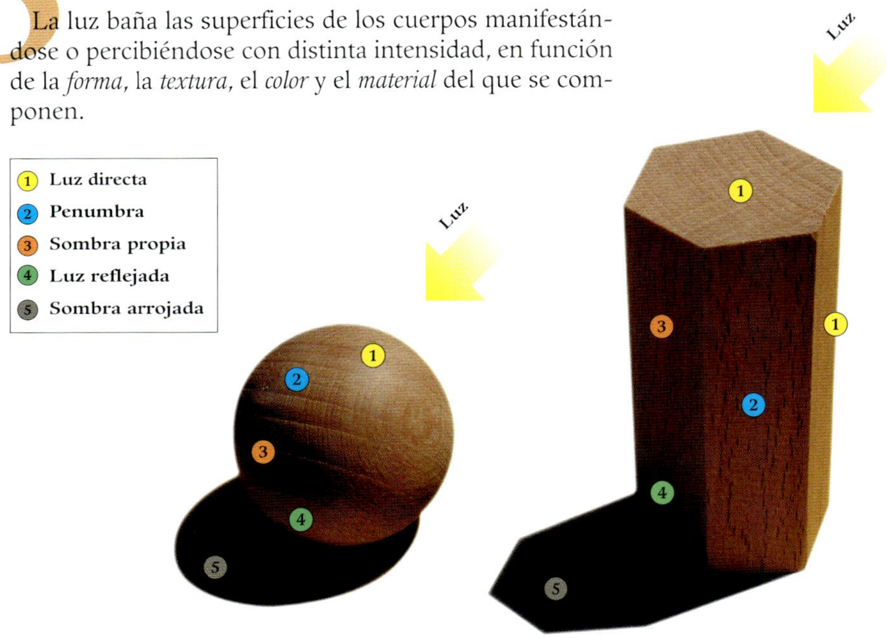

◁ ***En función de la FORMA.***
Las superficies planas reciben la luz y producen sombras relativamente uniformes provocando un contraste definido y fuerte entre ambas, mientras que en las superficies curvas (cilindros, esferas, etc.) la luz y la sombra se reparten en un degradado, produciendo un ligero resplandor en la zona de sombra propia: es la luz reflejada por la superficie donde descansa el cuerpo.

△ ***En función de la TEXTURA.***
Las superficies pulidas reflejan con mucha intensidad la luz que reciben, la desvían o la devuelven en otras direcciones y en ocasiones pueden producir destellos o brillos. Las superficies rugosas, mates, y poco pulidas retienen la luz que reciben, reflejando muy poca al exterior.

△ ***En función del COLOR.***
Los colores oscuros, y sobre todo el negro, absorben los rayos de luz sin producir reflejos, pero si el negro pertenece a una superficie de textura pulida acabará provocando reflejos. Los colores claros y en especial el blanco reflejan la luz, pero si el blanco pertenece a una superficie de textura poco pulida, rugosa o mate, retendrá la luz reflejándola escasísimamente. Las superficies de un determinado color tienden a reflejar luz teñida con el color que poseen. Así una superficie violeta reflejará luz violácea y una superficie naranja reflejará luz anaranjada.

◁ ***En función del MATERIAL.***
Los materiales opacos no dejan pasar la luz por lo que no pueden producir transparencias, ni permiten que ésta ilumine a otros objetos que se encuentren detrás. Sin embargo, pueden reflejar una cierta cantidad de luz a los que se encuentren delante. Los materiales transparentes o translúcidos, aunque retienen alguna cantidad de luz, dejan que ésta los atraviese permitiendo iluminar objetos posteriores. Un material transparente puede simultáneamente dejar pasar la luz en una dirección y reflejarla con gran intensidad en la dirección contraria.

4 LUZ Y TONO: EL CLAROSCURO

Hemos visto cómo la iluminación es el factor que ayuda a la percepción del espacio y del volumen. Al conjunto de tonos y a la distribución de luces y sombras en una composición o escena visual se le denomina ***claroscuro***.

Luz y sombras, claridad y tinieblas, luz conceptual y luz real, realidad amable y realidad dramática... esto es el claroscuro.

El ***tono*** es el grado de iluminación o de oscuridad de una zona determinada. Cuando la aplicación de luces y sombras se realiza correctamente, tiene lugar la entonación de una composición. Una composición mal entonada se torna confusa y de difícil interpretación al no matizar o definir bien los volúmenes y espacios. Una composición bien entonada contrasta y matiza claramente volúmenes y formas.

Es de gran importancia en la técnica del claroscuro la fidelidad y ajuste de los distintos tonos a la realidad, y la relación entre ellos. Ésta técnica tiene tres tratamientos básicos:

- ***Clave alta*** producida por la luz directa y reflejada a la vez, con tonos dominantes claros.
- ***Clave media*** producida por la luz reflejada no muy intensa, con tonos medios y sin grandes contrastes.
- ***Clave baja*** producida por la luz directa muy fuerte, con tonos dominantes oscuros y mucho contraste entre luz y sombra.

Es necesario conseguir distinguir al menos diez valores tonales. Como ejercicio previo intenta reproducir, en papel aparte, la gama de grises que observas en la escala inferior. Para ello, utiliza un lápiz blando (2B a 4B).

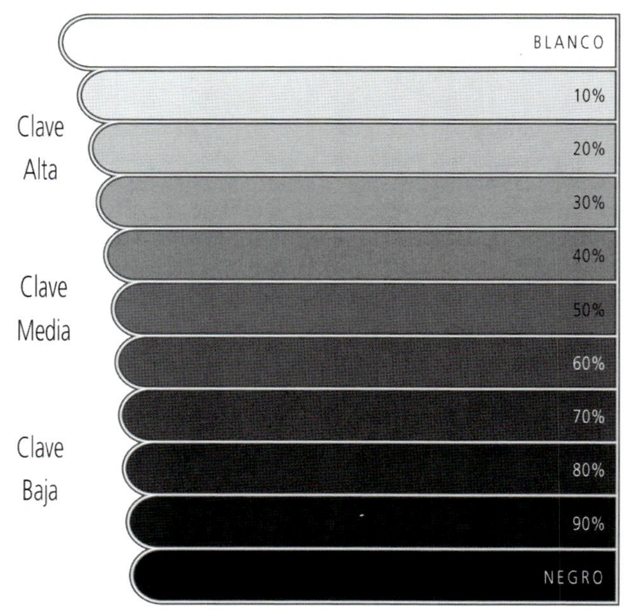

△ ***Escala de valores del gris.***
Paso del blanco (máxima luminosidad) al negro (ausencia de luz) en nueve valores tonales, gradualmente constantes.

5 CAPTURA DE LA LUZ

Para practicar la técnica del *claroscuro*, es necesario iniciarse con el dibujo de formas acromáticas y monocromáticas que faciliten la *valoración de las tonalidades*, eliminando la dificultad que encierra hallar éstas en formas polícromas, donde el claroscuro hay que sustraerlo de entre las varias saturaciones de los distintos colores.

Dibujar con lápiz es la forma ideal de empezar el proceso de mejora de las habilidades para el dibujo. Dibujar implica observar las formas de la luz y de la sombra, y traducir lo que ves en líneas y signos difuminados sobre el papel.

Estas líneas, signos o manchas constituyen un mapa: sus direcciones y formas son muy importantes. Curiosamente, si intentas dibujar un objeto (un jarrón como el del modelo de la fotografía) con el conocimiento y concentración en el hecho de que se trata de una escayola, es posible que no lo logres. Lo importante es observar las formas, las proporciones y el modo en que las áreas de oscuridad y de luz se ajustan entre sí.

A medida que aumenta tu destreza en el dibujo a lápiz, descubrirás que cada vez utilizas menos la goma de borrar. Mediante la acumulación de trazos y rayados, el objeto dibujado adquiere una calidad tridimensional.

Pero antes de comenzar el dibujo, has de tener en cuenta las siguientes consideraciones:

- Analiza la forma del modelo, observando su estructura general para acoplar las formas geométricas básicas, con sus ejes y simetrías.
- Estudia el encaje del motivo en el papel.
- Considera la relación entre proporciones y las proporciones compartidas con los elementos u objetos más próximos.
- Analiza las superficies o texturas del modelo, observando su comportamiento con la luz y con ello establece correctamente los brillos y sombras y, en definitiva, la gama de grises que proporcionan el efecto tridimensional.

Modelo

1

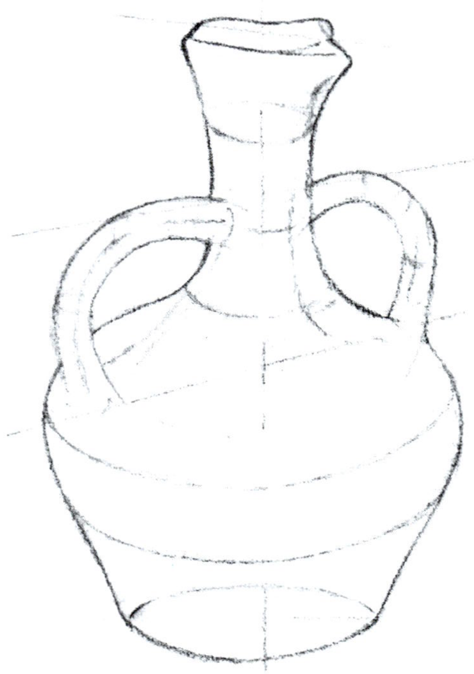

PASO 1
Encaja el dibujo en la hoja de papel, procurando que quede bien centrado.
Dibuja las líneas, ejes y direcciones más significativas, dando una visión esquemática de las formas en superficies y volúmenes geométricos, como es el caso de esta superficie de revolución. Destaca los contornos más sobresalientes para dar los tonos.

2

PASO 2
Continúa tomando los tonos extremos: empieza por el más oscuro dejando el blanco. Seguidamente, has de tener presente la relación de luces–objeto. De esta forma tendrás los tonos límites del dibujo.

3

PASO 3
Esta última fase es la de sombreado y de estudio comparado del claroscuro. Sin duda, es en la que más atención has de poner.
Vete difuminando de los tonos más oscuros a los más claros, para llegar al brillo, abriendo paulatinamente la gama de grises hacia el blanco. Lo último será dibujar los pequeños detalles.

6 LA LUZ EN EL ARTE

La luz y su utilización para potenciar sensaciones y espacios ha sido un tema de gran interés artístico a lo largo de la historia, ya que el claroscuro ofrece enormes posibilidades de representación.

La correcta utilización de la técnica del claroscuro dota de mayor expresividad, fuerza plástica y naturalismo a la composición artística.

En el Renacimiento encontramos artistas que empleaban esta técnica. Rafael, Miguel Ángel y Leonardo da Vinci son algunos de los artistas más significativos. De este último destacamos su famosa obra *«La Gioconda»*, en donde la especial atmósfera se consiguió gracias al sabio juego de luces y sombras.

En el siglo XVIII el arte barroco impone un gusto por el naturalismo con gran variedad temática, fuerte expresividad (explotación del gesto) y el dulce *esfumado leonardesco* se ve sustituido por el intenso claroscuro: por la luz se llega a la conquista de la perspectiva aérea (Velázquez), superando la linealidad horizontal lograda en el Renacimiento. Con ella se crean distintos planos de profundidad y se logra llevar así la realidad a la obra pictórica.

El marco de la ventana se halla en contraluz, por lo que se ve muy oscuro. Pero sus partes inferiores y laterales están iluminadas por luz indirecta y reflejada.

El rincón de la pared opuesta a la fuente luminosa se encuentra en sombra.

La hoja de ventana abierta recibe la luz directa e intensa.

El rostro del militar recibe un tenue resplandor que proviene de la luz reflejada de la mesa y el resto de la estancia. Lo mismo que sucede en las zonas delanteras de sus ropas.

El paño inferior a la ventana recibe la luz reflejada de la pared del fondo. El soldado se encuentra a contraluz.

La pared frontal recibe la mayor parte de la luz directa que entra por el ventanal, al igual que la muchacha, produciendo fuertes sombras sobre el tocado de la cabeza, rostro y cuello. También sobre la espalda del militar hay una aureola de luz intensa.

△ ***Jan VERMEER DE DELFT (1632-1675). «Militar y muchacha sonriente», 1657.*** Lienzo de uno de los pintores más misteriosos. Alcanza gran poder de penetración en la intimidad de los personajes, junto con la meticulosa observación de la luz y el preciso manejo del color. Además de su poder de seducción visual, la obra está repleta de emblemas y alusiones a la vida de la época, y más específicamente a la condición del pintor y su arte en la Holanda del siglo XVII. En una misma imagen hay múltiples tipos e intensidades de luz: luz directa y luces reflejadas y por tanto zonas de gran contraste y zonas degradadas o matizadas, brillos y reflejos.

△ ***Plano de situación.*** Desde esta vista superior podemos apreciar la zona iluminada y el campo visual que ha representado el pintor.

◁ ***Percepción del contraste.*** Si cierras un poco los ojos podrás ver cómo se acentúan los contrastes del cuadro, más o menos lo que puedes observar en la reproducción de menor tamaño.

VOCABULARIO

- ***Acromático*** *Composición o forma que carece de color.*
- ***Degradado*** *Variación progresiva y constante de un tono a otro.*
- ***Entonación*** *Graduación de los colores y valores para obtener un efecto armónico.*
- ***Luminosidad*** *Cantidad de blanco que posee un tono.*
- ***Monocromático*** *Se aplica a aquellas figuras que cuentan con un solo color.*
- ***Penumbra*** *Zona situada entre las luces y las sombras de tonalidad intermedia.*

OBSERVACIÓN DE LA LUZ EN LA NATURALEZA Y EN EL ARTE

nombre y apellidos

nº | curso/grupo | fecha

1. Observa detenidamente las fotografías. Escribe al pie si se trata de luz natural o artificial y la dirección de la luz con respecto a los objetos.

Recuerda las seis direcciones de la luz indicadas en la exposición teórica: frontal, contraluz, lateral, cenital, baja y combinada.

2. Busca en revistas y pega en las zonas reservadas de esta lámina fragmentos de fotografías y obras de arte con diferentes modos de iluminación.

Escribe al pie de cada una la dirección de la iluminación y la naturaleza de la misma.

1

Clint Eastwood, actor y director

Iluminación: artificial

Dirección: frontal / cenital

J. Soroya, «En la Playa, Biarritz»

Iluminación: ____

Dirección: ____

Vista panorámica de los Alpes

Iluminación: ____

Dirección: ____

Georges de la Tour, «Natividad»

Iluminación: ____

Dirección: ____

A. Pavarotti, cantante de ópera

Iluminación: ____

Dirección: ____

2

FOTO

Iluminación: ____

Dirección: ____

FOTO

Iluminación: ____

Dirección: ____

FOTO

Iluminación: ____

Dirección: ____

FOTO

Iluminación: ____

Dirección: ____

VERIFICACIÓN

1. ¿Es diferente iluminar con luz natural o con luz artificial?
2. ¿Las sombras de un paisaje varían a diferentes horas del día?
3. ¿Influye la luz en nuestra percepción del color de los objetos? Explícalo brevemente.

Pablo Picasso fotografiado con su último hijo.
Luz solar.
Cenital derecha.

LA ENTONACIÓN Y SU AJUSTE

nombre y apellidos

nº	curso/grupo	fecha

Materiales: dos lápices, HB (medio) y 4B (blando). Goma de borrar blanda.

1. El modelo representa un cilindro hueco construido en cartulina blanca. La fuente de luz se ha colocado a la izquierda y ligeramente por encima de la superficie cilíndrica. Observa cómo la gradación de grises produce un efecto volumétrico. Reprodúcelo empleando seis o siete bandas de valores de gris, desde el más cercano al blanco (máximo brillo o luz) a la clave de gris más baja (máxima oscuridad). Trabajando con el lápiz de grafito, uno de los fines más importantes que debes conseguir es el ajuste de la entonación. Si la entonación es incorrecta la sensación de volumen y realidad no podrá conseguirse. Así pues, pon toda tu atención e interés en el difuminado de los tonos.

2. Observa la fotografía atentamente y trata de reproducir fielmente el juego de luces que presenta. Como aprecias, la tira de cartulina blanca doblada en pliegues está iluminada por una sola lámpara; todos los pliegues se presentan a la luz con diversa inclinación, por lo que se observan tantas gradaciones o tonalidades cuantos pliegues hay, desde el más claro (clave alta) al más oscuro (clave baja).

1

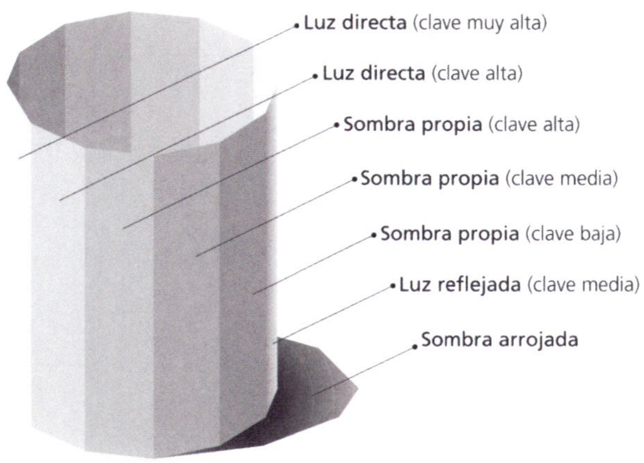

2

VERIFICACIÓN

1. Comenta el efecto de las luces y las sombras en un objeto.
2. ¿Al cambiar de posición los objetos, varían sus sombras?
3. ¿Cómo explicarías la idea del contorno?

Antonio Corradini (1668-1752). «La Modestia», 1751. Mármol. Situada en la capilla Sansevero de Nápoles, Italia (siglo XVIII).

La utilización de transparencias, mediante plegados exasperadamente estilizados, evidencian la frescura de la imagen femenina logrando resultados contrapuestos a la tradición barroca, donde imperaban duros y afilados perfiles, con formas encerradas en amplios y holgados paños, en el rechazo de toda actitud enfática de las formas corpóreas que encerraban.

Estos efectos nunca fueron mostrados en esculturas griegas o romanas.

LUCES Y SOMBRAS: EL CLAROSCURO

Como sabes, el claroscuro te permite poner de manifiesto en el dibujo el volumen y consecuentemente el relieve y la profundidad de lo que quieres representar. Naturalmente, los modelos a usar son infinitos. Una vez que hayas hecho prácticas con formas simples podrás intentarlo con otras más complejas.

1. Los objetos con papel plegado son muy adecuados para usarlos como modelos para aplicar la técnica del claroscuro, precisamente por la irregularidad de sus sombras.

Partiendo de la ilustración que muestra la pajarita iluminada con un solo foco artificial, entona y reproduce el modelo expuesto o construye tu propio modelo que podrás iluminar a capricho para representar la escena vista al natural.

2. Fíjate en las muestras geométricas, construidas con cartulina blanca e iluminadas con luz artificial, y reproduce las diferentes intensidades de luz de una o varias de ellas, apoyándote en las líneas de encaje trazadas en el área de trabajo.

nombre y apellidos

nº | curso/grupo | fecha

Materiales: tres lápices: HB (medio), 2B (blando) y 4B (muy blando). Goma de borrar blanda.

1

2

VERIFICACIÓN

1. La perfecta sensación de volumen en el dibujo, ¿se consigue con un paso brusco entre las zonas de luz y de sombra? ¿Por qué?
2. ¿Los contrastes tonales que ofrece el modelo dependen de la cantidad (intensidad) de luz?
3. ¿Cómo entonamos correctamente una composición?
4. Nombra ejemplos de artistas que destaquen por el estudio de la luz en sus obras de arte.

COMPORTAMIENTO DE LA LUZ SOBRE LOS OBJETOS

Las fotografías muestran la naturaleza muerta «*cuenco con huevos*» propuesta en esta lámina: se trata de un tema sencillo, particularmente adecuado para aprender a reproducir tonos con variadas posibilidades de éxito. Al tratar de representar la redondez de los huevos practicarás con la gradación de los tonos de sombra (clave media) y te familiarizarás con la amplia gama de grises que puedes obtener con tres lápices: dos blandos (B y 4B) y uno medio (HB).

Tú mismo puedes crearte la escena dado que se trata de objetos muy familiares: ilumina los huevos con luz natural, colocándolos, por ejemplo, cerca de una ventana, pero procura que la iluminación sea directa. Si utilizas luz artificial, una lámpara de mesa es suficiente para obtener buenos contrastes de tono. No obstante, para suavizar tonos enciende también la luz principal (techo).

Fíjate en la fotografía en blanco y negro (gama de grises) para comprobar las zonas de luz y sombra con sus diferentes intensidades o valores. Reproduce los diversos tonos (no más de cinco) apoyándote en el encaje de líneas ya trazadas sobre el área de trabajo.

nombre y apellidos

nº | curso/grupo | fecha

Materiales: tres lápices: HB (medio),B (blando) y 4B (muy blando). Goma de borrar blanda.

Cuenco con huevos
La fotografía en color muestra los tonos claros de las zonas iluminadas y los tonos oscuros de la zonas en sombra. Sin embargo, observando la fotografía de tonos neutros (en blanco y negro más los grises) podrás distinguir más nítidamente los tonos principales, lo que facilitará tu trabajo.

ELEMENTOS CONFIGURATIVOS DEL LENGUAJE VISUAL

el color y su manipulación

UNIDAD DIDÁCTICA

5

OBJETIVOS

- Conocer los comportamientos del color luz y el color pigmento (materia).
- Manipular la mezcla de colores partiendo de los primarios.
- Controlar, con destreza, las variaciones de tono, luminosidad y saturación.
- Analizar, de forma crítica, la utilización de los colores complementarios en nuestro entorno y en el arte.
- Reconocer y valorar en el color las cualidades estéticas, funcionales y psicológicas.

DESARROLLO

1. Se comienza por exponer el color como fenómeno físico y visual: mezclas aditivas y sustractivas.

2. Se estudian combinaciones cromáticas junto a las clasificaciones en dos y tres dimensiones: el círculo cromático y los modelos ideados por los coloristas Munsell y Charpentier.

3. Se contemplan otras clasificaciones desde el comportamiento hasta los aspectos psicológicos, reconociendo la riqueza cromática en la naturaleza.

4. Se analizan los sentimientos y capacidades expresivas de las gamas, armonías y contrastes, ejemplificando dentro de nuestro entorno y en el mundo del arte.

5. La ejecución de propuestas prácticas con control de mezclas, de experimentación con armonías y contrastes con fines expresivos, junto a la resolución con colores planos, cierra los conceptos didácticos que justifican la Unidad temática, la cual debe desarrollarse entre cuatro y cinco sesiones.

1 ESTRUCTURA Y LENGUAJE DEL COLOR

El color es el aspecto más llamativo de una imagen: nos ayuda a comprender lo que vemos al brindarnos información adicional acerca de los objetos que contemplamos. Podemos reconocer un árbol por su forma, aunque no siempre somos capaces de percibir todas sus variaciones cromáticas: vemos el árbol verde y no nos acordamos que sus colores varían con la luz, las sombras y las estaciones del año, yendo del amarillo al verde o del pardo al azul violáceo.

Sin embargo, los colores, aparte de aportar información, afectan a nuestros sentimientos y emociones. Muchos colores han sido asociados con todo tipo de señales o mensajes; por ejemplo, el rojo se percibe, en general, como ardiente, atrevido, peligroso, estridente, etc. En cambio, hay otros colores que se perciben como tranquilos, apacibles, fríos y lejanos. Evidentemente, es útil saber cómo es probable que se perciba un color antes de aplicarlo a una composición: existen combinaciones de colores que generan armonía o contraste y que vuelven más expresivos los colores. Los colores que se utilicen en una pintura tendrán enormes influencias en la reacción que ésta provoque: es importante comprender el lenguaje del color si quieres que tus pinturas y composiciones produzcan los efectos que deseas.

En expresión plástica, el color es un elemento fundamental, con sensaciones que pueden superar la expresividad de la línea del dibujo hasta ser el único protagonista de la composición. Debéis por tanto aprender a aplicar las leyes fundamentales que rigen las características físicas del color y sus mezclas o combinaciones.

1.1 Características físicas

El color es *luz* (natural o artificial). La luz natural, la luz solar, cambia a lo largo del día (al amanecer es rosácea, a mediodía la vemos amarilla o blanca, y al atardecer anaranjada) y, esta variación afecta a las superficies de los objetos que ilumina.

La luz es una forma de *energía*, una gama de radiaciones electromagnéticas caracterizadas como colores, cada una de las cuales tiene una frecuencia y longitud de onda diferentes.

El ***arco iris*** es un fenómeno físico natural que demuestra que la luz solar blanca en realidad está compuesta de siete colores propios: desde el rojo al violeta pasando por el anaranjado, amarillo, verde, azul y añil.

El mismo fenómeno de descomposición de la luz blanca se puede reconstruir en el laboratorio al atravesar con un haz de luz solar un ***prisma de cristal*** (experimento realizado por Isaac Newton en 1666): la luz se dispersa en todo el rango del espectro, desde las longitudes de onda mayores, el rojo, hasta las menores, el violeta.

△ ***La luz solar parece blanca,*** pero en realidad es la suma de luces coloreadas. El prisma de cristal tiene la propiedad de hacer visible este hecho que podemos, a veces, observar mucho más grande en el arco iris.

1.2 Color luz

Mezcla aditiva

El color luz es el producido por las radiaciones luminosas. Los siete colores del espectro pueden reducirse a los tres colores luz primarios: ***naranja***, ***verde*** y ***violeta***. La mezcla de los tres produce luz blanca. La combinación de luces se llama: **mezcla aditiva**.

Si observas bien y detenidamente, verás cómo, combinados dos a dos, resultan los colores secundarios: luz ***amarilla***, luz ***azul cian*** y luz ***roja magenta***.

Se dice que dos colores luz son **complementarios** (diametralmente opuestos en la ilustración) cuando, combinados, dan como resultado luz blanca. Así, la complementaria o sombra de la luz primaria ***naranja*** es la ***azul cian***, la de luz ***verde***, la ***roja magenta*** y la sombra o luz complementaria de la ***violeta*** es la luz ***amarilla***.

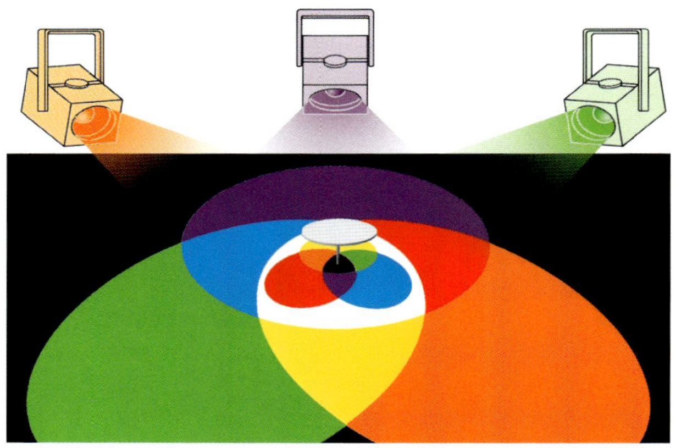

△ *Mezcla aditiva*

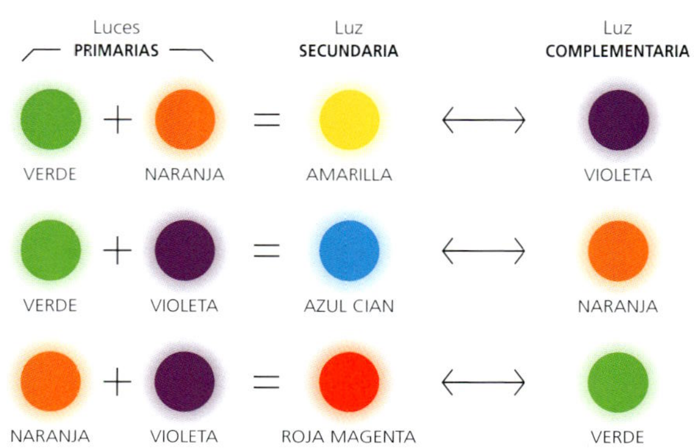

1.3 Color pigmento

Mezcla sustractiva

Los pigmentos son colorantes naturales, minerales normalmente, que el hombre mezcla con un aglutinante más o menos líquido para obtener pintura (acrílico, óleo, acuarela, etc). Cualquier tipo de pintura existente en el mercado está elaborada con dos componentes: pigmento + aglutinante.

Los pigmentos no irradian luz sino que muestran el color absorbiendo longitudes de onda de modo selectivo, devolviéndole al ojo únicamente las longitudes de onda que no absorben. Dicho de otro modo: el color pigmento es la propiedad que poseen las sustancias para absorber o reflejar las radiaciones luminosas.

La mezcla de pigmentos se llama **mezcla sustractiva**, porque cuantos más colores de pigmento se mezclan, más se absorbe (se sustraen radiaciones), pudiendo conseguir la absorción total: el color negro.

Observa cómo los colores ***primarios-luz*** resultan ser los ***secundarios-pigmento*** y viceversa, los ***secundarios-luz*** son los ***primarios-pigmento***.

△ *Mezcla sustractiva*

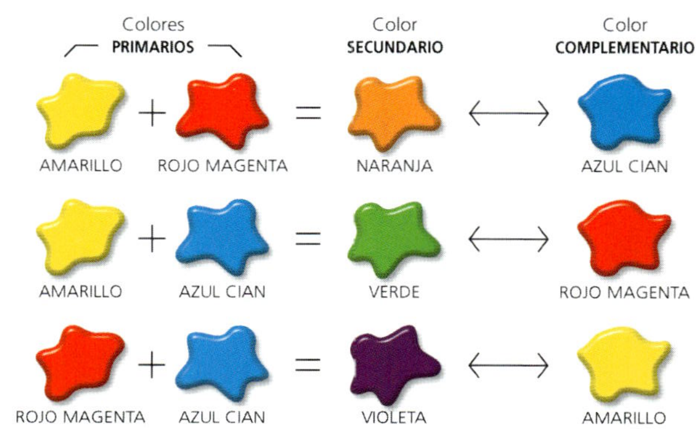

1.4 Sistema RVA (RGB)

R (Rojo, *Red*); **V** (Verde, *Green*); **A** (Azul, *Blue*).

Es un sistema ***aditivo*** que utilizan las tecnologías o instrumentos que trabajan con ***colores luz***, como la televisión, el monitor del ordenador o el escáner. Emplea: Rojo anaranjado, Verde y Azul violáceo.

1.5 Sistema CMAN (CMYK)

C (Cian, *Cyan*), **M** (Magenta, *Magent*), **A** (Amarillo, *Yellow*) y **N** (Negro, *Key o color clave*).

Es un sistema ***sustractivo*** utilizado por la imprenta, la prensa y las artes gráficas en general. A la sucesiva aplicación de estas cuatro tintas de color sobre la misma superficie se la denomina ***cuatricromía***.

1.6 El color en los objetos

Cuando la luz incide sobre un objeto, éste absorbe unos colores y refleja otros, que son los que vemos.

Una manzana es verde porque refleja todas las ondas correspondientes al verde y absorbe las restantes. Asimismo, en los diversos husos esféricos que componen el balón del dibujo inferior, el color que vemos en cada caso es el conjunto de radiaciones reflejadas. La superficie blanca refleja todos los colores, no absorbe ninguno; con el color negro, al contrario, todos los colores son absorbidos.

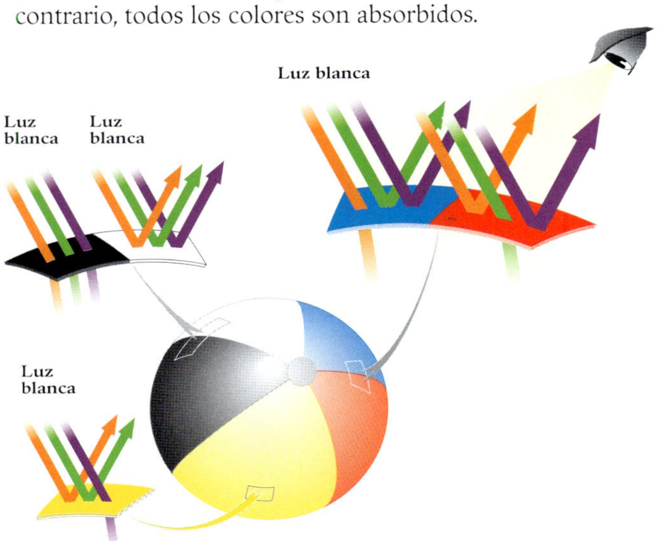

COMBINACIONES CROMÁTICAS

El estudio del color y sus características es un campo amplio en el que han trabajado científicos, coloristas y artistas.

La experiencia y los estudios científicos han demostrado que existen tres colores básicos (o primarios) de los que derivan todos los demás:

- Los colores **primarios** son: ***amarillo***, ***rojo magenta*** y ***azul cian***.
- Los colores **secundarios** se obtienen mezclando los colores primarios de dos en dos y son ***verde*** (amarillo + azul cian), ***violeta*** (rojo magenta + azul cian) y el ***naranja*** (amarillo + rojo magenta).
- Los colores **terciarios** se obtienen mezclando un primario con un secundario.
- Cada posterior combinación de colores lleva a los ***colores pardos*** (grises coloreados). Según el primario dominante, obtendremos variaciones como las que puedes apreciar en las manchas inferiores: ocres, tierras, rojizos, grises, etc. Las gotas indican la cantidad de cada primario en la composición del color.

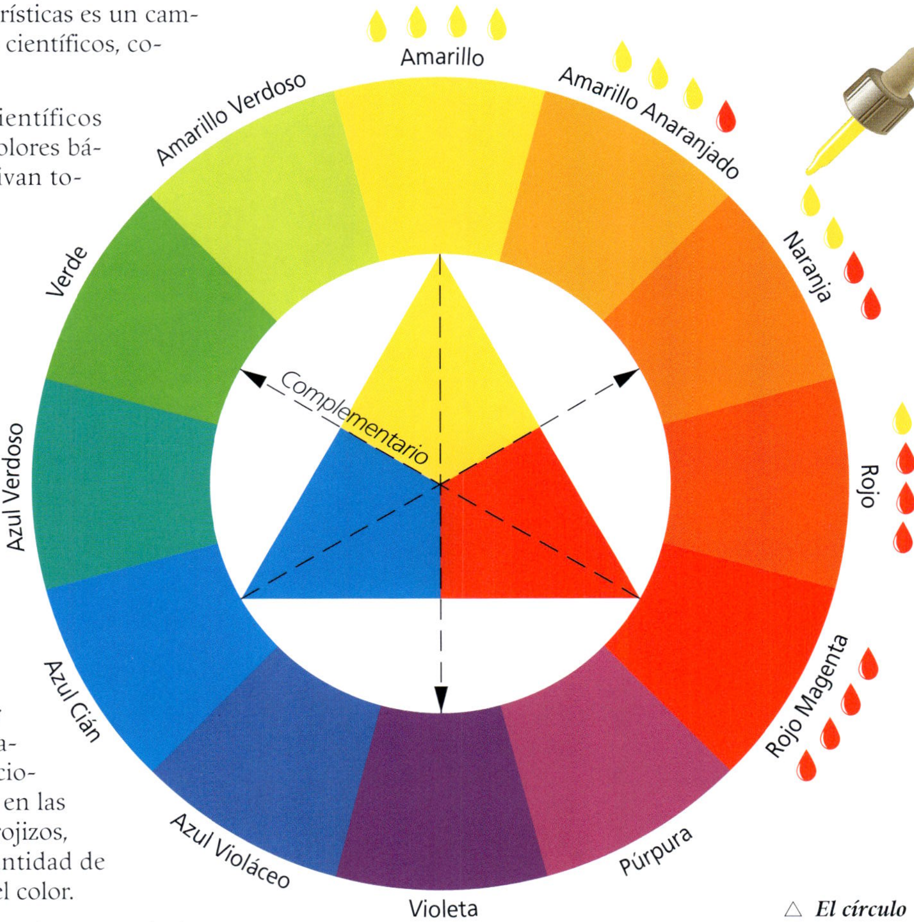

△ ***El círculo cromático.*** Es un útil referente para definir, en el plano, las características de un color: cuáles son sus *componentes*, cuál su *complementario* (diametralmente opuesto), si es *cálido* o *frío*.

Disponiendo en círculo los primarios, secundarios y terciarios, se obtiene el denominado **círculo cromático**, que trata de ordenar los colores en el plano.

Los colores que se encuentran diametralmente opuestos en este círculo se llaman colores **complementarios** u **opuestos** y son:

- ***amarillo*** y ***violeta*** (rojo magenta + azul cian);
- ***rojo magenta*** y ***verde*** (amarillo + azul cian);
- ***azul cian*** y ***naranja*** (rojo magenta + amarillo).

En cada uno de los colores anteriores están presentes al mismo tiempo todos los primarios: uno solo (por ejemplo el amarillo) y los otros dos (rojo magenta y azul cian) forman el secundario (violeta) complementario del primero. Cada mancha de estos tonos está formada de colores que, no teniendo componentes comunes, se acentúan el uno con el otro resultando así muy contrastantes.

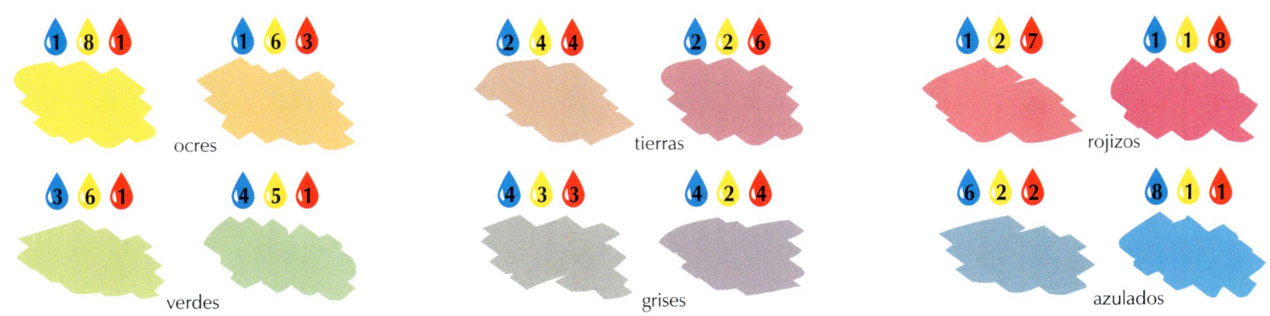

△ ***Colores pardos*** con tono del primario dominante. Las gotas indican la cantidad de cada primario en la mezcla resultante.

3 ORDENACIÓN Y MOVIMIENTO DEL COLOR EN EL ESPACIO

Al movernos en el espacio es habitual nuestra concepción de tres dimensiones: *longitud*, *altura* y *profundidad*. Análogamente, en el mundo cromático, para establecer un ordenamiento serio y preciso, partimos de considerar que cada color se mueve o modifica según tres direcciones o cualidades específicas: ***tono***, ***valor*** o ***luminosidad*** y ***saturación*** o ***intensidad***. Estas dimensiones o coordenadas básicas nos permiten realizar un riguroso análisis de cualquier color, pudiendo ser ordenado y situado en el espacio en base a sus coordenadas tricromáticas.

A lo largo de los siglos XIX y XX se diseñaron diversos modelos espaciales para ordenar los colores, de todos ellos, vamos a exponer dos: el ***árbol de los colores de Munsell y la distribución cúbica de Charpentier.***

El árbol de los colores

▷ *Sección longitudinal*

3.1 El árbol de Munsell

Este modelo ideado por el profesor y gran colorista norteamericano *Albert H. Munsell* en 1905, toma la forma de un cono doble.

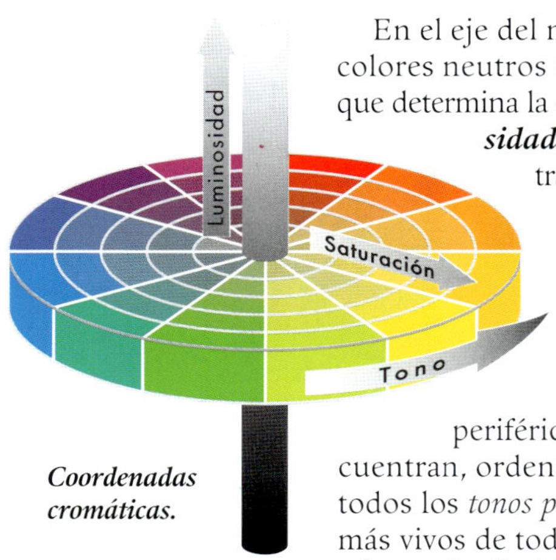

Coordenadas cromáticas.

En el eje del modelo se sitúan los colores neutros (escala de grises), lo que determina la coordenada ***luminosidad***: el blanco se encuentra en la parte superior y el eje adquiere progresivamente un tinte gris, hasta llegar al negro de la parte inferior.

En la zona central y periférica del modelo se encuentran, ordenados circularmente, todos los *tonos puros* o *saturados* (los más vivos de todos los colores), descritos y distribuidos según vimos en el círculo cromático.

Variación del Tono

Se llama ***tono*** a la cualidad que permite clasificar los colores como amarillo, verde, azul, violeta, rojo, etc. Así, un determinado verde puede ser denominado, con más precisión, verde azulado, o un rojo inclinado hacia el naranja, rojo anaranjado.

En este movimiento circular de los colores, el ***matiz*** es la posibilidad de modificar un color puro hacia uno de los dos sentidos del círculo de los colores, sin perder pureza cromática; así, el azul puede tornarse más verdoso o más violáceo, o el rojo puede ir de más anaranjado a más rosáceo, etc.

Si en esta distribución de los colores practicamos, por el contrario, una sección longitudinal del eje hacia fuera, obtenemos una sección cromática, donde todos los colores son de un mismo tono.

Variación de la Luminosidad

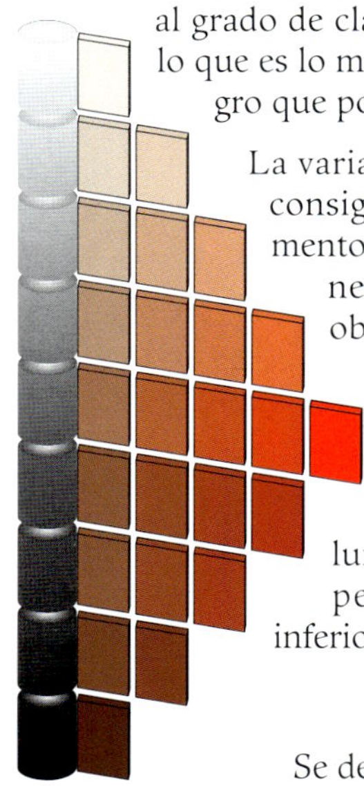

Se denomina ***luminosidad*** o ***valor*** de un color al grado de claridad u oscuridad del mismo o, lo que es lo mismo, la cantidad de blanco o negro que posee un tono.

La variación de valor o luminosidad se consigue mezclando un color con pigmentos blancos o negros en proporciones variadas. Añadiendo blanco se obtiene más luz o brillo; añadiendo negro se obtienen valores más oscuros.

Observa cómo en el árbol de los colores los más claros o luminosos se sitúan en la parte superior y los más oscuros en la inferior.

Variación de la Saturación

Se denomina ***saturación*** o ***intensidad*** de un color al grado de pureza del mismo.

Los colores muy saturados o de fuerte intensidad son los más brillantes y vivos que pueden obtenerse: los pigmentos puros.

Si observas el árbol de los colores verás que los intensos o saturados están en el exterior, alejados del eje de grises. Todo color pierde su saturación a medida que se acerca al centro del modelo de los colores de *Munsell*.

3.2 El cubo de Charpentier

Este modelo toma la forma de un hexaedro o cubo y fué diseñado por el francés *Charpentier* en 1885. Se trata de una ordenación de colores conceptualmente sencilla y operativamente útil, que desarrollaremos posteriormente como propuesta de trabajo.

Contiene 125 cubitos de diferente color. En cada cara del modelo se contemplan 25 colores. De los ocho vértices del poliedro, coloca el blanco y el negro en los extremos de una diagonal, destinando tres vértices no contiguos a los colores primarios (amarillo, azul cian y rojo magenta) y los tres restantes a los secundarios (verde, violeta y naranja).

En dicho cubo los colores puros, los claros y los menos claros aparecen en las capas exteriores. Por el contrario, los colores no saturados se encuentran situados en su interior.

Este modelo puede considerarse como la simplificación del modelo cúbico de los mil colores diseñado por *Hickethier* en 1940, donde se contemplan 1.000 cubitos (10x10x10) de diferente color, con 100 colores por cara.

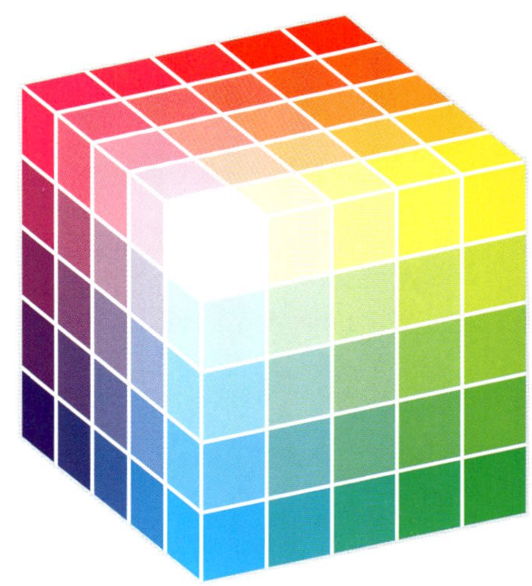

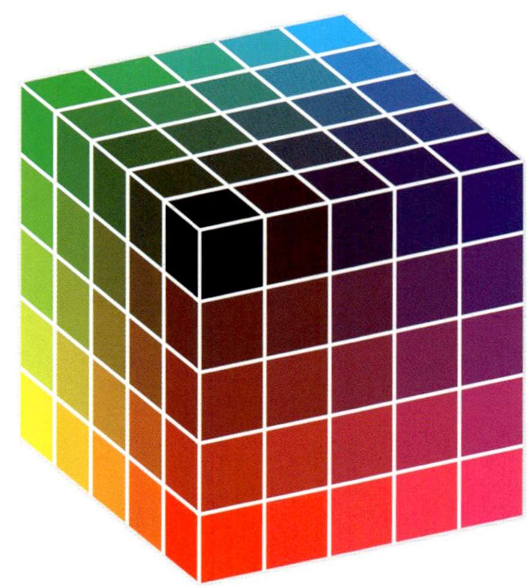

△ ***Visualizaciones opuestas del modelo de Charpentier.***

4 COMPORTAMIENTO Y PSICOLOGÍA DEL COLOR

4.1 Colores fríos

Responden a una sensación psicológica de frío y son los comprendidos en la gama del verde al azul, incluyendo el violeta.

En el grupo de *colores fríos* están todos los que participan de alguna forma del azul. Son más bien apacibles y evocan el agua, la noche, la profundidad, etc.

En la frontera entre los tonos cálidos y fríos se encuentran los *colores de temperatura media*.

◁ ***Gama de colores fríos.*** De los azules a los verdes.

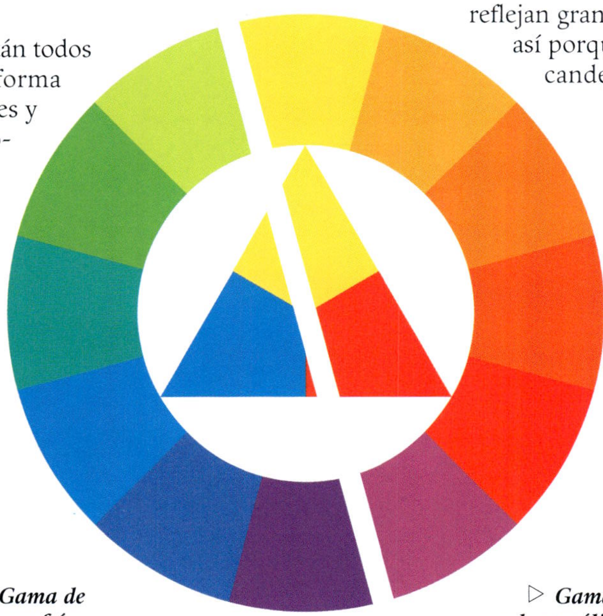

4.2 Colores cálidos

Responden a una sensación psicológica de calor y son los colores comprendidos en la gama del amarillo al rojo con frontera o zona límite en el violeta y el verde.

Los *colores cálidos* son muy luminosos, es decir, reflejan gran cantidad de luz y son llamados así porque evocan al Sol, el fuego, la incandescencia, etc.

En este grupo se encuentran todos los colores que contienen amarillo o rojo. En contacto con los colores fríos, originan contrastes visuales muy fuertes, reforzando su viveza y sensación térmica.

▷ ***Gama de colores cálidos.*** De los amarillos a los rojos.

△ ***Paul CEZANNE (1839-1906). «Bañistas», 1906.*** Los azules, en una gama muy amplia, dominan la composición dando lugar a un ambiente fresco y reposado que contrasta con la desnudez de las jóvenes bañistas.

△ ***Karl SCHMIDT-ROTTLUFF. «Verano», 1913.*** De nuevo el tema del desnudo, pero en este caso la frescura de los azules se sustituye por cálidos tonos entre el amarillo y el rojo que recuerdan los calores sofocantes del verano.

△ ***Un color cálido inserto en una gama de fríos*** crea un contraste visual muy fuerte, reforzando la viveza y temperatura del color.

4.3 Expresividad de los complementarios

Como se dijo anteriormente, al ordenar e indicar las características del círculo cromático, los colores complementarios son aquellos que se encuentran diametralmente opuestos. Por tanto, todo color tiene su complementario.

Producen uno de los contrastes más intensos y atractivos, por lo que se utilizan para reclamar la atención, generalmente en la publicidad estática: vallas y anuncios de revistas.

▷ ***Ernst Ludwig KIRCHNER (1880-1938). «Autoretrato con modelo», 1907.*** Claro ejemplo de contraste de los complementarios de la gama azul: los naranjas/rojos; lo que origina un ambiente cargado y expresivamente intenso.

4.4 Movimiento y perspectiva de los colores

También los colores parecen marcar la sensación de profundidad: los cálidos parecen avanzar hacia el observador, por contra, los fríos parecen retroceder hacia el fondo de la escena.

△ ***Los rectángulos azules en el cuadro rojo*** se perciben como un hueco, los rojos en el cuadro azul como superpuestos o pegados.

5 ARMONÍAS DE COLOR

Los gustos cambian de generación en generación y según la edad, el sexo, la raza, la educación, la cultura, etc. de cada persona. Por ello, se hace difícil establecer normas específicas para la creación efectiva de combinaciones cromáticas.

En una primera impresión se puede decir que varios colores armonizan entre sí cuando ópticamente el efecto que producen las combinaciones son afortunadas, resultando agradables a la vista.

La *armonía* supone orden, asociación acorde de colores, correspondencia y proporción.

El problema de las armonías, radica en conocer que los tres colores primarios no armonizan entre sí –dada la gran personalidad y fuerza cromática que poseen–, ni tampoco los opuestos en el círculo cromático, por ser uno de ellos mezcla de dos primarios distintos de su opuesto; en cambio, los grises, por ser neutros, armonizan con todos los colores.

5.1 Armonía Monocromática

Constituye el esquema de color más simple que puede crearse, utilizando un único color (un solo croma) y sus mezclas con el blanco y negro; es decir, un único color variando la luminosidad y la saturación.

△ ***D. QUINTERO (1949). «Membrillos sobre dos platos», 1976.***
Se trata de una composición caracterizada por el uso modulado de un solo color en varias gradaciones y tonalidades.

5.2 Armonía por Analogía

Consiste en el empleo de colores que tengan la influencia de un dominante básico.

Los colores de un tercio del círculo cromático tienen afinidad con el tono que se encuentra en el centro de ellos, debiendo ser el dominante. Las mezclas entre ellos y con los tonos neutros armonizan por analogía.

▷ ***Shinzo MAEDA. «Paisaje», 1993.***
La composición emana luz con un control exquisito del color verde combinado con sus adyacentes, amarillo y azul, en la ordenación cromática. La contemplación de la variada tonalidad de verdes evoca emociones de libertad, tranquilidad y bienestar.

5.3 Armonía por Contraste

Es la formada por la utilización de colores complementarios y es considerada como una de las armonías más difíciles de conseguir ya que se puede caer en la disonancia o en la estridencia del conjunto. Para evitarlo suele recurrirse a tres posibilidades:

- Sustituyendo uno de los tonos complementarios por cualquiera de sus contiguos en el orden cromático.
- Variando la superficie ocupada por uno de ellos; esto es, modificando la extensión del mismo dentro de la composición.
- Alterando el valor o luminosidad de los colores participantes mediante la mezcla con blanco o negro.

Cualquiera de estas tres soluciones o cualquiera de sus combinaciones es efectiva para corregir la disonancia que trae consigo trabajar con colores complementarios y, por ende, producir un efecto contrario al propio de una armonía: *el contraste*.

▷ ***Joan MIRÓ, (1893-1983). Boceto para «La Défense», 1975.***
El autor diseña su maqueta utilizando como base un azul luminoso que contrasta, en menor superficie, con el rojo adyacente del complementario naranja. Para producir mayor contraste e impacto visual utiliza el amarillo, lo que puede interpretarse como un alarde de «viveza» y del dominio del color en el espacio.

5.4 Armonía por Tríadas

Está basada en el empleo fundamentalmente de tres colores equidistantes uno de otro en el círculo cromático.

En este tipo de armonía debe evitarse la prevalencia, en extensión de color, de uno de ellos. Es aconsejable que uno de los tres colores participantes en la tríada tenga un nivel de luminosidad más bajo que los otros dos.

△ ***Manuel ANORO (1945). «La modelo y el parchís», 1989.***
Exhuberante y cálida composición en la que el naranja, el azul y el verde conforman una tríada de ricos matices: así, el naranja alcanza el rojo en el cuerpo de la muchacha y en otros pequeños detalles. El verde, por su parte, es el color menos luminoso de la tríada, colaborando con ello a la armonía del conjunto.

6 LOS COLORES PLANOS

La conversión de una fotografía o una pintura en una imagen de colores planos puede llevarse a cabo por dos procedimientos: mediante el análisis de los diferentes tonos de color o a través del estudio de las zonas de luces y sombras (el *claroscuro*). Ambas son experiencias de gran interés que reforzarán tu percepción visual y expresividad plástica.

• Si seguimos el *primer procedimiento*, como en el ejemplo inferior, debemos delimitar sobre la imagen original amplias zonas de color sin detenernos en los detalles ni en la intensidad de las luces. A continuación, las zonas delimitadas se rellenan de colores planos similares o los originales sin que lleguen a tocarse entre sí, esto es, respetando un pequeño margen blanco. También pueden utilizarse sólo tonos cálidos o fríos y experimentar con sus diferentes valores expresivos.

• El *segundo procedimiento*, ilustrado paso a paso en el ejemplo de la derecha y muy empleado en el moderno diseño de carteles, cómics, etc.; es el realizado eligiendo cualquier ilustración en que se aprecien claramente contrastes de claroscuros; se trata de seleccionar los tonos de luz y de sombra más significativos y buscar con ellos las formas que más se aproximen a la interpretación del volumen.

◁ ***Luis OTÍ, 1992. «A cantar las Marzas. Valle de Soba».***

▷ ***Los colores planos*** delimitan las formas con precisión captando la expresividad de la composición sin detenerse en los detalles y centrándose en las variaciones tonales y en los distintos planos de profundidad.

CONVERSIÓN DE UNA FOTOGRAFÍA EN TONOS PLANOS

PROCESO DE TRABAJO

1 Comienza por elegir, seleccionando en revistas, una fotografía en color o en blanco y negro, cuyo contraste de claros y oscuros sea muy apreciable. Puede servir cualquier motivo: paisajes, rostros, animales u objetos. Si partes de una foto en color debes realizar una fotocopia en blanco y negro para delimitar con más facilidad las zonas de luces y las de sombras.

2 Coloca entre la ilustración fotográfica y el papel de dibujo una hoja de papel carboncillo de calco y señala, a línea, las zonas que delimitan cada uno de los tonos previamente seleccionados. Sitúa en primer lugar las de tono más bajo (clave alta) después las de tono más alto (clave baja) y por último y ordenadamente las zonas de tonos intermedios (clave media).
Observa el efecto del dibujo ya calcado. Revisa que todas las zonas se encuentren «aisladas» unas de otras.

3 A partir de aquí, el trabajo puedes realizarlo con varias técnicas: rellenando cada zona con color de rotuladores, tintas, etc.; o bien recortando en papeles o cartulinas de color, todos los contornos de las formas que a cada tono hayas designado previamente.

La plantilla guía para recortar las zonas, puedes obtenerla sobre un papel fino de seda que interpondrás, conjuntamente con otro papel de carboncillo, entre el del dibujo y la fotografía, descrito en el segundo proceso de trabajo. Sobre el papel del dibujo ya señalado, se van pegando cada una de las piezas que componen el dibujo. Antes de pegar cada pieza conviene sobreponerla, o presentarla, para ver el efecto que produce y realizar las correcciones oportunas.

1 ***Fotocopia en blanco y negro*** de la fotografía original con la intención de marcar claramente las zonas de luces y sombras. Se decidió diferenciar y establecer cuatro valores tonales: clave muy alta, clave alta, clave media y clave baja.

2 ***Definición y trazado de las zonas (mapa tonal)*** que encierra cada uno de los cuatro valores tonales establecidos, comenzando por los extremos: cierre de las zonas más claras o luminosas (1), y demarcación de las zonas más oscuras (4).

3 ***Resultado del trabajo***, rellenando las zonas con el color previamente asignado a cada una de ellas. En este caso se ha llevado a cabo la experiencia de utilizar un solo color con matices del mismo para obtener una composición monocromática.

7 EL COLOR EN NUESTRO ENTORNO Y SUS EXTENSIONES SIMBÓLICAS

Imposible abarcar el inmenso campo del color; cuanto más se le investiga mayores son las fuentes de riqueza que se encuentran.

En la vida diaria, la importancia del color es tanta que el propio color nos rodea e influye: en la televisión, el cine, la prensa, el vestir, los campos y paisajes, las representaciones artísticas...

La riqueza del color ha contribuido a ensanchar su mundo simbólico, sus formas de comunicar, sus particularidades y sus valores como lenguaje universal. Casi ninguna idea, forma o sistema han podido evadir al lenguaje múltiple del color. Ahí están las vocales, las notas musicales, los números, las formas geométricas, los planetas, las estaciones, los meses del año, los días de la semana, las horas del día, las razas, los estados de ánimo, las personalidades y humores, las vitaminas, los medicamentos, las partes del cuerpo, las flores, los aromas, los sabores...

En casi todos los grupos humanos persisten creencias y supersticiones que relacionan los colores con determinados eventos, a partir de los cuales se tejen historias fantásticas, permaneciendo escondidas en algún lugar de la imaginación popular.

Fuente inagotable de significados simbólicos, el color existe en el efímero lenguaje de las flores: pleitesía del amor, conciliación de sentimientos, mapamundi de homenaje a la mujer en todas sus etapas y situaciones.

△ ***Paul GAUGIN (1848-1903). «Mujeres de Tahití», 1891.*** El acorde mágico de colores y las flores como símbolo del exotismo del Pacífico, cautivan y abstraen al observador.

△ ***El color*** está entre nosotros a cada momento: en el cielo, en el mar, en los árboles y las flores, en las frutas, en los ojos, en la piel...

SIMBOLISMO DE LOS COLORES

COLOR	ASOCIACION	RESPUESTA EMOCIONAL
Rojo Magenta	Dulzura, amor, quietud...	Estimulante, sensual...
Rojo	Señales de peligro, lujo...	Energía vital, arrogancia...
Naranja	Fuego, flores, fruta...	Excitación, alegria, dinamismo
Amarillo Anaranjado	Puesta de sol, calor...	Sensación de calor, euforia...
Amarillo	Sol, luz, día, ácido...	Estimulante, alegría, vivaz...
Amarillo Verdoso	Amanecer, oro...	Calma, frescor, libertad...
Verde	Paisajes naturales, primavera...	Esperanza, paz, reposo...
Azul Verdoso	Mar, profundidad...	Neutralidad, serenidad...
Azul Cian	Cielo, agua, espacio libre...	Paz, quietud, frialdad...
Azul Violáceo	Serenidad, lealtad...	Riqueza, sabiduría, misterio...
Violeta	Penitencia, dolor, flores...	Tranquilidad, humildad...
Púrpura	Poder, soberanía, realeza...	Esplendor, dignidad, dolor...
Ocres	Tierra, arena, rocas, madera...	Vigor, calidez, firmeza...
Blanco	El bien, pureza, nieve, paz...	Sencillez, inocencia, pureza...
Negro	Muerte, noche, oscuridad...	Es poco acogedor, los grises son más relajantes

△ ***Los colores han adquirido una profunda carga simbólica*** a través del tiempo, variando según los lugares y las tradiciones. Por tanto, el simbolismo de un color depende del contexto en que se encuentre.

VOCABULARIO

- ***Color*** *Sensación visual originada al incidir en la retina las radiaciones cromáticas reflejadas por los objetos, en función de los receptores fisiológicos del ojo y los centros cerebrales de la visión, de la luz existente y de las propiedades de los objetos.*
- ***Gama*** *Gradación de colores próximos o afines en el círculo cromático, siendo gama fría o gama cálida si se toma como base de la gradación un color frío o uno cálido.*
- ***Ocre*** *Color amarillo del mineral compuesto de óxido de hierro hidratado.*

MEZCLAS Y MANIPULACIÓN DEL COLOR

Atendiendo a lo explicado en la Unidad Didáctica, y utilizando fundamentalmente los tres colores primarios más el blanco y el negro, se pide:

1. Representa el círculo cromático de 12 colores puros en el anillo interior y más luminosos (50% de blanco) en la corona exterior. Se recomienda comenzar por los primarios, continuar por los secundarios, terminando con los terciarios. Finalmente, mezcla los tres primarios para obtener el teórico negro (gris-pardo) en el centro.

2. Observa las tiras inferiores y realiza un mapa de variaciones de tono y otro de luminosidad partiendo de los colores que se presentan en el centro de cada una de ellas.

3. Elige una de las seis caras del *Cubo de Charpentier* y reprodúcela en el tablero de ajedrez de 25 cuadrados. Comienza por situar los cuatro colores de los vértices, después los correspondientes al centro de cada lado (mezcla al 50% de los extremos) y, proporcionalmente, vete cubriendo el resto de los acoplamientos cromáticos.

nombre y apellidos		
nº	curso/grupo	fecha

Materiales: témperas, pincel nº12, rotuladores, lápices de colores.

1

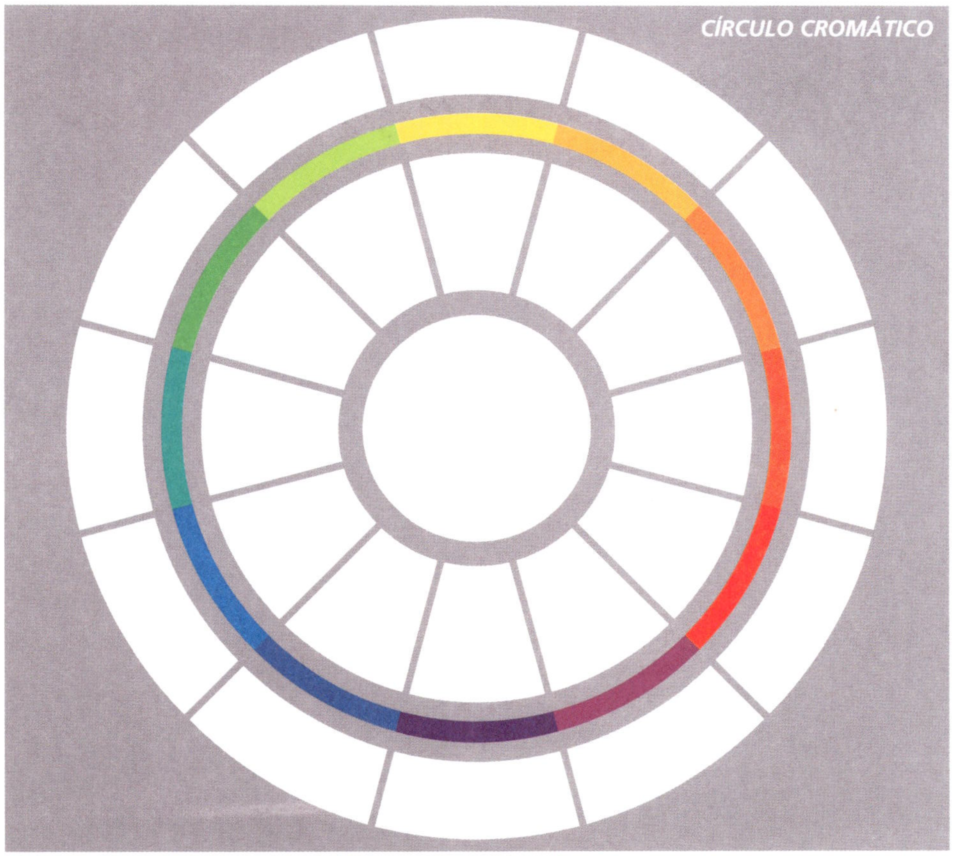

2

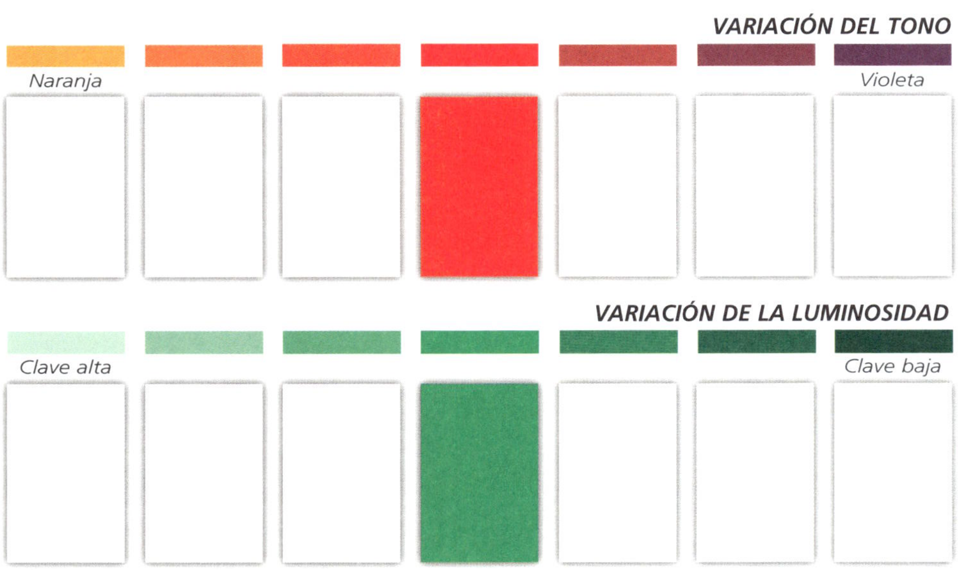

3

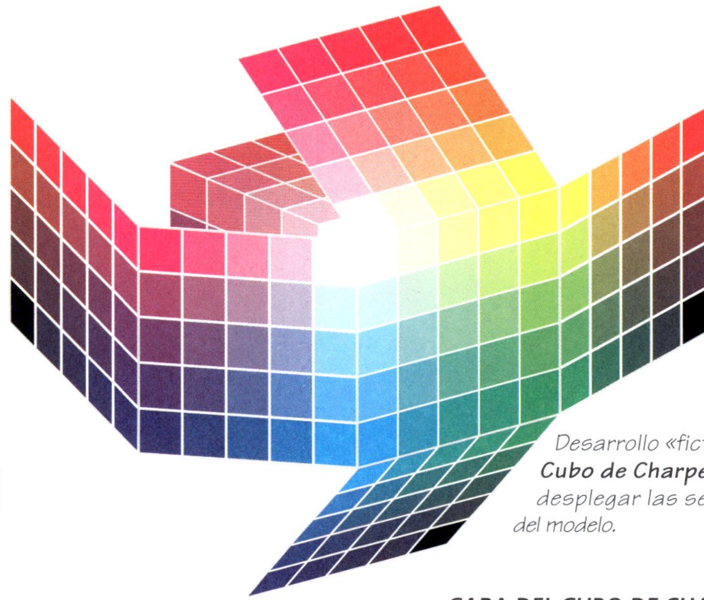

*Desarrollo «ficticio» del **Cubo de Charpentier**, al desplegar las seis caras del modelo.*

CARA DEL CUBO DE CHARPENTIER

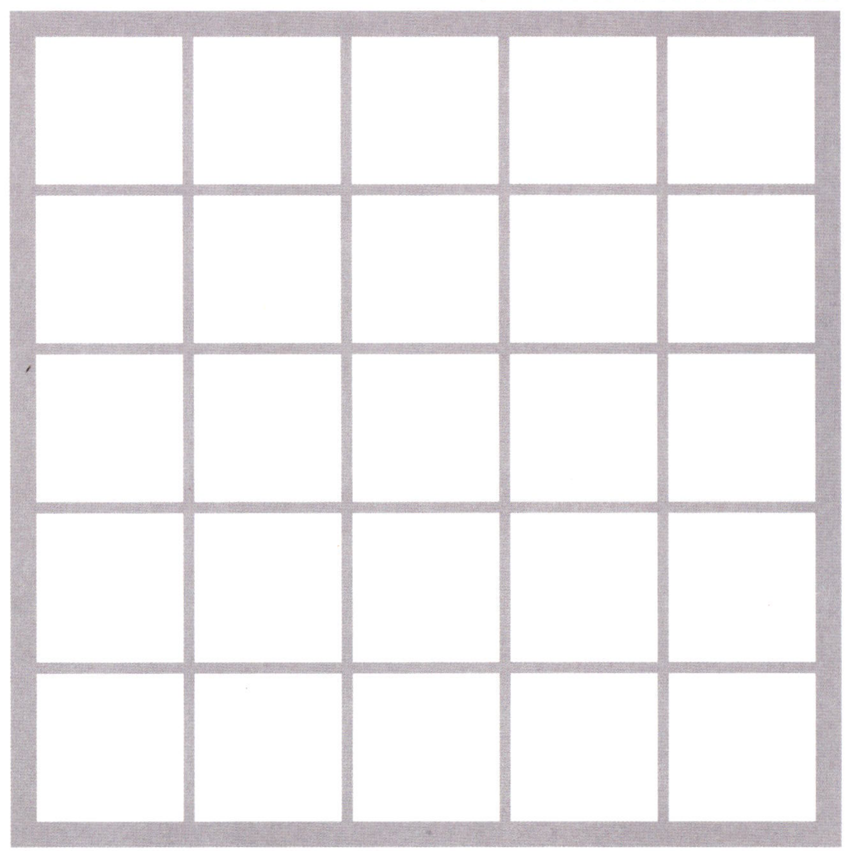

VERIFICACIÓN

1. Explica cómo se produce la descomposición de la luz.

2. ¿Cuáles son los colores primarios luz? ¿Cuáles los primarios pigmento o materia?

3. ¿Qué colores materia son iguales que los primarios luz?

4. ¿Qué resulta al mezclar los colores luz primarios?

5. ¿Por qué al mezclar los primarios pigmento o materia no se obtiene el negro?

6. Explica en qué consisten las mezclas aditiva y sustractiva.

7. Explica qué se entiende por color complementario. Indica tres parejas de colores complementarios entre sí.

8. ¿Qué color se produce si mezclamos dos complementarios pigmento?

GAMA CÁLIDA Y GAMA FRÍA

1. Tonos cálidos

La gama cálida trasmite sensación de alegría, vitalidad, fuerza y pasión. En el grupo de los tonos cálidos están los amarillos, naranjas, ocres, rojos, granates y púrpuras.

Reinterpreta la obra de tonos fríos que te presentamos, empleando tonos de la gama cálida, de modo que marque tu personalidad y sentimiento y produzca sensaciones diferentes a las que evoca el autor.

2. Tonos fríos

La gama fría trasmite sensación de tranquilidad, paz, misterio, sencillez, sosiego. En el grupo de los tonos fríos se encuentran los verdes, azules, violáceos...

Reinterpreta la obra de tonos cálidos que te presentamos, empleando tonos de la gama fría con total libertad creativa y expresiva. Comprueba de qué diferente modo se siente la obra al modificar la temperatura de sus tonos.

nombre y apellidos		
nº	curso/grupo	fecha

Materiales: acuarelas, témperas, acrílicos y lápices de colores.

1

José Antonio Molina Sánchez, (1918). «Verdes reflejos», 1995.
Gouache.

2

Antonio Martínez Mengual, (1948). «Nadie», 1992.
Óleo sobre lienzo.

VERIFICACIÓN

1. ¿Qué colores luz son absorbidos y cuáles reflejados al percibir un objeto de color blanco, otro verde, otro rojo y otro negro?

2. ¿Qué es un color terciario?

3. ¿En qué consiste la variación del tono?

4. ¿En qué consiste la saturación o intensidad de un color? ¿Cuáles se consideran colores con saturación máxima?

5. ¿En qué consiste la variación de valor o luminosidad?

VARIACIÓN DE ARMONÍAS Y CONTRASTES

1. Partiendo del bodegón de ***Paul Cézanne*** que te ofrecemos realiza tu propia interpretación eligiendo entre dos procedimientos: la armonía monocromática o la armonía de colores análogos, haciéndote eco de lo expuesto en los apartados **5.1** y **5.2** de la Unidad Didáctica.

2. La obra de ***Augusto Torres*** está realizada con una armonía de colores análogos. Reinterpreta la obra transformándola en una armonía de contraste de complementarios. Puedes emplear alguno de los contrastes que te proponemos o bien utilizar otro que tú mismo elijas.

nombre y apellidos		
nº	curso/grupo	fecha

1

Paul Cézanne (1839-1906). «Naturaleza muerta», 1877-1880. *Óleo sobre lienzo.*

2

Augusto Torres, «El mundo del hombre», 1960. *Óleo sobre lienzo.*

VERIFICACIÓN

1. ¿Qué entiendes por colores neutros?
2. ¿Explica en qué consiste el «efecto dinámico» de los colores?
3. Explica los tonos fríos y los tonos cálidos.
4. Comenta en qué consiste la armonía de colores.
5. ¿Con qué colores básicos funciona la televisión? ¿Con qué principio de síntesis cromática?
6. Explica, brevemente, en qué consiste el simbolismo de los colores.

La inversión de los colores neutros *origina diseños de distinta densidad.*

RESOLUCIÓN POR COLORES PLANOS

Partiendo de una fotografía tuya, de un familiar, amigo/a o cualquier otra que te resulte atractiva o interesante, te pedimos que la reinterpretes resolviéndola por medio de tonos planos de color, como se observa en el ejemplo.

Para ello, delimita en primer lugar grandes áreas de color homogéneo, realizando así un mapa de tonos. Una vez hecho, traspásalo a la lámina y rellena cada zona con un color semejante al del original o trata de jugar con una gama reducida de tonos (sólo colores cálidos, por ejemplo).

¡Ánimo! Verás cómo los resultados son espléndidos.

nombre y apellidos

nº | curso/grupo | fecha

1 ***Manel Pérez Puigjané. «Nefta, Tunicia», 1998.***
Fotografía color.

2 *Delimitación de zonas de diferente color en un **mapa de tonos**.*

3 *Resolución con **colores semejantes** a los de la fotografía original.*

4 *Resolución empleando únicamente tonos de color de la **gama cálida**.*

III

LA GEOMETRÍA COMO SOPORTE DEL PROCESO CREATIVO

elementos, lugares geométricos y distancias

UNIDAD DIDÁCTICA

6

OBJETIVOS

- Saber usar, correctamente y con precisión, los instrumentos de dibujo geométrico.
- Comprender el léxico y las características de los distintos elementos que constituyen las formas geométricas: tipos de líneas, concepto de paralelismo y de perpendicularidad, tipos de ángulos, distancias, etc.
- Razonar el concepto y existencia de lugares geométricos fundamentales que inducen a hacer más fácil el proceso creativo.
- Saber aplicar los trazados básicos que generan las construcciones y figuras geométricas elementales.

DESARROLLO

1. La Unidad Didáctica, concebida para cinco o seis sesiones, comienza exponiendo cómo pueden generarse los elementos y formas básicas, así como la relación existente entre geometría y naturaleza.

2. Se recuerdan las características fundamentales de los elementos con que arranca la geometría de Euclides: líneas, ángulos, lugares geométricos y distancias entre elementos básicos.

3. Se estudia y practica la construcción de ángulos y las posibilidades que, para su trazado, ofrecen la escuadra, el cartabón y el compás.

4. La ejecución de los ejercicios gráficos que plantean las cinco propuestas de la lección, centran los contenidos y conceptos necesarios para alcanzar los objetivos propuestos. Las verificaciones que se acompañan sirven de autoevaluación y refuerzo, dando apoyo a los conceptos expuestos.

1 GÉNESIS DE ELEMENTOS Y FORMAS BÁSICAS

En la necesidad y deseo de aprender a *ver*, lograr *interpretar* y saber *expresar* por medio de la imagen, se hace imposible eludir la formación que proporcionan el conocimiento y utilización de los principios analíticos de la geometría.

«La geometría es el lenguaje de la mente». En esta frase resume Le Corbusier, arquitecto, pintor y urbanista suizo (1887-1965), las ideas que desde la Antigüedad relacionan geometría con creación artística, en el interés de dar a entender que toda obra surgida de la mente estará regida por la geometría. Es por ello que vamos a dedicar algunas Unidades Didácticas a recordar, reforzar y ampliar algunos conceptos y bases geométricas fundamentales en la interpretación y representación de la imagen.

La geometría utiliza el movimiento para desarrollar las dimensiones o pasar de una dimensión a otra. Si el ***punto*** se mueve en una dirección a partir de una posición inicial, la huella de su itinerario descubre una forma unidimensional *(1D)*: una ***línea recta***; esto genera la *primera dimensión* (la longitud o anchura del segmento recorrido por el punto).

Moviendo la línea en cualquier otra dirección distinta de la suya propia se obtienen formas planas, es decir, figuras bidimensionales *(2D)*, incorporándose, por tanto, la *segunda dimensión* (en la ilustración de la derecha, la altura o cota).

Por último, cuando una figura o forma bidimensional (triángulo, cuadrado, círculo...) se traslada en otra dirección se obtiene un cuerpo volumétrico o tridimensional *(3D)*, generando la *tercera dimensión* (la profundidad).

Son tres movimientos que determinan las tres direcciones descritas y definen las dimensiones del espacio: *longitud o anchura, altura o cota* y *profundidad*.

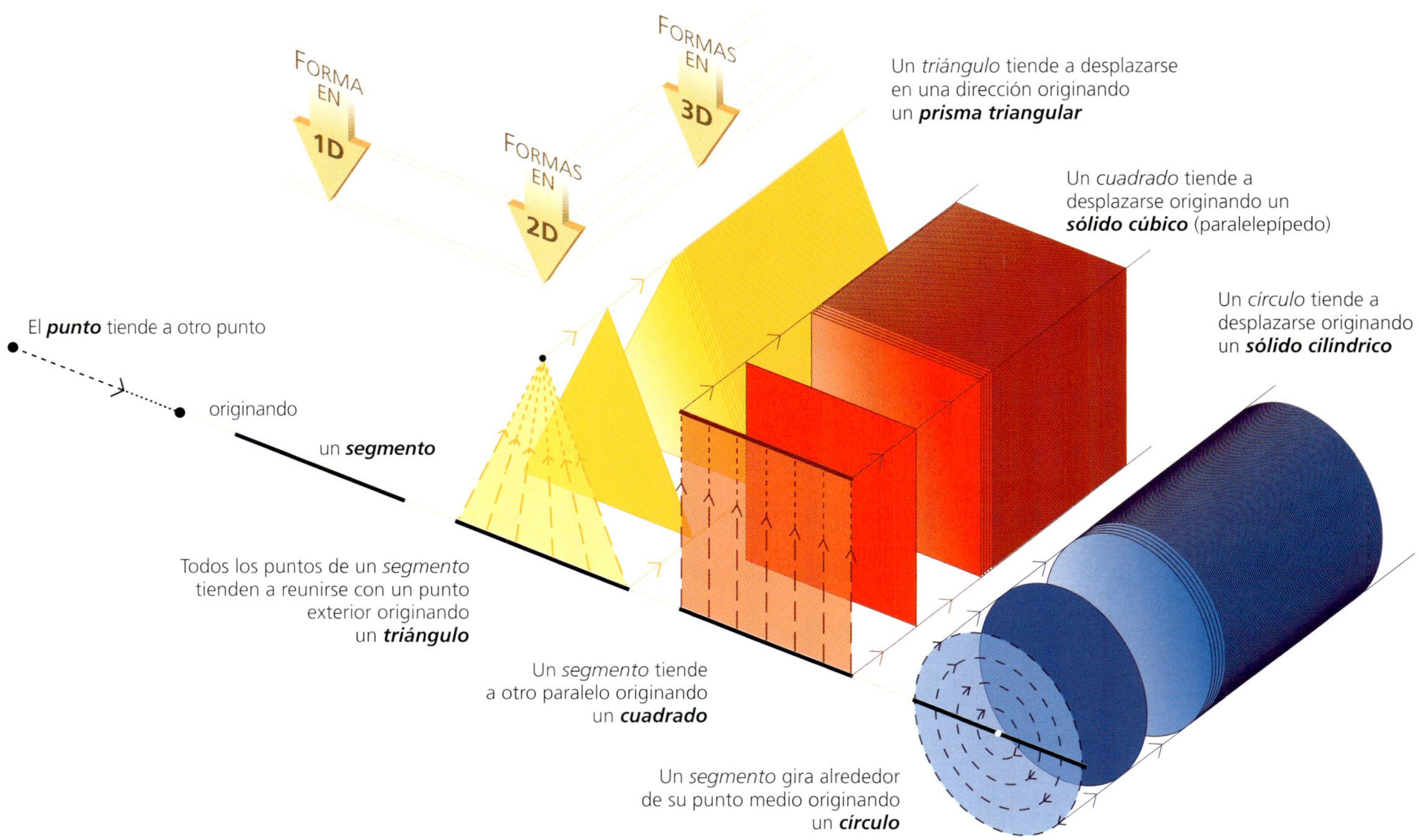

El ***triángulo*** es estable y sólido, con dinamismo hacia los vértices. Si se acentúa su verticalidad, sugiere movimiento y elevación. Si se le invierte, inestabilidad. Simboliza la agudeza y la inteligencia.

El ***cuadrado*** es la forma más modesta y al mismo tiempo más precisa y estable. Su estructura es rígida y equilibrada en sus tensiones. Simboliza la rectitud y la honestidad, representando la solidez.

El ***círculo*** es la más armónica y perfecta de todas las formas. En él la fuerza o la tensión se irradia simétricamente en todas direcciones. Simboliza lo íntimo, la perfección, el infinito.

El mundo de las formas geométricas es un mundo que rivaliza con el de las formas de la Naturaleza y se complementa.

Las formas naturales se representan por impulso, observación y sentimiento y son bellas por no ser exactamente regulares. Las formas geométricas obligan a la concisión, rigor y precisión y son bellas si son regulares con exactitud.

El ***triángulo***, el ***cuadrado*** y el ***círculo*** son formas geométricas que permiten una mayor modulación del plano y, por ende, al desplazarse, la del espacio; lo que las erige como las formas básicas en el lenguaje gráfico-plástico.

2 ELEMENTOS GEOMÉTRICOS FUNDAMENTALES

PUNTO

- En geometría, es el lugar donde se cortan dos rectas, el origen de una semirrecta o el centro de un círculo diminuto. Se designan con una letra mayúscula: A, B, C...

Distintas representaciones de un punto

LÍNEAS

- **Línea recta**
  Es la sucesión de puntos en una misma dirección. No tiene principio ni fin. Las rectas se nombran con letras minúsculas: r, s, t...
- **Semirrecta**
  Es una recta que tiene delimitado uno de sus extremos. Tiene principio, pero no tiene fin.
- **Segmento**
  Es la parte de recta delimitada por dos puntos (extremos). Tiene principio y fin.
- **Línea curva**
  Es la línea cuyos puntos no siguen la misma dirección.
- **Línea quebrada**
  Es la compuesta por segmentos unidos por sus extremos y en distintas direcciones.

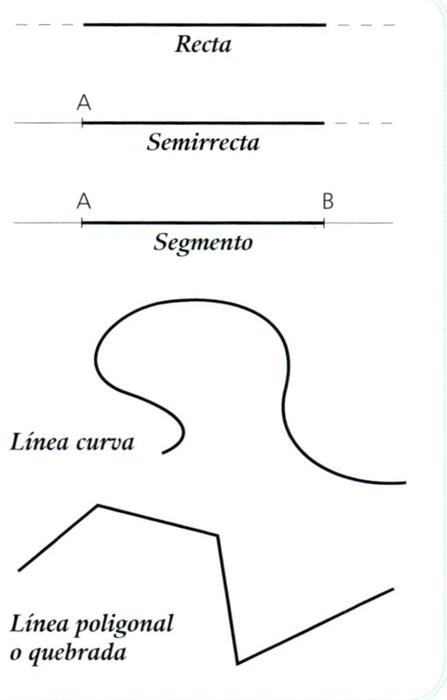

SITUACIÓN

- **Recta horizontal**
  Línea recta que coincide con el horizonte: todos sus puntos a igual altura.
- **Recta vertical**
  Aquélla que sigue la dirección de todos los cuerpos al caer, siguiendo la dirección de una plomada.
- **Recta inclinada u oblicua**
  Aquélla que no sea horizontal ni vertical.

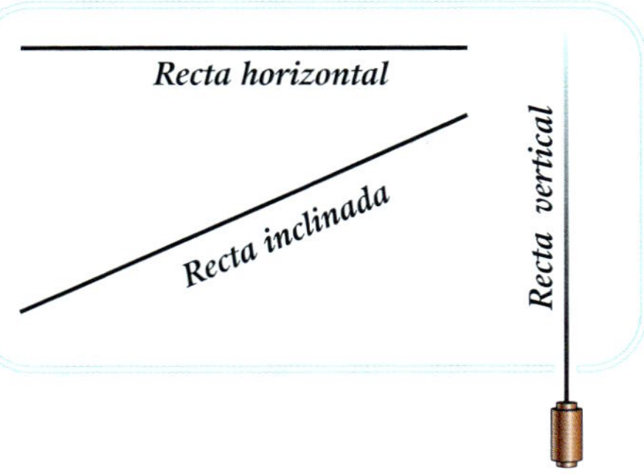

POSICIONES RELATIVAS

- **Rectas paralelas**
  Rectas que siguen la misma dirección. Aunque se prolonguen, nunca llegan a cortarse.
- **Rectas concurrentes**
  No son rectas paralelas; por ello, se cortan en un punto.
- **Rectas perpendiculares**
  Rectas que, cuando se cortan, dividen al plano en cuatro ángulos rectos (90º) iguales.

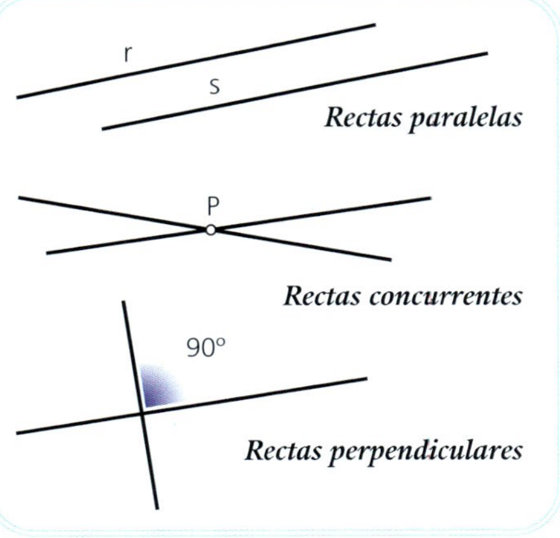

3 ÁNGULOS

Se denomina ***ángulo*** a la parte del plano comprendido entre dos semirrectas, con el mismo origen (vértice). Los ángulos se designan por la letra de su vértice o por una letra griega. Son positivos cuando se miden en sentido opuesto al giro de las agujas del reloj; en caso contrario, son negativos.

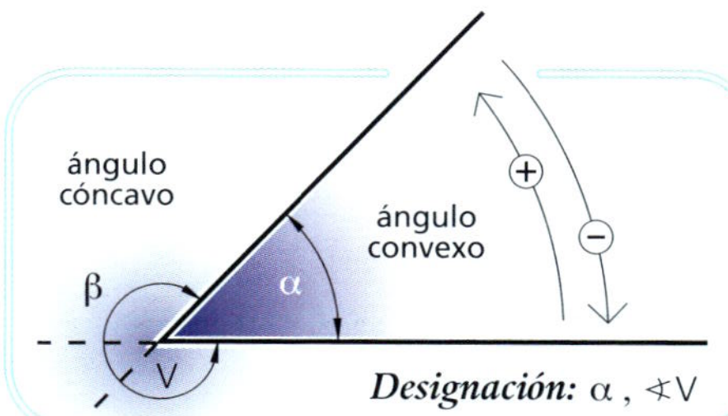

TIPOS

- **Ángulo recto.** Igual a 90º
- **Ángulo agudo.** Menor de 90º.
- **Ángulo obtuso.** Mayor de 90º.
- **Ángulo llano.** Cada uno de los semiplanos limitados por dos semirrectas opuestas.

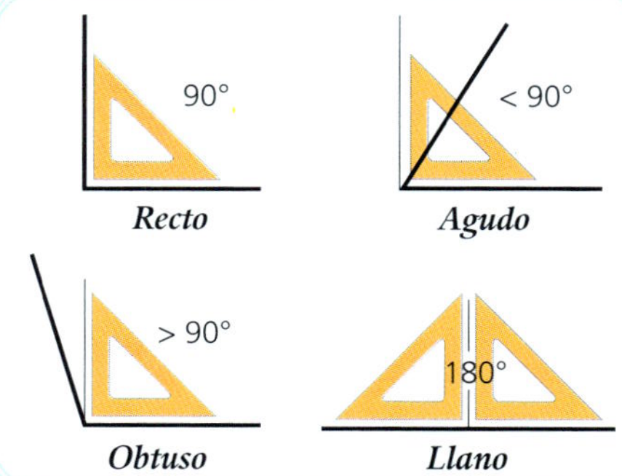

POSICIONES RELATIVAS

- **Ángulos consecutivos**
  Tienen mismo vértice y un lado común.
- **Ángulos adyacentes**
  Son ángulos consecutivos cuyos lados no comunes están en línea recta.
- **Ángulos opuestos por el vértice**
  Cada uno está formado por la prolongación de los lados del otro.
- **Ángulos complementarios**
  Su suma vale un ángulo recto (90º).
- **Ángulos suplementarios**
  Su suma vale un ángulo llano (180º).

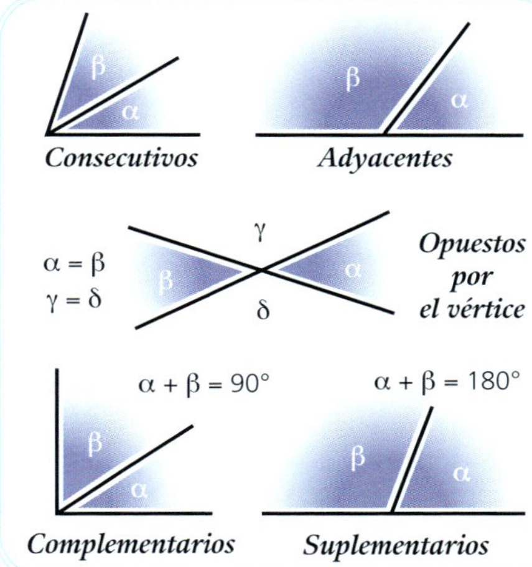

CONSTRUCCIÓN DE ÁNGULOS CON LAS PLANTILLAS

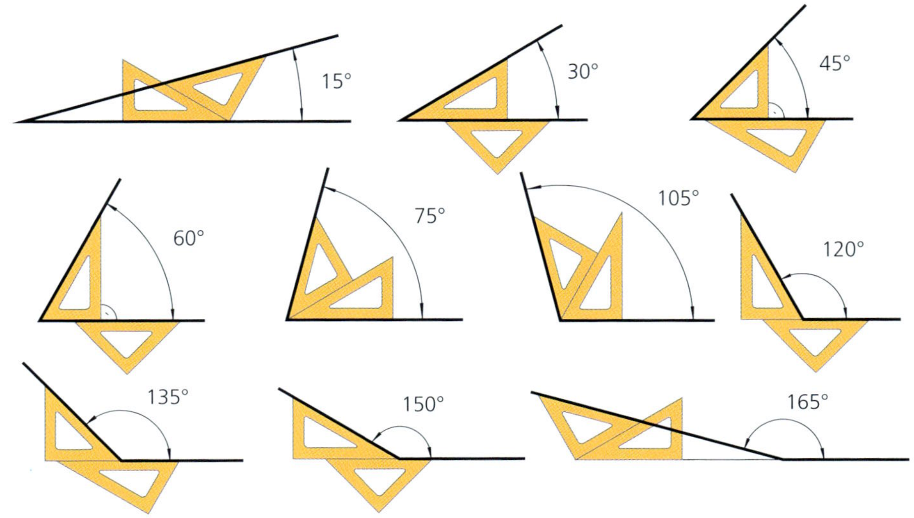

4 LUGARES GEOMÉTRICOS

Se denomina ***lugar geométrico***, al conjunto de puntos que cumplen una misma condición o propiedad.

RECTAS PARALELAS

El lugar geométrico de los puntos del plano equidistantes (una magnitud **d**) de una recta **m** dada, son dos rectas **p** y **q**, paralelas a ella.

PARALELA MEDIA: MEDIANA

El lugar geométrico de los puntos que equidistan de dos rectas paralelas **r** y **s**, es la paralela media **m** de éstas. Así, en una carretera, la mediana es la línea discontinua.

CIRCUNFERENCIA

Es el lugar geométrico de los puntos del plano equidistantes (una determinada magnitud **r**) de un punto fijo **O** llamado *centro*.

MEDIATRIZ DE UN SEGMENTO

Es el lugar geométrico de los puntos del plano equidistantes de los extremos del segmento $\overline{AB}$ dado.
Dicha *mediatriz*, es la recta perpendicular al segmento en su punto medio **M**.

Trazado:
Con centro en los extremos del segmento, se trazan arcos del mismo radio que se cortan en dos puntos **P** y **Q**. Su unión determina la recta *mediatriz*.

BISECTRIZ DE UN ÁNGULO

Es el lugar geométrico de los puntos del plano equidistantes de los lados del ángulo.
La *bisectriz* es la semirrecta que divide al ángulo en dos partes iguales.

Trazado:
Con centro en el vértive **V** se dibuja un arco que corta a los lados en **A** y **B**. Con centro en ellos, se trazan dos arcos, del mismo radio, consiguiendo el punto **P**. La recta **PV** determina la *bisectriz*.

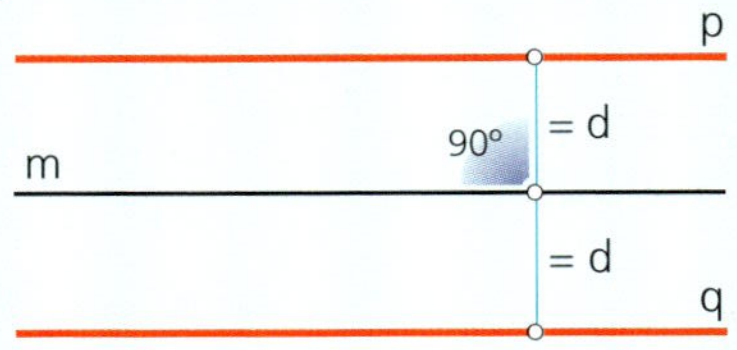

Rectas paralelas

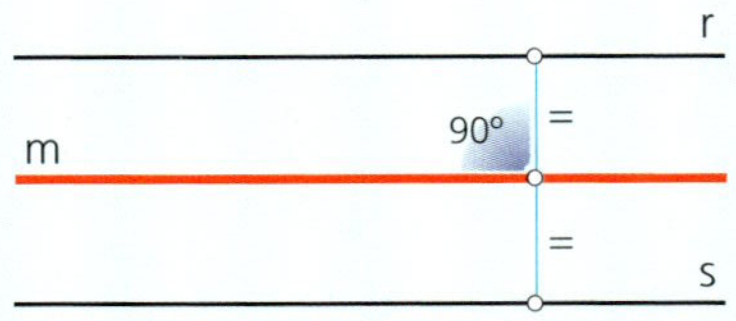

Paralela media: mediana

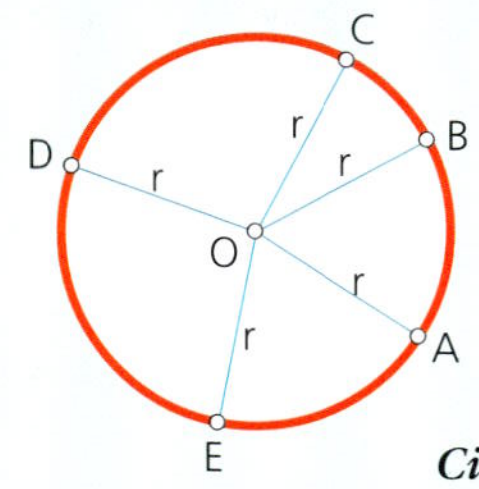

Circunferencia

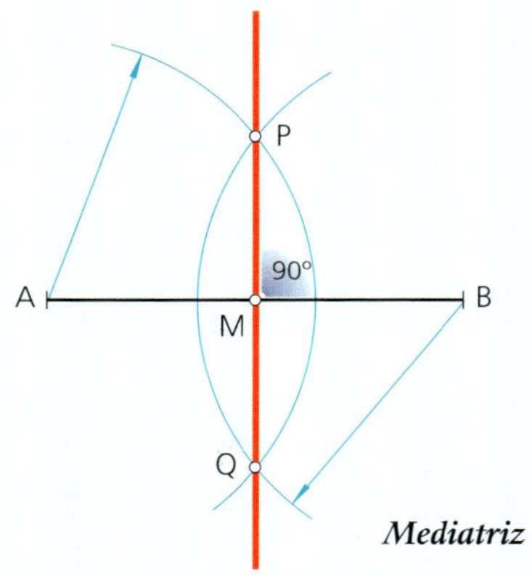

Mediatriz

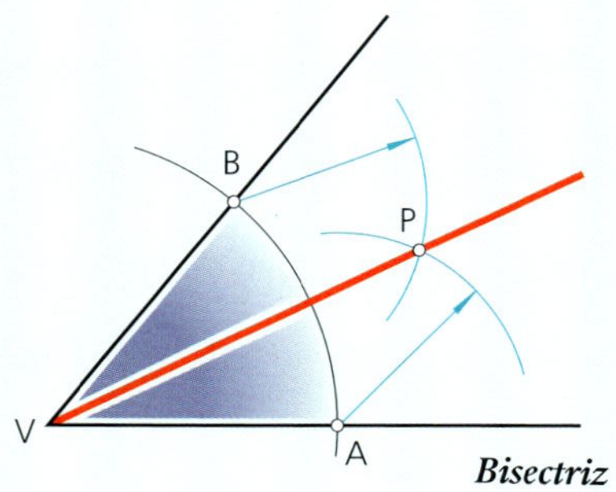

Bisectriz

5 DISTANCIAS

Se denomina ***distancia*** a la longitud más corta entre dos elementos geométricos (puntos, rectas, planos, figuras, etc.).

Entre dos puntos A y B
Queda determinada por la magnitud del segmento que los une.

De un punto P a una recta r
Es la longitud del segmento que resulta de trazar desde el punto **P** la perpendicular a la recta **r**.

Entre dos rectas paralelas r y s
Es la longitud del segmento $\overline{AB}$ que se determina al trazar una recta perpendicular a las dadas.

De un punto P a una circunferencia
Es la longitud del segmento $\overline{PC}$ que resulta de unir el punto **P** con el centro **O** de la circunferencia.

Entre una circunferencia y una recta r exterior a ella
Es la longitud del segmento $\overline{PC}$ resultante de trazar desde el centro de la circunferencia, la perpendicular a la recta.

Entre dos circunferencias exteriores
Es la definida por el segmento $\overline{AB}$ situado sobre la recta que une los centros de ambas.

Entre dos circunferencias interiores
Es la mínima longitud definida por el segmento $\overline{AB}$ situado sobre la recta que une los centros de ambas.
Caso particular de éste, es el que se presenta cuando las circunferencias son concéntricas, donde la anchura de la corona circular viene dada por la distancia entre ambas circunferencias: la diferencia entre radios.

Entre dos puntos A y B

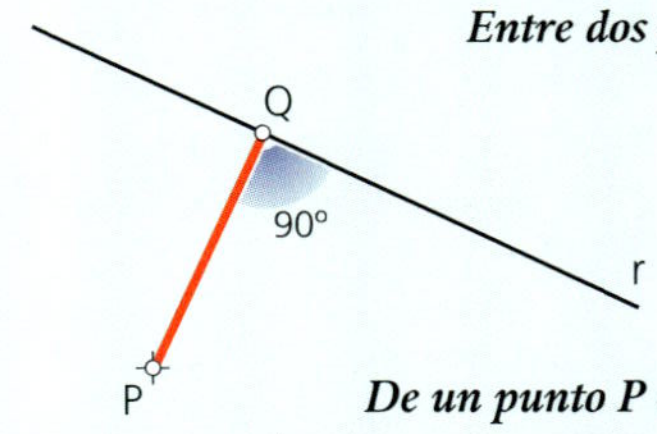

De un punto P a una recta r

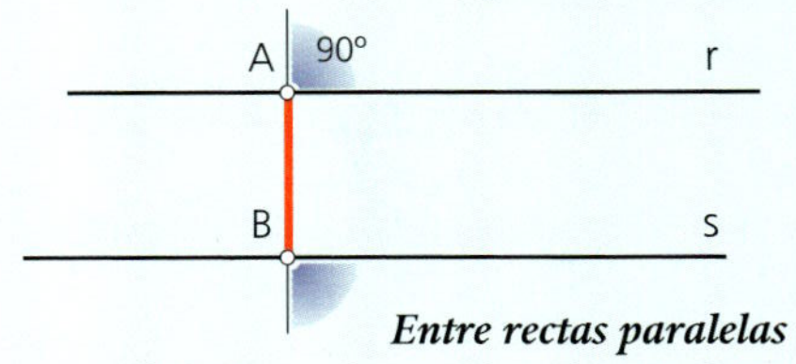

Entre rectas paralelas r y s

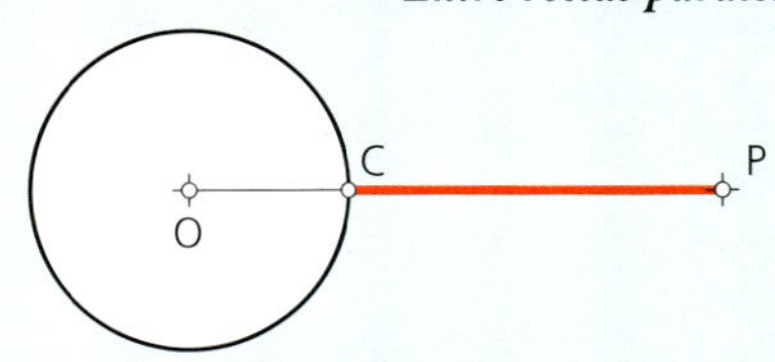

De un punto P a una circunferencia

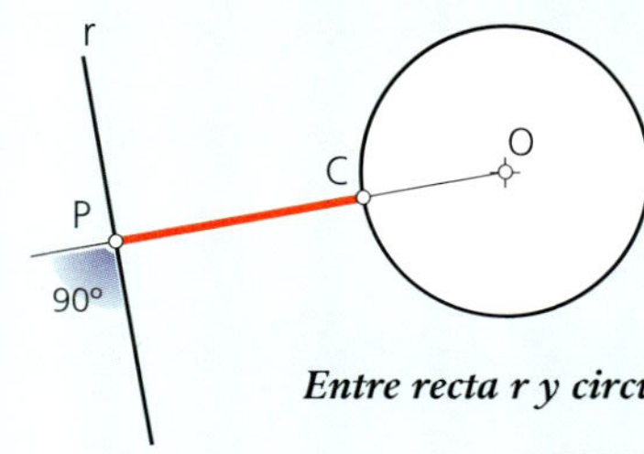

Entre recta r y circunferencia

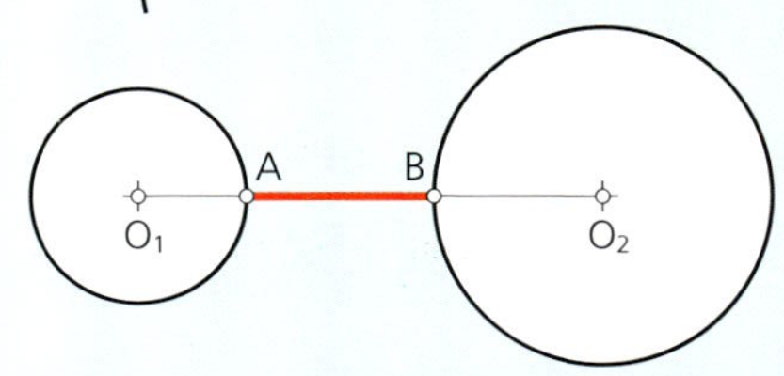

Entre dos circunferencias exteriores

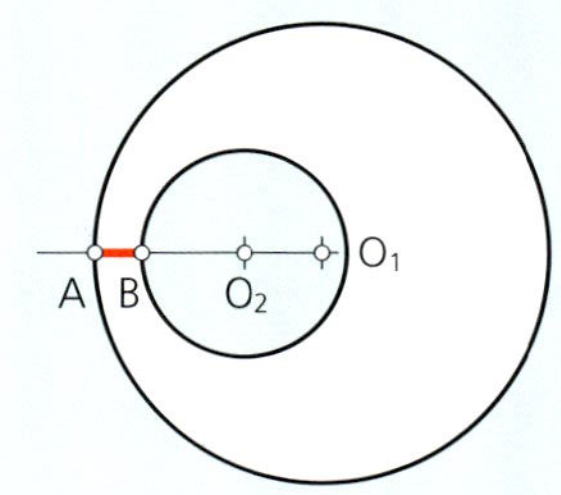

Entre dos circunferencias interiores

VOCABULARIO

- ***Coplanarios*** — *Dícese de los elementos geométricos (puntos, rectas...), que se encuentran en un mismo plano.*
- ***Paralelo (paralela)*** — *Nombre que se da a dos o más líneas o planos equidistantes entre sí y que por más que se prolonguen no llegan a encontrarse.*
- ***Perpendicular*** — *Nombre que se da a una línea o un plano que forma ángulo recto (90º) con otra línea u otro plano o ambos entre sí.*
- ***Plomada*** — *Pesa metálica, comúnmente de plomo, que cuelga del extremo de un cordel y sirve para comprobar la verticalidad de un elemento, generalmente una construcción (muros, pilares, estructuras,etc.).*

MANEJO DE LA ESCUADRA Y EL CARTABÓN

nombre y apellidos

nº | curso/grupo | fecha

La propuesta consiste en delinear dos mosaicos basados en la observación y el correcto manejo de la escuadra y el cartabón. Para ello, debes seleccionar dos de los cuatro ejemplos que se muestran.

Todos los diseños se generan a partir de una red modular cuadrada. Traza con suavidad las líneas auxiliares y con mayor grosor las líneas principales o definitivas. Puedes entonar el resultado final con lápices de colores.

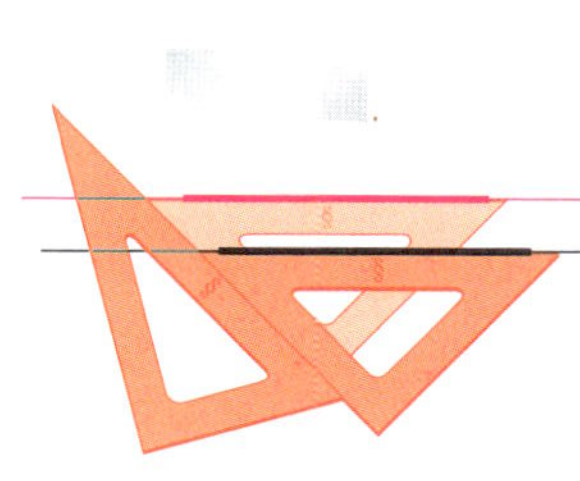

1. Posición inicial de la escuadra y el cartabón.

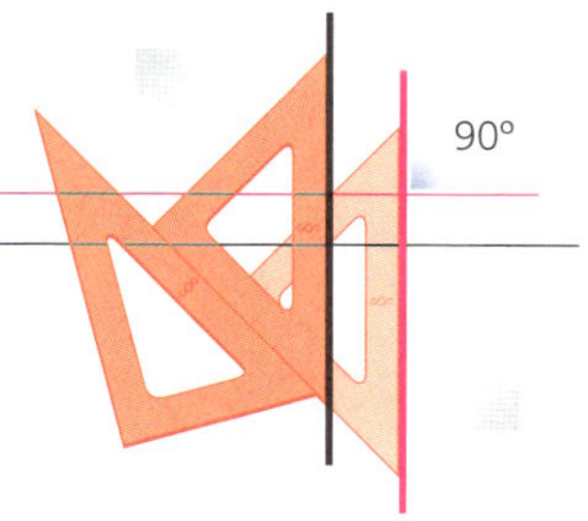

2. Trazado de rectas perpendiculares a las anteriores, girando la escuadra 90°.

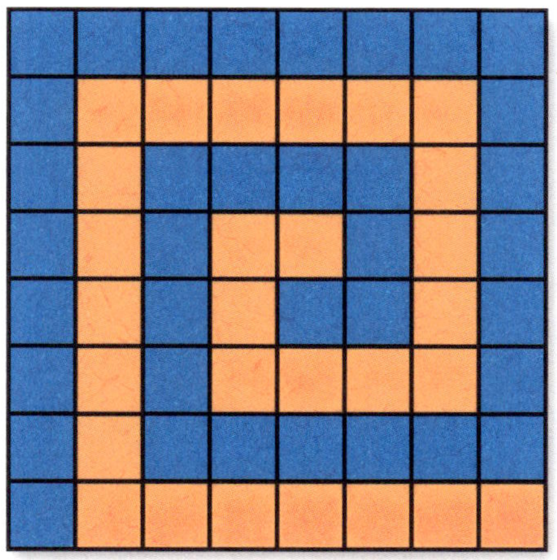

VERIFICACIÓN

1. ¿A qué llamamos punto geométrico?

2. ¿En qué se diferencia una recta de un segmento?

3. ¿Qué posibilidades encontramos en el manejo de la escuadra y el cartabón?

4. ¿Es lo mismo una recta vertical que una recta perpendicular? ¿Y una recta paralela que una horizontal?

5. Utilizando como base los cuadros de la derecha, diseña dos nuevos pavimentos compuestos únicamente por segmentos horizontales y verticales y distintos de las muestras de esta propuesta.

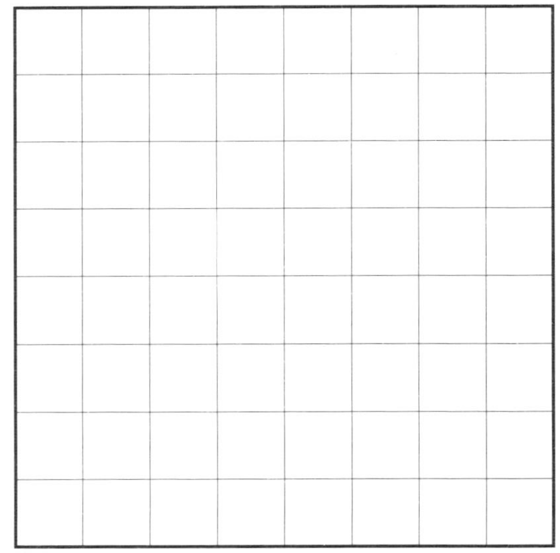

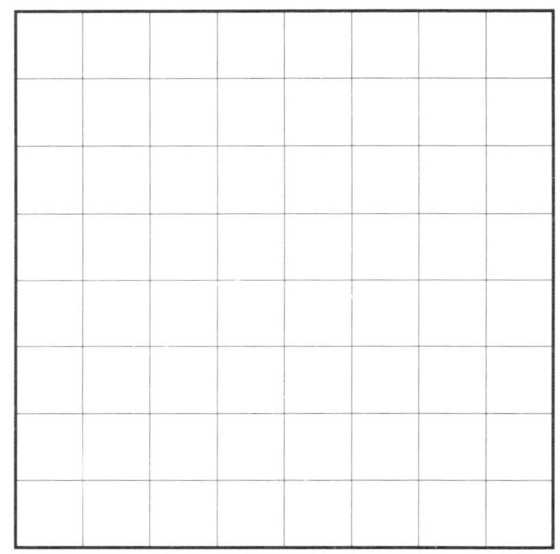

TRAZADO DE PAVIMENTOS URBANOS

En esta propuesta vas a ampliar el manejo de la escuadra y el cartabón aprendido en la propuesta anterior con el trazado de rectas en 45°, del modo que te volvemos a recordar en la imagen inferior.

A continuación, utilizarás el compás para diseñar curvas circulares con base en una retícula cuadrada.

Cuando hayas finalizado el trabajo (coloreándolo, si es tu deseo o si así te lo aconseja el profesor o profesora), podrás comprobar cómo los resultados recuerdan a los dibujos de los pavimentos urbanos sobre los que caminamos cada día.

Materiales: lápiz HB (medio), escuadra, cartabón y compás.

nombre y apellidos

nº | curso/grupo | fecha

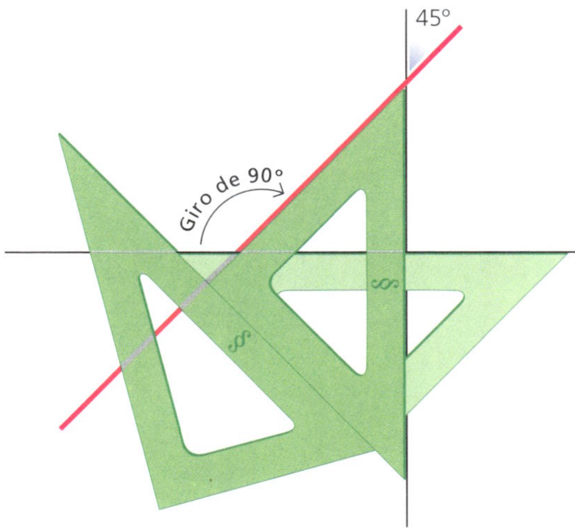

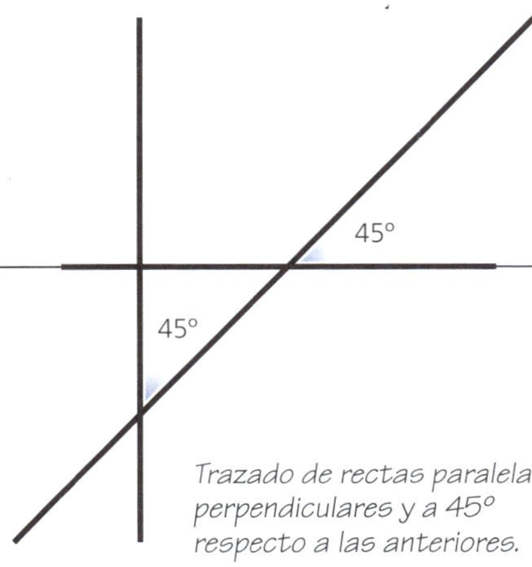

Trazado de rectas paralelas, perpendiculares y a 45° respecto a las anteriores.

VERIFICACIÓN

1. Indica las características de los instrumentos empleados en el dibujo lineal.
2. ¿Qué dirección toma una plomada? ¿Cómo es respecto a la línea del horizonte?
3. ¿Puede una recta oblicua ser paralela a otras? ¿Y perpendicular?
4. ¿Bajo qué ángulo se cortan dos rectas perpendiculares? ¿Lo son, entre sí, una horizontal y una vertical?
5. Sobre la cuadrícula que se presenta diseña un nuevo pavimento distinto a las muestras vistas en las dos propuestas anteriores.

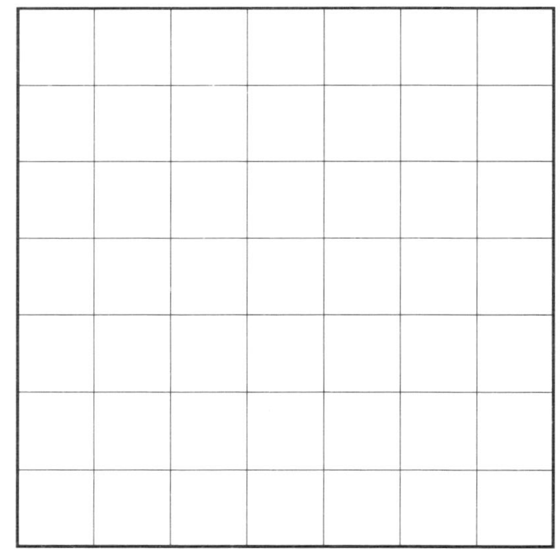

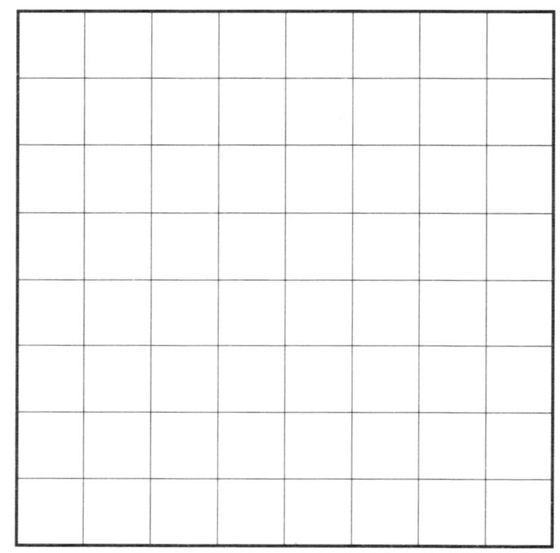

SEGMENTOS Y TRAZADOS ELEMENTALES

1. Utilizando las rectas **a**, **b**, y **c**; trazar gráficamente, los segmentos: 1º.- (**a+b**) 2º.- (**a+c−b**) 3º.- (**2b−a+2c**)

2. Divide el segmento $\overline{AB}$ en cinco partes iguales. Por las divisiones obtenidas, traza segmentos de 42 mm. a 90º respecto a la horizontal $\overline{AB}$.

3. Reparte el rectángulo en tres superficies proporcionales a 20, 30 y 40 mm.; para ello, haz lo propio con uno de sus lados y traza, por las divisiones obtenidas, paralelas al otro.

4. Señala todos los puntos del eje del río que se encuentran a la misma distancia del muelle **P** que del situado en el bote **Q**.

5. Dibuja la circunferencia que pasa por los tres puntos señalados: **A**, **B** y **C**.

6. Traza la bisectriz del ángulo **V** y la de su ángulo adyacente. ¿Cuánto vale el ángulo que ambas forman?

nombre y apellidos		
nº	curso/grupo	fecha

TEOREMA DE THALES

«Si dos rectas coplanarias son cortadas por un haz de paralelas, los segmentos determinados sobre una de las rectas son proporcionales a los determinados sobre la otra».

$$\frac{\overline{OA}}{\overline{OA'}} = \frac{\overline{AB}}{\overline{A'B'}} = \frac{\overline{BC}}{\overline{B'C'}}$$

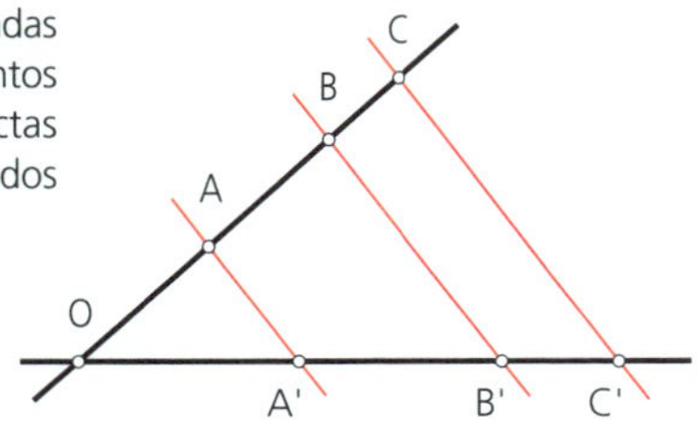

APLICACIÓN DEL TEOREMA

DIVISIÓN DEL SEGMENTO $\overline{AB}$ EN 7 PARTES IGUALES

1. A partir de **A** se marcan 7 unidades iguales (de cualquier magnitud) a lo largo de una semirrecta **r** cualquiera de origen en **A**.

2. Se une la última división (7ª) con el extremo **B** del segmento. Las paralelas a ésta por las divisiones anteriores determinan las divisiones iguales del segmento $\overline{AB}$.

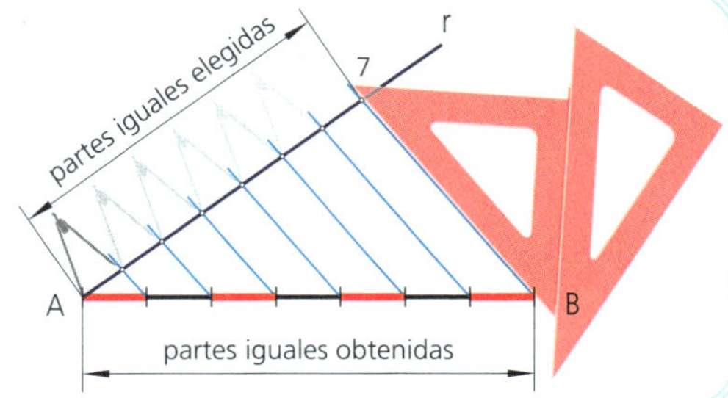

1 SUMA Y DIFERENCIA DE SEGMENTOS

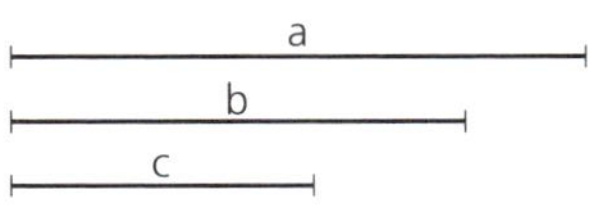

1º

2º

3º

2 DIVISIÓN DE UN SEGMENTO EN PARTES IGUALES

3 DIVISIÓN PROPORCIONAL DE UN RECTÁNGULO

4 EQUIDISTANCIA

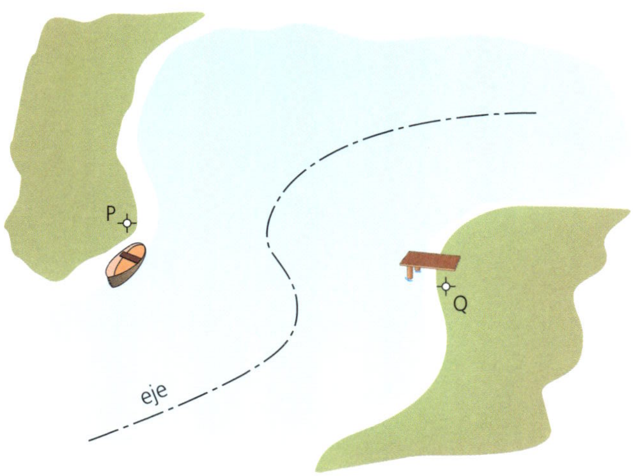

5 CIRCUNFERENCIA QUE PASA POR TRES PUNTOS

6 BISECTRIZ DE UN ÁNGULO

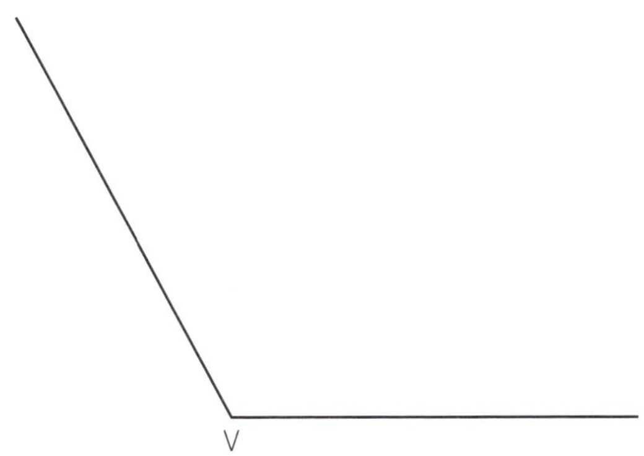

VERIFICACIÓN

1. ¿A qué tipo de representación geométrica te recuerda la foto de esta página? ¿Qué reflexión se te ocurre hacer al respecto? Haz un comentario breve.
2. ¿Para qué sirve el determinar la «mediatriz» de un segmento? ¿Qué característica o propiedad tienen en común el conjunto de puntos que la componen?
3. ¿Cuántas mediatrices es necesario trazar para poder determinar el centro de la circunferencia que pasa por tres puntos no alineados?

Puente del Alamillo, 1992. Sevilla (España).

DISTANCIAS Y LUGARES GEOMÉTRICOS

1. Dados los ángulos de vértices **A** y **B**, dibuja el ángulo suma de vértice **S** (α+β) y el ángulo diferencia con vértice en **D** (α−β).

2. Señala, con toda precisión, todos los puntos que se encuentren a la vez a 28 mm. del punto **R** y a 30 mm. del punto **Q**. En ellos, te situarías para observar la «captura».

3. Traza y acota, en milímetros, sobre cada uno de los segmentos correspondientes, la distancia entre cada par de elementos dados: puntos **P** y **Q**, rectas **r** y **s** y circunferencia de centro **O**.

4. Localizar en el croquis un tesoro que está enterrado a 300 m. de un árbol **A** y equidistante de las cabañas **P** y **Q**.

nombre y apellidos		
nº	curso/grupo	fecha

TRANSPORTE DE UN ÁNGULO

Dado que a todo arco de circunferencia de igual radio le corresponde una misma cuerda, para copiar un ángulo, dibujamos un mismo arco (de radio **r**) y transportamos con el compás la cuerda (**s**) correspondiente.

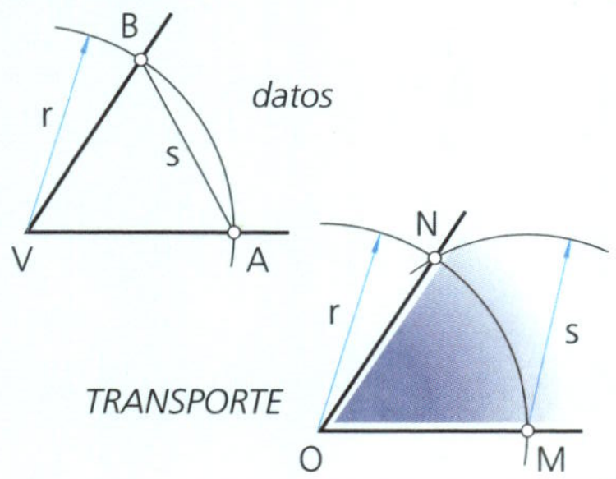

SUMA Y RESTA DE ÁNGULOS

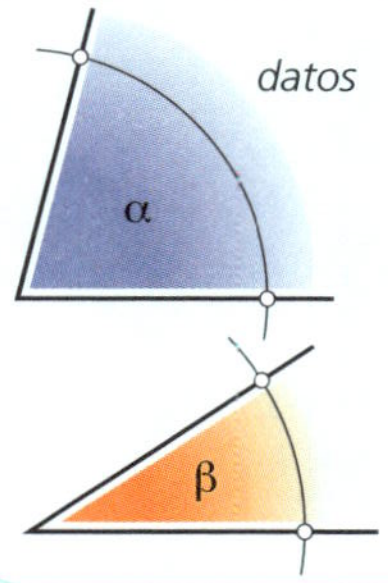

SUMA DE ÁNGULOS

A partir de la semirrecta **SA** se transporta el ángulo **α** y, a continuación, (como ángulos consecutivos) el ángulo **β**.

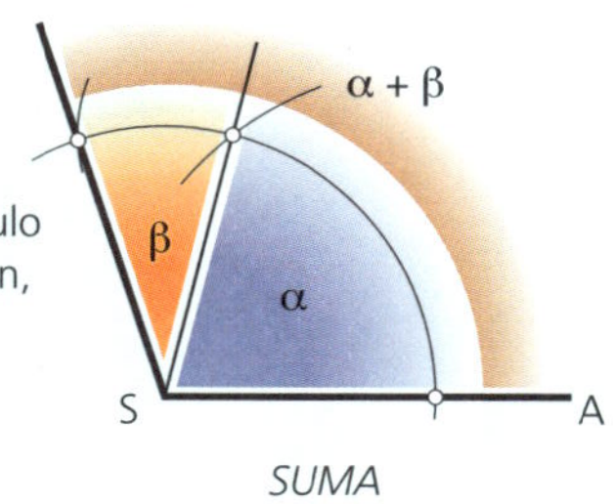

DIFERENCIA DE ÁNGULOS

A partir de la semirrecta **DB** y con origen en **D**, se construye el ángulo mayor (**α**); a continuación, se superpone el ángulo menor (**β**) para obtener su diferencia (**α − β**).

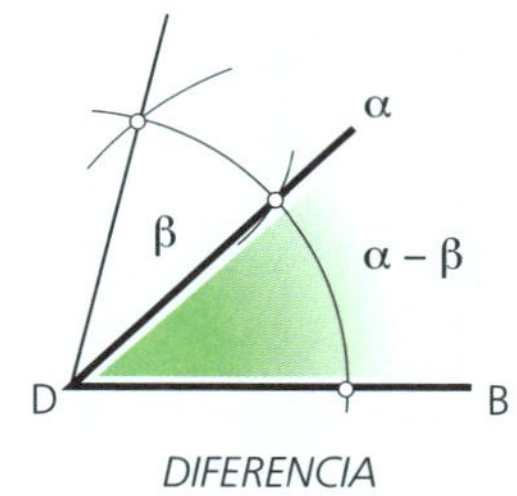

1 SUMA Y DIFERENCIA DE ÁNGULOS

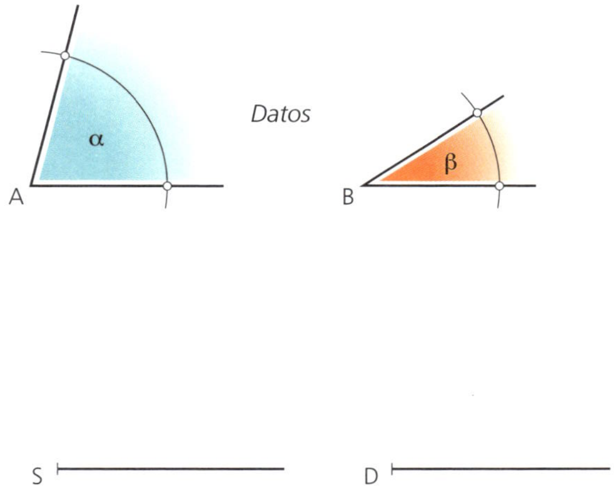

2 PUNTOS EN COMÚN

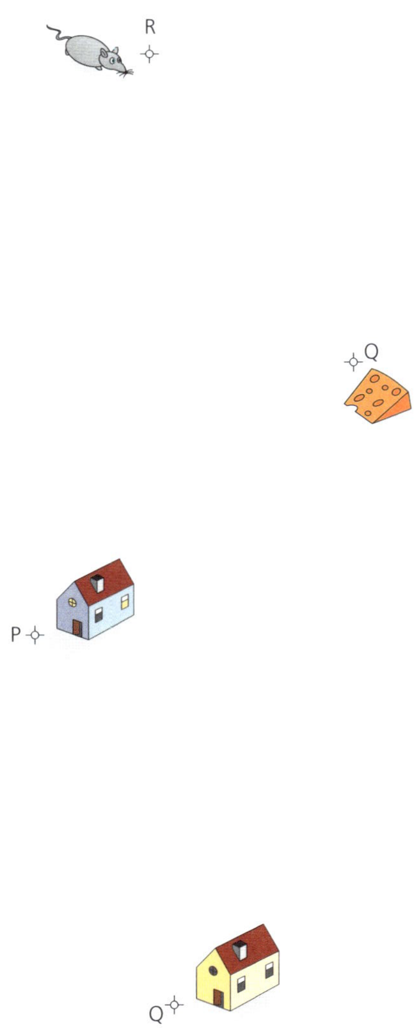

3 DISTANCIAS ENTRE ELEMENTOS

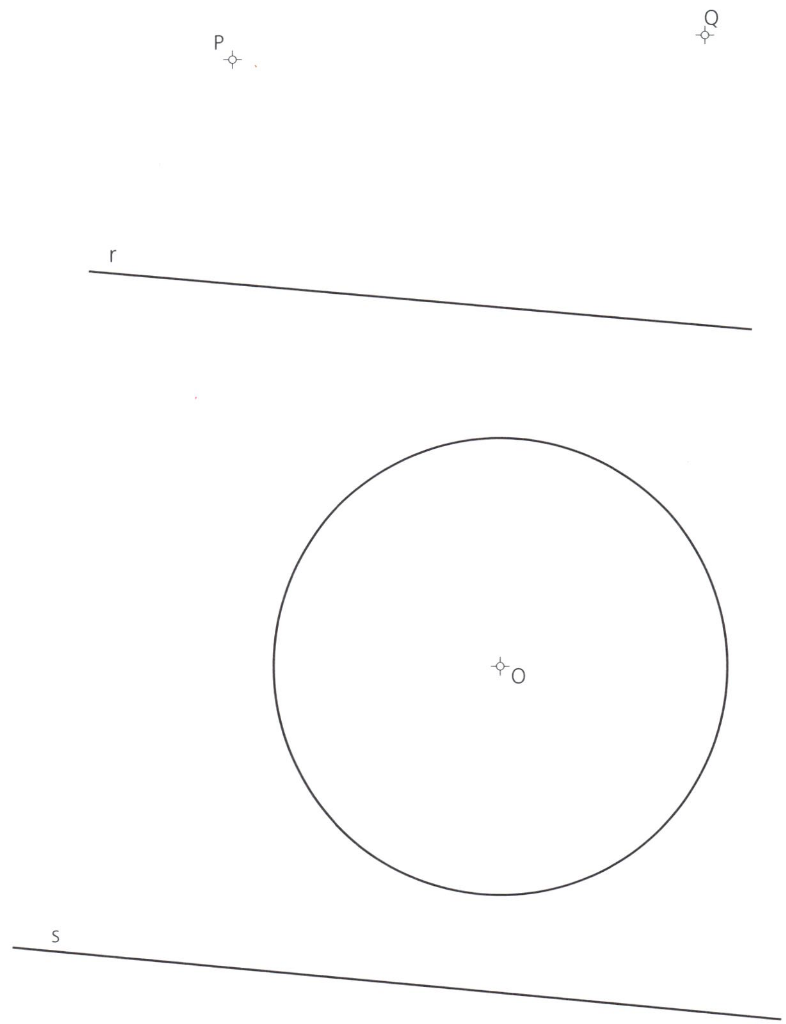

4 UN TESORO ESCONDIDO

e: 1/10.000

VERIFICACIÓN

1. Traza el lugar geométrico de los centros de las circunferencias que pasan por dos puntos **A** y **B**.

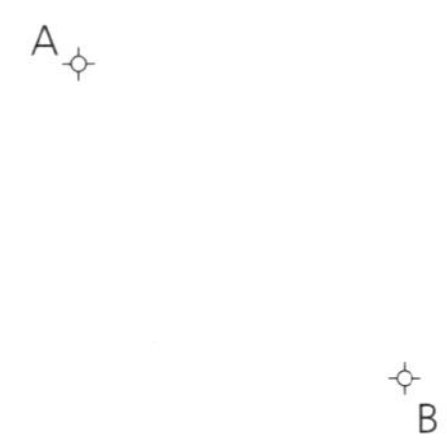

2. Traza la circunferencia que pasa por un punto **P** y equidista de otros tres puntos dados (**A**, **B** y **C**), no alineados.

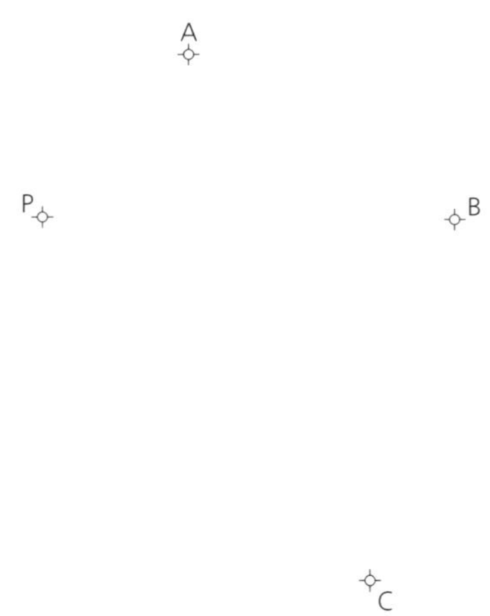

3. ¿Para qué sirve la bisectriz de un ángulo? ¿Qué característica o propiedad tienen en común el conjunto de puntos que la componen?

CONSTRUCCIÓN DE ÁNGULOS CON LAS HERRAMIENTAS EUCLIDIANAS

1. Partiendo del vértice **O**, y sobre la misma figura, dibuja los ángulos de 60° y 30°.

2. Traza y trisecciona un ángulo recto de vértice **V**.

3. Con vértice en **O**, y sobre la misma figura, dibuja los ángulos de 45° y 22° 30′, respectivamente.

4, **5** y **6.** Traza los ángulos indicados en la cabecera de cada uno de los ejercicios. En buena lógica, las construcciones pueden llevarse a cabo siguiendo cualquiera de los desarrollos analíticos indicados, como suma o diferencia de ángulos básicos.

nombre y apellidos		
nº	curso/grupo	fecha

TRISECCIÓN DE UN ÁNGULO

... RECTO

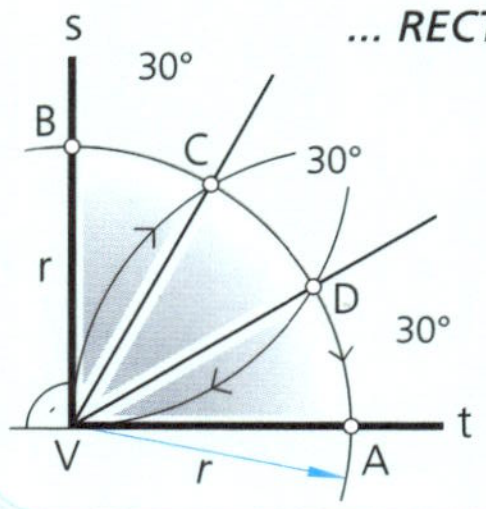

... LLANO

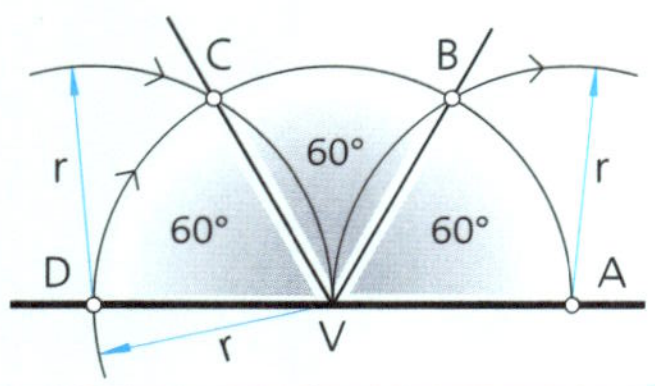

CONSTRUCCIÓN DE ÁNGULOS CON EL COMPÁS

60°

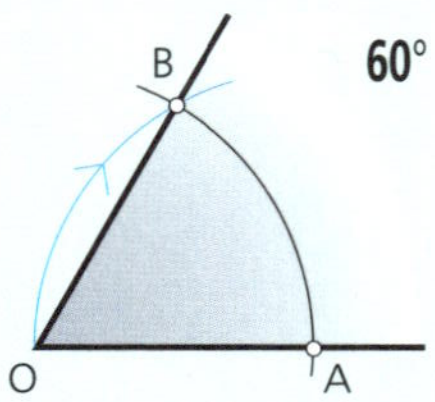

Con centro en **O** y **A** se trazan arcos de igual radio, que se cortan en **B**.

30°

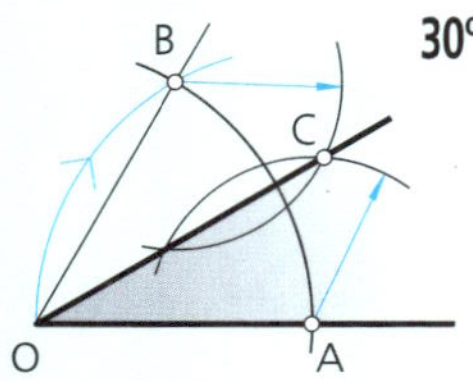

30° = 60°/2

15°

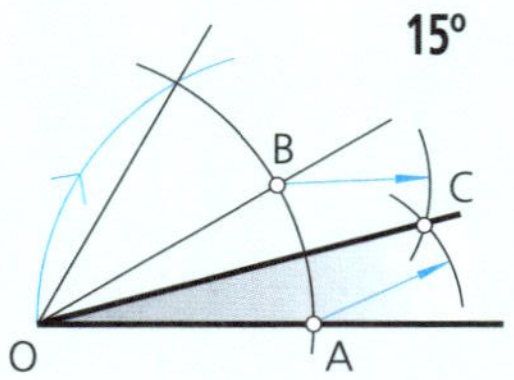

15° = 30°/2

45°

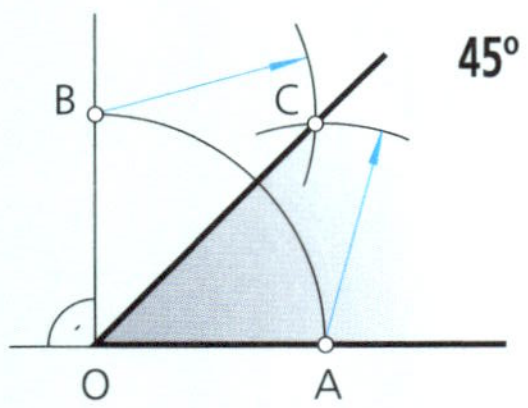

45° = 90°/2

75°

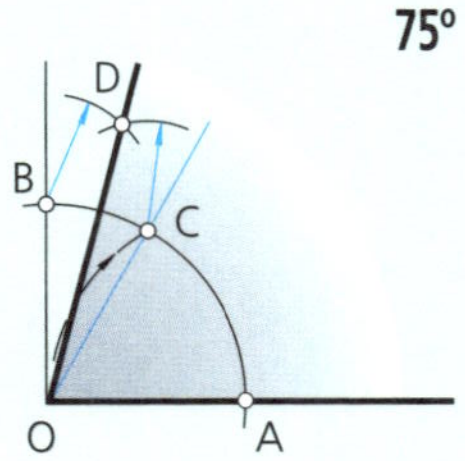

75° = 90° – 15°
= 60° + 15°

120°

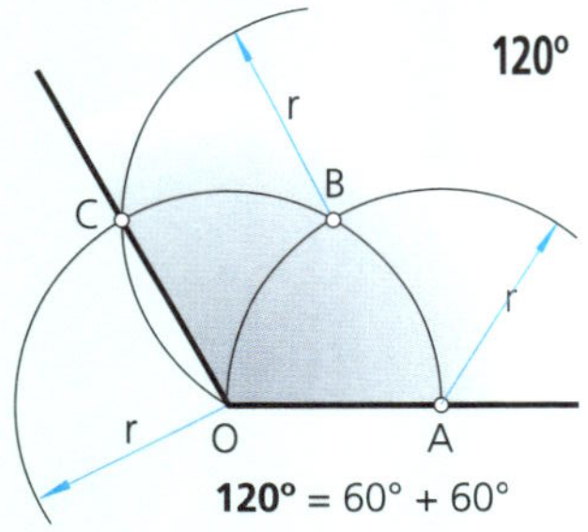

120° = 60° + 60°

105°

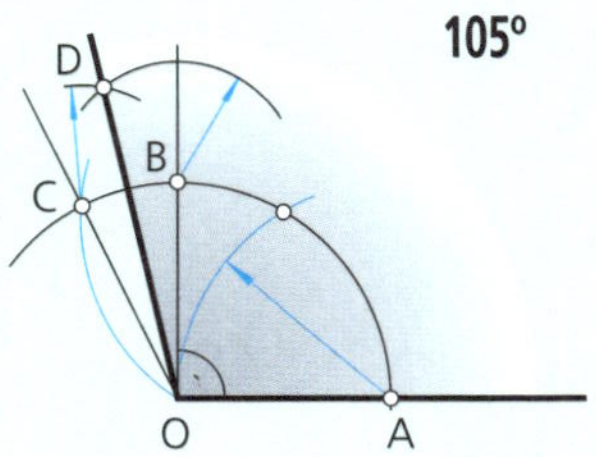

105° = 120° – 15°
= 90° + 15°

135°

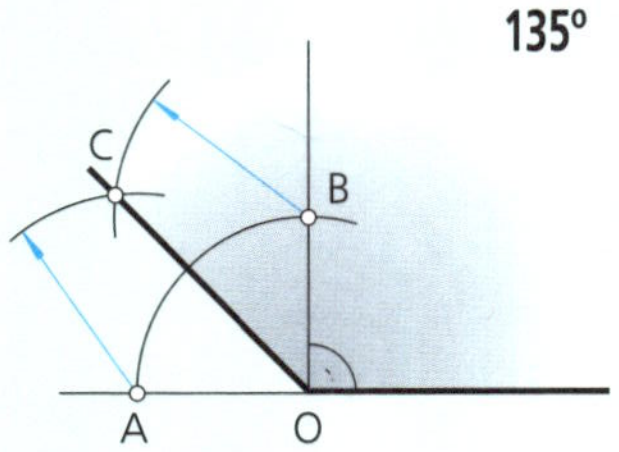

135° = 180° – 45°
= 90° + 45°

1 ÁNGULOS DE 60° y 30°

O a

2 TRISECCIÓN DE UN ÁNGULO RECTO

V a

3 ÁNGULOS DE 45° y 22° 30′

O a

4 ÁNGULO DE 75°

D a

5 ÁNGULO DE 120°

E a

6 ÁNGULO DE 135°

F a

LA GEOMETRÍA COMO SOPORTE DEL PROCESO CREATIVO

análisis de las formas básicas

UNIDAD DIDÁCTICA

7

OBJETIVOS

- Conocer las características y propiedades de los triángulos y cuadriláteros, así como los puntos y rectas notables en ellos.
- Saber analizar y construir las figuras geométricas básicas: triángulos y cuadriláteros.
- Entender la circunferencia como una de las figuras más admiradas de todos los tiempos por su singular perfección y su importante papel en el campo de la técnica y en el mundo del arte.

DESARROLLO

1. La Unidad Didáctica, concebida para ser impartida en un máximo de cuatro sesiones, está destinada a recordar las características, propiedades y posibilidades de las tres formas fundamentales: triángulo, cuadrilátero y circunferencia (círculo). Por ello, se destina una página teórica para cada forma, con el fin de agrupar conceptos y procedimientos.

2. Se comienza por estudiar el triángulo, para cuyo análisis y construcción se destina la primera propuesta (nº 25) de la lección.

3. Se continúa por hacer lo propio con el cuadrilátero, apoyándose en la segunda propuesta (nº 26).

4. Se finaliza con el estudio y análisis de las posibilidades gráficas y de diseño que encierra la circunferencia y, por ende, el círculo.

1 TRIÁNGULOS

DEFINICIÓN Y DESIGNACIÓN

Geométricamente, los triángulos son figuras planas formadas por tres puntos no alineados y por tres segmentos que los unen dos a dos. Los tres puntos son los ***vértices*** y los tres segmentos los ***lados***.

Los vértices se designan con letras mayúsculas y los lados opuestos a los ángulos con las mismas letras pero en minúsculas.

PROPIEDADES

«La suma de los ángulos de un triángulo es igual a 180º».

Esto es: $\hat{A} + \hat{B} + \hat{C} = 180^\circ$

«Un lado de un triángulo es siempre menor que la suma de los otros dos y mayor que su diferencia».

Esto es: $a < (b + c)$; $a > (b - c)$

«En un triángulo, a mayor lado se opone, siempre, mayor ángulo».

CLASIFICACIÓN

En función de sus lados.

- ***Equilátero***: lados y ángulos iguales.
- ***Isósceles***: dos lados y dos ángulos iguales.
- ***Escaleno***: lados y ángulos distintos.

En función de sus ángulos.

- ***Rectángulo***: con un ángulo recto. El lado opuesto a este ángulo se denomina *hipotenusa* y *catetos* a los otros dos.
- ***Acutángulo***: con los tres ángulos agudos.
- ***Obtusángulo***: con un ángulo obtuso.

En función de sus líneas.

- ***Rectilíneo***: con los tres lados líneas rectas.
- ***Curvilíneo***: con los tres lados líneas curvas.
- ***Mixtilíneo***: con dos lados líneas rectas y uno curvo o viceversa.

▷ ***Niels Helge Von KOCH (1870-1924). «Transformación progresiva de un triángulo en estrella de nieve».***
Partiendo de un triángulo equilátero (**a**) y girándole 60° respecto a su centro, se obtiene la estrella (**b**); si análogamente se opera en cada uno de los seis obtenidos estamos en la figura (**c**), y así sucesivamente (**d**), (**e**)... llegando a obtenerse la llamada *«estrella de nieve»*.

CLASIFICACIÓN

EN FUNCIÓN DE SUS LADOS / EN FUNCIÓN DE SUS ÁNGULOS

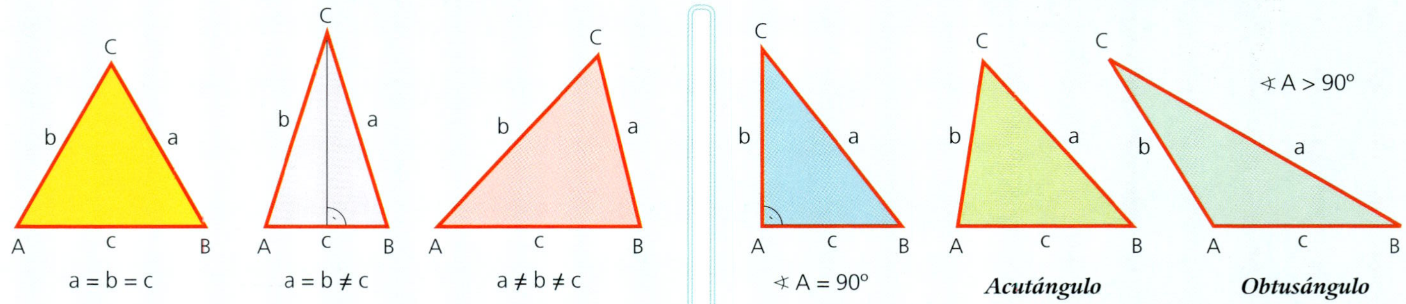

LÍNEAS Y PUNTOS NOTABLES

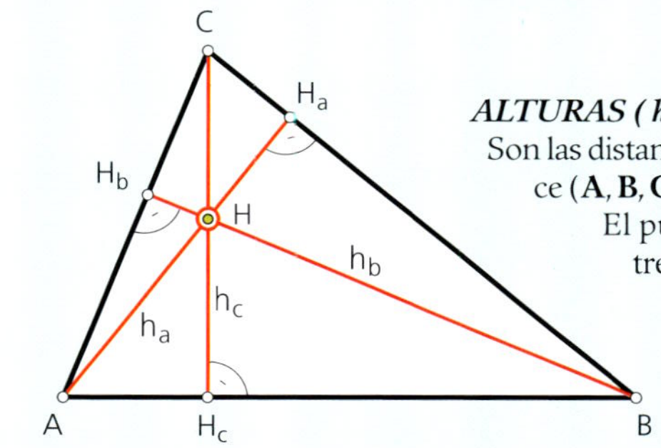

ALTURAS (h_a, h_b, h_c)
Son las distancias de cada vértice (**A**, **B**, **C**) al lado opuesto. El punto común a las tres alturas se llama ***Ortocentro*** (**H**).

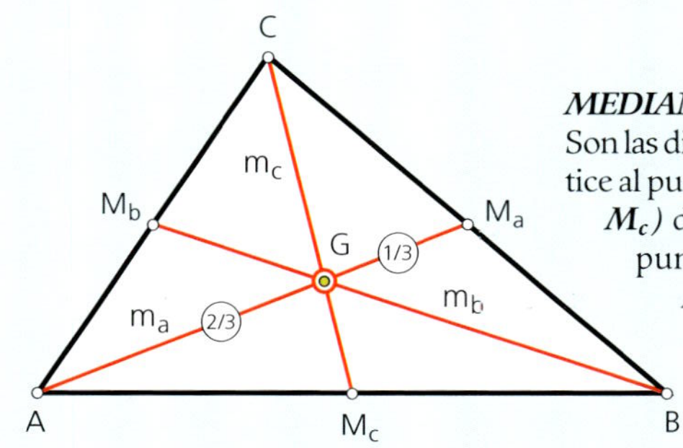

MEDIANAS (m_a, m_b, m_c)
Son las distancias de cada vértice al punto medio (***M_a, M_b, M_c***) del lado opuesto. El punto común se llama ***Baricentro*** (**G**).

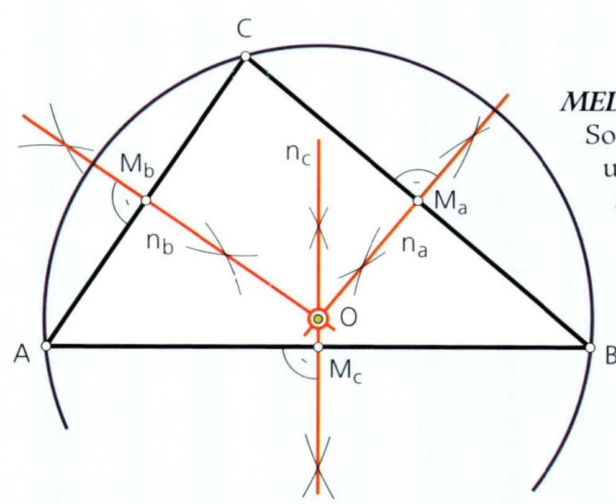

MEDIATRICES (n_a, n_b, n_c)
Son las mediatrices de cada uno de los lados del triángulo. Las tres rectas se cortan en un mismo punto conocido como ***Circuncentro*** (**O**).

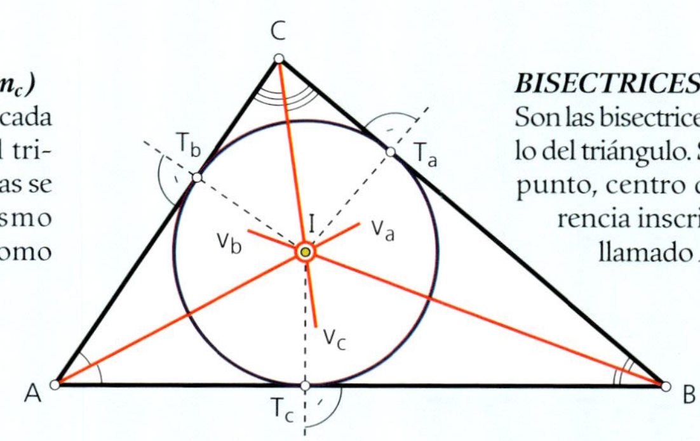

BISECTRICES (v_a, v_b, v_c)
Son las bisectrices de cada ángulo del triángulo. Se cortan en un punto, centro de la circunferencia inscrita al triángulo, llamado ***Incentro*** (**I**).

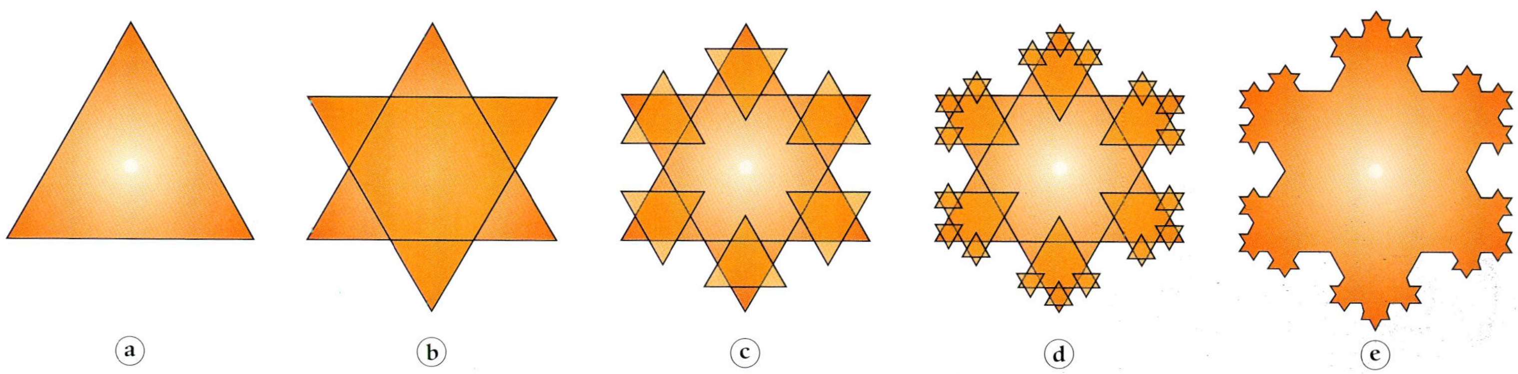

2 CUADRILÁTEROS

DEFINICIÓN Y DESIGNACIÓN

Los cuadriláteros son figuras poligonales cerradas compuestas por cuatro lados, cuatro vértices y dos diagonales.

Los ***vértices*** se nombran consecutivamente con mayúsculas (**A**, **B**, **C**, **D**) y los lados con minúsculas siguiendo el mismo orden (**a**, **b**, **c**, **d**) de manera que del vértice **A** parta el lado **a**, del **B** el lado **b**, etc.

Las ***diagonales***, que son los segmentos que unen pares de vértices no situados en un mismo lado, se designan como segmentos: $\overline{AC}$ y $\overline{BD}$

PROPIEDAD FUNDAMENTAL

«La suma de los cuatro ángulos interiores de un cuadrilátero es igual a la suma de los dos triángulos interiores que lo componen».

Esto es: $2 \times 180^\circ = 360^\circ$

CLASIFICACIÓN

TRAPEZOIDE
Nombre que toma todo cuadrilátero que no posee ninguna particularidad.

TRAPECIOS
Cuadriláteros que tienen, únicamente, dos lados opuestos paralelos llamados bases, siendo su *altura* la distancia entre ambos.

- ***Rectángulo****:* tiene dos ángulos rectos. La unión de dichos vértices determina la altura.
- ***Isósceles****:* tiene los lados no paralelos iguales. Sus diagonales son iguales.
- ***Escaleno****:* no posee ninguna característica de los anteriores.

PARALELOGRAMOS
Cuadriláteros que tienen los lados opuestos iguales y paralelos dos a dos.

- ***Cuadrado****:* lados iguales y ángulos rectos. Sus diagonales son iguales y perpendiculares (90º). Es equilátero (lados iguales) y equiángulo (ángulos iguales).
- ***Rectángulo****:* lados opuestos iguales, ángulos rectos y diagonales iguales. Es equiángulo.
- ***Rombo****:* lados iguales y ángulos opuestos iguales dos a dos. Las diagonales son distintas y se cortan bajo 90º. Es equilátero.
- ***Romboide****:* tiene sus lados y ángulos opuestos iguales entre sí, así como sus diagonales distintas.

CUADRILÁTERO

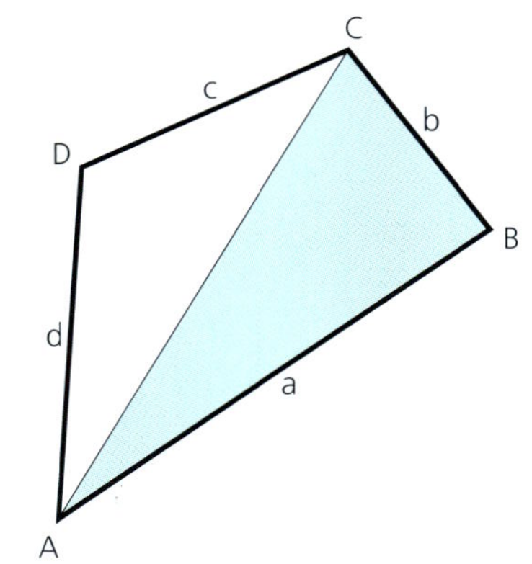

TIPOS DE CUADRILÁTEROS

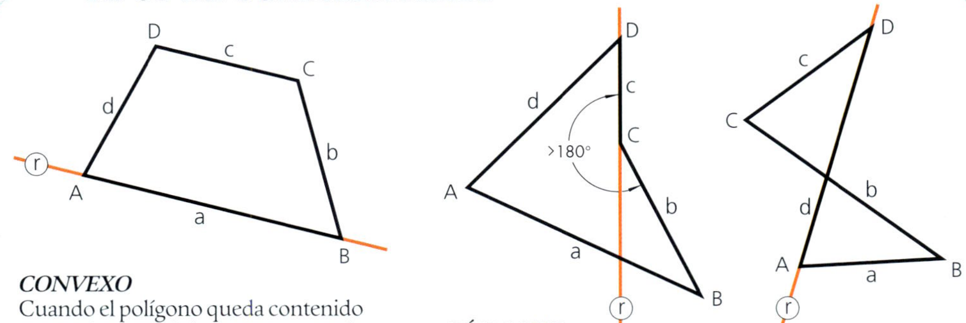

CONVEXO
Cuando el polígono queda contenido en un mismo semiplano respecto a cada una de las rectas que pasan por cualquiera de sus lados o lo que es lo mismo, el que tiene sus diagonales interiores.

CÓNCAVO
Cuando el polígono no posee la propiedad o característica anterior. El ejemplo de la derecha también toma el nombre de cuadrilátero ***cruzado*** o ***entrelazado***.

CLASIFICACIÓN Y DENOMINACIONES DE LOS CUADRILÁTEROS CONVEXOS

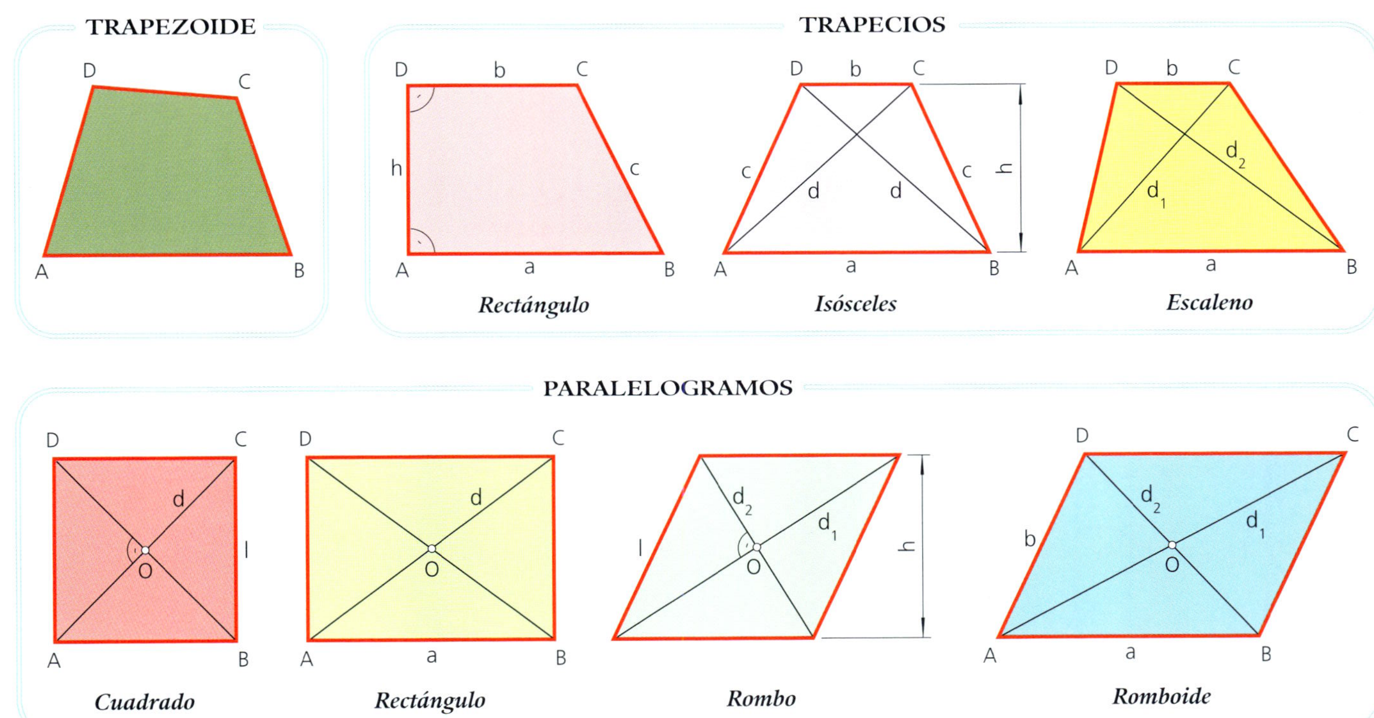

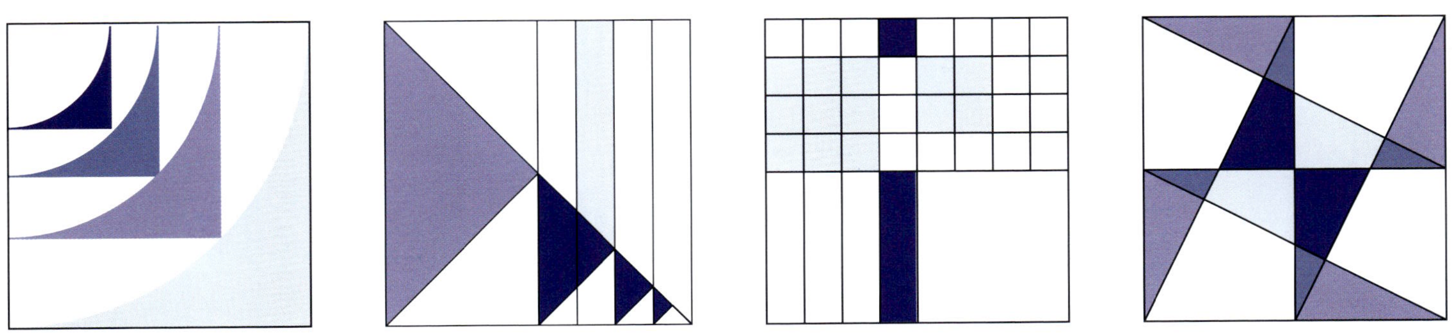

△ ***Descomposición del cuadrado*** inscribiendo en él otras formas con relaciones en series geométricas.

3 CIRCUNFERENCIA Y CÍRCULO

CIRCUNFERENCIA

Es la línea curva, cerrada y plana, en la que todos sus puntos equidistan de otro fijo (**O**) llamado centro.

- **Longitud de una circunferencia.** Distancia que se recorre al moverse sobre la circunferencia, volviendo al mismo punto. La circunferencia tiene 360°.
- **Radio.** Distancia de los puntos de la circunferencia al centro **O** de la misma.
- **Arco.** Parte de la circunferencia comprendida entre dos puntos.
- **Flecha.** Altura del arco, medida perpendicularmente a la cuerda, pasando por el centro.
- **Semicircunferencia.** Arco que corresponde a media circunferencia.
- **Ángulo central.** El formado por dos radios.
- **Cuerda.** Denominación que se da a cualquier segmento que une dos puntos de la circunferencia.
- **Diámetro.** Cuerda que pasa por el centro de la circunferencia; el diámetro es la mayor cuerda y vale dos veces el radio.
- **Secante.** Recta que corta a la circunferencia en dos puntos.
- **Tangente.** Es cualquier recta que toque a la circunferencia en un punto, y sólo en uno.

CIRCUNFERENCIA

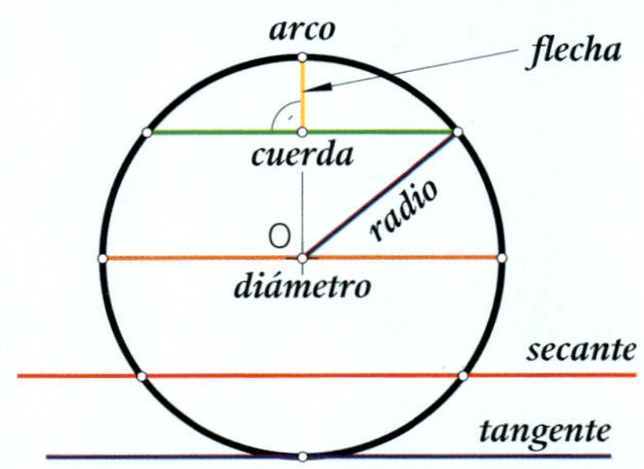

CÍRCULO

Es la porción de superficie limitada por la circunferencia.

- **Semicírculo.** La mitad de un círculo.
- **Cuadrante.** La cuarta parte de un círculo.
- **Corona circular.** Porción de superficie limitada por dos circunferencias concéntricas.
- **Lúnula.** Es la superficie no común a dos circunferencias secantes.
- **Segmento circular.** Porción de círculo limitada por un arco y la cuerda correspondiente.
- **Faja circular.** Porción de círculo limitada por dos cuerdas paralelas.
- **Sector circular.** Porción de círculo comprendido entre dos radios y el arco que abarcan.

CÍRCULO

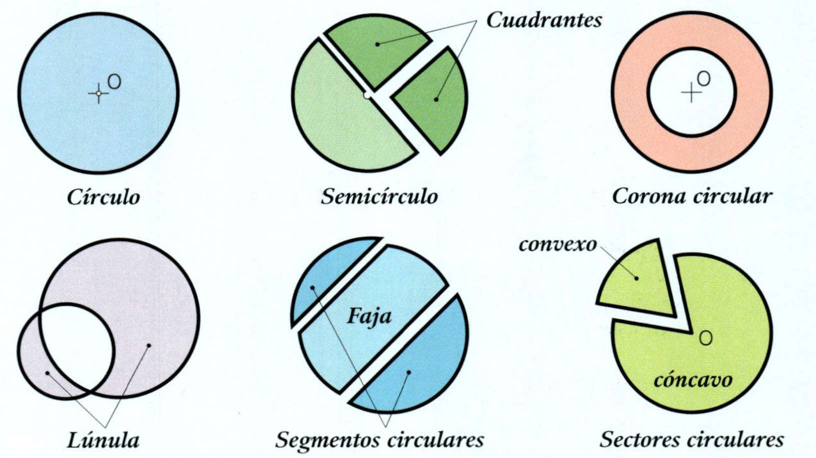

POSICIONES ENTRE RECTA Y CIRCUNFERENCIA

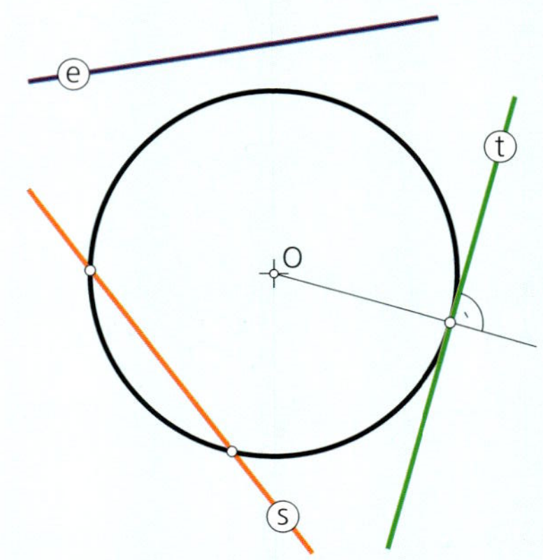

Recta (e) exterior a la circunferencia. Cuando ambos elementos no tienen ningún punto en común. La distancia del centro de la circunferencia a la recta es mayor que su radio.

Recta (t) tangente a la circunferencia. Cuando la recta y la circunferencia tienen un punto común. La recta tangente es perpendicular al radio de la circunferencia en el punto de tangencia.

Recta (s) secante a la circunferencia. Cuando la recta corta a la circunferencia en dos puntos. La distancia del centro de la circunferencia a la recta es menor que el radio de ésta.

POSICIONES RELATIVAS DE DOS CIRCUNFERENCIAS (Secuencia de aproximación entre ambas)

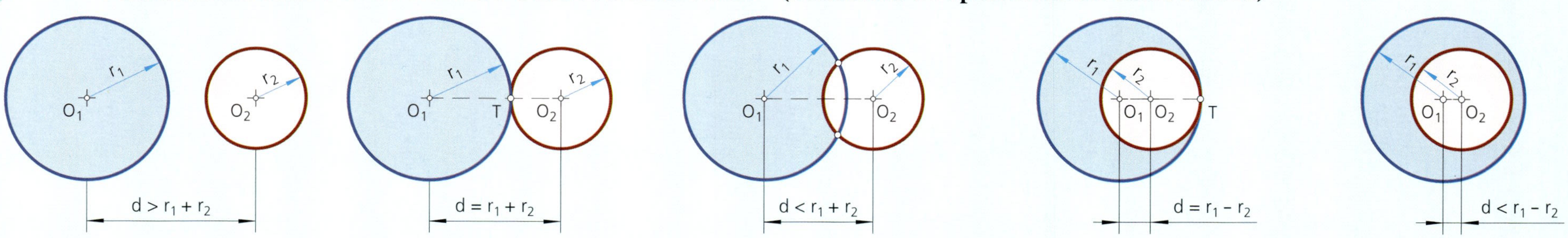

Circunferencias exteriores. No tienen ningún punto en común. El centro de cada una no pertenece al círculo de la otra.

Circunferencias tangentes exteriores. Tienen un punto (**T**) común. La distancia entre centros es igual a la suma de sus radios.

Circunferencias secantes. Cuando tienen dos puntos comunes. La distancia entre sus centros es menor que la suma de sus radios.

Circunferencias tangentes interiores. Tienen un punto (**T**) común. La distancia entre centros es igual a la diferencia de sus radios.

Circunferencias interiores. Sin puntos en común. El centro de una, está dentro de la otra. Si los centros coinciden se llaman ***concéntricas***.

ABC VOCABULARIO

- ***Baricentro*** *Punto de encuentro de las tres medianas de un triángulo y centro de gravedad (c.d.g.) del mismo.*
- ***Circuncentro*** *Punto de encuentro de las tres mediatrices de un triángulo y centro de la circunferencia circunscrita al mismo (sus vértices se encuentran en ella).*
- ***Incentro*** *Punto de encuentro de las tres bisectrices de un triángulo y centro de la circunferencia inscrita al mismo (sus lados son tangentes a dicha circunferencia).*
- ***Poligonal*** *Figura en forma de polígono.* ***Línea poligonal****: línea compuesta de segmentos de rectas.*

CONSTRUCCIÓN Y OPERACIONES CON TRIÁNGULOS

1. Construye un triángulo equilátero de lado $\overline{\mathbf{AB}}$ y dibuja las circunferencias inscrita y circunscrita respectivamente.

2. Construye un triángulo isósceles dado el lado desigual $\mathbf{c} = \overline{\mathbf{AB}}$ y el ángulo en $\measuredangle \mathbf{A} = 67° 30'$. Halla su ortocentro.

3. Construye un triángulo rectángulo de hipotenusa **a** = 72 mm. y cateto $\mathbf{c} = \overline{\mathbf{AB}}$. Dibuja la circunferencia circunscrita.

4. Construye un triángulo oblicuángulo dado el lado $\mathbf{a} = \overline{\mathbf{BC}}$, la altura $\mathbf{h_a}$ = 45 mm. y la mediana $\mathbf{m_a}$ = 50 mm.

5. Cualquier forma poligonal, tal como el entramado que muestra el esquema, puede descomponerse por triangulación en tantos triángulos como lados tenga el polígono menos dos. Considerando la posición, ya representada, de la barra $\overline{\mathbf{AB}}$ y al análisis de los datos que se facilitan, se pide:

a) Dibuja la malla formada por los tres triángulos.

b) Traza la circunferencia que pasa por el ortocentro de **ABC**, el baricentro de **ACD** y por el circuncentro del triángulo **ADE**.

nombre y apellidos		
nº	curso/grupo	fecha

1 *TRIÁNGULO EQUILÁTERO*

lado = $\overline{\mathbf{AB}}$ = 55 mm.

A B

2 *TRIÁNGULO ISÓSCELES*

$\mathbf{c} = \overline{\mathbf{AB}}$ = 50 mm.

$\measuredangle \mathbf{A} = 67° 30'$

A c B

5 *TRIANGULACIÓN POLIGONAL*

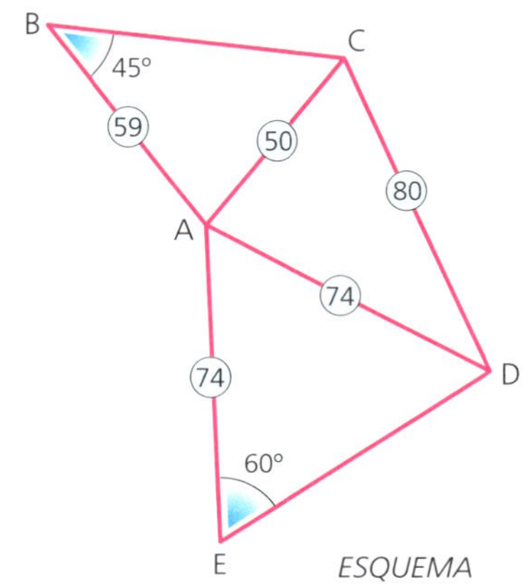

ESQUEMA

B

A

3 *TRIÁNGULO RECTÁNGULO*

a = 72 mm.

$\mathbf{c} = \overline{\mathbf{AB}}$ = 45 mm.

A c B

4 *TRIÁNGULO OBLICUÁNGULO*

$\mathbf{a} = \overline{\mathbf{BC}}$ = 64 mm.

$\mathbf{h_a}$ = 45 mm.

$\mathbf{m_a}$ = 50 mm.

B a C

VERIFICACIÓN

1. ¿Cuáles son las tres formas geométricas básicas o fundamentales? Explica, muy brevemente, las características de cada una de ellas.

2. El contorno de un terreno toma la forma poligonal que muestra el croquis adjunto, cuyas dimensiones son las expresadas en la acotación del mismo.

   Dibuja, a escala 1/1.000 (cada metro real equivale a un milímetro sobre el papel), el polígono irregular de diez lados que conforma el contorno de la superficie de terreno descrito partiendo del lado $\overline{\mathbf{AB}}$ representado.

   Asimismo, determina la longitud del lado $\overline{\mathbf{IJ}}$ y el ángulo α que forma con el lado $\overline{\mathbf{JA}}$.

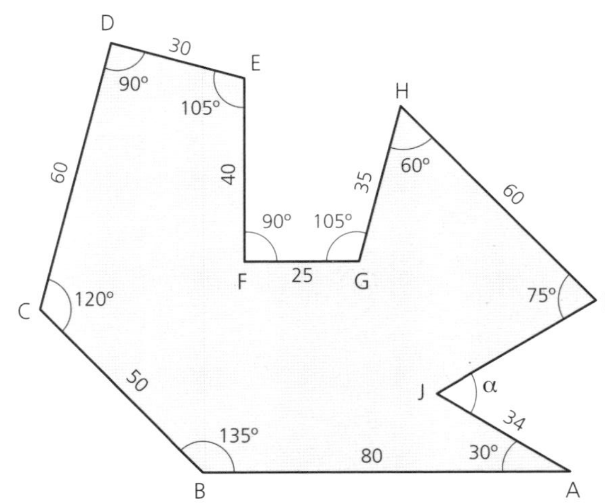

CROQUIS DEL TERRENO

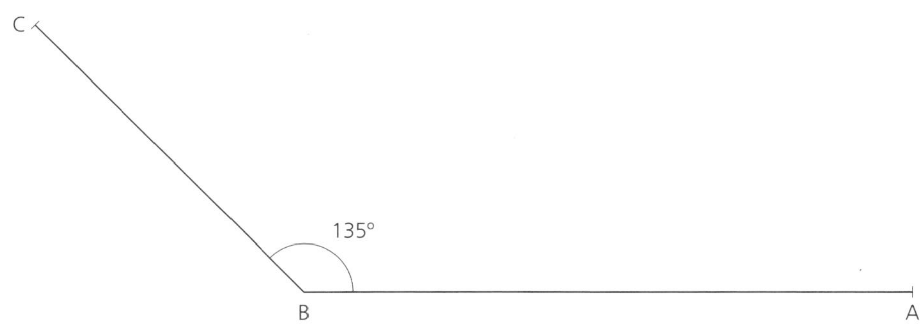

e : 1 / 1.000

CONSTRUCCIÓN Y OPERACIONES CON CUADRILÁTEROS

1. Construye un cuadrado de diagonal $\mathbf{d} = \overline{AC}$.

2. Construye un rectángulo dado el lado $\mathbf{a} = \overline{AB}$ = 65 mm. y la diagonal **d** = 79 mm.

3. Construye un rombo dada la distancia **h** = 40 mm. entre lados opuestos y la diagonal mayor $\mathbf{d_1}$ = 80 mm.

4. Construye un trapecio isósceles conociendo sus bases $\mathbf{a} = \overline{AB}$ = 65 mm. y $\mathbf{b} = \overline{CD}$ = 40 mm. y la altura o distancia entre ambas bases: **h** = 40 mm.

5. Analiza el diseño de *F. Kunibert* y reprodúcelo al tamaño que corresponde a la forma cuadrada esbozada como representación del contorno del modelo a dibujar.

nombre y apellidos

nº	curso/grupo	fecha

1 CUADRADO

$\mathbf{d} = \overline{AC}$ = 60 mm.

A C

2 PARALELOGRAMO RECTÁNGULO

$\mathbf{a} = \overline{AB}$ = 65 mm.
d = 79 mm.

A a B

3 ROMBO

h = 40 mm.
$\mathbf{d_1}$ = 80 mm.

h = 40
B

4 TRAPECIO ISÓSCELES

$\mathbf{a} = \overline{AB}$ = 65 mm.
$\mathbf{b} = \overline{CD}$ = 40 mm.
h = 40 mm.

A B

5 DIVISIÓN CENTRAL DEL CUADRADO

Base del esquema de crecimiento radial del cuadrado, del diseñador ***F. Kunibert***.

VERIFICACIÓN

1. Indica formas de la naturaleza o de la vida cotidiana que te recuerden a un cuadrado o a cuadriláteros en general.

2. ¿Cuántas circunferencias pueden pasar por un punto **A**?
¿Cuántas por dos puntos **R** y **S**?
¿Y por tres puntos **M**, **N** y **P** no alineados?

Razona las respuestas apoyándote en la representación gráfica que corresponda.

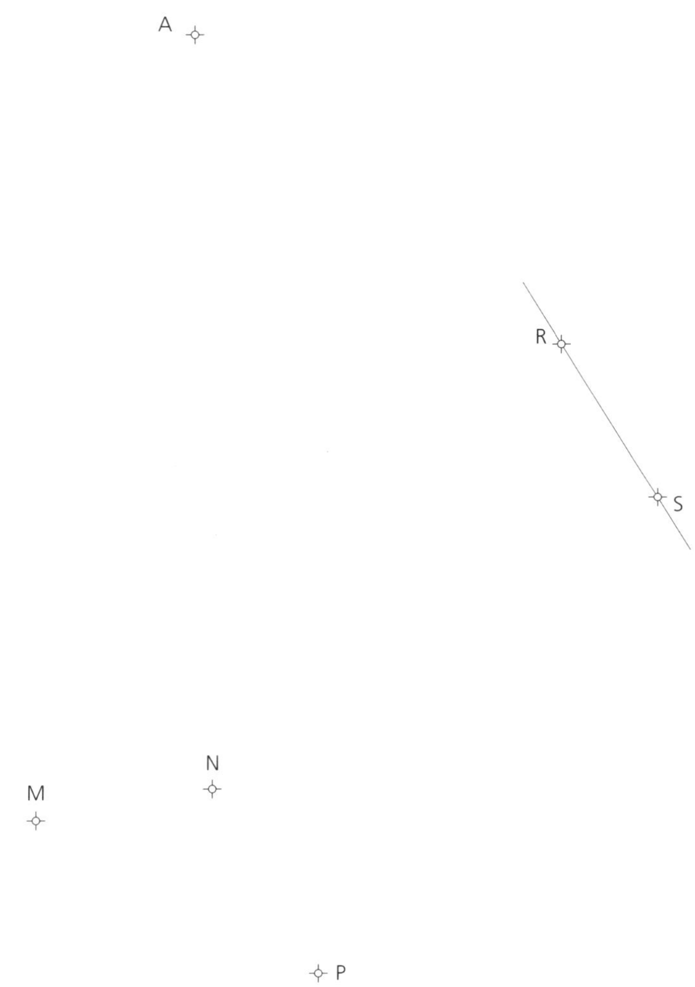

POSIBILIDADES GRÁFICAS DE LA CIRCUNFERENCIA

1. El símbolo olímpico representa, con sus cinco aros y sus cinco colores, a los cinco continentes del planeta. La unión de los aros simboliza el ideal de fraternidad y universalidad que preside esta cita, la cual se celebra cada cuatro años y cuenta ya con casi tres milenios de antigüedad.

Reproduce los cinco anillos olímpicos de acuerdo con los datos que se aportan. Una vez construido puedes colorearlo para mejorar el diseño final.

2. Analizando las formas de la figura se observa que los centros de las circunferencias que definen las mismas están en los puntos blancos, equidistantes de la circunferencia exterior y del centro de la misma. Observa cómo el único parámetro de la propuesta es el valor del radio de la circunferencia que contiene los centros señalados.

Afila bien el compás y reproduce el modelo considerando un contorno exterior de 80 mm. de diámetro. Colorea el resultado.

nombre y apellidos		
nº	curso/grupo	fecha

1 *EL SÍMBOLO OLÍMPICO*

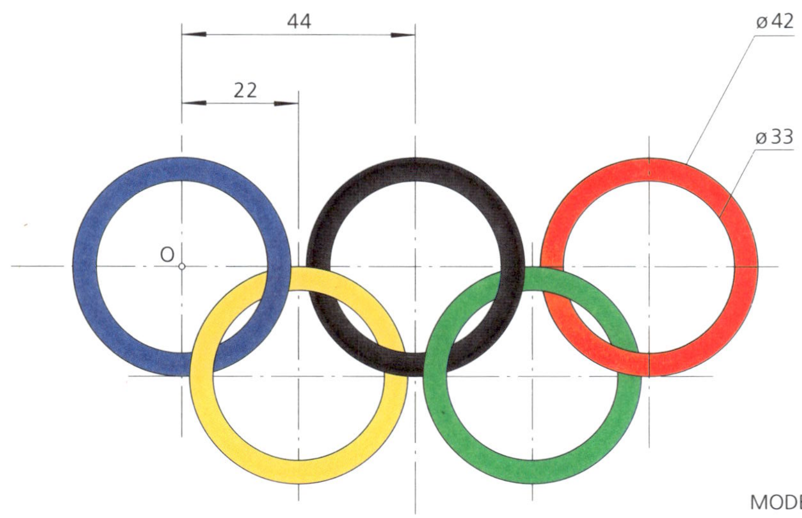

MODELO

2 *GEOMETRÍA DE UNA FLOR*

MODELO

O

O

III

LA GEOMETRÍA COMO SOPORTE DEL PROCESO CREATIVO

polígonos regulares y redes modulares

UNIDAD DIDÁCTICA

8

OBJETIVOS

- Apreciar la importancia que tiene la geometría de las formas poligonales para el estudio de la estructura interna de los objetos.
- Conocer y aplicar los diversos trazados que conducen a dividir la circunferencia en partes iguales y, en consecuencia, a poder inscribir polígonos regulares.
- Saber construir polígonos convexos y cóncavos o estrellados de lado conocido, para su aplicación al diseño ornamental.
- Conocer y valorar las posibilidades que ofrece el fabuloso mundo de las redes modulares, sus diseños y variedades decorativas.

DESARROLLO

1. La Unidad Didáctica, para cuyo desarrollo se emplearán de cinco a seis sesiones, se abre con el estudio de los polígonos, tanto regulares como irregulares, y con la forma de obtener los primeros a partir de la división de la circunferencia en partes iguales.

2. A continuación, se explica la construcción de polígonos regulares de lado conocido y de polígonos regulares estrellados o cóncavos.

3. Como cierre de la parte teórica, se estudian las redes modulares (cuadradas y triangulares) y se ejemplifica su utilización como base para diversos diseños.

4. Las láminas y las verificaciones completan el proceso de comprensión de las formas poligonales y de las redes modulares, con ejercicios que buscan la aplicación práctica de los principios expuestos en la teoría.

1 FORMAS POLIGONALES

La tendencia a la simplificación de las formas es innata en el ser humano. Las figuras más sencillas y fundamentalmente utilizables en la configuración de una forma son polígonos.

Se entiende por **polígono** a toda figura cerrada y limitada por segmentos, denominados *lados*.

Cuando un polígono tiene todos sus lados iguales, se dice que es *equilátero*. Y si tiene todos sus ángulos iguales, se dice que es *equiángulo*. El cumplimiento de ambas condiciones –ser equilátero y equiángulo– trae consigo la denominación de **polígono regular**. El resto de las formas poligonales se designan como **polígonos irregulares**.

Si un polígono tiene todos sus vértices en una circunferencia, se dice que está **inscrito** en ella; y si sus lados son tangentes a la misma, se dice que está **circunscrito** a la circunferencia.

ELEMENTOS Y PROPIEDADES

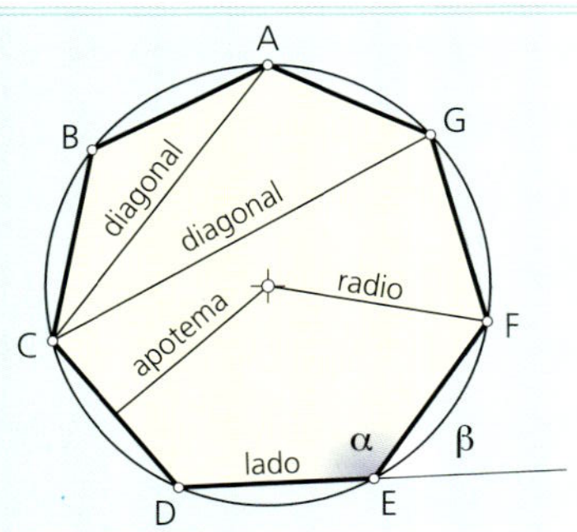

- «*La suma de los ángulos interiores de un polígono de n lados es igual a la de los internos de los triángulos, esto es, 180° por el número de lados menos dos*». Así: $\alpha = 180° (n-2)/n$.
- «*La suma de los ángulos exteriores a un polígono es igual a 360°*». Así: $\beta = 360°/n$.
- «*El número de diagonales de un polígono de n lados es igual a:* $n(n-3)/2$».

Polígono	Lados	α	$\Sigma\alpha_i$
Triángulo	*3*	*60°*	*180°*
Cuadrado	*4*	*90°*	*360°*
Pentágono	*5*	*108°*	*540°*
Hexágono	*6*	*120°*	*720°*
Heptágono	*7*	*128,6°*	*900°*
Octógono	*8*	*135°*	*1.080°*
Eneágono	*9*	*140°*	*1.260°*
Decágono	*10*	*144°*	*1.440°*
Undecágono	*11*	*147,3°*	*1.620°*
Dodecágono	*12*	*150°*	*1.800°*
n-ágono	*n*	*α*	*n α*

2 DIVISIÓN DE LA CIRCUNFERENCIA EN PARTES IGUALES
Inscripción de polígonos regulares

*En **3, 6, 12**... partes*

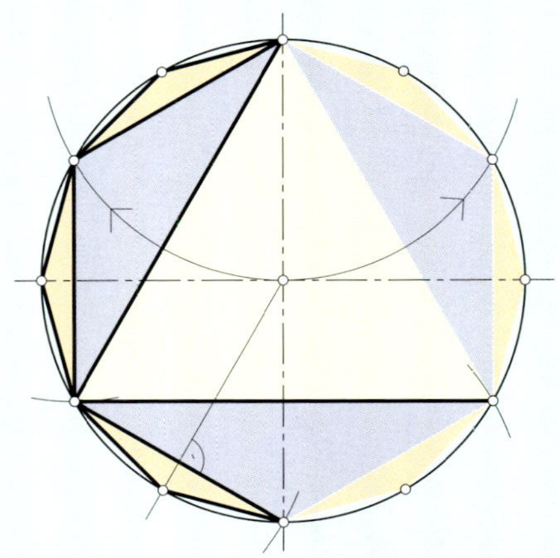

- **TRIÁNGULO**
- **HEXÁGONO**
- **DODECÁGONO REGULAR**

Transportando cuerdas iguales al radio de la circunferencia se obtiene el **hexágono regular**. Uniendo alternativamente, **triángulos equiláteros**. Por último, trazando las apotemas del hexágono se determina el **dodecágono regular**.

*En **4, 8, 16**... partes*

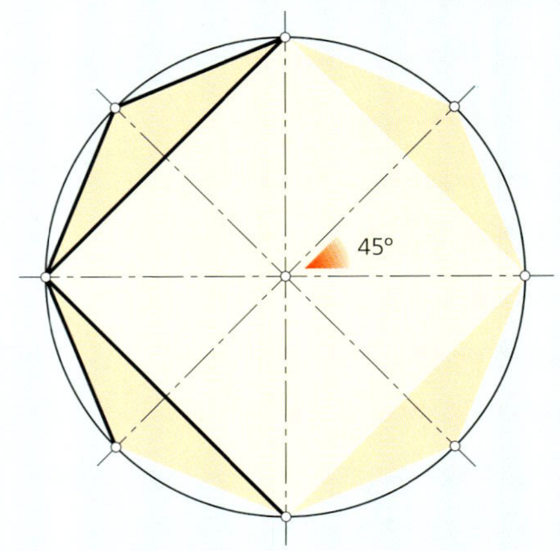

- **CUADRADO**
- **OCTÓGONO REGULAR**

Los extremos de dos diámetros perpendiculares dibujan, sobre la circunferencia, un **cuadrado inscrito**.
Sus bisectrices determinan otros cuatro puntos para inscribir el **octógono regular**.
El trazado de nuevas bisectrices determina los polígonos **16-ágono**, **32-ágono**, etc.

*En **7, 14**... partes*

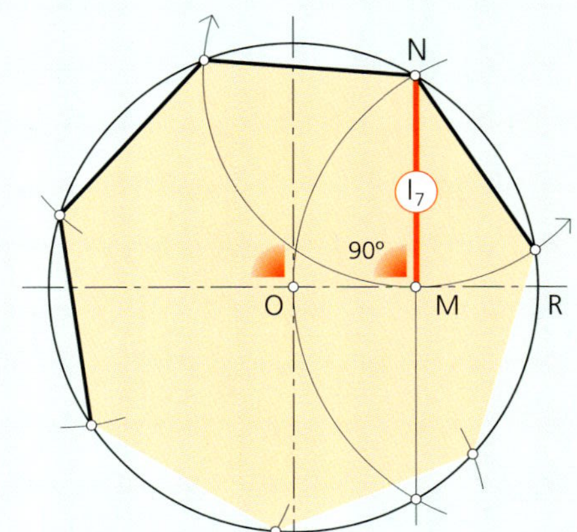

- **HEPTÁGONO REGULAR**

La mediatriz de un radio cualquiera (**OR**) determina, con la circunferencia, la magnitud $\overline{MN}$ que define el lado (**l_7**) del **heptágono regular**.
Las apotemas del heptágono determinan sobre la circunferencia el resto de los vértices que definen el polígono regular de catorce lados (**14-ágono**).

*En **5, 10**... partes*

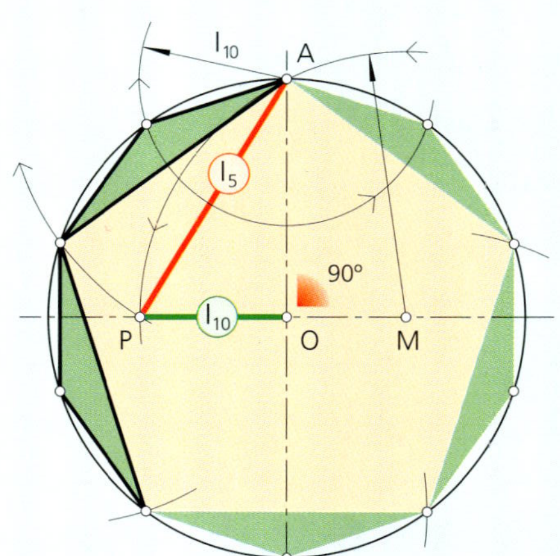

- **PENTÁGONO**
- **DECÁGONO REGULAR**

Haciendo centro en el punto **M** (obtenido en la construcción anterior) y con radio la magnitud $\overline{MA}$, se obtiene el punto **P**.
La distancia $\overline{AP}$ define el lado (**l_5**) del **pentágono regular** inscrito a la circunferencia.
La magnitud $\overline{PO}$ define el lado (**l_{10}**) del **decágono regular**.

*En un **nº cualquiera** de partes iguales*
Procedimiento general

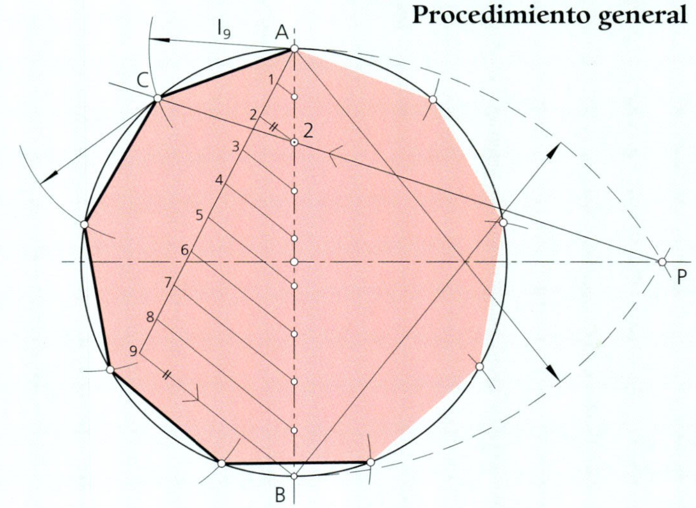

Ejemplo: División en 9 partes — **ENEÁGONO REGULAR**

- Se comienza por dividir un diámetro ($\overline{AB}$) en el mismo número de partes iguales en que se desea dividir la circunferencia; en este caso en 9 partes.
- Posteriormente, con centro en los extremos **A** y **B** del diámetro y con radio la magnitud del mismo, se trazan dos arcos que se cortan en el punto **P**. La unión de **P** con la división 2 del diámetro, determina el punto **C** de la circunferencia.
- La cuerda $\overline{AC}$ determina el lado del polígono que se persigue; en este caso el lado (**l_9**) del **eneágono regular**.

3 CONSTRUCCIÓN GENERAL DE POLÍGONOS REGULARES DE LADO CONOCIDO

1º Se comienza por trazar una circunferencia de centro **O** y radio arbitrario **r**. A continuación, se divide la circunferencia en partes iguales siguiendo la construcción anterior: el diámetro $\overline{\mathbf{MN}}$ se divide en tantas partes como lados tenga el polígono que se desea construir. En nuestro ejemplo, para dibujar un undecágono regular, en 11 partes iguales.

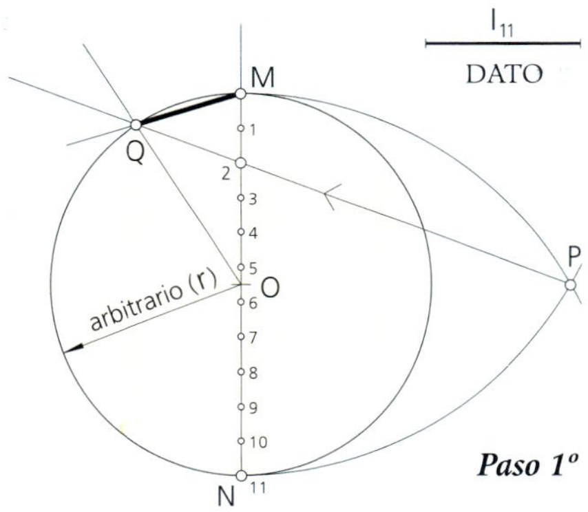

Paso 1º

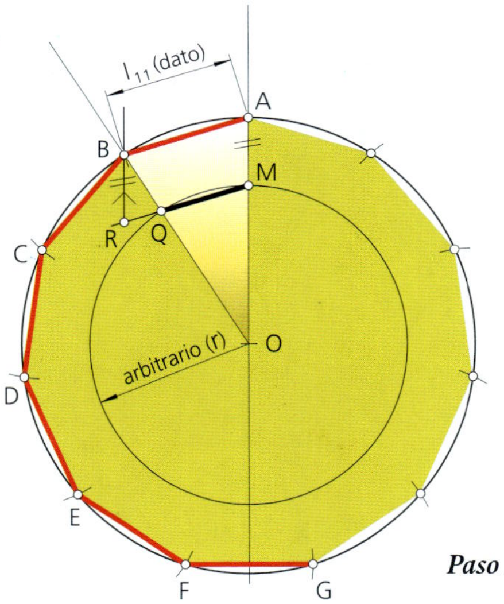

Paso 2º

2º Una vez determinado el lado $\overline{\mathbf{MQ}}$ del undecágono inscrito en la circunferencia de radio arbitrario, se trata de definir el radio de la circunferencia concéntrica que inscribe al segmento dado $\overline{\mathbf{AB}}$, como lado del polígono de once lados que se desea obtener.

Para ello, se trata de inscribir el segmento ($\overline{\mathbf{AB}}$) en el ángulo central ∢ **MOQ**:

- Se toma la magnitud $\overline{\mathbf{AB}}$ sobre la recta **MQ**, a partir del punto **M**, resultando $\overline{\mathbf{MR}} = \overline{\mathbf{AB}}$. Seguidamente, se traza, por **R**, la paralela al diámetro $\overline{\mathbf{MN}}$, que corta a la prolongación del radio **OQ** en el punto **B**.
- La distancia $\overline{\mathbf{OB}} = \overline{\mathbf{OA}}$ es el radio de la circunferencia inscrita al polígono propuesto.

4 POLÍGONOS REGULARES ESTRELLADOS

Partiendo de un polígono regular, y únicamente cambiando el orden de la unión de sus vértices, se construyen otros polígonos diferentes llamados **estrellados** o **cóncavos**, cuyos lados y ángulos son iguales. Estas figuras de gran belleza en geometría son muy utilizadas en el arte de la lacería árabe y en los cinteados renacentistas.

La alternativa en la unión de los vértices o lados no consecutivos es lo que se denomina *«paso»* de un polígono estrellado. El polígono se cierra en el mismo vértice que se comenzó: su trazado puede hacerse sin levantar el lápiz del papel.

Así, por ejemplo, una estrella pentagonal se obtiene de un pentágono convexo uniéndose sus vértices alternos (paso 2).

En este tipo de polígonos cóncavos existen dos términos que identifica   n a cada forma estrellada:

- El ***género***: número de cuerdas utilizadas (igual al número de puntas o vértices).
- La ***especie***: número de vueltas completas para cerrar la forma (igual al *paso*).

A continuación se exponen algunos diseños decorativos u ornamentales, con base en los polígonos estrellados que se acompañan en cada caso.

PENTÁGONO ESTRELLADO

5º género
2ª especie

HEPTÁGONO ESTRELLADO

7º género
2ª especie

HEPTÁGONO ESTRELLADO

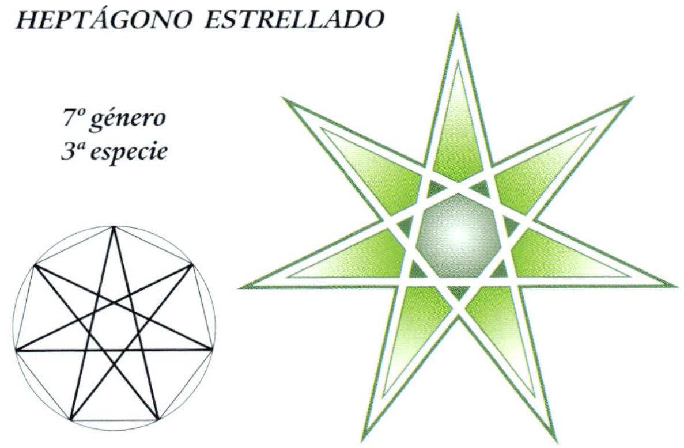

7º género
3ª especie

OCTÓGONO ESTRELLADO

8º género
3ª especie

ENEÁGONO ESTRELLADO

9º género
2ª especie

ENEÁGONO ESTRELLADO

9º género
4ª especie

5 ESTRUCTURA MODULAR

La subdivisión de un cuadrado en partes iguales, mediante el trazado de redes equidistantes entre sí y paralelas a cada pareja de lados opuestos, ofrece el ejemplo más simple y elemental de **estructura modular**, esto es, de estructura constituida por submódulos de la figura partida.

Todo submúltiplo así obtenido es un **módulo**, término que en la acepción moderna sirve para indicar una forma (elemento base) o conjunto unitario de piezas que se repiten en una construcción de cualquier tipo, haciéndola más fácil, regular y económica.

La red de líneas que subdivide regularmente la superficie modular toma el nombre de **parrilla** o **retícula de referencia**. Por tanto, los conceptos de módulo y retícula de referencia son dos términos complementarios entre sí.

Además de la estructura de retícula cuadrada, es de gran interés la estructura modular del triángulo equilátero, obtenida a su vez subdividiendo los lados del triángulo en partes iguales y trazando por los puntos de división obtenidos, las paralelas a los lados del mismo.

La retícula de referencia de esta estructura resulta ser tridireccional, cuyas mallas sugieren inmediatamente la posibilidad de determinar varios multimódulos de forma distinta de la del módulo base (el triángulo equilátero) del que derivan. Tales multimódulos son el *rombo*, el *trapecio isósceles* y el *hexágono regular*, respectivamente compuestos por la adición de dos, tres o seis módulos base.

De lo dicho hasta ahora se deduce que si se desea efectuar una repartición regular y completa del plano haciendo uso de un solo tipo de polígono regular, únicamente los polígonos cuyos ángulos son submúltiplos de 360º logran resolver el problema. Por tanto, el **triángulo equilátero** (60º), el **cuadrado** (90º) y el **hexágono regular** (120º), –como forma derivada del triángulo equilátero– son los únicos polígonos regulares que, por si mismos, tienen la propiedad de determinar retículas modulares regulares, conocidos como redes elementales o embaldosados regulares.

RED MODULAR DE CUADRADOS O PARRILLA CUADRADA

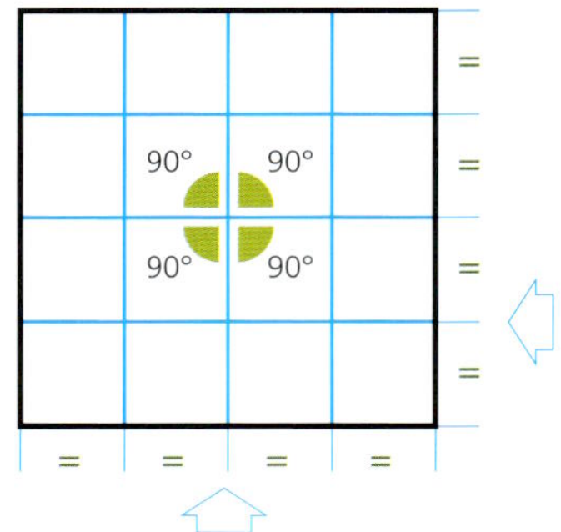

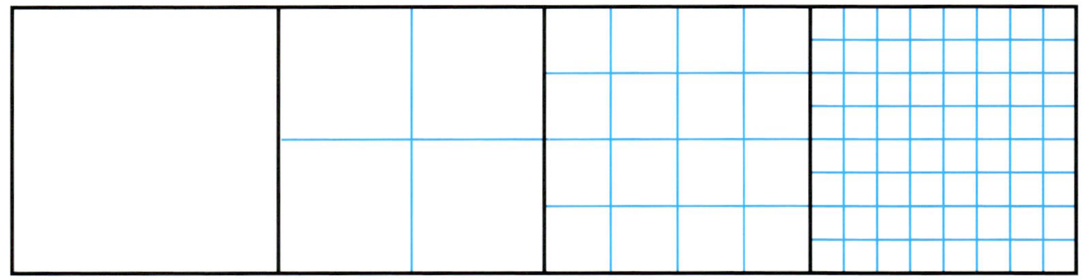

△ *Generación de la red modular de cuadrados.*

RED MODULAR DE TRIÁNGULOS EQUILÁTEROS O PARRILLA TRIANGULAR EQUILÁTERA

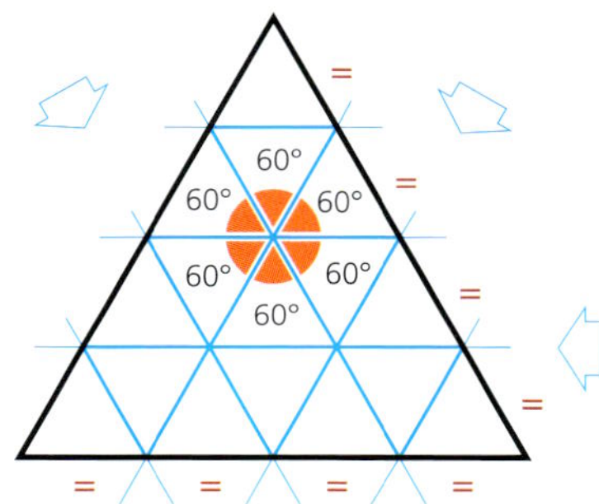

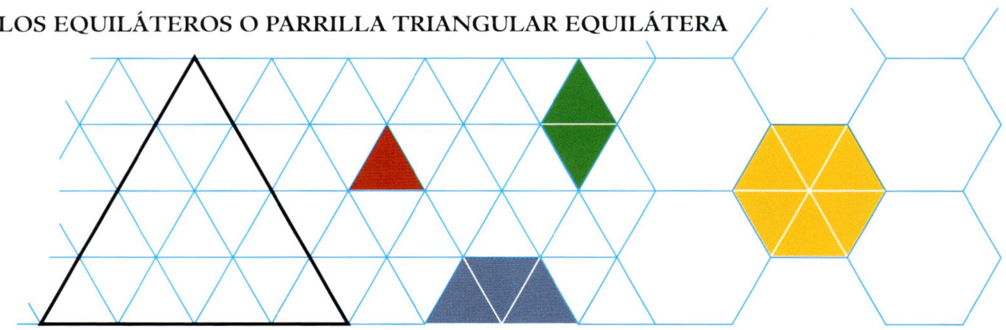

△ *Módulos obtenidos dentro de la estructura básica triangular: hexágonos, rombos y trapecios isósceles.*

△ *Composición modular sobre una red cuadrada.*

△ *Composición modular sobre una base triangular equilátera.*

VOCABULARIO

- ***Apotema*** *Distancia entre el centro de un polígono regular y uno cualquiera de sus lados.*
- ***Lacería*** *Conjunto de líneas o tallos que se entrecruzan y forman lazos de trazado geométrico. Es típica de la decoración islámica y mudéjar.*
- ***Módulo*** *Forma que se repite en una representación ordenada.*
- ***Retícula*** *Red de elementos que forman un conjunto, provisto de una relación de orden.*

CRECIMIENTO DE FORMAS POLIGONALES REGULARES

En esta lámina te proponemos un ejercicio sencillo y atractivo con el que conseguirás dibujar una figura muy bella conocida como ***«Árbol de los polígonos»***. Se trata de construir, con precisión y exactitud, toda una gama de polígonos regulares conociendo la magnitud de su lado.

Se comienza por delinear un triángulo equilátero y a patir de él, ir obteniendo, progresivamente, otros polígonos regulares como se aprecia en la figura inferior: el cuadrado, el pentágono, el hexágono, el octógono, el decágono y el dodecágono.

Para mejor comprensión te mostramos, en tres pasos, el proceso para llegar hasta el pentágono regular. El resto es mera observación y seguimiento de la estructura general que muestra la propuesta. Debes reproducir la figura completa partiendo del segmento de lado $\overline{AB}$ dado.

nombre y apellidos		
nº	curso/grupo	fecha

PASOS EN LA CONSTRUCCIÓN DE UN PENTÁGONO REGULAR DE LADO $\overline{AB}$

(1) y (2) : Circunferencias de radio el lado $\overline{AB}$ y centros en los extremos **A** y **B** respectivamente. Se obtiene el triángulo equilátero **ABM**.

(3) : Circunferencia de radio $\overline{AB}$ y centro en el punto **O**.

(4) : La unión de **M** con **O** determina la mediatriz del segmento $\overline{AB}$ (eje de simetría de todos los polígonos), para obtener el punto de corte **T**.

(5) y (6) : La unión de los puntos **R** y **S** con el punto **T** determinan los vértices **C** y **E** respectivamente del pentágono solución.

(7) y (8) : Por último, se trazan dos nuevas circunferencias de igual radio que todas las anteriores, con centro en **C** y **E** respectivamente que se cortan en el punto **D**, quinto vértice del pentágono solución.

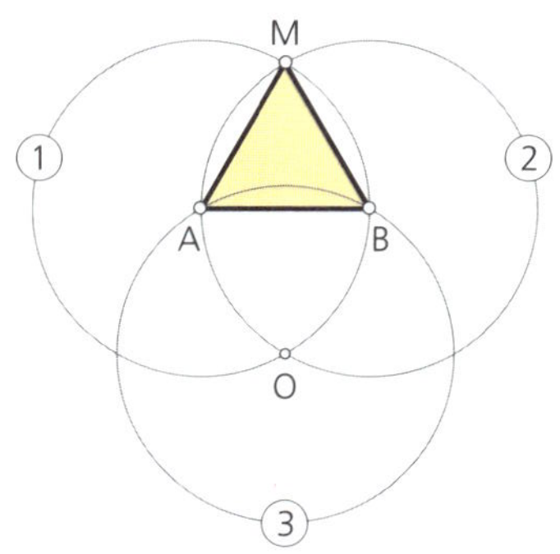

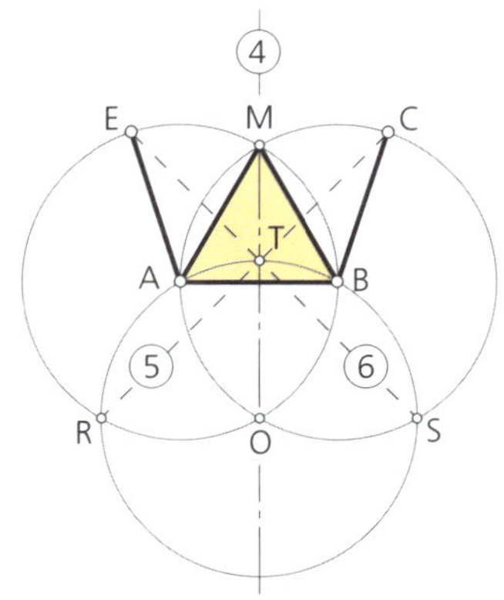

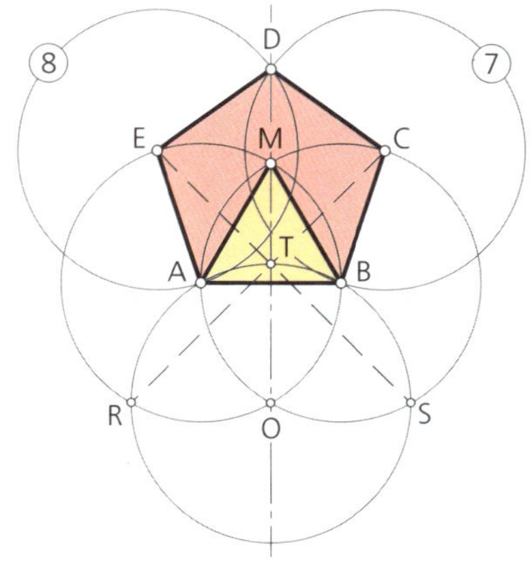

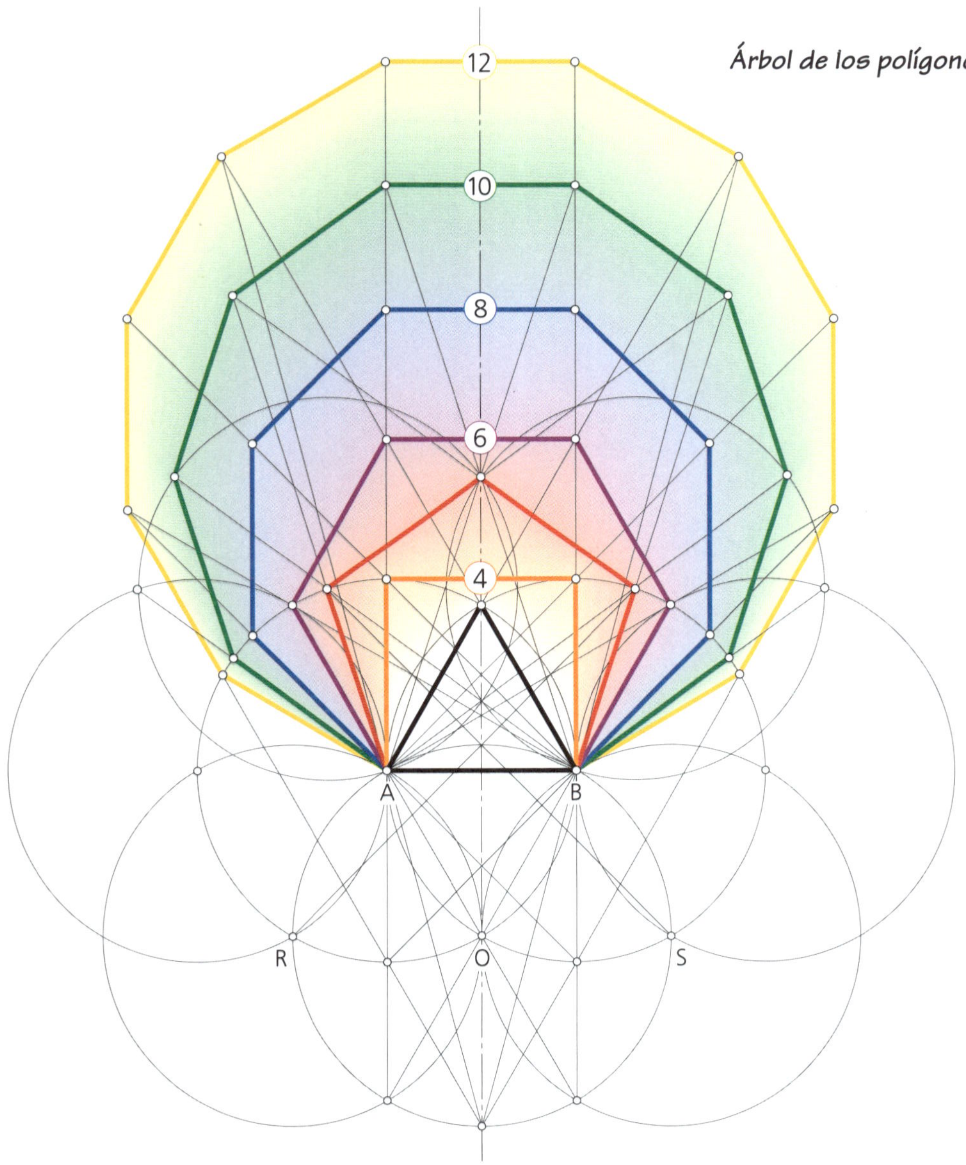

Árbol de los polígonos

VERIFICACIÓN

1. ¿A qué llamamos polígono?

2. ¿Qué se entiende por polígono regular y qué por irregular?

3. Indica cuándo un polígono está inscrito y cuándo circunscrito.

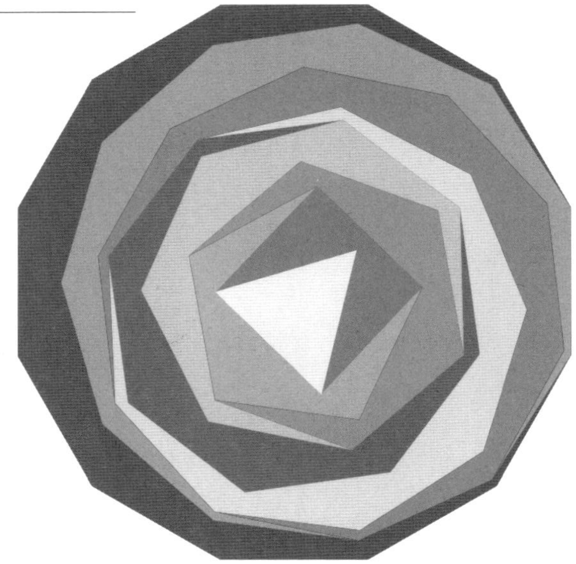

Génesis de polígonos regulares

RELACIONES MODULARES EN DISEÑOS POLIGONALES

1. Reproduce las formas pentagonales convexas y cóncavas (estrelladas) que originan el diseño expuesto. Analiza con detenimiento las formas: toda la representación gráfica nace de inscribir un pentágono regular en la circunferencia dada. Las posibilidades de destacar y colorear el diseño definitivo son ilimitadas. Pon imaginación y verás qué buenos resultados consigues.

2. El diseño de la baldosa nace de considerar la circunferencia inscrita en el cuadrado que forma su perímetro exterior y obtener la magnitud **m** del lado del decágono regular. El segmento **m** resulta ser la magnitud de las diagonales de las parcelas cuadradas situadas en los vértices, puntos medios de los lados y centro del módulo. Replantea el diseño renacentista y dibuja la baldosa completa.

nombre y apellidos

nº	curso/grupo	fecha

1 RELACIONES MODULARES EN EL PENTÁGONO

Al unir los vértices no consecutivos del pentágono inscrito en la circunferencia se genera una estrella de cinco puntas de la que se derivan nuevos pentágonos y nuevas estrellas.

2 MÓDULO DE PAVIMENTACIÓN: BALDOSA RENACENTISTA

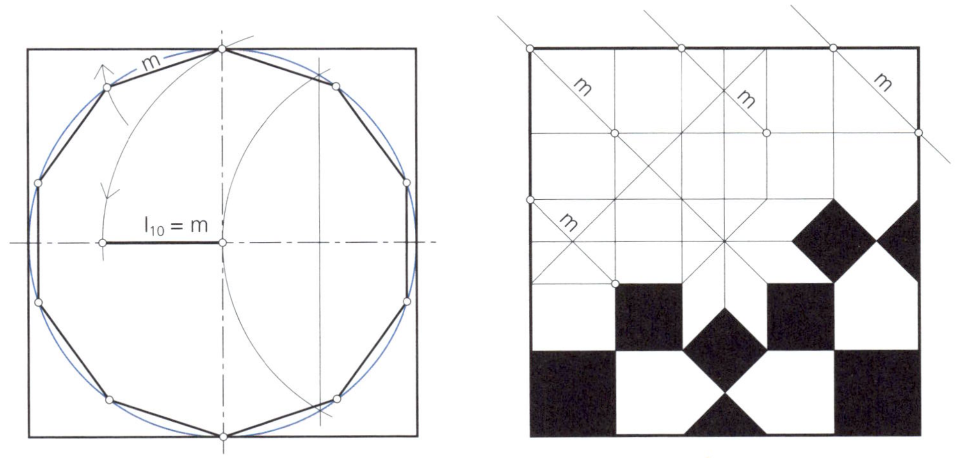

*Obtención de **m** a partir de la circunferencia inscrita en el cuadrado de partida. A la derecha, diseño de una baldosa renacentista, con motivo central de una estrella de ocho puntas, en función de **m**.*

VERIFICACIÓN

1. ¿Qué relación existe entre las formas de la naturaleza y los polígonos?
2. Indica alguna forma natural que te recuerde una forma poligonal.
3. Diseña una **«Rosa de los Vientos»**. Analiza el modelo que se adjunta: la base es un polígono estrellado de ocho puntas.

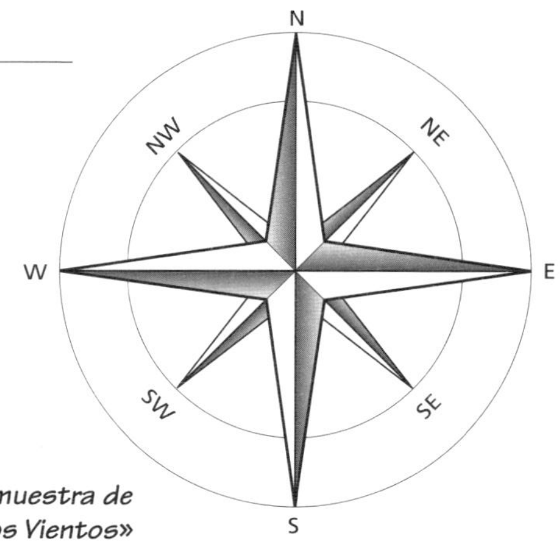

Diseño de muestra de «Rosa de los Vientos»

LACERÍAS RECTAS Y CURVAS

1 y **2.** Reproduce las lacerías de las muestras partiendo de la estructura base representada y considerando los datos acotados en milímetros en cada propuesta. Las lacerías son motivos muy utilizados en el mundo del arte desde antiguo.

Antes de poner el lápiz sobre el papel, analiza y estudia ambos diseños. Observa lo sencillas y elementales que resultan ser sus estructuras base. Pon esmero y empeño en su construcción y vete pensando cómo rayar y colorear el arte final.

nombre y apellidos		
nº	curso/grupo	fecha

1 *LACERÍA RECTA*

MODELO

2 *LACERÍA CURVA*

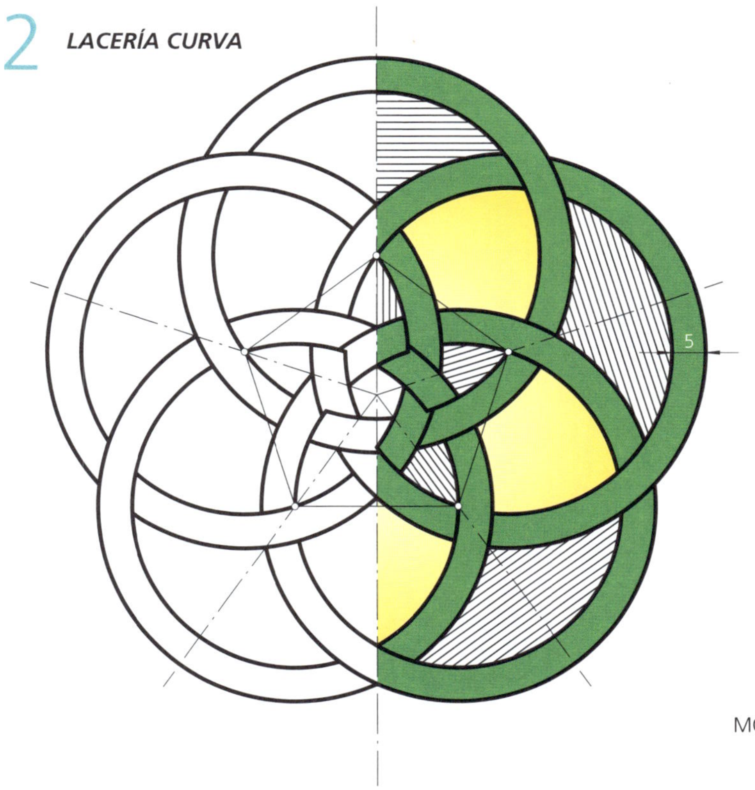

MODELO

VERIFICACIÓN

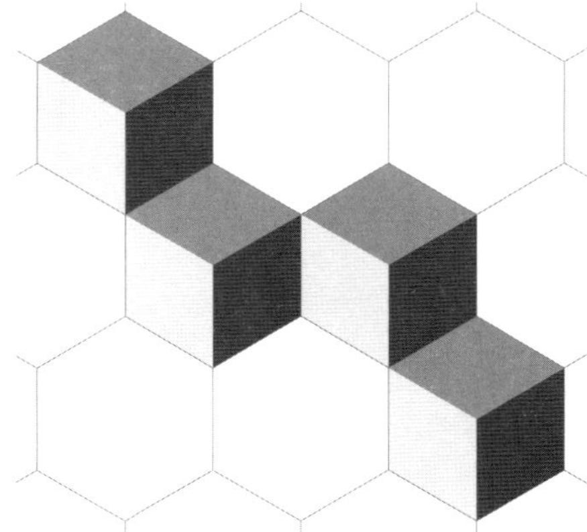

1. ¿Qué es una red modular? Pon un ejemplo gráfico.

2. ¿Cómo se subdivide un cuadrado? Realiza nuevas divisiones distintas de las que se muestran en el ejemplo.

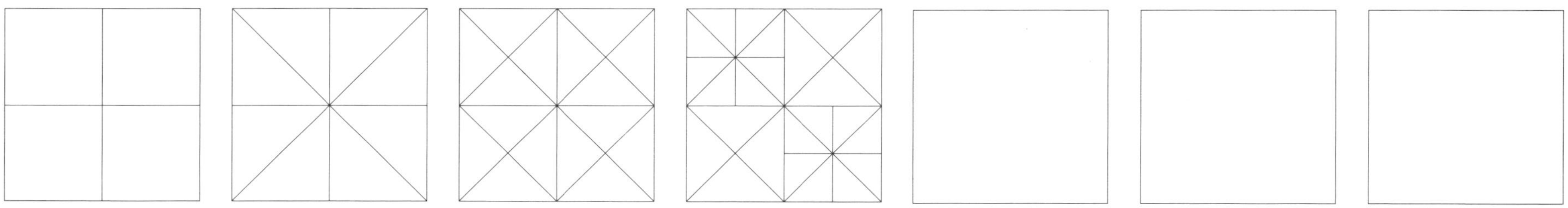

RITMOS MODULARES SOBRE MALLA CUADRADA Y TRIANGULAR

Realiza una composición ornamental con módulos de estructura triangular, rómbica, trapezoidal o hexagonal, e incluso combinación de ellas, constituyendo una red mixta. Las muestras adjuntas son únicamente orientativas; emplea tu imaginación y tu creatividad para construir otras nuevas.

Es aconsejable utilizar colores armónicos para conseguir mayor vistosidad. Puedes colorear con tonos planos y uniformes más o menos contrastados o con tramas de rayado o de rugosidades características. Si aplicas correctamente el color puedes conseguir incluso efectos tridimensionales.

nombre y apellidos

nº | curso/grupo | fecha

Composiciones bajo una red cuadrada (figura superior) y bajo una red modular triangular (figura inferior). *La combinacion triangular se presta a la creación de efectos de volumen si se colorean, se traman o rayan debidamente.*

III

tangencias y enlaces

LA GEOMETRÍA COMO SOPORTE DEL PROCESO CREATIVO

UNIDAD DIDÁCTICA

9

OBJETIVOS

- Entender que el enlace de líneas consiste en saber aplicar las dos propiedades fundamentales que rigen las tangencias.
- Resolver las construcciones básicas de tangencias entre rectas y circunferencias y de éstas entre sí, señalando con toda precisión el punto o puntos de contacto.
- Comprender las posibilidades que brindan las tangencias en diferentes construcciones y diseños.
- Conocer la existencia y características de los óvalos, ovoides y espirales de núcleo poligonal como aplicación directa y concreta al trazado de enlaces.

DESARROLLO

Temporización de la U.D.: cinco sesiones.

1. Se comienza por explicar las propiedades fundamentales en que se basan los trazados de tangencias y el dibujo de enlaces entre rectas y circunferencias y de éstas entre sí.

2. Se continúa con la exposición de algunos ejemplos de diseños que describen gráficamente objetos de nuestro entorno en los que se identifican tangencias y enlaces.

3. Se exponen y explican, como aplicaciones importantes, diferentes trazados de algunas curvas técnicas básicas, compuestas por arcos tangentes, como es el caso de los óvalos, ovoides y espirales.

4. Finalmente, y como es habitual, se experimenta con propuestas de trabajo que, junto a las verificaciones que se acompañan, complementan la consecución de los objetivos pretendidos.

1 TANGENCIAS

Las tangencias son trazados geométricos presentes en numerosos diseños, estructuras arquitectónicas e infinidad de formas decorativas y objetos de uso común.

Recordemos que dos líneas se dice que son tangentes cuando tienen un solo punto común sin cortarse. Para resolver cualquier problema de tangencias de rectas con circunferencias y de éstas entre sí, es necesario aplicar con todo rigor las propiedades y consideraciones geométricas que a continuación se indican.

PROPIEDADES

«Si una recta es tangente a una circunferencia, el radio en el punto de tangencia es perpendicular a la recta».

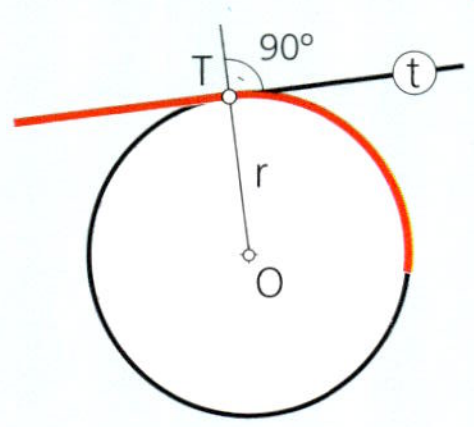

«Si dos circunferencias son tangentes (bien exteriores o bien interiores), el punto de contacto se encuentra en la recta que une los centros».

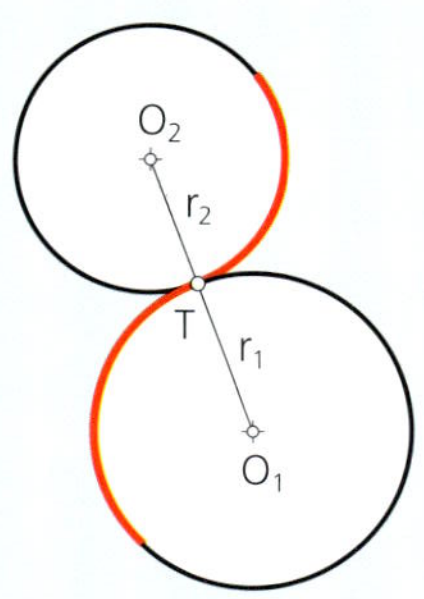

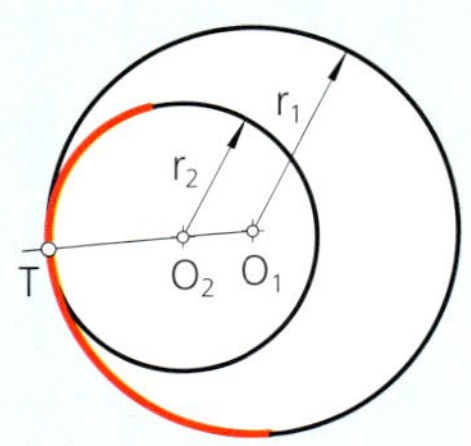

En circunferencias tangentes exteriores:

$\overline{O_1O_2} = r_1 + r_2$

En circunferencias tangentes interiores:

$\overline{O_1O_2} = r_1 - r_2$

CONSIDERACIONES GEOMÉTRICAS

*«El centro de cualquier circunferencia que pase por dos puntos **A** y **B** está en la mediatriz del segmento que los une».*

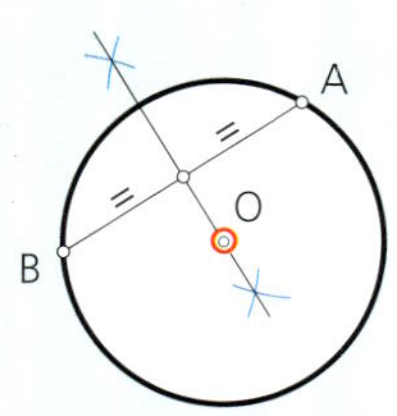

«El centro de cualquier circunferencia tangente a dos rectas se encuentra en la bisectriz del ángulo que forman».

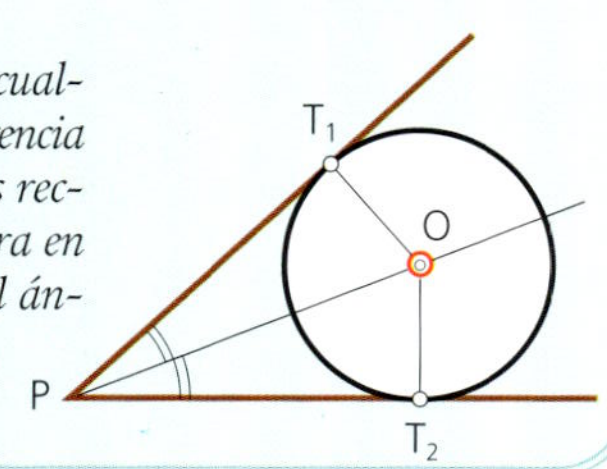

RECTAS TANGENTES A UNA CIRCUNFERENCIA

POR UN PUNTO T DE LA CIRCUNFERENCIA

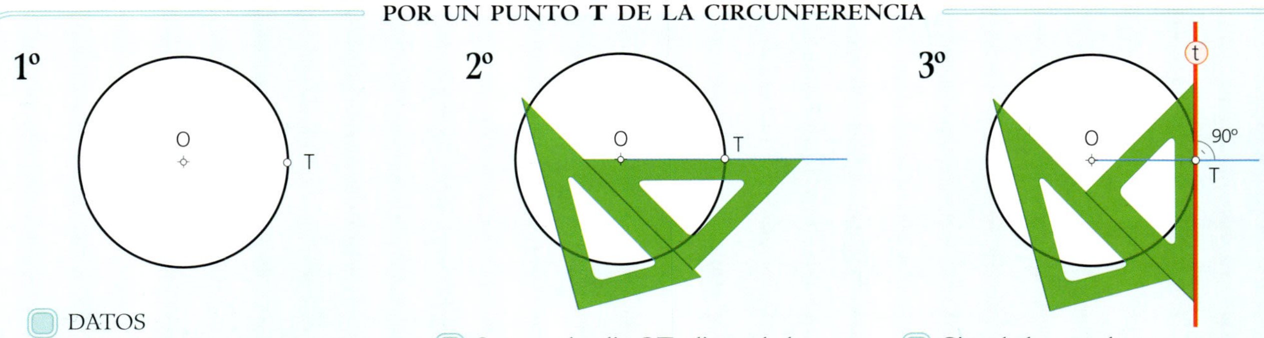

DATOS
- Circunferencia de centro **O**.
- Punto **T** de la misma.

Se traza el radio **OT**, alineando la escuadra según indica la figura.

Girando la escuadra trazamos, por **T**, la recta tangente solución.

PARALELAS A UNA DIRECCIÓN d DADA

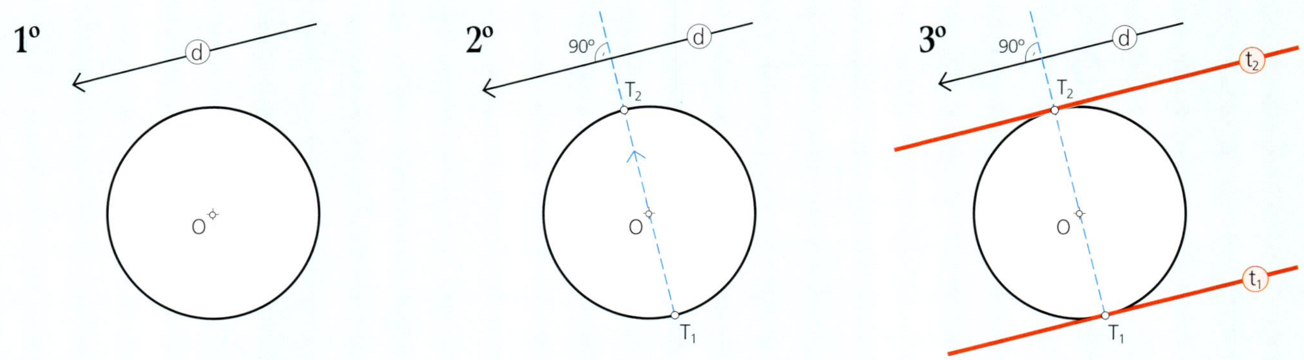

DATOS
- Circunferencia de centro **O**.
- Dirección: **d**.

Por el centro **O** trazamos la perpendicular a la dirección **d**, obteniendo los puntos de tangencia T_1 y T_2.

Por los puntos T_1 y T_2 trazamos paralelas a la dirección **d**, obteniendo las rectas tangentes t_1 y t_2.

DESDE UN PUNTO P EXTERIOR A LA CIRCUNFERENCIA

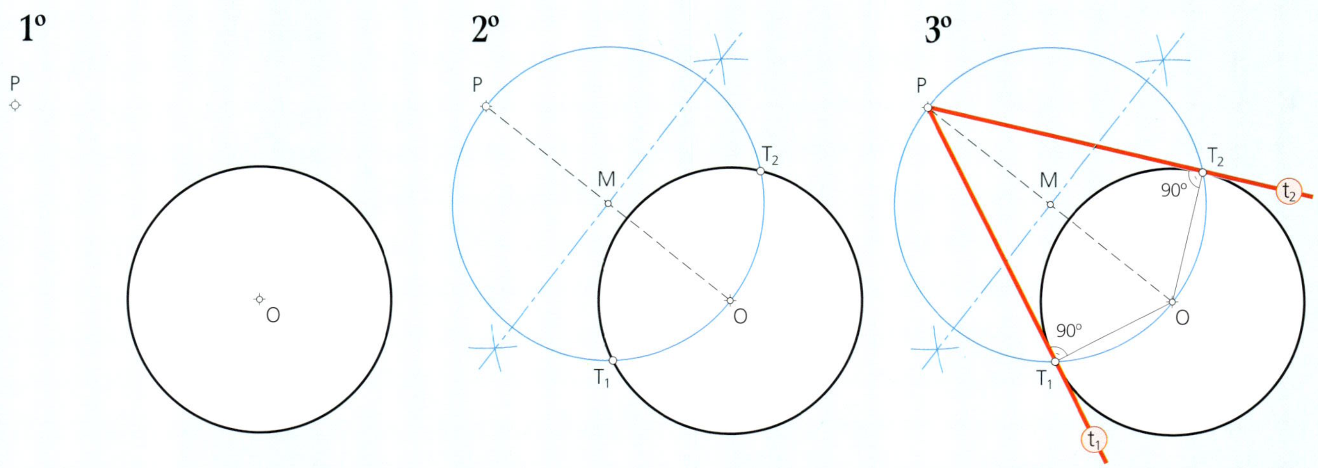

DATOS
- Circunferencia de centro **O**.
- Punto exterior **P**.

Se traza la mediatriz del segmento $\overline{PO}$ para obtener el punto **M** centro de la circunferencia, de igual diámetro que el segmento, que corta a la dada en los puntos T_1 y T_2.

La unión de los puntos T_1 y T_2 con el punto exterior **P** define las dos rectas tangentes t_1 y t_2 que es posible trazar desde un punto exterior a una circunferencia.

RECTAS TANGENTES A DOS CIRCUNFERENCIAS

TANGENTES EXTERIORES

1º

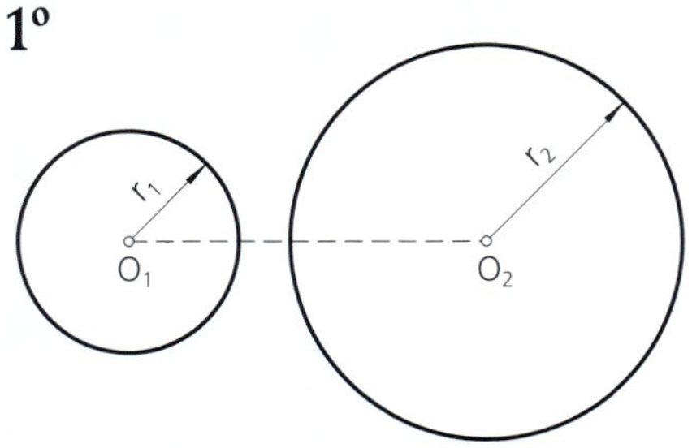

DATOS
- Circunferencias de centro $\mathbf{O_1}$ y $\mathbf{O_2}$, con radios $\mathbf{r_1}$ y $\mathbf{r_2}$ respectivamente.

2º

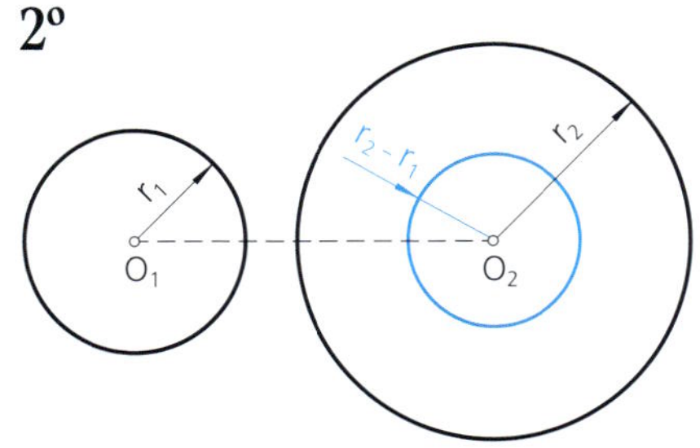

Con centro en la circunferencia de mayor radio ($\mathbf{O_2}$), se dibuja la circunferencia de radio la diferencia de las dadas.

3º

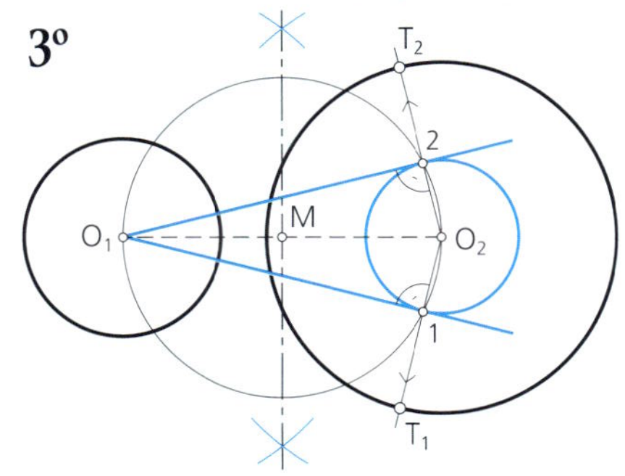

Desde el centro de la circunferencia de menor radio ($\mathbf{O_1}$) se trazan las tangentes a la circunferencia diferencia de radios ($\mathbf{r_2{-}r_1}$), obteniendo los puntos **1** y **2**. La prolongación de los radios $\overline{\mathbf{O_2\,1}}$ y $\overline{\mathbf{O_2\,2}}$ define los puntos de tangencia $\mathbf{T_1}$ y $\mathbf{T_2}$.

4º

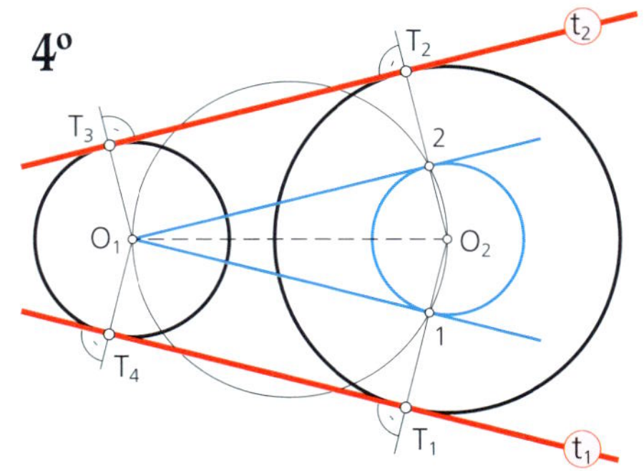

Las rectas $\mathbf{t_1}$ y $\mathbf{t_2}$, tangentes solución, contactan en $\mathbf{T_1}$ y $\mathbf{T_2}$ y son paralelas a las tangentes antes obtenidas. Los puntos de contacto $\mathbf{T_3}$ y $\mathbf{T_4}$ son los pies de las perpendiculares trazadas por $\mathbf{O_1}$ a las tangentes solución.

TANGENTES INTERIORES

1º

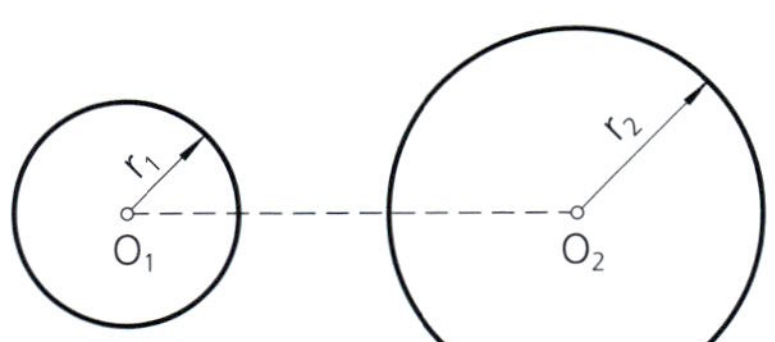

DATOS
- Circunferencias de centro $\mathbf{O_1}$ y $\mathbf{O_2}$, con radios $\mathbf{r_1}$ y $\mathbf{r_2}$ respectivamente.

2º

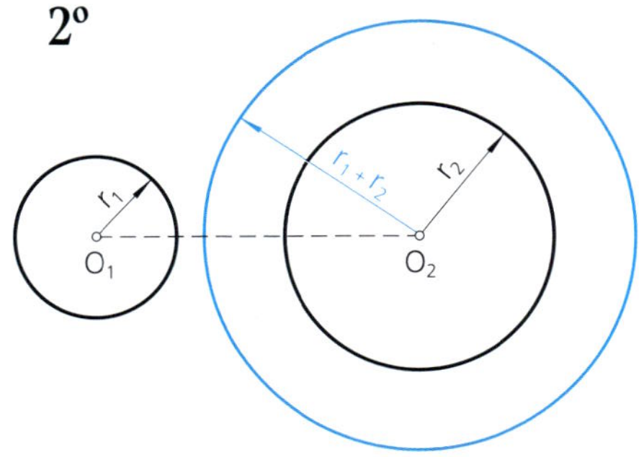

Con centro en la circunferencia de mayor radio ($\mathbf{O_2}$), se dibuja la circunferencia de radio la suma de las dadas.

3º

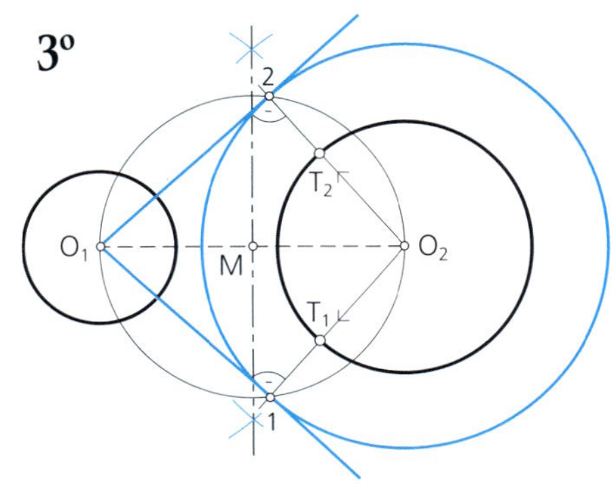

Desde el centro de la circunferencia de menor radio ($\mathbf{O_1}$) se trazan las tangentes a la circunferencia suma de radios ($\mathbf{r_1{+}r_2}$), obteniendo los puntos **1** y **2**. El trazado de los radios $\overline{\mathbf{O_2\,1}}$ y $\overline{\mathbf{O_2\,2}}$ determina los puntos de tangencia $\mathbf{T_1}$ y $\mathbf{T_2}$.

4º

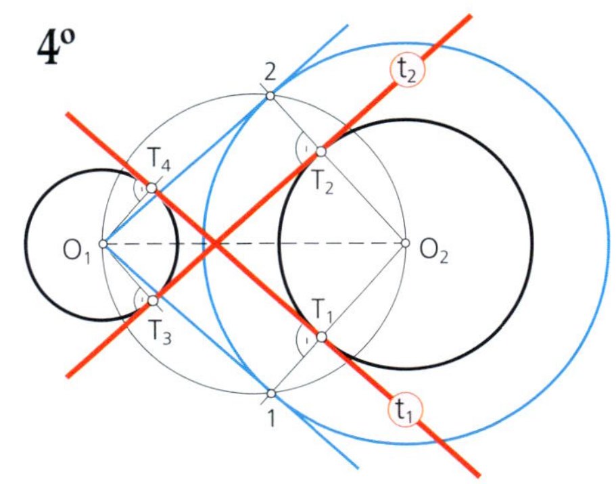

Las rectas $\mathbf{t_1}$ y $\mathbf{t_2}$, tangentes solución, contactan en $\mathbf{T_1}$ y $\mathbf{T_2}$ y son paralelas a las tangentes obtenidas anteriormente. Los puntos de contacto $\mathbf{T_3}$ y $\mathbf{T_4}$ son los pies de las perpendiculares trazadas por $\mathbf{O_1}$ a las tangentes solución.

TANGENCIAS EN EL DISEÑO

En el mundo del diseño se presenta con gran frecuencia la necesidad de unir o enlazar dos líneas.

Las aplicaciones que se acompañan son ejemplos de resolución de problemas de tangencias.

▷ ***Sillón estilo Art Decó, obra de Gerald SUMMERS***, realizado en madera laminada y resuelto en base a tangencias entre líneas en el punto de unión de las diferentes láminas como indica el esquema de la imagen central.

El estilo *Art Decó*, nacido en la Feria Mundial de París en 1925, responde al concepto de que «la forma siempre tiene que estar determinada por la función». Este estilo tiene aún amplia influencia sobre el diseño moderno.

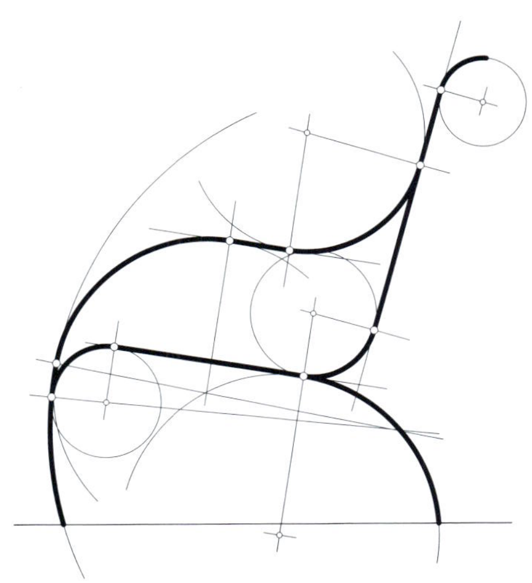

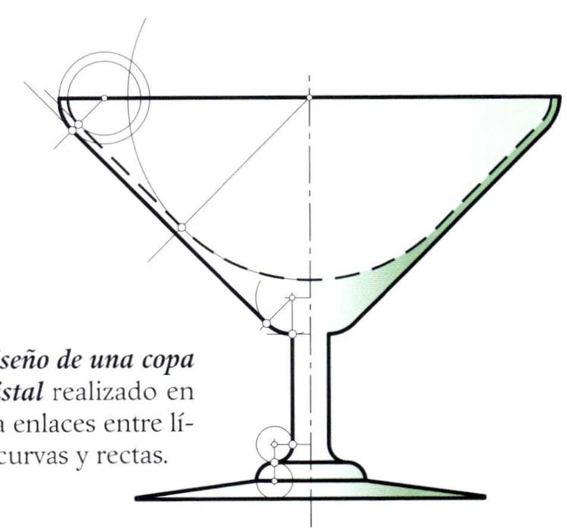

▷ ***Diseño de una copa de cristal*** realizado en base a enlaces entre líneas curvas y rectas.

2 ENLACES EN CURVAS TÉCNICAS

Los óvalos y ovoides pertenecen al grupo de los enlaces denominados cerrados dado que comienzan y terminan en un mismo punto. También son denominados curvas circulares debido al hecho de estar formadas por circunferencias tangentes entre sí.

ÓVALO

Curva cerrada, plana y convexa, con dos ejes de simetría perpendiculares, compuesta por cuatro arcos de circunferencia tangentes entre sí, cuyos centros se hallan en los ejes de simetría.

OVOIDE

Curva cerrada, plana y convexa, formada por cuatro arcos de circunferencia tangentes entre sí, dependiendo de un único eje de simetría.

Se trata de una curva muy parecida al contorno de un huevo, de ahí su denominación.

ESPIRAL

Las espirales son curvas abiertas y planas, generadas por el movimiento de un punto que se desplaza gradualmente alrededor de otro fijo, alejándose de él en cada vuelta. La distancia radial que existe entre dos vueltas o espiras consecutivas se denomina *paso* de la espiral.

Dentro de ellas están las denominadas **espirales de núcleo poligonal** o **volutas**, como la que se desarrolla a la derecha y cuyo núcleo es un triángulo equilátero.

CONSTRUCCIÓN DE UN ÓVALO. Conocido el eje mayor (óvalo de tres centros)

1º

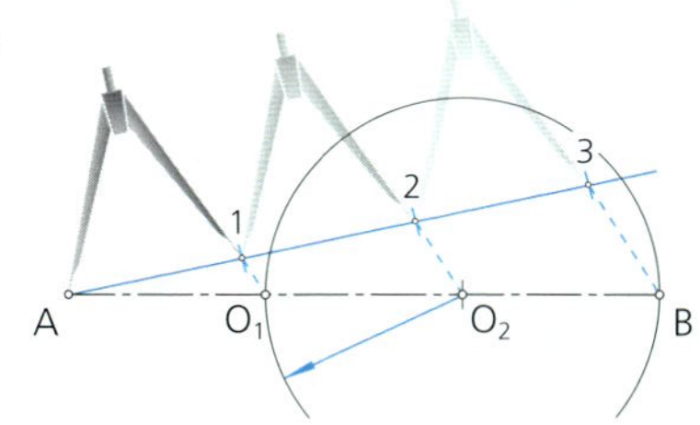

DATO: Eje mayor $\overline{AB}$.
Se divide el segmento $\overline{AB}$ en tres partes iguales, obteniendo los puntos O_1 y O_2.

2º

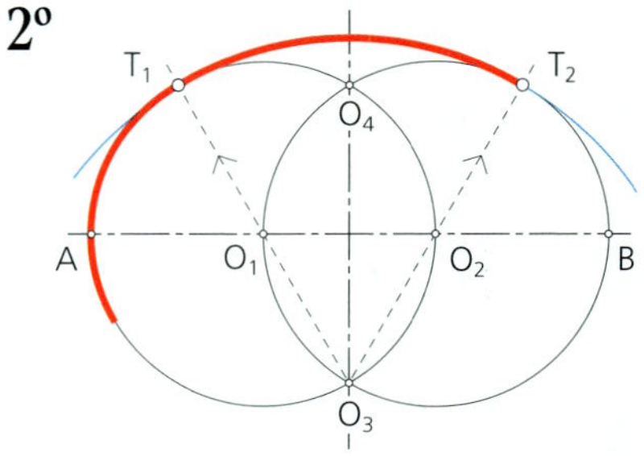

Con centros en O_1 y O_2 se trazan las circunferencias de radios iguales a $\overline{AB}/3$. Los puntos O_3 y O_4 determinan los centros de los otros dos arcos del óvalo.

3º

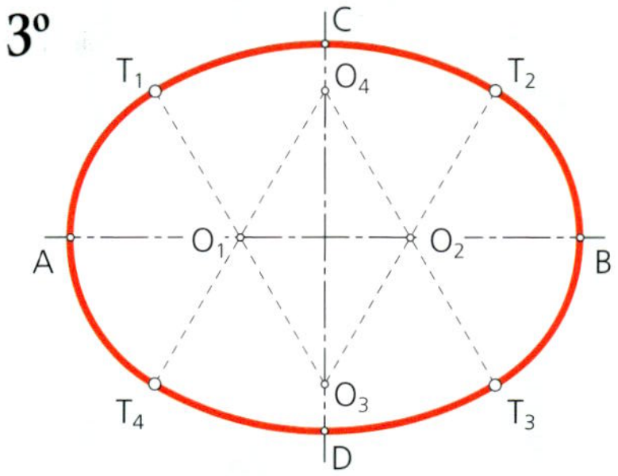

Con centro en O_1, O_2, O_3 y O_4 se trazan los cuatro arcos de circunferencia que enlazan en los puntos T_1, T_2, T_3 y T_4 para definir el óvalo.

CONSTRUCCIÓN DE UN OVOIDE. Conocido el eje menor

1º

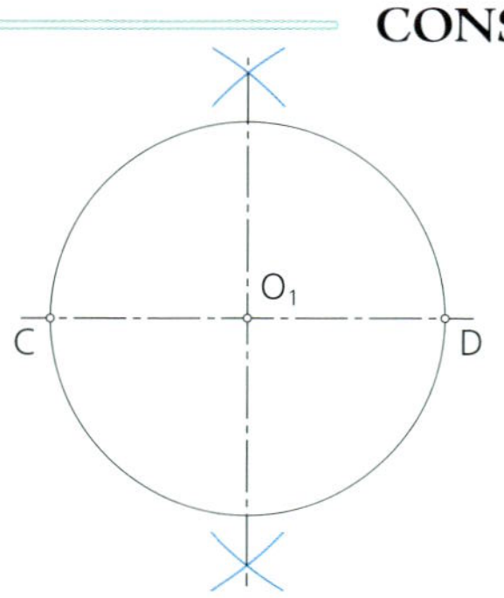

DATO: Eje menor $\overline{CD}$.
Trazamos la mediatriz del segmento $\overline{CD}$ obteniendo el punto medio O_1, centro de la circunferencia de radio $\overline{CD}/2$.

2º

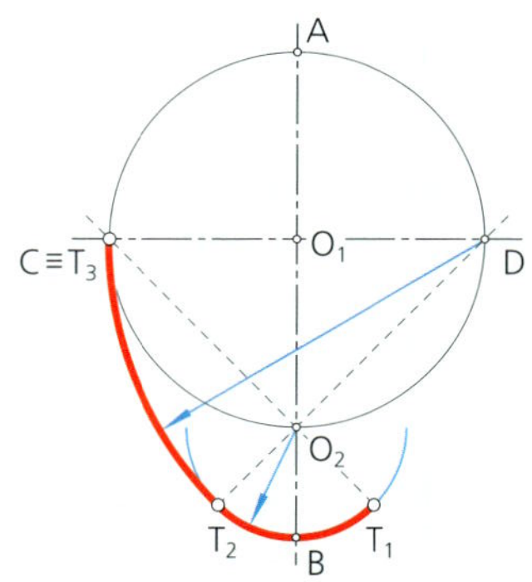

El punto O_2 es el centro del arco menor de la curva. Su unión con **C** y **D** determina los puntos de enlace T_1 y T_2.

3º

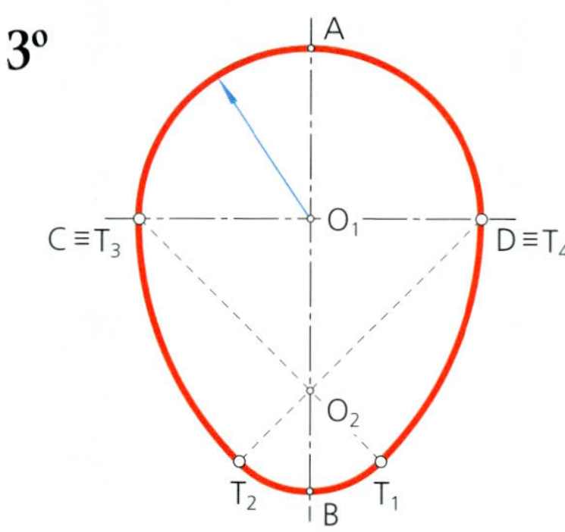

Con centro en **C** y **D** trazamos los arcos mayores que, además, corresponden con los puntos de enlace T_3 y T_4.

CONSTRUCCIÓN DE UNA ESPIRAL DE NÚCLEO POLIGONAL. Voluta de base triangular

1º

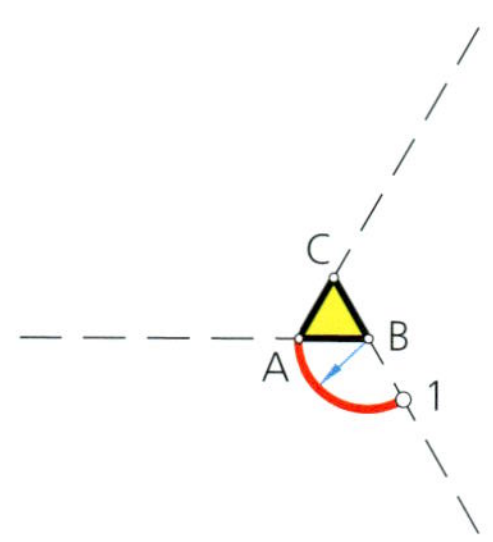

DATO: Núcleo triangular **ABC**.
Se toman como centros de los arcos de enlace los vértices del polígono.

2º

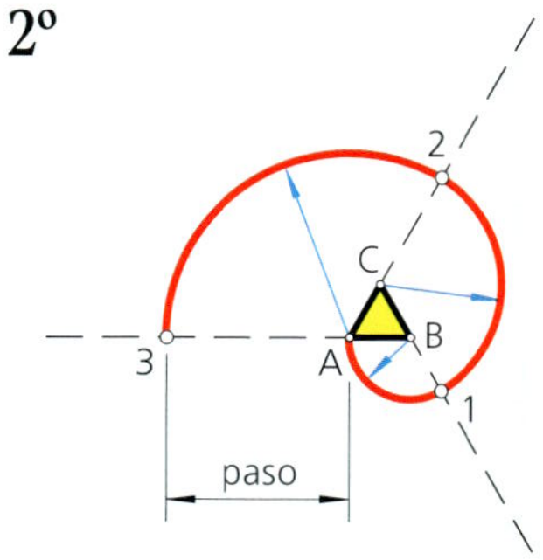

Los radios de los arcos se obtienen prolongando ordenadamente los lados del polígono y sumando sucesivamente el siguiente con el anterior hasta completar una vuelta, y así sucesivamente.

3º

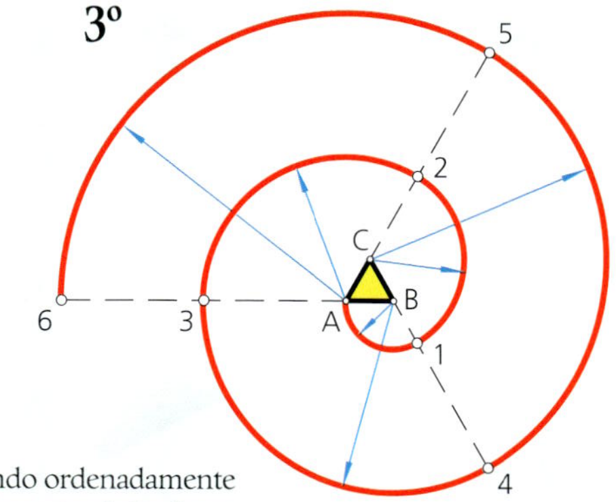

VOCABULARIO

- **Enlace** — *Unión de dos o más líneas rectas o curvas para que constituyan una sola, determinando sus puntos de tangencia.*
- **Tangente** — *Se aplica a las líneas o superficies que tienen entre sí algún punto en común sin llegar a cortarse.*

TRAZADOS ELEMENTALES DE RECTAS TANGENTES A CIRCUNFERENCIAS

1. Traza la recta tangente a la circunferencia de centro **O** por el punto **T** de ella, así como las rectas tangentes paralelas a la dirección **d**. Señala, con exactitud, los puntos de contacto.

2. Traza las rectas tangentes a la circunferencia de centro **C** desde un punto exterior **P**. Señala los puntos de tangencia.

3. Las circunferencias de centros **A**, **B**, **C**, **D** y **E** son símbolos convencionales de ruedas dentadas montadas sobre cinco árboles (ejes) paralelos que arrastran la cadena de distribución del motor de un coche. Dibuja la curva tangente, según la forma indicada en el esquema adjunto, señalando los puntos de contacto y el sentido de giro de las ruedas.

4. Dibuja, a escala natural y en la parte inferior, donde se posicionan los ejes correspondientes, el contorno del sello de estampación que muestra el croquis acotado. Señala, con toda precisión, los puntos de enlace que se producen entre rectas y arcos de circunferencia.

nombre y apellidos		
nº	curso/grupo	fecha

1

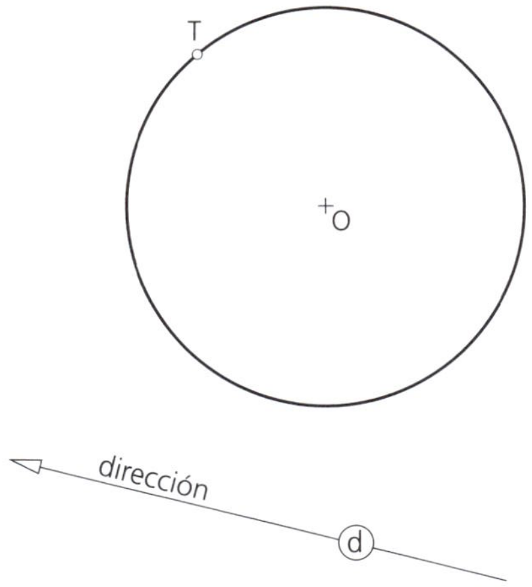

2

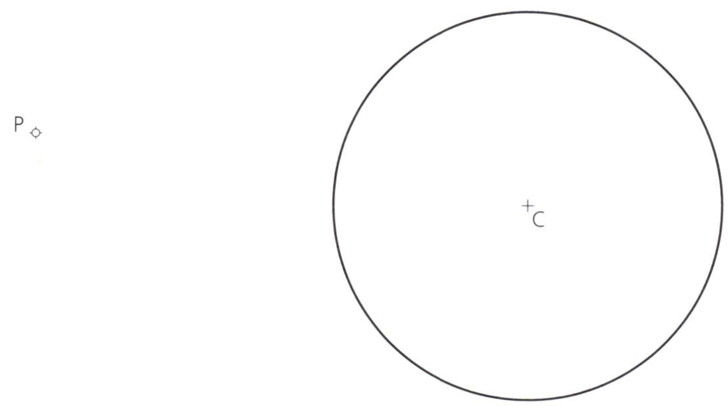

4

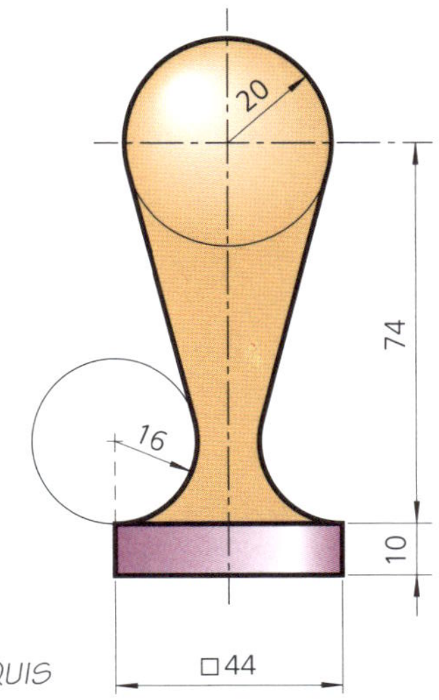

CROQUIS

3

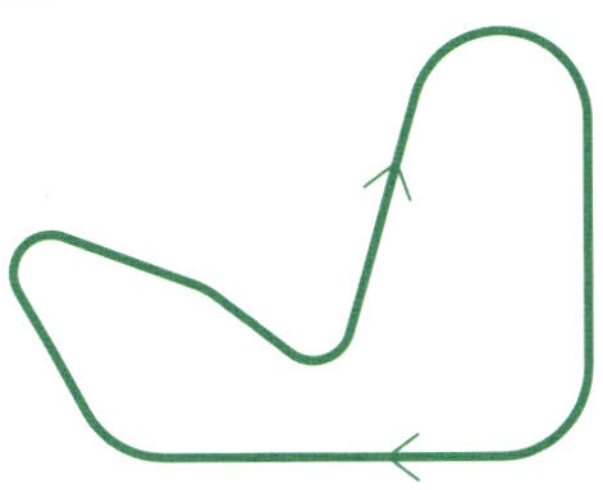

Esquema lineal de la forma que adopta la cadena de distribución del motor de un vehículo, que gira en sentido de las aguas del reloj.

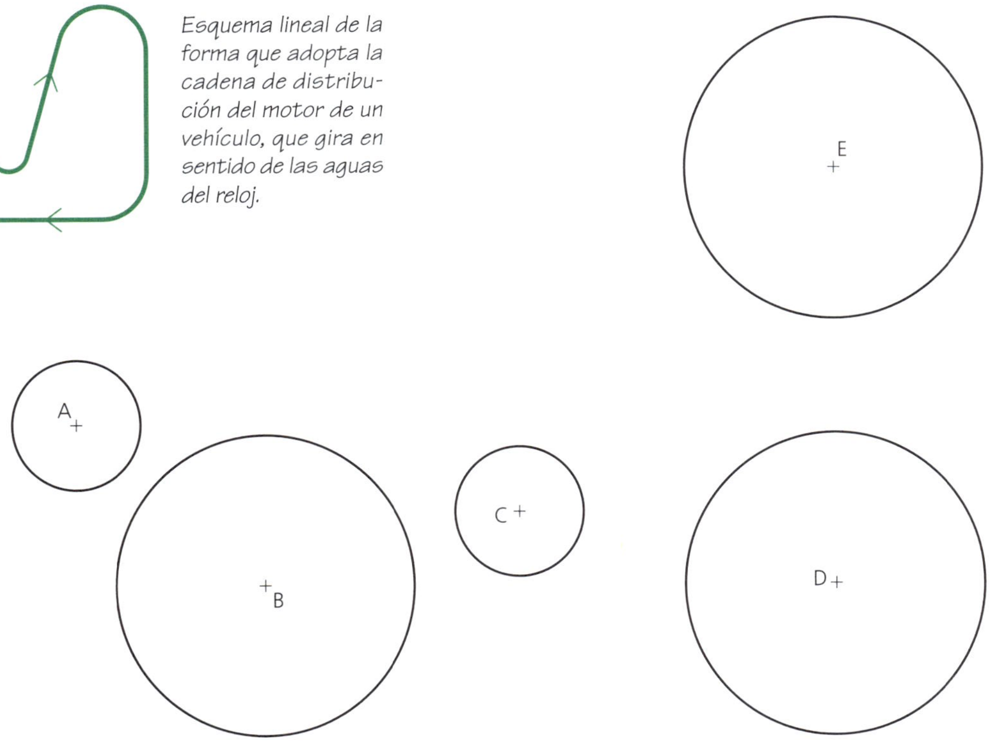

e: 1 / 1

VERIFICACIÓN

Realiza, a mano alzada, un croquis que esquematice la transmisión por cadena en una bicicleta. La ilustración de la derecha te ayudará a su análisis: observa cómo los volantes o platos de piñones pueden asociarse a circunferencias, donde la cadena va tomando las modulaciones de rectas exteriores e interiores a éstas.

Apoyándote en el trazado inferior que señala la posición de las circunferencias, señala la posición exacta de los puntos de enlace entre rectas y circunferencias, así como el sentido de giro de los cuatro volantes por los que pasa la cadena, suponiendo que la bicicleta marcha hacia adelante.

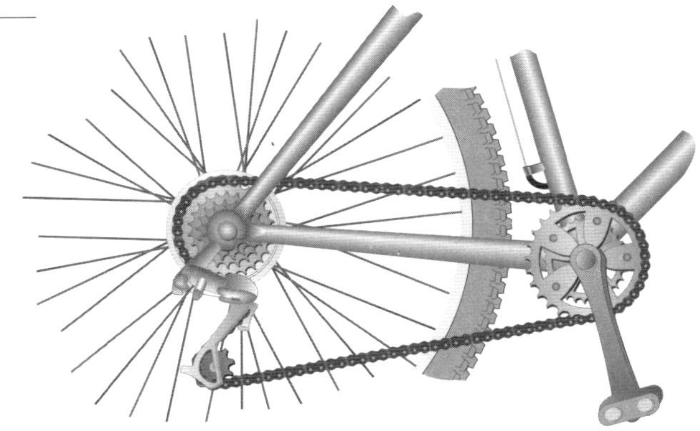

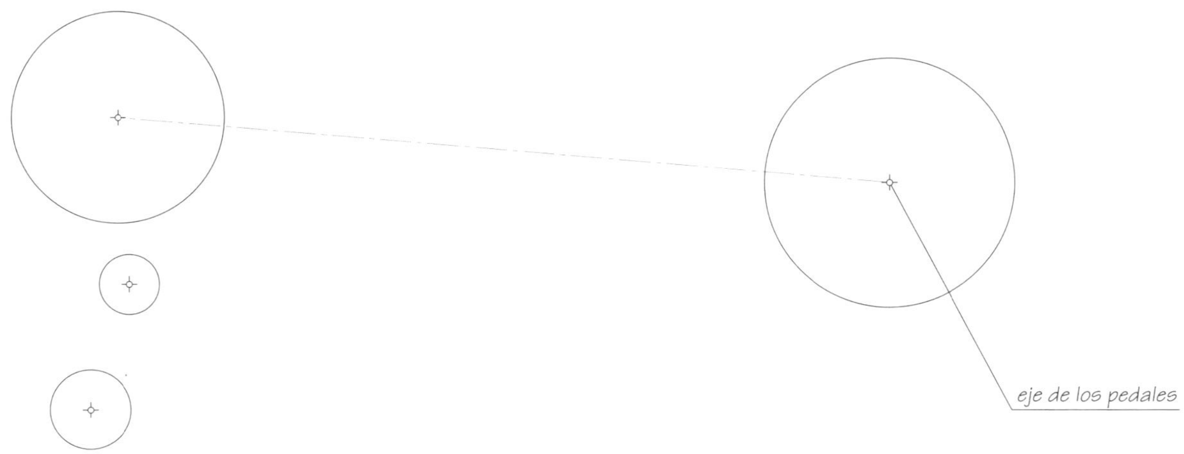

CROQUIS

CIRCUNFERENCIAS TANGENTES DE RADIO CONOCIDO

1. Traza las circunferencias de radio **r**, tangentes en el punto **T** a la recta **t**.

2. Traza las circunferencias de radio **p**, tangentes a la recta **t** y que pasen por el punto exterior **P**.

3. Traza la circunferencia de radio **m**, tangente a las rectas **s** y **t,** dentro de la superficie del ángulo agudo que forman.

4. Traza las circunferencias de radio **d**, tangentes en el punto **T** a la circunferencia de centro **O**.

5. Traza las circunferencias de radio **r**, tangentes a la circunferencia de centro **Q** y que pasen por el punto **P**.

6. Traza la circunferencia de radio la magnitud **s**, tangente a la recta **t** y a la circunferencia de centro **R**. Contemplar, únicamente, la solución que se extiende por encima de la recta **t**.

NOTA.- En todas las propuestas señala, con precisión, los puntos de tangencia.

nombre y apellidos		
nº	curso/grupo	fecha

1 DATO: r

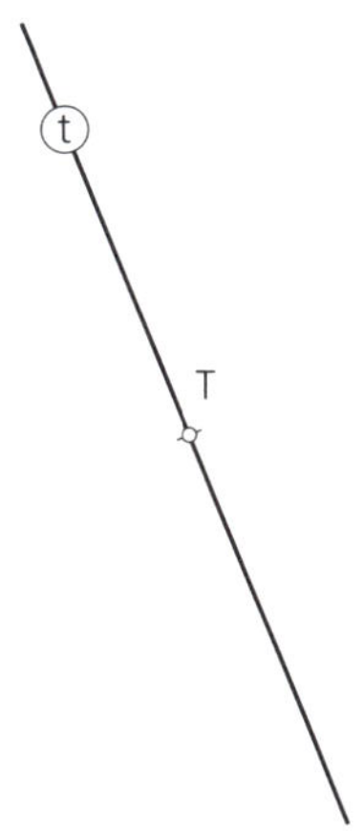

2 DATO: p

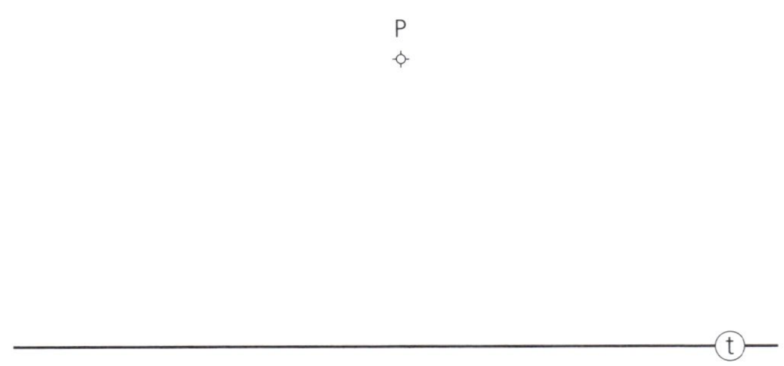

3 DATO: m

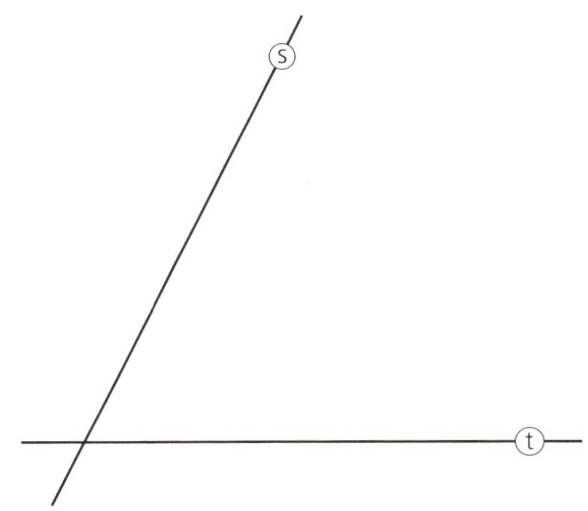

4 DATO: d

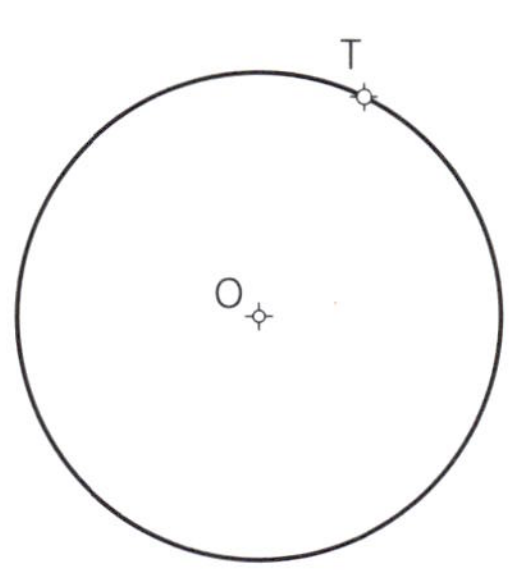

5 DATO: r

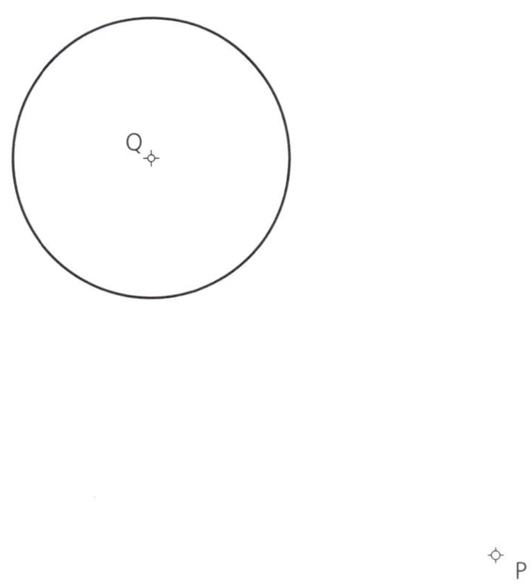

6 DATO: s

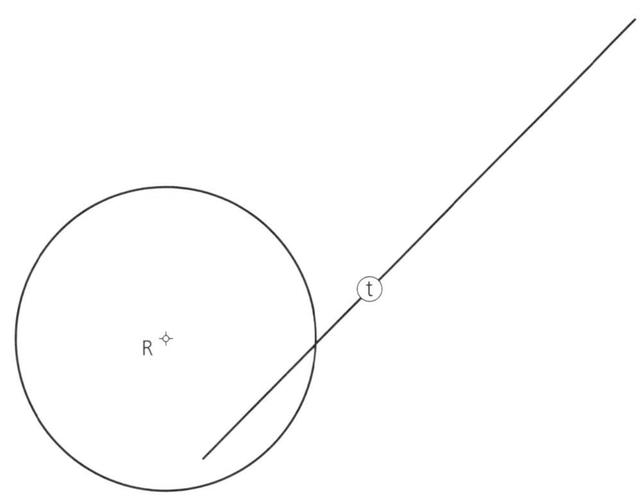

VERIFICACIÓN

1. ¿Cuál es la primera propiedad fundamental de las tangencias?

2. ¿Qué propiedad fundamental destacarías en segundo lugar?

3. Traza las circunferencias de radio **r** = 35 mm., tangentes a las dos dadas, de centros los puntos $\mathbf{O_1}$ y $\mathbf{O_2}$.

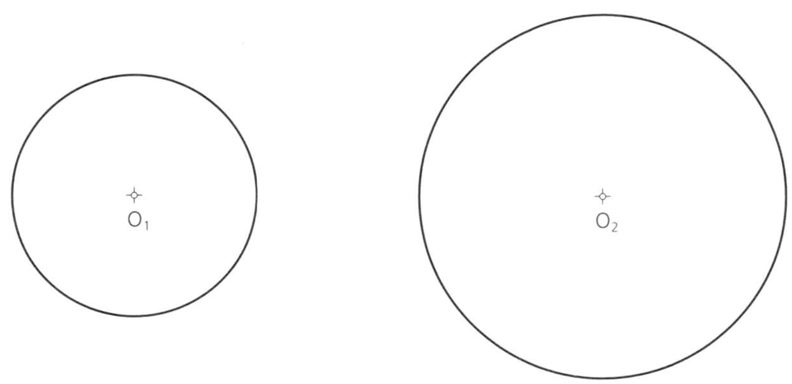

CIRCUNFERENCIAS TANGENTES DE RADIO DESCONOCIDO

1. Traza la circunferencia tangente a la recta **t** en su punto **T** y que pase por un punto exterior **P**.

2. Traza la circunferencia tangente a dos rectas **s** y **t** que se cortan, conociendo el punto de tangencia **T** de una de ellas.

3. Traza la circunferencia tangente a otra dada de centro **O**, con tangencia en el punto **T**, y que pase, asimismo, por el punto exterior **P**.

4. Traza las circunferencias tangentes a tres rectas **r**, **s** y **t** que se cortan entre sí.

5. Dado el cuadrado **ABCD**, dibuja las cuatro posibles circunferencias tangentes interiores al polígono y que, a la vez, sean tangentes entre sí.

NOTA.- Señala, con toda exactitud, los puntos de tangencia que se producen en todas y cada una de las propuestas.

nombre y apellidos		
nº	curso/grupo	fecha

1

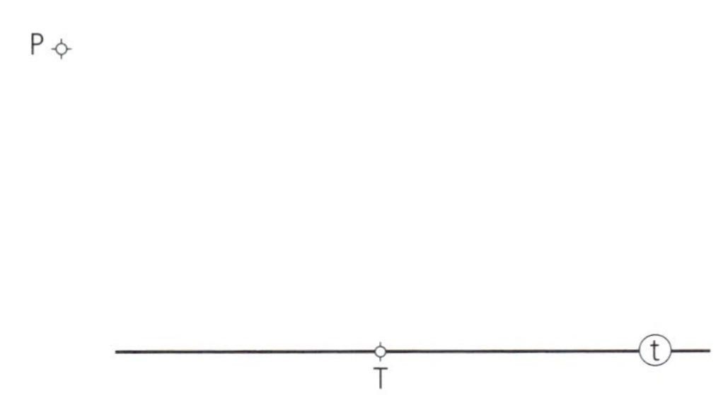

2

3

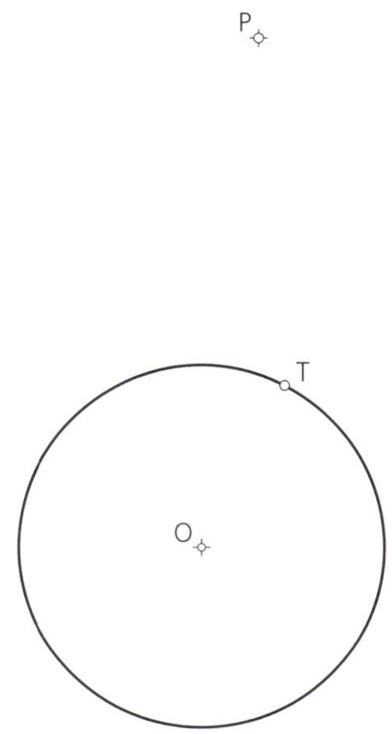

4

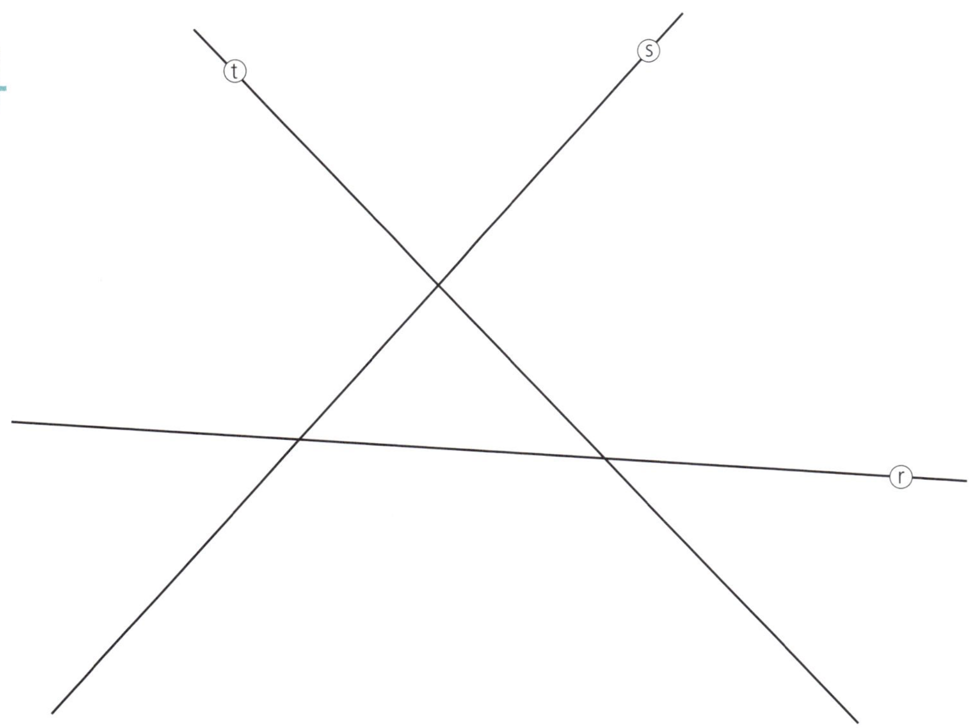

5

VERIFICACIÓN

1. ¿Cómo resolverías un problema de enlaces?
2. Localiza objetos de tu entorno en los que puedas determinar tangencias y enlaces, tales como la correa de transmisión o el juego de cubiertos que te mostramos.
   Puedes confeccionar un listado de ellos o, de acuerdo a las indicaciones del profesor, croquizar algunos señalando las tangencias que se producen.

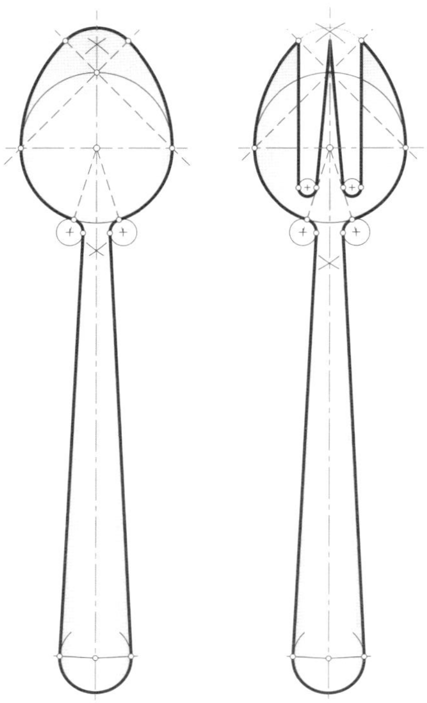

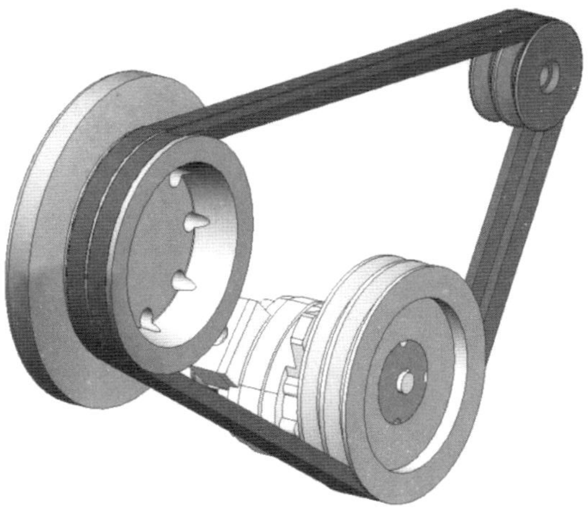

Correa de transmisión

El correaje de las máquinas es una de las muchas aplicaciones de las tangentes comunes. Cuando las ruedas han de moverse en el mismo sentido, las correas son tangentes exteriormente; y lo son interiormente cuando se mueven en sentido contrario.

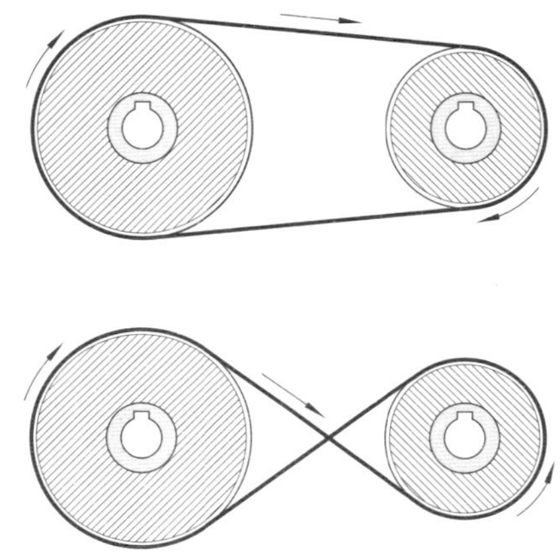

CIRCUITO AUTOMOVILÍSTICO

Dibuja, señalando los puntos de contacto, los enlaces que a continuación se describen. Las diversas alineaciones representan el eje de un circuito automovilístico que tiene una anchura de 26 metros. Trázalo teniendo en cuenta que el dibujo está representado a escala 1/2000.

Comienza el circuito en el punto **A**, inicio de la recta de salida. Esta recta **r**, de salida, enlaza con la recta **s** mediante un arco de circunferencia de 84 metros de radio.

Continúa el eje del circuito por la recta **s**, que enlaza en **D** con un nuevo arco de circunferencia que pasa, asimismo, por los puntos **D** y **E**.

Empalma con un nuevo arco que es tangente al anterior en **E** y pasa a su vez por el punto **F**.

Se continúa con un nuevo arco que es tangente al anterior en **F** y pasa por el punto **G**.

Sigue el circuito con un nuevo arco de circunferencia, de 84 metros de radio, tangente al arco anterior, así como a la recta **t**. Dicha recta es un tramo de la mediana del circuito que enlaza con un nuevo arco tangente a la recta **t** y a la **r** en el punto **A**, final y cierre del recorrido.

nombre y apellidos		
nº	curso/grupo	fecha

VERIFICACIÓN

1. ¿A qué se denomina óvalo? ¿Y ovoide?
2. ¿Qué es una espiral? ¿Y una voluta? Pon algunos ejemplos de espirales en la naturaleza análogos a los expuestos en esta página o en diseños de distintas épocas.

Cola en espiral del camaleón del Senegal

El universo podría describirse como un cúmulo de espirales. La espiral dicta el crecimiento de nuestra arquitectura ósea, está presente en la estructura del oído interno, del cordón umbilical o del ADN. En la naturaleza la espiral se encuentra en infinidad de estructuras, como por ejemplo, en la concha del caracol, en la lengua de las mariposas, en la cola de los camaleones, en los cuernos de los carneros, en los tallos de la calabaza, en los huracanes o en las galaxias.

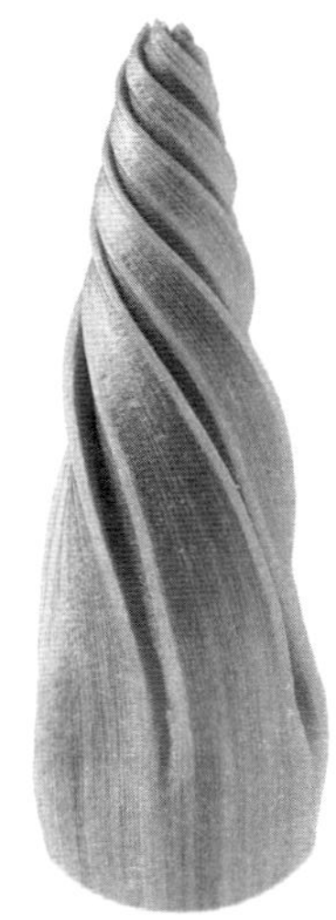

Capullo de una flor del género Convolvulus, con forma de espiral.

DISEÑOS COMPUESTOS POR CURVAS TÉCNICAS

1. La mitad superior del óvalo respecto de su eje mayor se utiliza para el trazado de arcos carpaneles (arcos rebajados). Traza el arco que enlaza **A** con **B** mediante un óvalo de tres partes. Dato: eje mayor $\overline{AB}$ = 58 mm.

2. El contorno interior de la bañera de hidromasaje que muestra el dibujo adjunto, toma la forma de un ovoide. Reproduce, a mayor tamaño, dicho perfil, dado $\overline{AB}$ = 50 mm.

3. Analiza el esquema y reproduce la composición que define la letra «S», compuesta por dos espirales de núcleo triangular que enlazan en el punto **T**.

4. Dibuja la espiral de núcleo pentagonal **ABCDE**. Comienza trazando el primer arco con centro en el vértice **A** y radio $\overline{AE}$.

nombre y apellidos		
nº	curso/grupo	fecha

1 ARCO CARPANEL

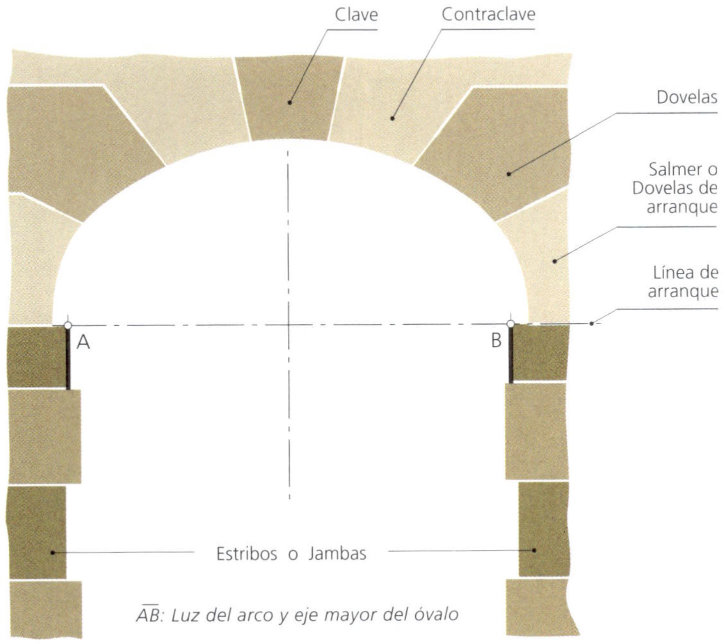

3 ESTRUCTURA EN FORMA DE «S»

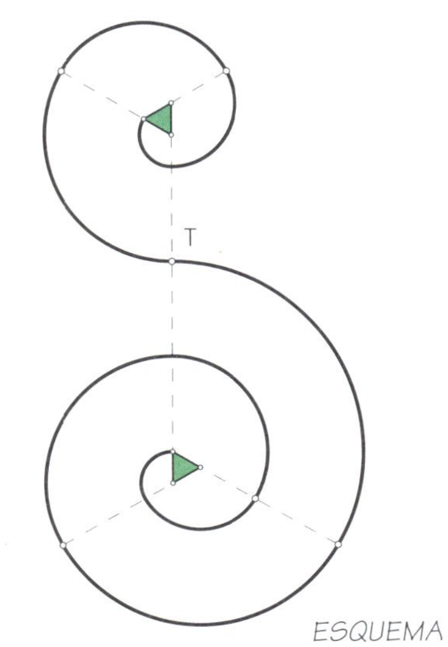

2 BAÑERA DE HIDROMASAJE

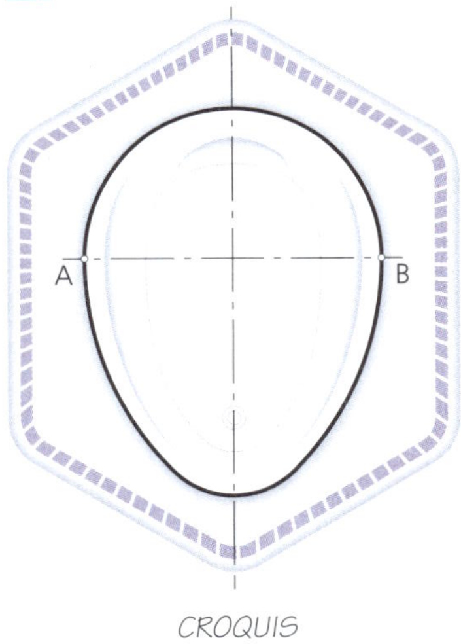

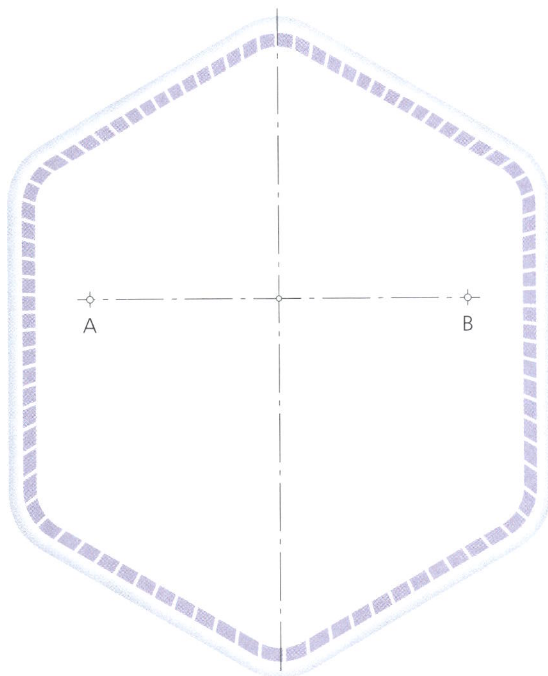

4 ESPIRAL DE NÚCLEO PENTAGONAL

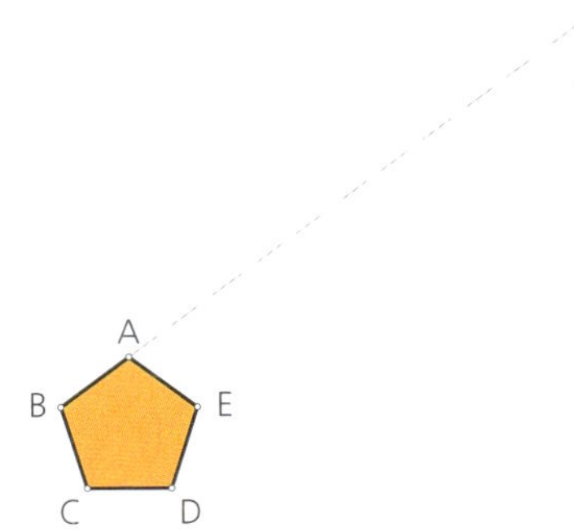

LA GEOMETRÍA COMO SOPORTE DEL PROCESO CREATIVO

proporción, antropometría y escalas

UNIDAD DIDÁCTICA

10

OBJETIVOS

- Conocer y apreciar la importancia de la proporción en los objetos del entorno.
- Desarrollar la capacidad de comparar relaciones de proporción entre las partes de un mismo objeto.
- Adquirir la capacidad de relacionar formas semejantes expresando su factor de escala.
- Comprender el concepto de escala y sus aplicaciones para medir magnitudes.
- Utilizar la proporción en representaciones gráficas y con fines expresivos.

DESARROLLO

1. La Unidad, concebida para ser impartida en un máximo de cuatro sesiones, se inicia con el concepto de proporcionalidad, tanto de manera intuitiva como geométricamente. Se estudian y desarrollan, desde la óptica geométrica, los conceptos de semejanza entre figuras.

2. Se exponen algunos sistemas para reproducir formas proporcionales en dibujos y pinturas, para desembocar en el concepto de escala y analizar sus tipos.

3. Se recuerda el canon de las proporciones del cuerpo humano, analizando sus valores expresivos y desproporciones a través del arte y la historia.

4. Se continúa con el estudio de las medidas de los objetos de nuestro entorno en base a las proporciones humanas, centrando el interés en la decoración de una vivienda y el análisis de espacios libres en el interior de la misma.

5. Como de costumbre, las propuestas de trabajo, junto con las verificaciones correspondientes, completan el proceso de consecución de los objetivos anteriores.

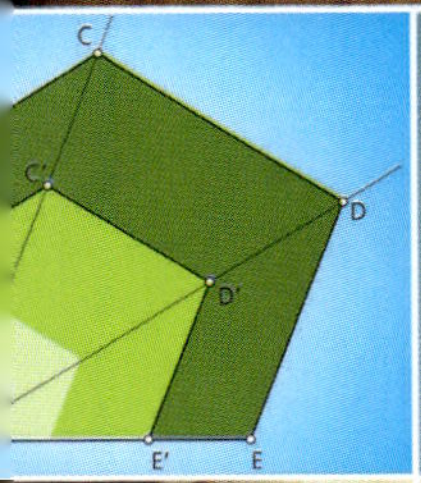

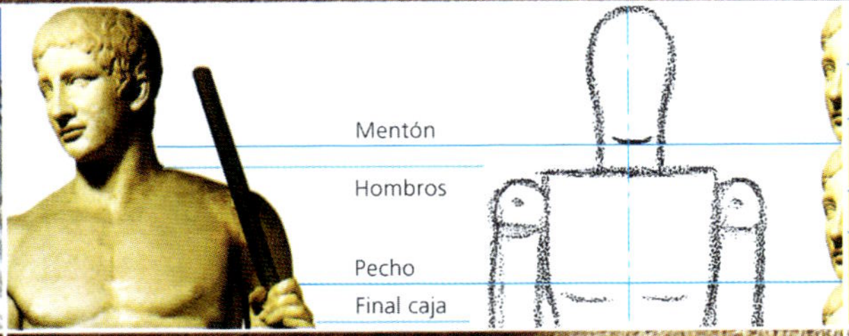

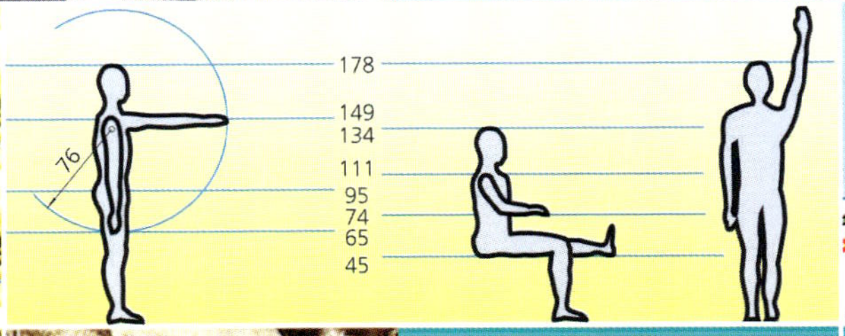

1 EL LENGUAJE DE LA PROPORCIÓN

El concepto de proporción nace de una forma intuitiva: estamos acostumbrados a percibir cómo las formas de la naturaleza guardan un orden y crecen siguiendo determinadas leyes. Los objetos nos parecen proporcionados o desproporcionados según el criterio que cada uno tengamos de ellos.

La proporción es siempre una relación constante entre dos o más objetos, o entre las partes y el conjunto, respecto a magnitud, cantidad o grado.

Así, podemos distinguir dos tipos de proporción:

- ***Intrínseca***, que compara o relaciona las medidas de cada una de las partes de un objeto con las totales del mismo: «La cabeza de este niño está desproporcionada con el resto del cuerpo».
- ***Extrínseca***, que compara o relaciona las medidas de un objeto con las de otro: «La botella es aproximadamente tres veces más alta que el vaso».

Encontramos la proporción en todo cuanto nos rodea, no sólo en los objetos –fruto del ingenio humano–, sino en los seres vivos, en las plantas y demás elementos de la naturaleza. Desde la Antigüedad los problemas de la proporción de las formas han apasionado al ser humano; quizá porque lo proporcionado conlleva secretos tintes de armoniosa expresividad y belleza.

Dentro de las *proporciones geométricas,* lo único que se mantiene constante es *la forma* de los objetos. Si observamos los dos bancos de diseño de la ilustración superior apreciamos que tienen diferente tamaño, aunque representan el mismo mobiliario: a cada elemento de uno de ellos le corresponde el homólogo del otro. La proporción o relación constante entre cada dos segmentos recibe el nombre de ***razón de semejanza*** o ***factor de escala***.

En geometría, cuando dos figuras tienen la misma forma pero dimensiones proporcionalmente diferentes se habla de ***semejanza***, y se llama ***proporcionalidad*** a la relación que guardan entre sí dos figuras semejantes.

En la práctica, cuando representamos algo sobre el papel, estamos condicionados al formato del mismo y, por tanto, estamos supeditados a medidas proporcionales: o bien la figura representada es menor que la real o viceversa. Rara es la ocasión en donde el tamaño del dibujo coincide con el de la imagen real, lo que significa que hemos de saber proporcionar nuestros dibujos.

Es frecuente que los diseñadores, arquitectos, urbanistas y técnicos en general preparen los proyectos de sus obras en dimensiones reducidas como paso previo a su construcción. Para ello, se ayudan de planos y maquetas. De igual forma, los laboratorios fotográficos acostumbran a reproducir los negativos en tamaño reducido –por contacto–, para ampliar posteriormente aquellas imágenes de interés. Unos y otros trabajan en sus respectivas obras con formas iguales, pero de distinto tamaño, esto es, con formas semejantes.

Razón de semejanza entre las formas:

$$k = \frac{\overline{AB}}{\overline{A'B'}} = \frac{\overline{BC}}{\overline{B'C'}} = \frac{\overline{CD}}{\overline{C'D'}} = \frac{\overline{DE}}{\overline{D'E'}} = \cdots = \frac{3}{5}$$

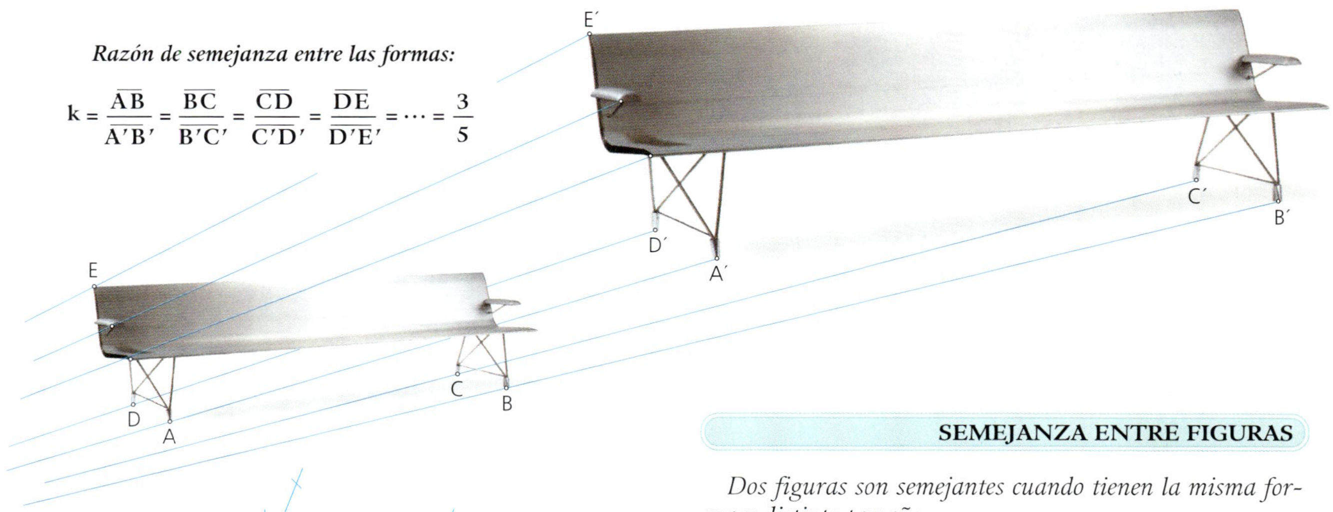

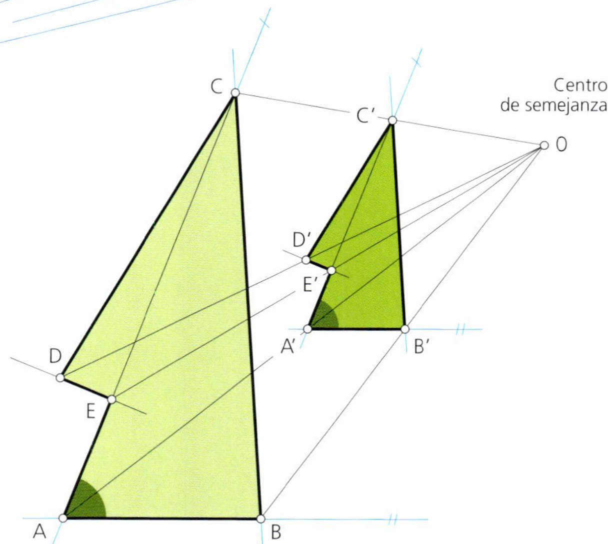

▽△ ***Relación de semejanza entre polígonos:***

$$\mathbf{k}\ \text{(constante)} = \frac{\overline{AB}}{\overline{A'B'}} = \frac{\overline{BC}}{\overline{B'C'}} = \frac{\overline{CD}}{\overline{C'D'}} = \cdots$$

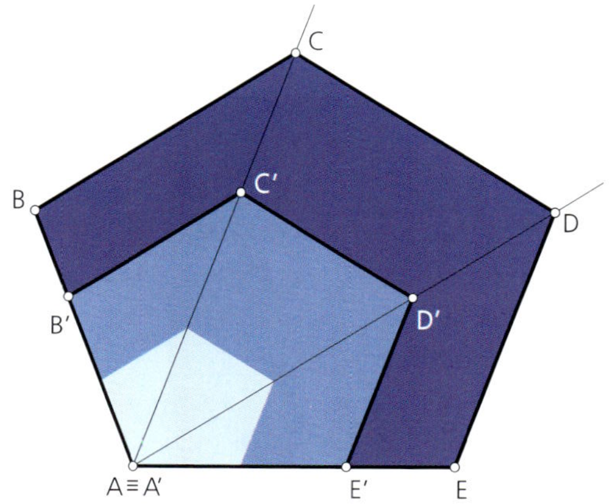

△ ***Relación de proporcionalidad entre figuras geométricas semejantes:*** arriba, entre dos pentágonos cóncavos, con centro de semejanza **O** y **k** = **2**; abajo, entre dos pentágonos convexos, con centro de semejanza el vértice **A** y **k** = **3/2**.

SEMEJANZA ENTRE FIGURAS

Dos figuras son semejantes cuando tienen la misma forma y distinto tamaño.

La semejanza de figuras es una aplicación práctica de la proporcionalidad de segmentos. Así, dos figuras serán semejantes cuando sus ángulos sean iguales y las longitudes de sus lados proporcionales.

Observemos las formas poligonales **ABCDE** y **A'B'C'D'E'** (en cualquiera de las dos relaciones que se aprecian entre las parejas de polígonos situados a la izquierda). Los elementos que se corresponden entre ellos (lados, vértices y ángulos) son los denominados *elementos homólogos*. Es decir, los vértices homólogos de **A, B, C**... son **A', B', C'**...; a su vez, los lados homólogos serán aquellos que unen vértices homólogos, tales como $\overline{\mathbf{AB}}$ y $\overline{\mathbf{A'B'}}$. De igual manera, las diagonales homólogas serán aquéllas que enlacen vértices homólogos no consecutivos, tales como, por ejemplo, $\overline{\mathbf{AC}}$ y $\overline{\mathbf{A'C'}}$.

En resumen, *dos polígonos son semejantes cuando tienen sus ángulos iguales dos a dos y sus lados homólogos proporcionales.*

En las figuras descritas, la razón de semejanza será:

$$\frac{\overline{AB}}{\overline{A'B'}} = \frac{\overline{BC}}{\overline{B'C'}} = \frac{\overline{CD}}{\overline{C'D'}} = \cdots = \mathbf{k}\ \text{(constante)}$$

Si la relación aquí expuesta es igual a 1, los lados homólogos serán iguales y, por tanto, los polígonos serán idénticos. En cambio, si la razón de semejanza es, por ejemplo, 1/2, significará que el lado de un polígono medirá la mitad de su lado homólogo (en el otro polígono); y así sucesivamente. De esta forma, puede decirse que basta conocer la igualdad de algunos elementos entre dos polígonos para deducir los restantes.

La semejanza de polígonos se fundamenta en la de los ***triángulos***, según la cual, dos triángulos son semejantes cuando:

- Dos ángulos de uno son iguales a dos del otro.
- Un ángulo es igual y proporcionales los lados que lo forman.
- Los lados homólogos son proporcionales.

SISTEMAS DE REPRODUCCIÓN

LA CUADRÍCULA

Es el procedimiento más usado para reproducir las formas proporcionales en dibujos y pinturas con líneas y formas libres.

Superponiendo una cuadrícula al dibujo y reproduciéndola a mayor tamaño sobre una hoja de papel, resulta fácil copiar las líneas o contornos del dibujo fijándose en su relación con el cuadrado que las contiene. Cuanto más pequeña sea la cuadrícula, más exacta será la copia.

△ ***Georges SEURAT (1859-1891). «Bañistas en Asniéres», 1884. Óleo sobre lienzo.***

EL PROYECTOR

Mediante este aparato es posible proyectar diapositivas o imágenes en acetatos sobre una pantalla o sobre una hoja de papel sujeta a un tablero. La fórmula para hacerlo es ajustar la lente o variar la distancia entre el foco y la pantalla hasta que la imagen tenga el formato deseado. A partir de ahí, se transfieren las líneas del dibujo al papel con un lápiz.

Asimismo, las ***fotocopiadoras*** –en color o en gama de grises– realizan ampliaciones y reducciones de originales con gran calidad.

▷ ***Proyector de diapositivas, transparencias u opacos,*** donde el tamaño de la imagen sobre la pantalla es directamente proporcional a la distancia entre ésta y la lente del proyector.

2 LA PROPORCIÓN HUMANA

Desde muy antiguo la figura humana ha sido objeto de mediciones. Los artistas se preocuparon muy pronto de poder establecer relaciones entre las diversas partes del organismo con la dimensión total del cuerpo. Se pretendía con ello encontrar unidades de medida y relación con las que poder construir un conjunto armónico.

Estas unidades de medida o reglas reciben el nombre de «*canon*» cuando se refieren a la figura humana. La cabeza, como unidad de medida, fue la más aceptada entre los griegos y la más tradicional. La longitud total de la figura humana era, para el escultor griego *Policleto*, unas 8 veces mayor (9 para su discípulo *Lisipo*); la de las extremidades inferiores, unas 4; 3,5 la de los brazos y 3 la del tronco. Estas proporciones que se hicieron clásicas, sufren grandes variaciones según las personas, la raza y sobre todo la edad; en los niños la cabeza es proporcionalmente mucho mayor.

Cada pueblo o cultura –griega, egipcia, hindú, etc.– ha utilizado diferentes unidades de medida, aunque con resultados muy semejantes.

El ***rostro humano*** también posee sus propias proporciones. Contiene las relaciones de semejanza suficientes como para parecernos y la desproporcionalidad necesaria para distinguirnos como individuos, dando lugar a una infinita variedad de rostros.

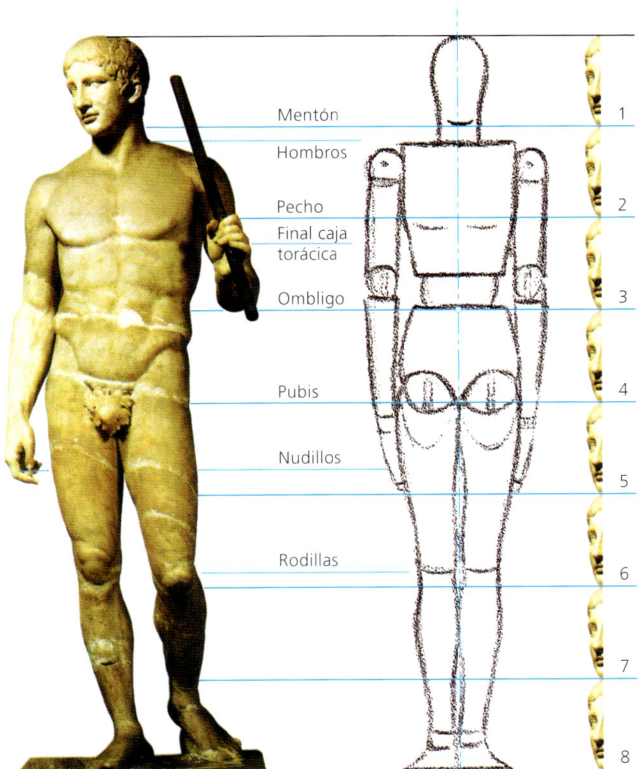

△ ***POLICLETO (450-440 a.C.). «Doríforo». Mármol, 2,12 m.***
Estableció un canon –regla o norma– en el que la altura de su cuerpo era de 7´5 a 8 veces la altura de su cabeza.

3 EL CUERPO HUMANO Y SU ENTORNO

El hombre es la medida de todas las cosas que existen en nuestro planeta. Todos los objetos que construimos y fabricamos están en relación con nosotros mismos, y por ello hemos establecido una relación físico–material entre los elementos y el hombre. El estudio de las medidas de los objetos en función de las proporciones del cuerpo humano se llama *ergonomía*.

Las dimensiones de cada estancia de nuestra vivienda y de cuanto en ella se encuentra están creados y construidos en base a las dimensiones de la figura humana, es decir, con las medidas de las personas que deben habitar esos ambientes y hacer uso de los enseres situados en ella; una mesa, una cama, una ducha, una silla o un libro están hechos en proporción a la función para la que fueron creados.

Por ello, es de gran importancia conocer las dimensiones medias del cuerpo humano estático, de pie, sentado o tendido; pero también las que se derivan de los movimientos necesarios para desarrollar las actividades diarias, como se muestra en las ilustraciones adjuntas.

Para alcanzar mayor destreza y agilidad en nuestra decoración, es aconsejable acostumbrarse a estimar «a ojo» algunos de los elementos más simples que forman el ambiente construido por el hombre. Para ello, es de gran ayuda efectuar razonamientos de tipo deductivo como el que se formula a continuación:

Puesto que la estatura media es de 1,75 metros, una puerta debe tener 2 metros de altura o algo más, para asegurar un cierto coeficiente de seguridad, en la práctica, de 2,05 a 2,10 metros. Las espaldas tienen una anchura de 44 cm., por lo tanto, la anchura de la puerta deberá tener por lo menos 60 cm.; pero considerando la necesidad de facilitar el paso a una persona que transporta una bolsa o cualquier otro paquete, la anchura de la puerta será normalmente de 75 a 80 cm.

Otro razonamiento: una barandilla de balcón o altura de una ventana, para ofrecer una adecuada seguridad contra el peligro de precipitarse al vacío, debe tener una altura de 95 cm., puesto que ésta es la medida correspondiente a la altura del punto en el que el cuerpo se dobla. Por análogo razonamiento, es fácil deducir que el plano de una mesa debe encontrarse a una altura de 75 a 82 cm.; que la encimera en la cocina debe estar a no menos de 90 cm.; que la altura de cajones en un armario no debe sobrepasar los 150 cm.; que un asiento tiene 45 cm. de altura, y así para cualquier otra relación.

Este tipo de ejercicio permite adquirir un cierto grado de habilidad en la estimación de dimensiones del espacio doméstico y de los objetos que lo delimitan. Habilidad útil no sólo a los decoradores, técnicos y proyectistas, sino indistintamente a todos los que advierten la exigencia de conocer críticamente el ambiente en que desarrollan su propia vida cotidiana, de un lado, para no sufrirlo pasivamente y, de otro, para modificarlo si fuera necesario, según nuevos y más valiosos criterios distributivos.

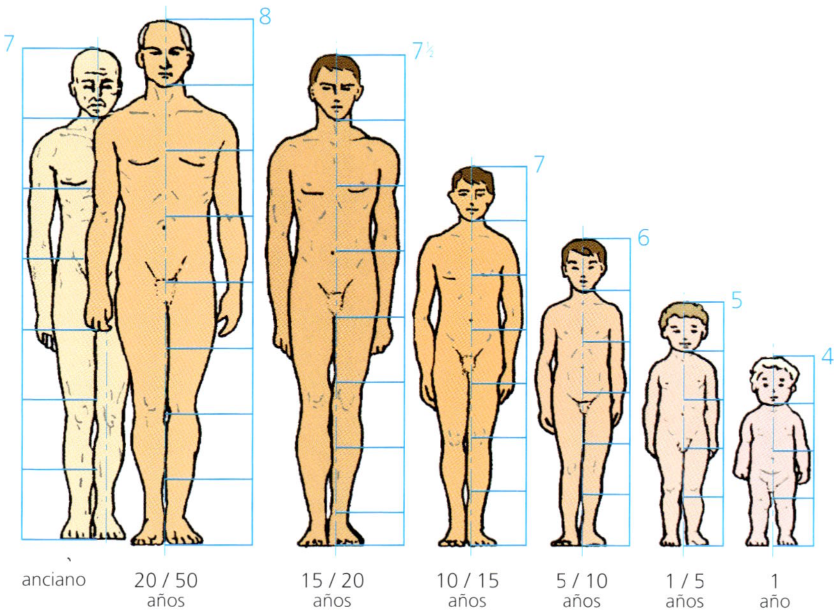

◁ ***La proporción en el desarrollo de la figura humana.***
Como la mayoría de los seres vivos, el hombre varía de tamaño y proporción según su edad. En cada etapa de la vida vamos aumentando de tamaño, hasta la madurez. A partir de ella, disminuye un poco la altura. Obsérvese la proporción de cabezas contenidas en el cuerpo en cada etapa.

LA DESPROPORCIÓN

La desproporción altera el aspecto de las cosas y, de alguna manera, las deforma. En el arte puede ser utilizado como recurso expresivo o simbólico para acentuar determinados aspectos que interesan más al artista.

△ ***Figura ritual de la Tribu Ashanti (Ghana), s. XIX. Madera, 25 cm.***
La búsqueda del simbolismo indujo al artista a trabajar en un canon muy desproporcionado: el tamaño total de la figura es sólo dos veces y medio el de la cabeza.

△ ***Venus de WILLENDORF. Piedra caliza, 10 cm.***
Pieza de extraordinario valor artístico y arqueológico hallada en Willendorf (Austria) y datada en el 16.000 a.C., donde la desproporción de las formas femeninas se encuentra en la desmesurada anchura de la escultura. En este caso, los historiadores del arte consideran que su autor quería mostrar un símbolo de la maternidad y la fecundidad, como demuestran los pechos y el vientre abultados.

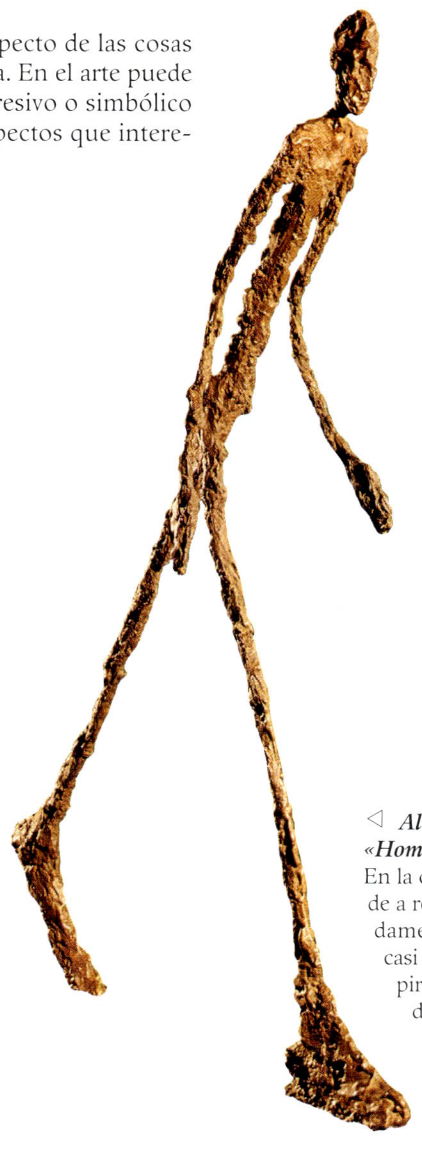

◁ ***Alberto GIACOMETTI (1901-1966). «Hombre andando», 1949. Bronce.***
En la obra de este genial escultor suizo se tiende a representar a los seres humanos extremadamente alargados, famélicos, hambrientos, casi como fantasmas, mostrando una gran espiritualidad y un profundo dramatismo. La desproporción de la figura (estiramiento o alargamiento) queda patente en el hecho de que la cabeza de la escultura está contenida unas once veces a lo largo de toda la figura.

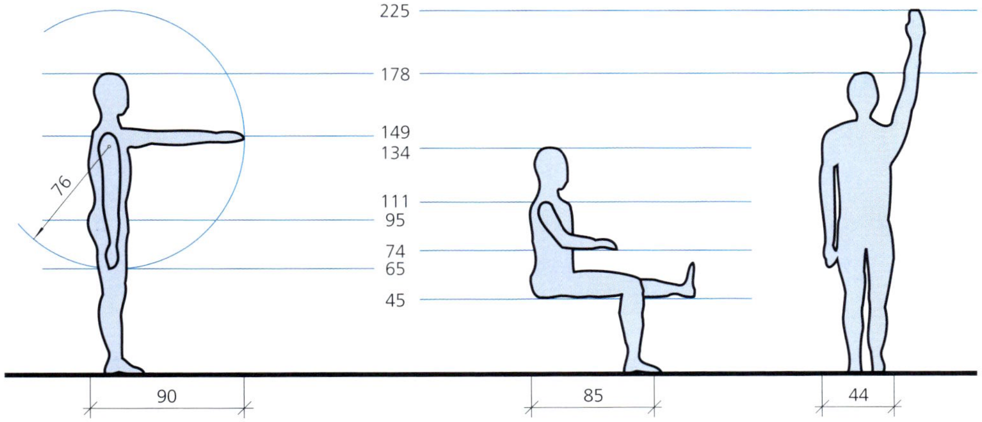

△ ***Las medidas humanas.***
Es fundamental entender cómo se mueve y responde el cuerpo humano, y cómo sus características y dimensiones influyen notablemente en múltiples diseños.

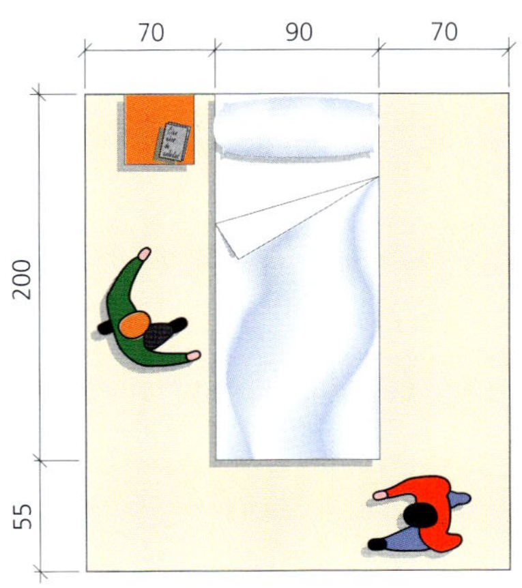

△ ***Dimensionamiento del espacio arquitectónico.***
Las dimensiones de una habitación, y de cuanto en ella encuentra colocación, están en relación directa con las dimensiones del cuerpo humano en su conjunto. Las medidas del espacio necesario deben ser tales que permitan al individuo moverse y actuar con comodidad. El volumen o espacio resultante de considerar y respetar los valores citados toma el nombre de *espacio ergonométrico*.

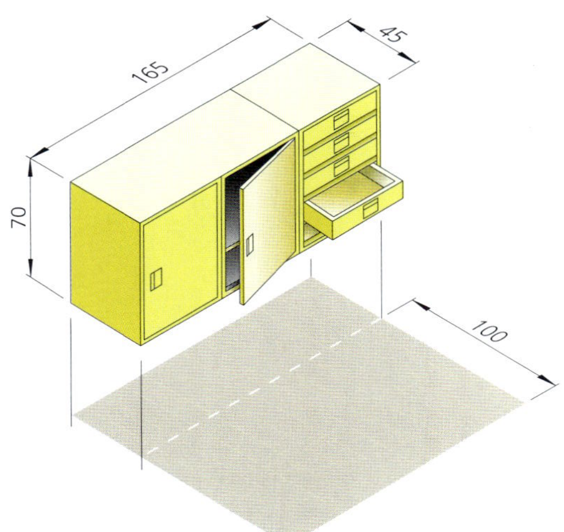

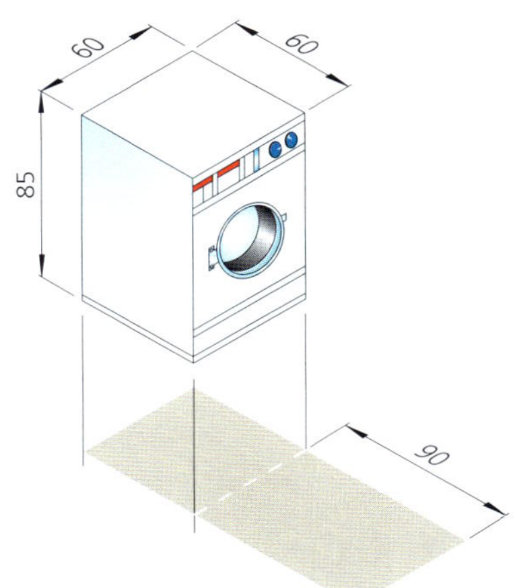

△ ***Armario-encimera y lavadora.***
Dos ejemplos de análisis del espacio ergonómico necesario para un uso cómodo.

△ ***Amueblamiento y decoración de una vivienda.***
Superficie construida: 86,26 m². Superficie útil o habitable: 73 m².

△ ***Estructura distributiva de libre movimiento.***
El espacio libre y con continuidad en el interior de la vivienda corresponde a una superficie de 42 m², lo que significa el 57% de la útil.

4 ESCALAS

Con frecuencia no es posible representar gráficamente los objetos en su verdadero tamaño, bien porque sus dimensiones son excesivamente grandes con relación al formato del papel, o porque al ser objetos muy pequeños no es posible dibujarlos con la debida claridad gráfica. En ambos casos se ha de recurrir a ampliar o reducir proporcionalmente todas las dimensiones del objeto.

Se denomina escala a la relación de proporcionalidad entre dos figuras semejantes; esto es, a la razón de proporcionalidad entre la medida lineal representada en el dibujo y la medida lineal del objeto:

$$\text{Escala} = \frac{\text{Magnitud en el dibujo}}{\text{Magnitud del objeto real}} \qquad e = \frac{d}{r}$$

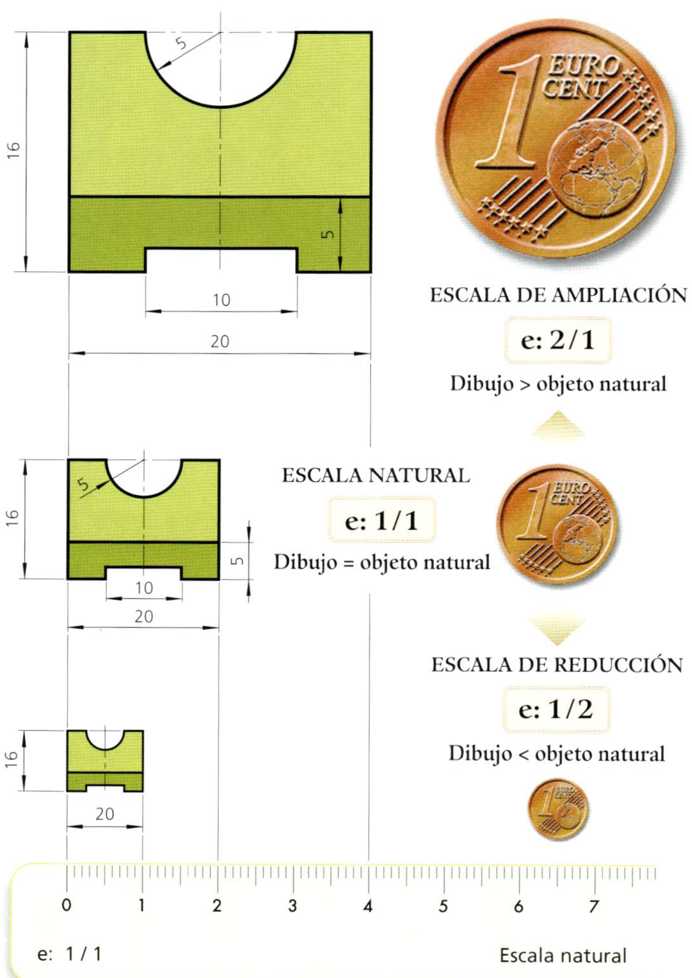

TIPOS DE ESCALAS

Escala de ampliación

Cuando el dibujo tiene mayores dimensiones que el objeto real. El numerador de la razón es mayor que el denominador. Escalas recomendadas:

2/1	5/1	10/1	20/1	50/1

Escala natural

Cuando el dibujo tiene iguales dimensiones que el objeto real:

1/1

Escala de reducción

Cuando el dibujo tiene menores dimensiones que el objeto real. El numerador de la escala es menor que el denominador. Escalas recomendadas:

Fabricación e instalaciones	Construcción (planos)	Topografía (mapas)
1/2	1/50	1/1.000
1/5	1/100	1/2.000
1/10	1/200	1/5.000
1/20	1/500	1/10.000

Para evitar operaciones matemáticas con escalas numéricas, se recurre al empleo de las escalas gráficas, de construcción muy sencilla.

ESCALAS GRÁFICAS

TRIÁNGULO UNIVERSAL DE ESCALAS

Se trata de una sencilla construcción geométrica que nos permite disponer de la escala que precisemos.

Proceso de construcción:

- Se traza el triángulo rectángulo **ABC**, con el cateto $\overline{BC}$ de 100 mm. Sobre él se realizan divisiones de 5 mm. que se unen con **A**. El cateto $\overline{AB}$ tiene una dimensión arbitraria.
- Si sobre $\overline{AB}$ se traza una perpendicular por el punto medio **M**, sobre ella se obtiene la escala: **e = 1/2**.
- Trazando otra perpendicular por **P** que diste 3/4 del punto **A** se obtendrá sobre ella la escala: **e = 3/4**.
- Si se traza por **R** una perpendicular que diste 1/4 del punto **A**, se obtendrá la escala: **e = 1/4**.
- Por análogo procedimiento, se puede obtener cualquier otra escala.

ESCALAS VOLANTES

Son las representaciones gráficas de la regla de medir: tiras de materias plásticas o de cartulina divididas en un cierto número de partes iguales. Se comercializan en cinco tiras, con dos escalas por cada cara y unidas por un remache, con el nombre de *escalímetro en forma de abanico*. Cómodo y práctico resulta también el llamado *escalímetro triangular*.

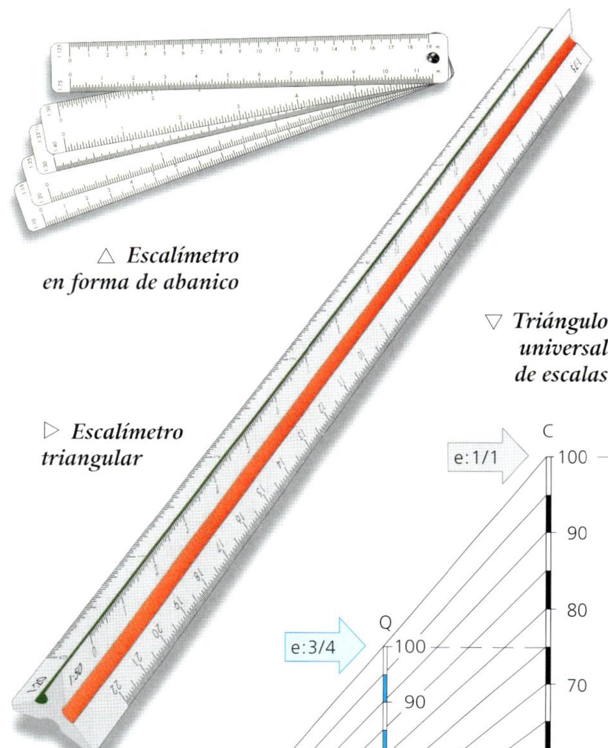

△ *Escalímetro en forma de abanico*

▷ *Escalímetro triangular*

▽ *Triángulo universal de escalas*

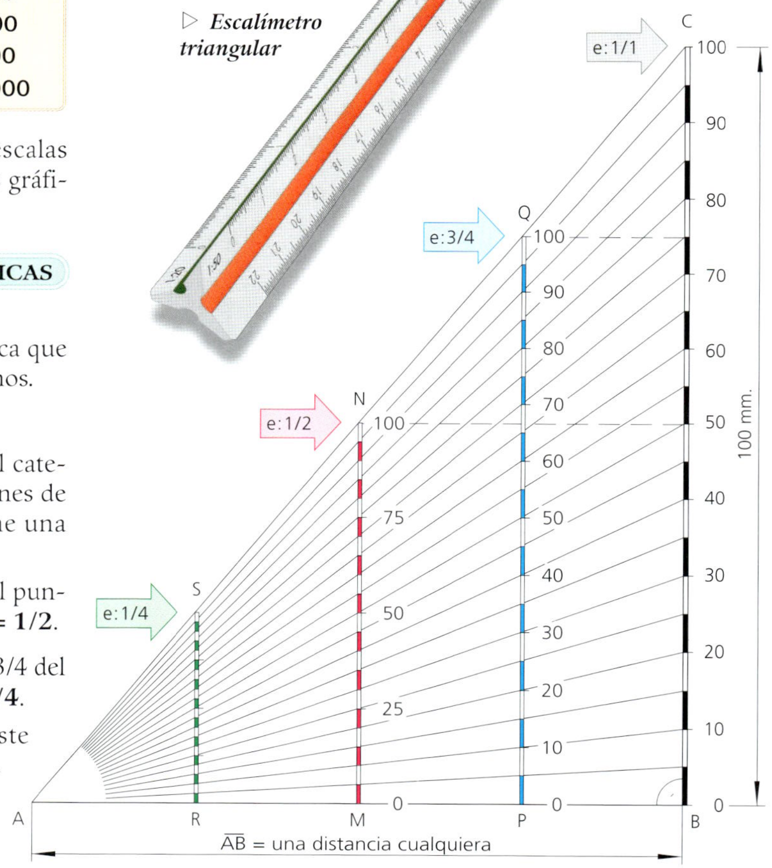

VOCABULARIO

- ***Antropometría*** Parte de la antropología que estudia las proporciones y medidas del cuerpo humano.
- ***Canon*** Norma que establece las proporciones ideales del cuerpo humano.
- ***Ergonomía*** Estudio de las medidas de los objetos en base a las proporciones humanas.
- ***Homólogos*** Nombre que toman los elementos que se corresponden en figuras semejantes.

PROPORCIÓN Y DEFORMACIÓN DEL CUERPO HUMANO

1. Recopila figuras humanas de revistas o de la prensa diaria, recórtalas, pégalas en el espacio reservado a la izquierda y, mediante divisiones (como viste en la teoría), indica la proporción que mantiene el cuerpo respecto de la cabeza.

En segundo lugar te proponemos una serie de ejercicios con los que conseguirás excelentes resultados. Puedes utilizar las figuras que te presentamos u otras elegidas por ti.

2. Aumenta de tamaño una de las figuras, indicando la escala o razón de proporcionalidad.

3. Realiza una deformación esférica apoyándote en la cuadrícula dada.

4. Deforma una de las imágenes en horizontal y vertical sirviéndote de la cuadrícula inferior.

nombre y apellidos

nº | curso/grupo | fecha

Materiales: lápiz HB (medio) y lápices de colores o rotuladores.

1

2

3

ESCALA: e =   /

4

VERIFICACIÓN

1. ¿Cómo se denomina la deformación en sentido vertical? ¿Qué sensaciones se consiguen con ella?
2. ¿Para qué utilizan los artistas la desproporción o deformación?
3. ¿Te has visto alguna vez deformado como en la cuadrícula de la propuesta 3 de esta lámina? Explica dónde, o sobre qué objeto.

Fernando Botero (Colombia, 1932). «Hombre con bastón», 1980. Bronce con pátina marrón, 201 cm.

El artista colombiano se ha caracterizado en su obra por representar personajes irrealmente orondos, desproporcionadamente grandes, desmesuradamente obesos. El lenguaje empleado en sus lienzos y sus esculturas, presentes en multitud de museos y grandes espacios de ciudades de todo el mundo, le ha convertido en uno de los artistas más originales y populares del momento.

DECORACIÓN Y ESPACIOS LIBRES EN UNA VIVIENDA

En los planos de las viviendas se utilizan una serie de dibujos esquemáticos que representan el mobiliario propio de los hogares: sillones, sillas, mesas, camas, bañera, cocina, lavadora, frigorífico... De este modo, cualquier persona que observe el plano puede reconocer con facilidad las distintas habitaciones de la casa e imaginar una posible distribución de los muebles.

1. Dibuja y recorta piezas idénticas a las representadas. Se trata de que decores, la planta de la vivienda que te ofrecemos (tanto la planta de la casa como el mobiliario están representados a escala 1/100). Para dotar al resultado final de un aspecto más atractivo puedes colorear algunas de las formas así como los suelos de las diferentes estancias.

2. En segundo lugar, debes sombrear sobre el dibujo de la derecha, de modo análogo a lo visto en la explicación teorica, el espacio libre en el interior de la vivienda una vez decorada: aquél por el que se puede circular sin interrupción.

nombre y apellidos

n° | curso/grupo | fecha

SÍMBOLOS Y MEDIDAS DE MOBILIARIO e: 1 / 100

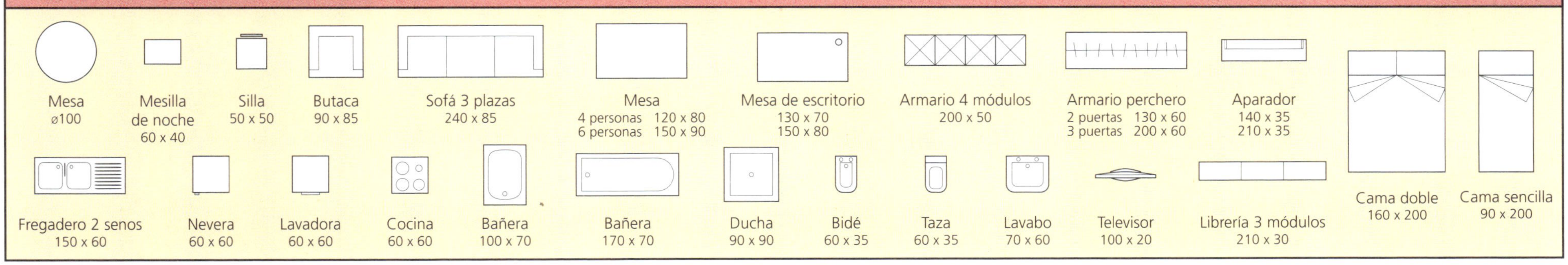

1

e: 1/100

2

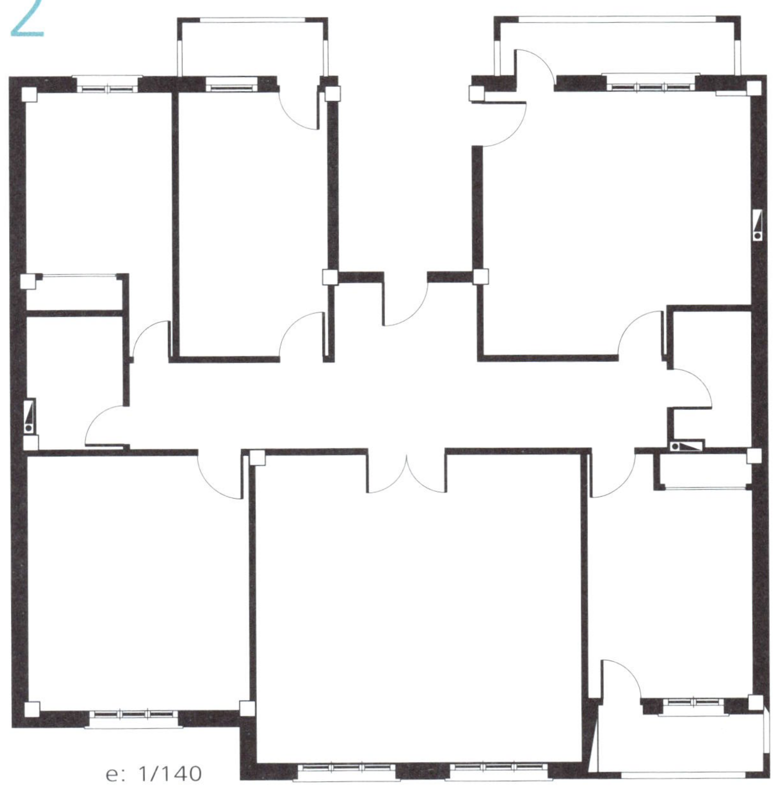

e: 1/140

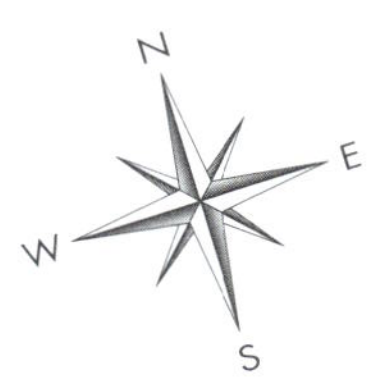

Estructura distributiva de libre movimiento.

Superficie construida: 184 m². Superficie útil o habitable: 153 m².

VERIFICACIÓN

Mide con el compás, haciendo uso de la escala volante 1/15, las distancias o elementos que se indican en los seis apartados del cuadro adjunto, y escribe la respuesta correcta en el recuadro correspondiente.

a. Perímetro del cuadrilátero que compone el cuadro rígido .... *cm.*

b. Distancia entre ejes o centros de ambas ruedas .... *cm.*

c. Diámetro de las llantas .... *cm.*

d. Altura del sillín al suelo .... *cm.*

e. Distancia desde la parte superior del sillín hasta el pedal, teniendo en cuenta la longitud de la biela .... *cm.*

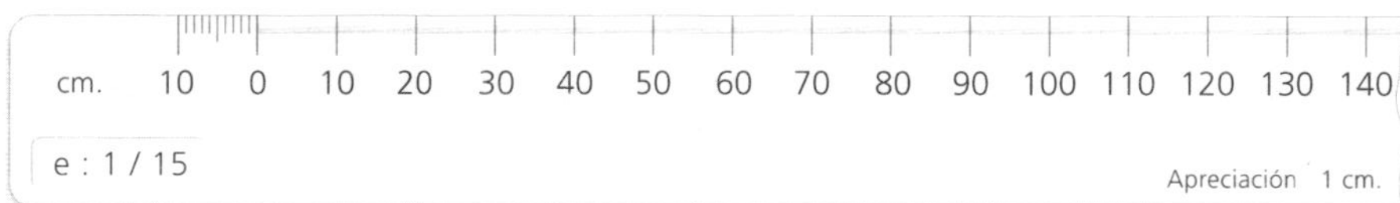

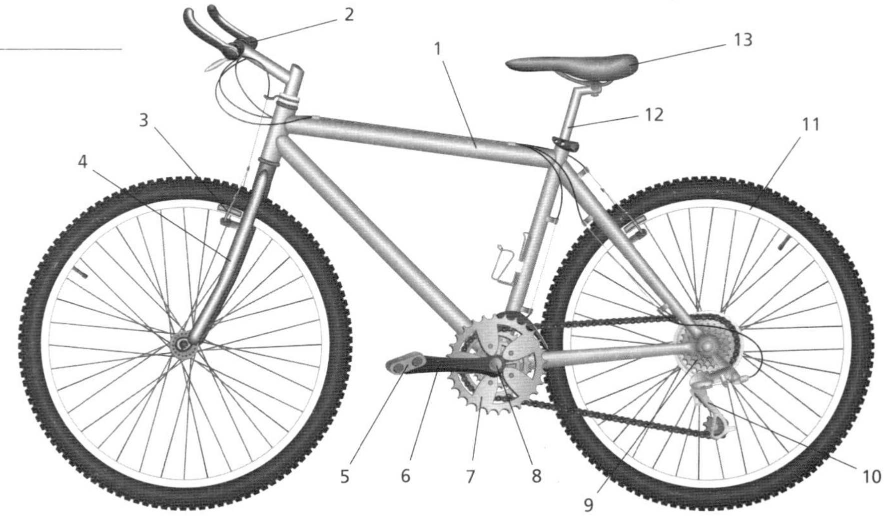

e = 1/15

1. Cuadro *2. Manillar* *3. Freno* *4. Horquilla* *5. Pedal*
6. Biela *7. Plato* *8. Eje pedalier* *9. Piñón* *10. Tensor*
11. Llanta *12. Tija* *13. Sillín.*

RELACIONES MÉTRICAS ENTRE ESCALAS DE UNA MISMA SERIE

La propuesta presenta tres bloques de escalas, todas ellas normalizadas *(UNE-ISO 5.455/1996)*, correspondientes a las series: 1/1, 1/2 y 1/5. Se pide:

Traza las divisiones, las cifras o marcas y la contraescala en cada una de ellas. En cada una de las reglillas se indica la unidad de lectura de la misma (mm., cm., m., ó km.) y la apreciación que se ha de conseguir en la contraescala.

Observa cómo las marcas son las mismas en todas las escalas de una misma serie; únicamente varían las cifras escritas a medida que aumenta o disminuye la escala.

Después, una vez construidas y verificadas las relaciones habidas entre escalas de una misma serie o bloque, mide los segmentos dados a la derecha de cada una de ellas y rotula, en su mitad, la cifra que evalúa el mismo.

nombre y apellidos

nº | curso/grupo | fecha

1

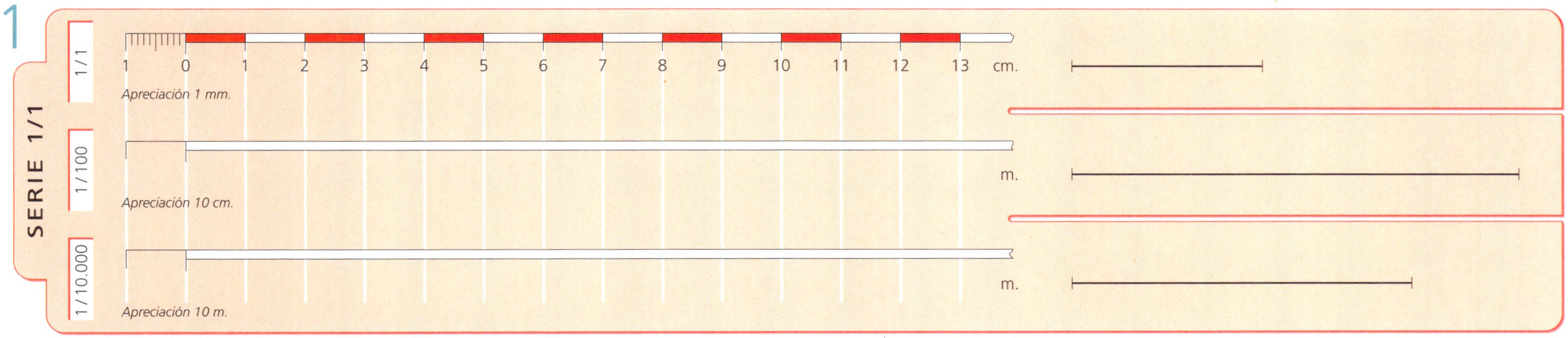

2

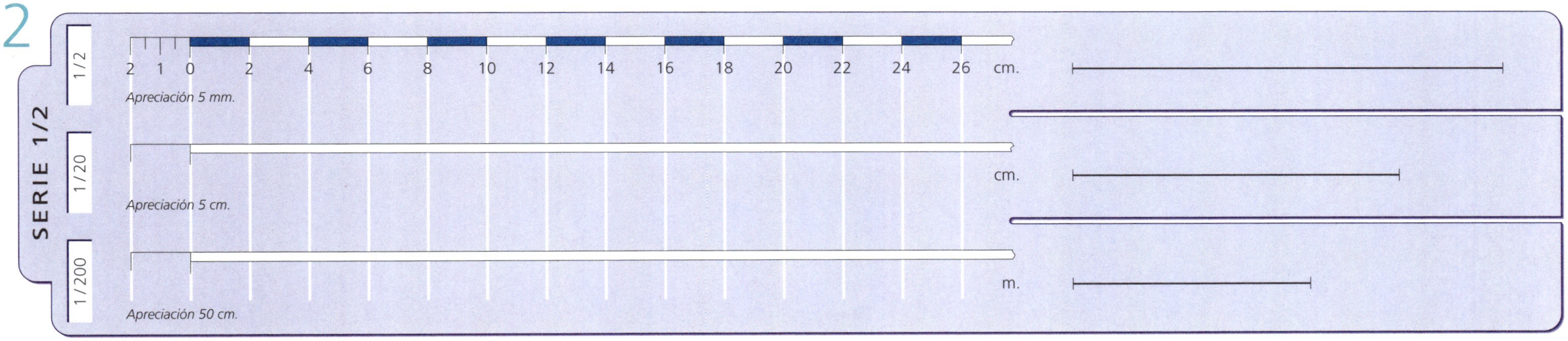

3

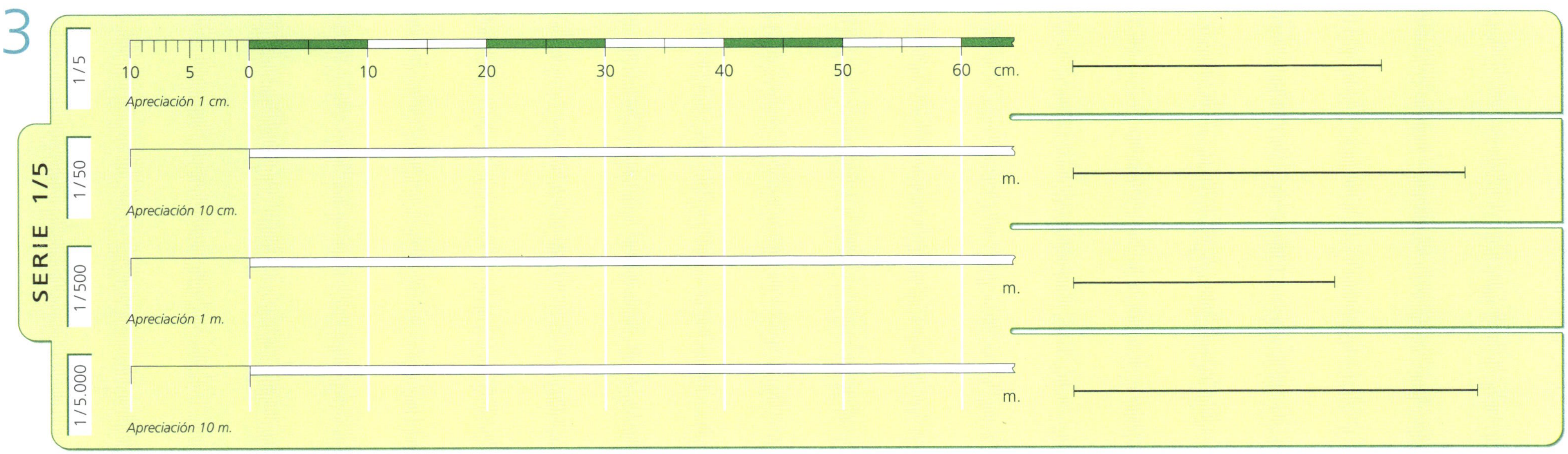

VERIFICACIÓN

1. ¿En la escala 1/2.000 ¿qué expresa el numerador, el tamaño de la realidad o el del dibujo?

2. De las escalas siguientes ¿cuáles son de reducción? ¿cuáles de ampliación?

e = 1/50	e = 2/1
e = 20/1	e = 1/5
e = 1/500	e = 3/1
e = 1/10.000	e = 2,5/1

3. ¿Cuánto mide 1 metro a escala 1/100? ¿Y a escala 1/200?

4. Un mapa tiene por escala 1/1.500.000. Sabiendo que la distancia entre Barcelona y Madrid es de 570 Km.; ¿qué les separa en el mapa?

5. En un plano una longitud de 25 Km., en línea recta, viene representada por un segmento de 5 cm.; ¿cuál es la escala del plano?

MEDICIÓN DE DISTANCIAS. ESCALAS SOBRE EL TERRENO

El mapa que se reproduce en esta lámina se ha dibujado a escala 1/1.000.000. Si observas la escala que lo acompaña, verás que 1 mm. en el dibujo representa 1 km. en la realidad.

1. Sabiendo esto, queremos que midas y calcules, en línea recta, las distancias propuestas en la parte inferior.

2. Recorriendo las carreteras nacionales –en color rojo– deberás calcular las distancias que te pedimos, adaptándote a las curvas.

3. Determina, en kilómetros cuadrados, la superficie de terreno encerrada en la triangulación: A Coruña – Santiago – Lugo.

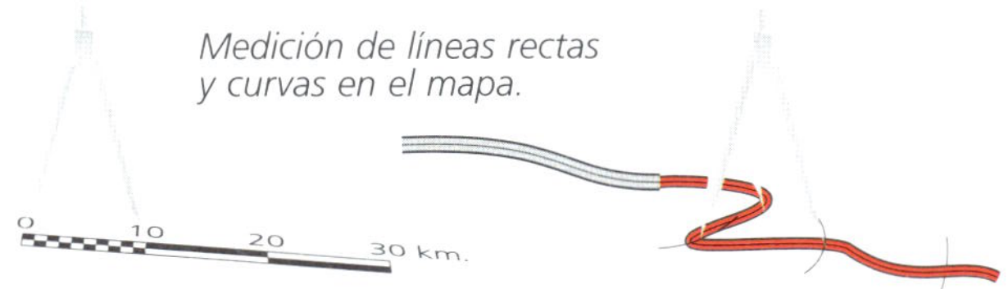

Medición de líneas rectas y curvas en el mapa.

nombre y apellidos		
nº	curso/grupo	fecha

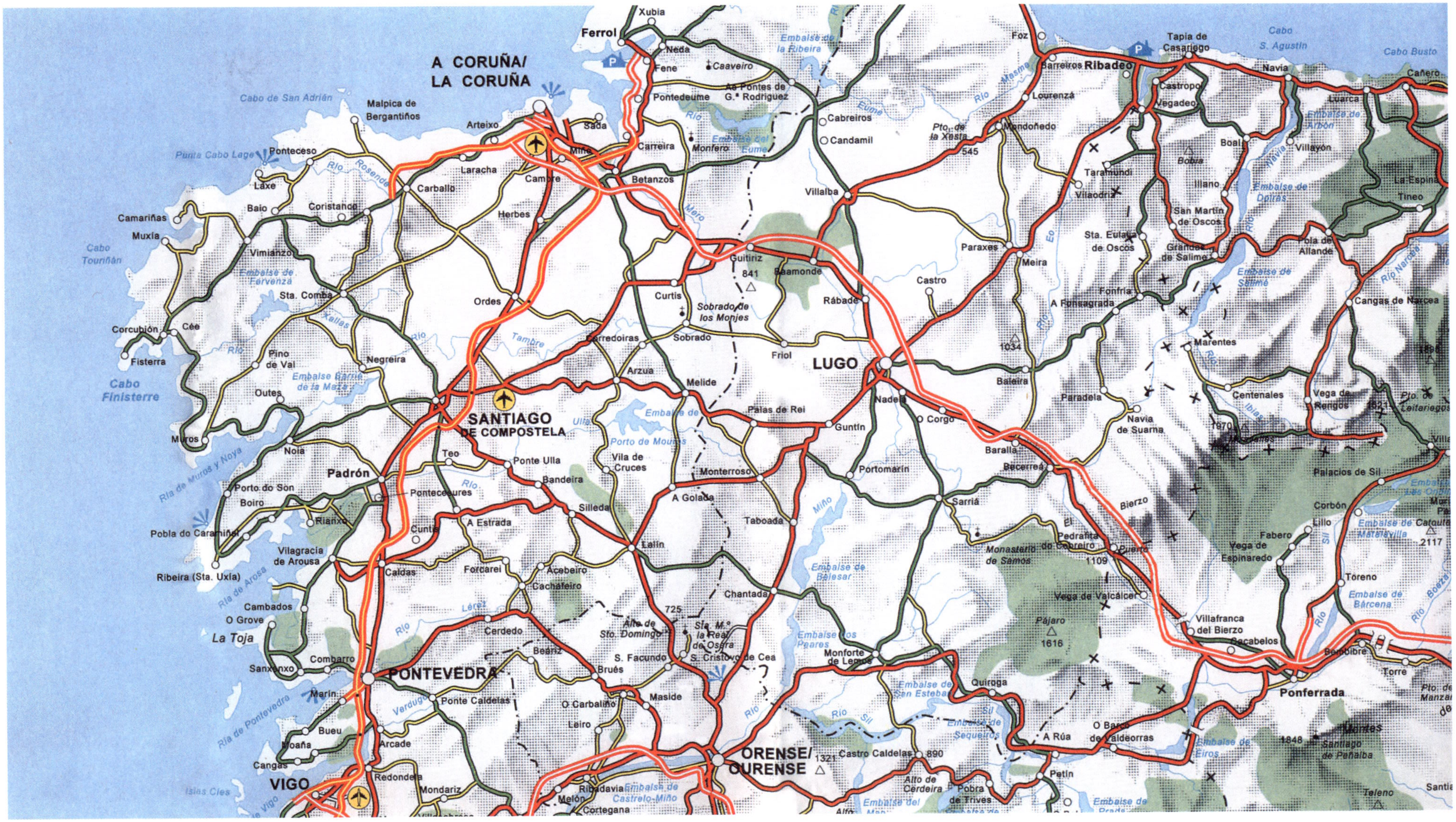

1 DISTANCIAS A MEDIR EN LÍNEA RECTA:

- Ferrol – La Coruña .... km.
- La Coruña – Santiago .... km.
- Santiago – Lugo .... km.
- Lugo – Orense .... km.
- Orense – Ponferrada .... km.

2 DISTANCIAS ADAPTÁNDOSE A LA CARRETERA:

- La Coruña – Santiago .... km.
- Lugo – Orense .... km.
- Vigo – Pontevedra .... km.
- Santiago – Pontevedra .... km.
- Padrón – Melide .... km.

3

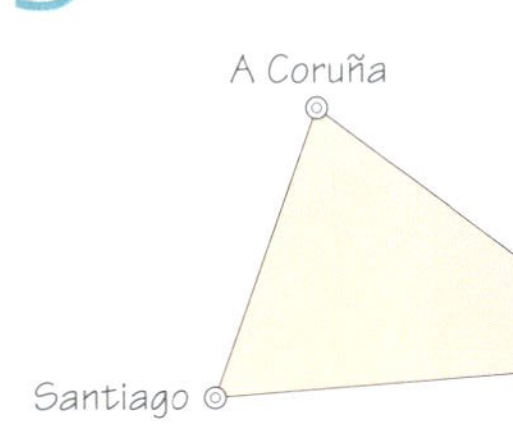

Superficie aproximada: Km²

A GEOMETRÍA COMO SOPORTE DEL PROCESO CREATIVO

la composición

UNIDAD DIDÁCTICA

11

OBJETIVOS

- Saber definir en qué consiste «componer» y conocer los elementos que configuran la composición.
- Saber analizar la relación entre «masas» y su relación con las líneas maestras de la composición.
- Reconocer las diferentes formas de componer y sus cualidades expresivas.
- Saber explicar cómo el formato del papel y el encaje del tema determina la composición.
- Saber describir y construir diversos ritmos dentro de una misma composición de masas.

DESARROLLO

1. La U.D., organizada para ser impartida en un mínimo de cuatro sesiones, se inicia con el definición de «componer» como la manera de disponer los elementos de una obra artística en busca de una unidad armónica.

2. A continuación, se exponen algunos de los elementos fundamentales de la composición, como son las masas y sus relaciones, las líneas maestras y el dinamismo o estaticidad de la obra artística.

3. El formato es otro de los aspectos de sumo interés en la composición, por lo cual se exponen sus características principales y su influencia en el resultado final del proceso creador.

4. La parte teórica se cierra con el estudio del ritmo en la composición, mostrando ejemplos del mismo tanto en el naturaleza como en el mundo del arte.

5. Las propuestas de trabajo y las verificaciones correspondientes ayudan a la consecución de los objetivos perseguidos.

1 COMPONER

Componer, en el lenguaje visual, significa disponer los elementos (formas y colores) con los cuales queremos operar según un orden elegido por nosotros, en busca de una unidad armónica.

La composición es uno de los conceptos más importantes en el estudio del lenguaje visual. Se pueden componer las flores en un jarrón, la vajilla sobre la mesa o el escaparate de una tienda. Y se pueden componer las figuras de una obra bidimensional (diseño, pintura, etc.) o tridimensional (escultura, diseño de interiores, etc.), como se compone un grupo de personas o de cosas para ser fotografiadas.

Puede suceder que una personalidad dotada encuentre por instinto el equilibrio compositivo, pero más a menudo la composición requiere ***concentración de pensamiento*** y ***selección previa de claves*** organizativas.

△ ***Leonardo DA VINCI (1452-1519).***
«Santa Ana, la Virgen y el Niño», 1510.
El trazado de los esquemas geométricos facilita la lectura y comprensión de la escena.

2 ELEMENTOS DE LA COMPOSICIÓN

2.1 Las masas y sus relaciones

Por «masas» debéis entender, en sentido figurado, todo lo que puede representar un «peso». Como en una balanza, el peso puede determinar el equilibrio o el desequilibrio de una composición. Tened presente que también el color tiene peso.

Tanto *las relaciones entre masas*, como *las relaciones entre éstas y el espacio*, son correspondencias que dan carácter a la composición (ya sea fotografía, grafismo publicitario, cinematografía o cualquier otra composición bi o tridimensional).

La disposición de las masas, guiadas por criterios de *simetría, asimetría, peso visual, situación del centro de interés áureo, direccionalidad* y *fuerzas visuales*, genera efectos de *equilibrio*, si se utiliza correctamente, o de *desequilibrio*, si se usa al azar.

El ***equilibrio***, es un estado tan natural que no se percibe cuando existe; pero si se viola, automáticamente experimentamos una sensación de molestia y desagrado.

Los esquemas compositivos que muestra la viñeta inferior tratan de poner en evidencia la importancia de las relaciones entre las «masas», y de éstas con el espacio circundante, al objeto de facilitar la comprensión de algunos criterios compositivos básicos, cuales son:

- ***La simetría***: existe un eje central imaginario respecto del cual las formas resultan dispuestas de modo especular. Las imágenes simétricas pueden estar dotadas de simetría *aparente* (frecuente en la naturaleza) o *real* (cuando el grado de exactitud es total).
- ***La asimetría***: no existe ninguna relación de simetría. Las masas están dispuestas de modo asimétrico.
- ***El peso visual***: donde el volumen de las masas es directamente proporcional al peso visual o donde un color oscuro «pesa» más que uno claro.
- ***El centro de interés áureo***: se trata de un criterio compositivo muy apreciado por los artistas desde hace siglos. Sugiere la división del formato en tres partes iguales, tanto horizontal como verticalmente. En los puntos donde se cruzan estas líneas puede colocarse el elemento principal del tema.
- ***Las direcciones y fuerzas visuales***: Mientras una línea horizontal evoca reposo y una vertical aporta equilibrio, las líneas oblicuas sugieren energía y dinamismo.

2.2 Las líneas maestras

Las líneas maestras son aquellos movimientos de líneas, de colores y de masas *bien evidentes* o *no visibles (virtuales)* que caracterizan una obra, y deben ser *destacadas por el observador* en la complejidad de la composición, así como en música se sigue la melodía en la coralidad de la orquesta.

Las líneas maestras pueden ser: *horizontales, verticales, oblicuas* (en *ascenso* o *descenso*); pueden ser *paralelas, circulares, onduladas, espirales*, etc.

Son las líneas maestras las que determinan las *líneas activas* o *de fuerza*, es decir, aquellos trazos internos de la obra que la hacen inconfundible.

△ ***M. CHAGALL (1887-1985). «Yo y mi aldea», 1911.***
Composición elaborada con precisión: las diagonales parcelan el espacio del hombre y el de los animales. Las formas circulares funden los paisajes con el relato.

△ *Simetría*

△ *Asimetría*

△ *Peso visual*

△ *Centro de interés áureo*

△ *Dirección y fuerza visual*

2.3 Composición estática y composición dinámica

El conjunto de los elementos compositivos confieren a la composición un sentido más o menos evidente de ***dinamismo*** o ***estaticidad***.

El término dinamismo indica la presencia de aquellas fuerzas internas (líneas, ejes, masas) que producen la sensación del movimiento y de la vivacidad.

El término *estaticidad* se opone al dinamismo, pues sirve para indicar una composición en la que las masas, los colores, las líneas maestras se presentan de un modo firme y silencioso dando la impresión de inmovilidad.

△ ***J. CONSTABLE (1776-1837). «El caballo blanco», 1819.***
Dentro de la larga tradición paisajística inglesa, este óleo de J. Constable destaca por la quietud que evoca. Las líneas horizontales y verticales son las encargadas de proporcionar esta agradable sensación de calma y elevación.

△ ***Diego RIVERA (1886-1957). «Acueducto», 1918.***
La utilización de una visión esférica (como la que generan los objetivos «ojo de pez» en la fotografía) aporta a esta obra un dinamismo sorprendente; más aún cuando el tema tratado, un acueducto, se presta más al análisis frío y racional.

3 EL FORMATO

En la definición de una composición es también muy importante el examen del formato, esto es, de la forma exterior (perímetro) de una obra que se haya de poner sobre una pared o sobre un muro, ya se trate lo mismo de una pintura que de un bajorrelieve. De hecho, la elección de formato precede a la elaboración de la composición y, en cierto modo, la condiciona.

El tamaño, la forma y las proporciones del soporte influyen notablemente en la composición que encierra. Si la altura y anchura tienen dimensiones distintas su formato será rectangular, bien horizontal o apaisado (solidez y estabilidad), bien vertical (elevación y equilibrio). Si son iguales, el formato será cuadrado (equilibrio); o triangular (formas comprimidas). También puede ser circular, en cuyo caso da la sensación de movimiento envolvente, u ovalado con sensación de sosiego.

El formato debemos elegirlo de acuerdo con la composición que deseamos representar. Una vez elegido, nos enfrentamos con el encaje de la escena a componer dentro de la superficie. Para ello dibujamos las líneas generales de las formas intentando proporcionarlas con el tamaño del formato.

△ ***Francisco de ZURBARÁN (1598-1664). «Bodegón», 1640.***
En esta obra el artista sitúa elementos verticales sobre una mesa horizontal. La vasija más alta se halla descentrada y junto a la más baja, compensando «pesos». Las de los laterales están colocadas sobre platos, lo que amplía su base, haciéndolas más estables.
La influencia de la luz, en la escena, es notable: la pieza izquierda está en penumbra y se percibe con dificultad; la tercera destaca del fondo por su tono rojizo más que por su luz y, las otras dos contrastan por sus tonos claros, siendo más protagonista la segunda por su esbeltez y su brillo.

△ ***Miguel Ángel BUONARROTI (1475-1564). «La Sagrada Familia», 1508.***
La estructura pentagonal, inscrita al formato circular, muestra la dirección de las líneas maestras de las que el genial artista se sirvió para organizar la composición de la obra.

◁ ***Francisco de GOYA (1746-1828). «Cabeza de un perro», 1820-1823.***
En esta composición el autor desafía la relación entre la forma y el formato. Un hecho muy frecuente en el arte debido al afán inconformista e innovador de los creadores.

4 EL RITMO EN LA COMPOSICIÓN

Entre los elementos que caracterizan una composición, el ritmo es fundamental. Viene dado por una sucesión de signos, colores, formas (en música de sonidos, en la danza de gestos), que se repiten a intervalos regulares generando efectos dinámicos en la composición. También la naturaleza genera ritmos, a veces extremadamente evidentes.

Analicemos los distintos tipos de ritmos visuales o líneas maestras fundamentales:

1 La **Repetición**, que se puede contar:
y
esquematizar:

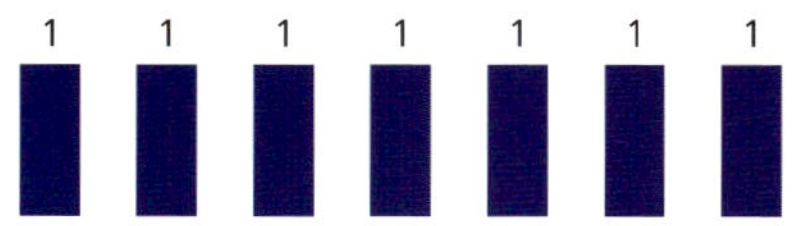

Cuando un elemento se repite de modo regular y constante en el espacio.
También toma el nombre de ***ritmo uniforme***.

2 La **Alternancia**, que se puede contar:
y
esquematizar:

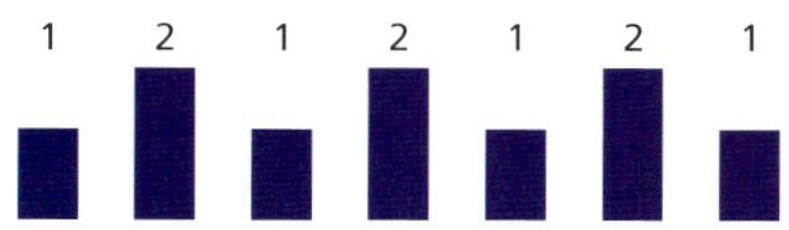

Cuando dos o más elementos se alternan desarrollando un esquema constante.
También toma el nombre de ***ritmo binario***.

3 La **Simetría**, que se puede contar:
y
esquematizar:

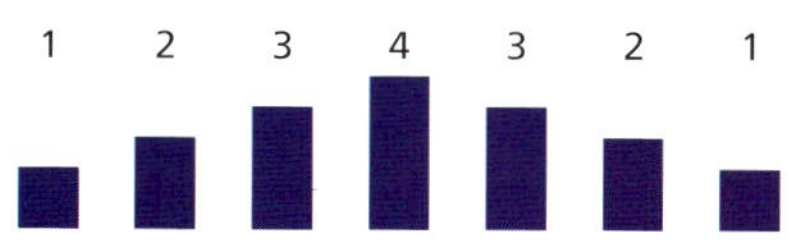

Cuando los elementos se disponen especularmente a ambos lados de un eje.

4 La **Progresión**, que se puede contar:
y
esquematizar:

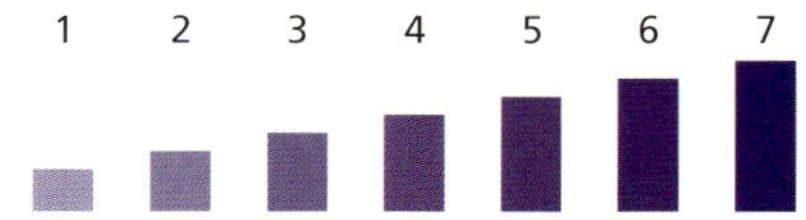

Cuando se produce un avance regular y progresivo en forma o bien en color o, a la vez, en ambos elementos. Es el caso de los peldaños de una escalera. Si la progresión en vez de crecer, decrece, toma el nombre de ***regresión***.

5 La **Convergencia** o la **Divergencia** en torno a un núcleo central que se puede esquematizar, como sigue:

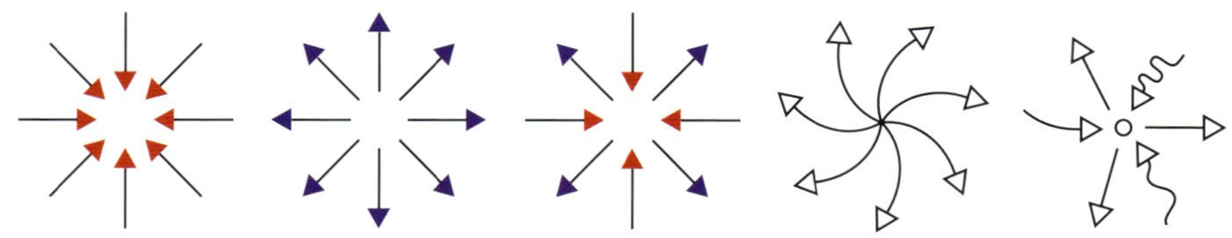

*En el **ritmo convergente** los elementos tienden hacia un punto central.*
*En el **ritmo divergente** los elementos se extienden desde un punto central abriéndose hacia fuera.*

Estas formas fundamentales de ritmo no se encuentran necesariamente aisladas ni son evidentes; por lo común se presentan combinadas y entrelazadas de tal modo que sólo se perciben tras una atenta observación. En general, no debéis entender el ritmo como un elemento sistemático en la composición, pues es, sobre todo, impulso, factor energético y expresivo.

VOCABULARIO

- ***Composición*** *Técnica de distribuir armónicamente los elementos (masas, volúmenes, colores, etc.) que integran una obra.*
- ***Encajar*** *Dibujar con líneas generales el objeto a representar, relacionándolo con el formato del papel o el espacio.*
- ***Ritmo*** *Ordenación de las líneas de movimiento y de las formas en una obra artística.*
- ***Simetría*** *Modo de disponer los objetos o formas en torno a ambos lados de un eje, real o imaginario, de modo que cada uno de ellos se corresponda con otro situado al otro lado del eje.*

VARIANTES EN LA COMPOSICIÓN

Con formas geométricas recortadas de cartulinas o papeles de color, como las que te mostramos, pueden realizarse interesantes estudios compositivos jugando con criterios descritos e ilustrados en los conceptos teóricos como la simetría, el peso visual, la direccionalidad, etc.

1. Realiza una composición, figurativa o abstracta, basada en la simetría horizontal o vertical pero, siempre, cuidando que exista equilibrio de masas (formas y colores).

2. Realiza una composición en la que tome importancia la compensación de pesos por colores y tamaños, o bien, en la que se aprecien con claridad fuerzas visuales y direcciones. Te sugerimos que experimentes con el dinamismo que aportan las líneas oblicuas en contraposición con las horizontales o verticales.

Materiales: cartulina de colores, tijeras y cola blanca.

nombre y apellidos

nº | curso/grupo | fecha

Comentario:

Se trata de una composición asimétrica en forma de «L», con centro de interés áureo, típica de un esquema paisajístico. Las formas cuadrada y triangular, que simulan una cabaña, compensan el vacío de la derecha y equilibran el peso de los elementos, en forma y color, de la izquierda del formato.

1

2

VERIFICACIÓN

1. ¿Qué significa componer?

2. ¿Cómo se diferencia la figura y el fondo de una composición?

3. ¿Qué líneas encontramos de manera virtual en una composición?

4. ¿Qué ejemplos de composiciones podemos encontrar en la vida cotidiana?

RITMO COMPOSITIVO EN EL ARTE

Vamos a intentar comprender el entusiasmo del artista creador de composiciones abstractas.

El arte abstracto busca la esencia misma del arte, considerando los colores y las formas en sí mismas como los medios más puros para la expresión pictórica de una emoción. El artista busca el ritmo, la construcción abstracta, el dinamismo del color.

En el ejemplo de la derecha, obra del autor inglés ***David Hockney***, las formas y los colores dan lugar a una composición plena de vida y dinamismo, aun cuando apenas se distingan formas reconocibles.

1. Realiza una composición abstracta inspirada en esta obra.

David Hockney. «La undécima pintura muy nueva», 1992.

nombre y apellidos		
nº	curso/grupo	fecha

2. Observa la abstración con la que se abre la Unidad Didáctica 7, realizada por ***Kandinsky***, y, tras estudiarla con detenimiento, trata de elaborar una abstración de tipo geométrico similar a aquélla.

Materiales: rotuladores, lápices de color, acuarelables, témperas, collage o técnica mixta.

1

2

VERIFICACIÓN

1. ¿Cómo se consigue el equilibrio en una composición?
2. Nombra recursos compositivos para crear movimiento.
3. ¿Qué tipo de ritmo podemos encontrar en una obra de arte?
4. Observa el cuadro de Sir Thomas Lawrance. ¿Crees que tiene más importancia en la composición la simetría que generan las dos niñas o la asimetría presente en su diferente actitud? Razona tu respuesta.

Sir Thomas Lawrance (1769-1830).
«Los niños Calmady», 1823.
Óleo sobre lienzo.

FORMATO Y ENCAJE EN LA OBRA ARTÍSTICA

nombre y apellidos

nº | curso/grupo | fecha

En esta lámina vas a aprender a componer una obra artística ayudándote de un visor de cartoncillo como el que mostramos en el ejemplo de la derecha.

Se trata de montar un bodegón en el aula con una serie de objetos (tarros, libros, frutas, jarras, vasos, etc.). Cada alumno deberá emplear el visor de cartoncillo para encajar el modelo teniendo en cuenta las siguientes consideraciones con el fin de lograr una correcta composición:

1º Enmarcar con el visor y desplazarlo para comprobar las distintas visiones y poder elegir la composición más adecuada de la escena.

2º Es conveniente que el centro de interés se sitúe en alguna de las cuatro circunferencias o, al menos, cerca de ellas.

3º Si el visor tiene cuatro hilos (puedes utilizar hilo de bramante, por ejemplo) se podrá encajar mejor utilizando la cuadrícula que éstos generan.

Materiales: cartulina y cuerda fina o hilo para construir el visor. Lápiz o lápices de color, rotuladores, ceras, témperas, acuarelas, técnicas mixtas, etc.

__Encajar__ una composición consiste en dibujar con líneas generales y rápidas el objeto a representar, relacionándolo adecuadamente con el formato (tamaño y proporciones) del soporte.
Pero encajar es más que adecuar el conjunto de las formas a dibujar en el formato. Se deben cuidar también las proporciones de cada objeto con los de su alrededor logrando con ello la armonía y belleza del conjunto.

Antes de comenzar a dibujar es preciso que te acostumbres a estudiar con detenimiento el tema: ganarás tiempo y el resultado será mucho más satisfactorio.

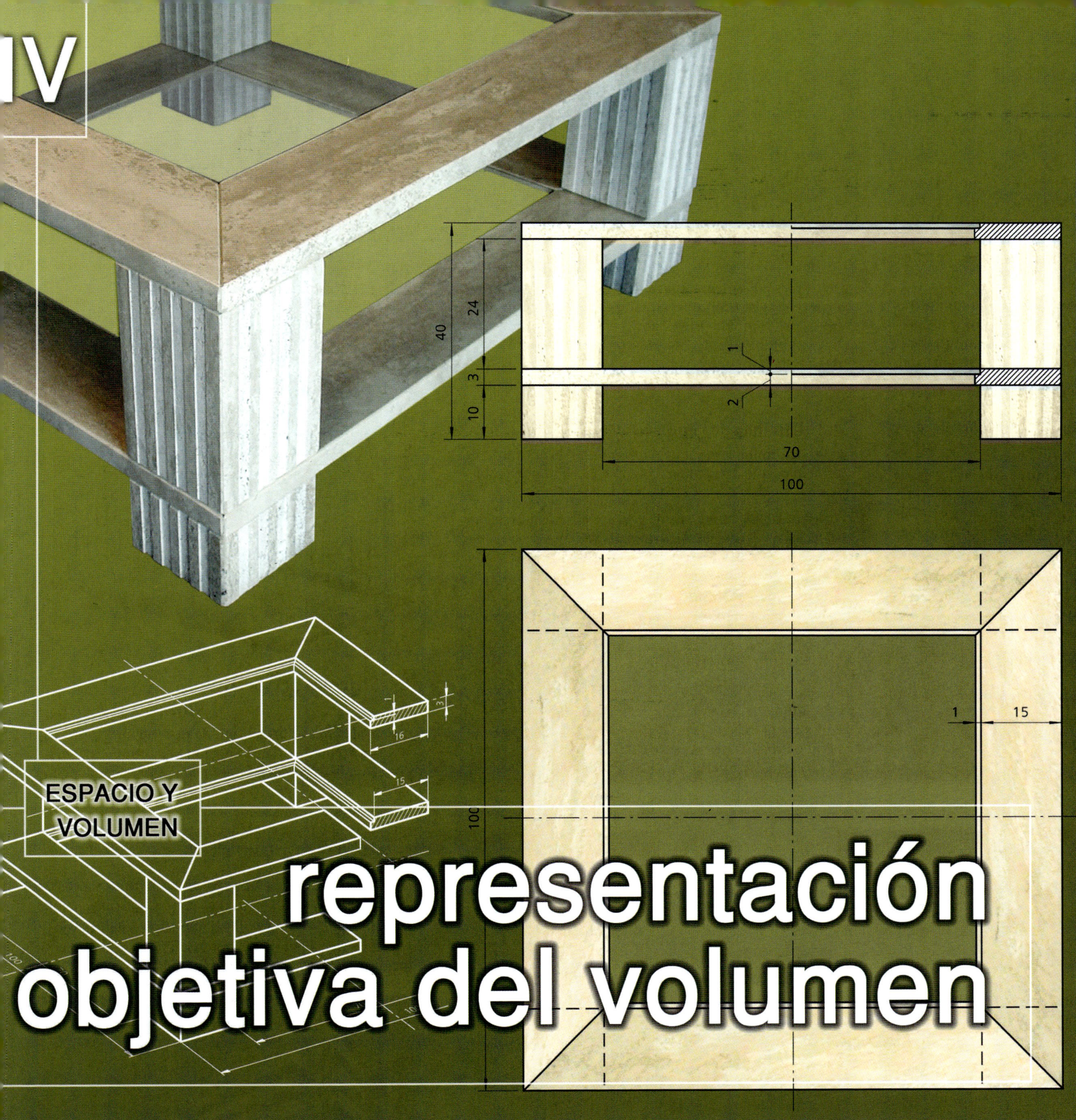

representación objetiva del volumen

UNIDAD DIDÁCTICA

12

OBJETIVOS

- Conocer las características generales de los principales sistemas de representación y su utilidad en el dibujo objetivo de las formas tridimensionales.
- Distinguir y diferenciar las características y utilidad de los sistemas de medida (diédrico y acotado) y de los sistemas perspectivos (axonométrico y cónico).
- Reconocer el sistema diédrico de representación como el recurso descriptivo gráfico más adecuado en el diseño industrial y arquitectónico.
- Saber representar en proyecciones diédricas los sólidos sencillos presentados en perspectiva.

DESARROLLO

Temporización de la U.D.: de cuatro a cinco sesiones.

1. Se parte de considerar la necesidad de representar el espacio y sus volúmenes en el plano y, tras haber explicado la función de la geometría descriptiva, se profundiza en el concepto de «proyección».

2. Se analizan, a la vista del esquema conceptual correspondiente, las técnicas de proyección que se desarrollan a lo largo de dos líneas: cilíndrica o paralela y cónica o central.

3. Se continúa con la representación de vistas en el sistema diédrico, para terminar representando formas prismáticas y cilíndricas seccionadas.

4. Los trabajos sobre vistas diédricas en formas modulares cúbicas, ensambles, secciones planas y formas circulares, además de las preguntas específicas de las verificaciones, constituyen el material que constata el aprovechamiento del alumno.

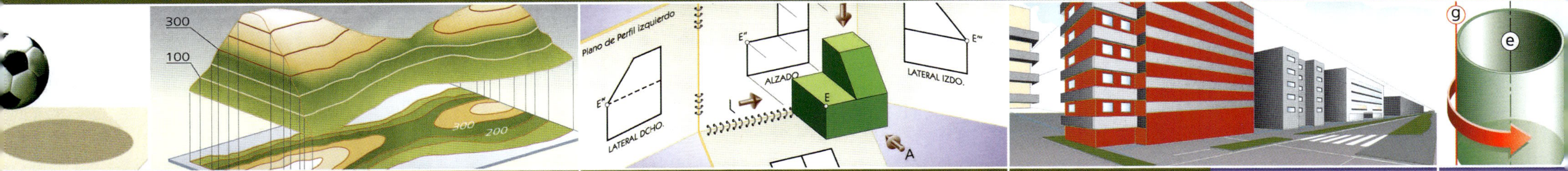

1 REPRESENTACIÓN OBJETIVA DE SÓLIDOS

Una de las principales finalidades en el dibujo es representar los objetos en sus tres dimensiones, es decir, representar su volumen. El medio o soporte de que disponemos –papel, lienzo, pizarra, etc.– tiene dos dimensiones. Por tanto, ¿cómo representar en una superficie plana el mundo tridimensional?

El dibujo técnico de cualquier objeto sobre un plano, examinando sus formas, posiciones y medidas, y los problemas que ello comporta, constituye el ámbito de la Geometría descriptiva, como ciencia de la representación.

La Geometría descriptiva –parte integrante de la Geometría proyectiva– tiene por finalidad ofrecer unos sistemas objetivos y precisos para representar los objetos y el espacio que nos rodea.

Dado que los objetos poseen muy variadas formas y las finalidades de su representación son también diferentes, se han desarrollado varios *sistemas de representación* con el cometido de cubrir todas las necesidades que surgen en el variado campo del dibujo técnico, el diseño industrial, el diseño gráfico, el dibujo arquitectónico, la cartografía, el dibujo científico, etc.

1.1 Proyecciones

Proyectar consiste en enviar desde un punto (centro de proyección) rayos proyectantes (visuales), que atraviesen o sean tangentes a la configuración del objeto situado en el espacio, obteniendo una figura (imagen) que se genera por intersección del haz de rectas proyectantes con un plano (plano de proyección). La imagen obtenida toma a su vez el nombre de proyección.

Dos son los tipos de proyección que dan base a los sistemas de representación:

- La **proyección cilíndrica** o **paralela** en sus dos vertientes: *ortogonal* y *oblicua*.
- La **proyección cónica** o **central**.

Proyección cilíndrica ortogonal. Es la que se obtiene por rayos proyectantes paralelos entre sí, a modo de las generatrices de un cilindro, y que inciden perpendicularmente sobre el plano de proyección.

Proyección cilíndrica oblicua. Los rayos proyectantes también son paralelos, pero oblicuos al plano de proyección.

Proyección central o cónica. En este caso, el centro de proyección es un punto situado a distancia finita respecto del plano de proyección. Las rectas proyectantes forman un haz divergente y la proyección que resulta se desarrolla por conos o por pirámides, en razón a que el contorno de la figura del espacio sea curvo o poligonal.

1.2 Sistemas de representación

Se denomina *sistema de representación* al conjunto de principios que determinan la representación de un objeto empleando *proyecciones*.

Se consideran dos tipos de sistemas en función de que «la imagen» del objeto –determinada por sus proyecciones sobre el plano del dibujo– tenga sus dimensiones o no en verdadera magnitud. En base a esta consideración, pueden clasificarse en ***sistemas de medida*** (Diédrico y Acotado) y ***sistemas perspectivos*** (Axonométrico y Cónico).

1.3 Sistemas de medida

Sistema diédrico

Se fundamenta en la proyección cilíndrica ortogonal sobre los planos de proyección horizontal, vertical y de perfil (perpendiculares entre sí), originando las vistas *alzado, planta* y *perfil* o *lateral (derecho* o *izquierdo)*.

◁ ▽ ***Manilla de puerta.*** Abajo, sus proyecciones o vistas diédricas.

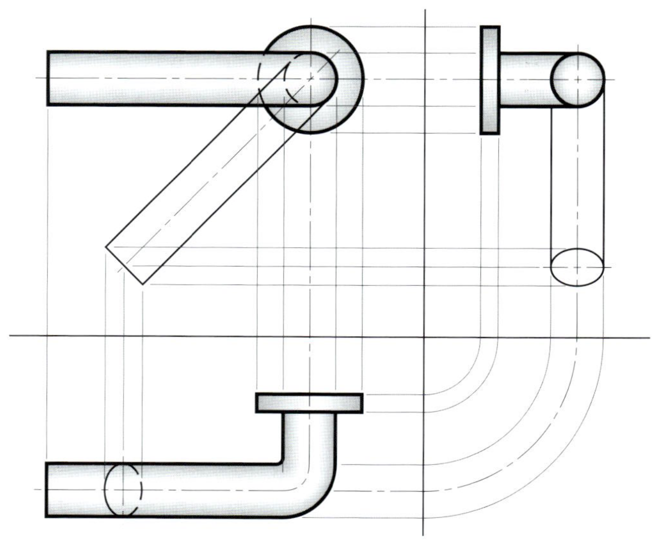

Sistema acotado

En este sistema se emplea un único plano de proyección, considerado en posición horizontal.

El tipo de proyección utilizada es cilíndrica ortogonal, al igual que en el diédrico, hasta el punto que puede considerarse como un sistema diédrico del que se traza sólo la proyección horizontal. Para suplir la falta de las demás proyecciones se escribe, como subíndice de la letra que designa la proyección, una cifra llamada cota, que indica el valor de la distancia de este elemento al plano de comparación. La principal aplicación de este sistema es la representación de superficies topográficas: montes, valles, ríos, bosques, carreteras, senderos…

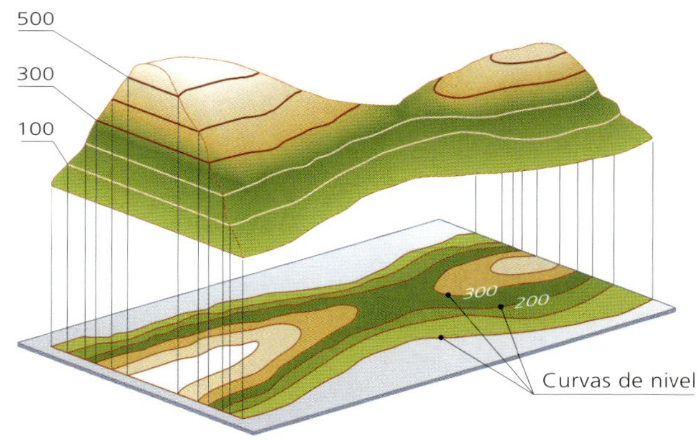

1.4 Sistemas perspectivos

Sistema axonométrico

Este sistema utiliza el tipo de proyección paralela en sus dos vertientes, dando lugar a la ***axonometría ortogonal*** y a la ***axonometría oblicua***. La primera tiene tres variantes: las perspectivas *isométrica, dimétrica* y *trimétrica*. La segunda, empleada en el caso particular de que uno de los planos coordenados coincida, o sea paralelo, con el plano del dibujo, origina la *perspectiva caballera*.

Sistema cónico o central

Llamado también perspectiva cónica, es el sistema que trata de representar la realidad que observamos desde un punto de vista fijo (ojo del observador). Es el sistema que mejor resuelve el efecto de profundidad.

2 ESQUEMA CONCEPTUAL DE LOS DIFERENTES SISTEMAS DE REPRESENTACIÓN

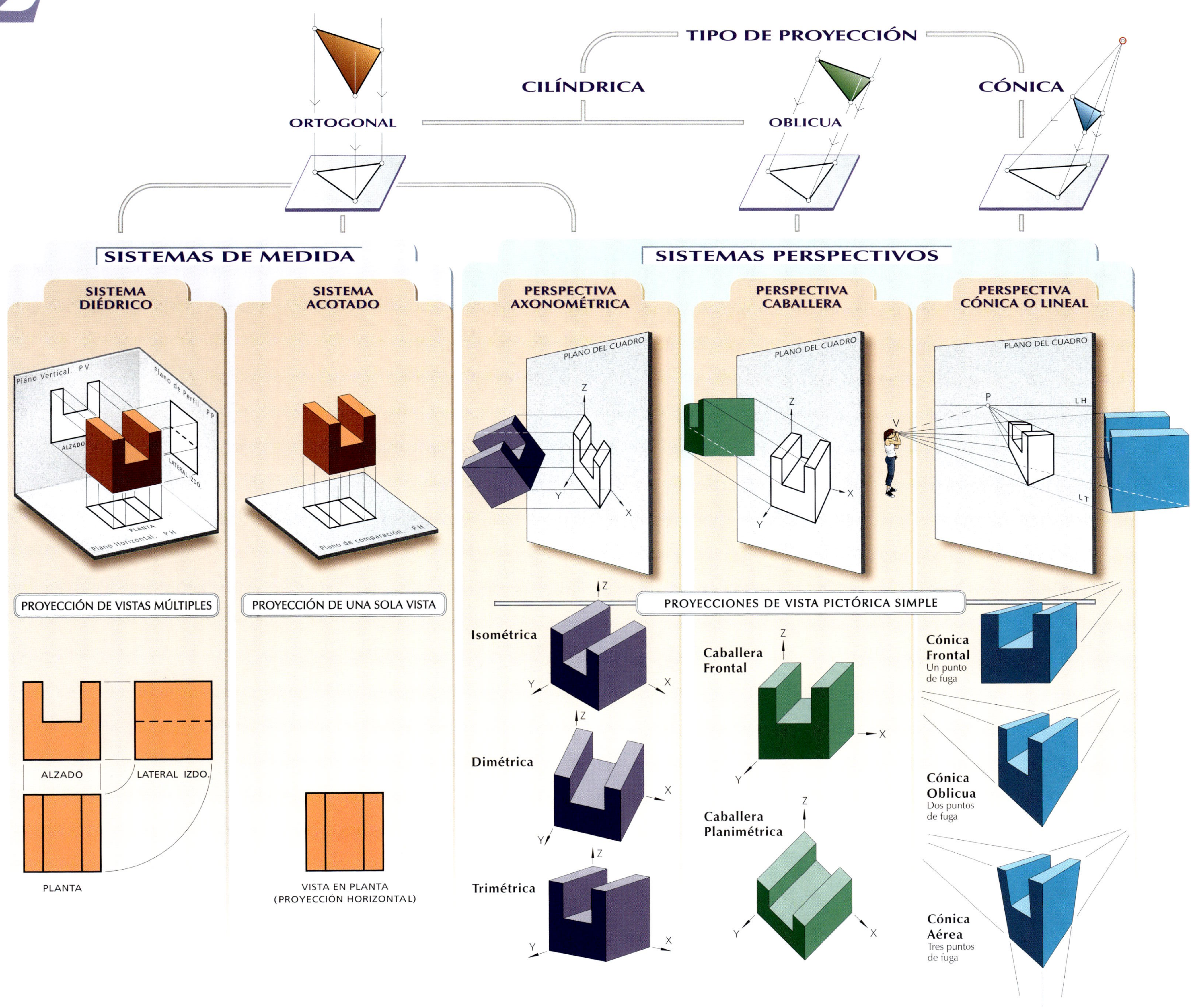

3 PROYECCIONES O VISTAS DIÉDRICAS DE UN SÓLIDO

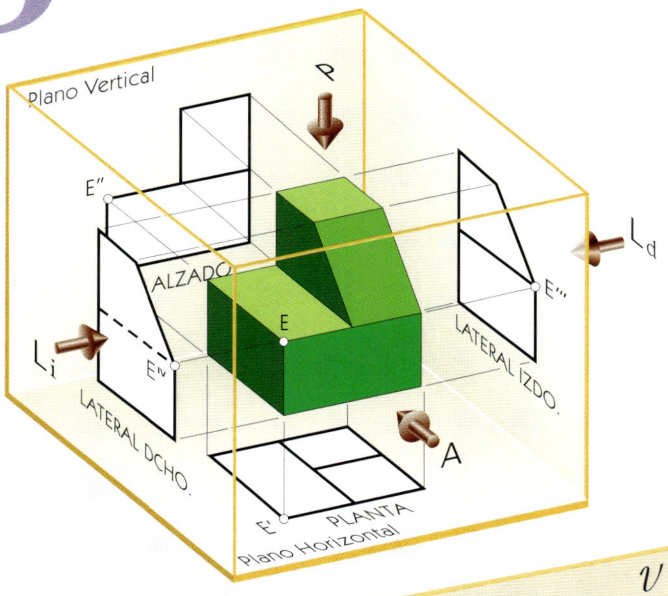

1 Posición del objeto y proyecciones virtuales

Previa observación y análisis del objeto a proyectar se fija su posición en el espacio teniendo en cuenta que la visualización que determina la vista ***alzado*** sea la que mayor información ofrezca del mismo. Después, se proyectan el resto de las vistas diédricas: la ***planta*** y los ***perfiles*** o ***laterales*** del sólido.

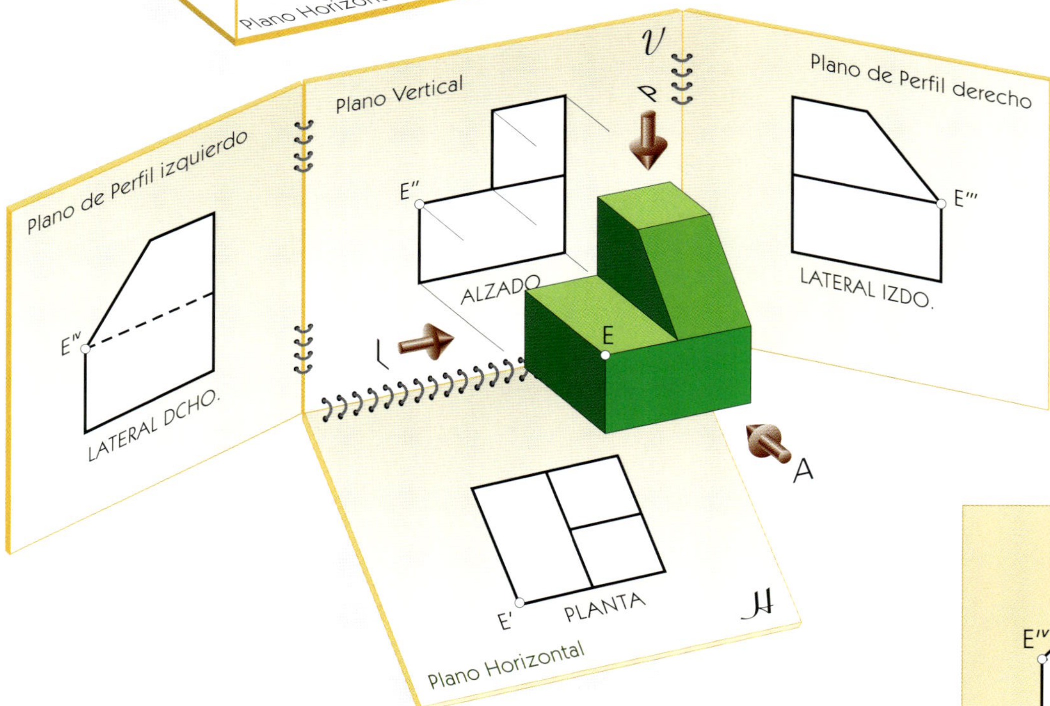

▷ ***Desarrollo del sólido***
La construcción de la maqueta del sólido, a partir de su desarrollo, facilitará la visión espacial de sus ***vistas*** o ***proyecciones diédricas***.

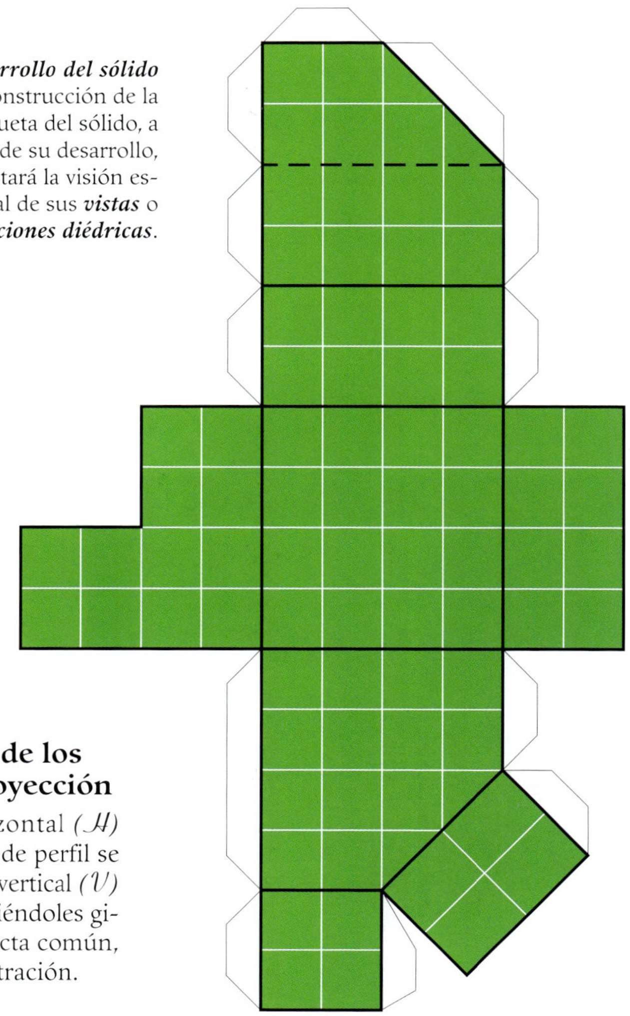

2 Abatimiento de los planos de proyección

Tanto el plano horizontal *(H)* como los dos planos de perfil se abaten hacia el plano vertical *(V)* (plano del papel), haciéndoles girar alrededor de su recta común, como muestra la ilustración.

3 Disposición de las vistas del sólido sobre el plano del papel

- *ALZADO o VISTA FRONTAL (proyección en la dirección A):*
  Se sitúa el objeto en el espacio de modo que su **alzado** sea la vista más representativa del mismo. Es la primera vista a dibujar.
- *PLANTA o VISTA SUPERIOR (proyección en la dirección P):*
  Proyección que se obtiene visualizando el objeto desde arriba. Quedará situada, en el dibujo, exactamente debajo del alzado.
- *LATERAL o VISTA DE PERFIL (proyección en la dirección L):*
  Proyección obtenida visualizando el objeto desde el **lateral izquierdo** o desde el **lateral derecho**. El lateral izquierdo quedará situado, en el dibujo, a la derecha del alzado y viceversa.

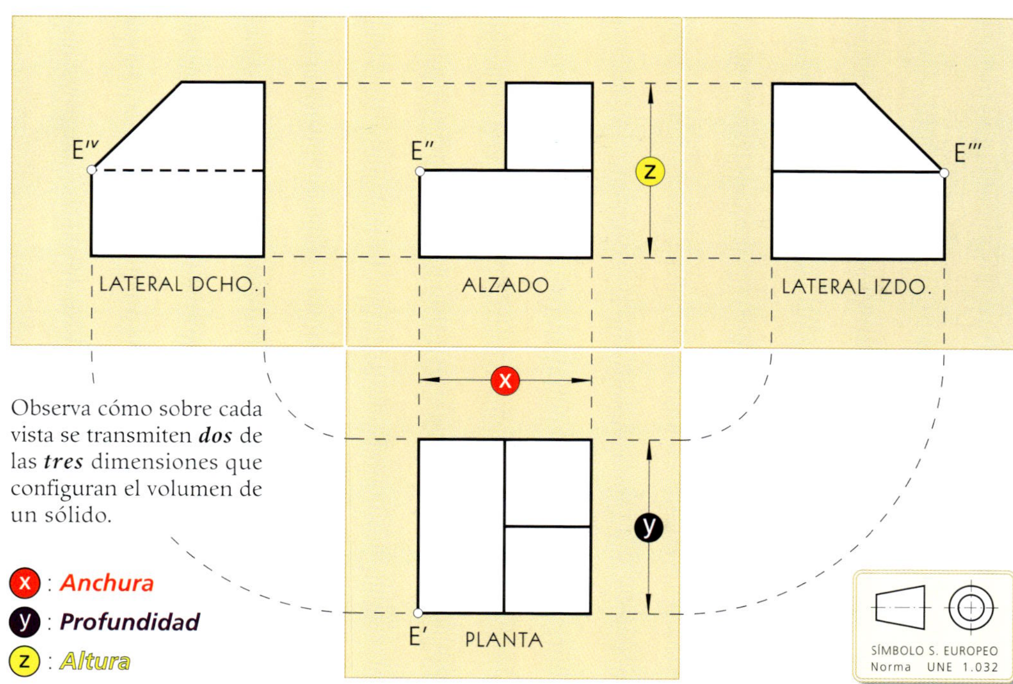

Observa cómo sobre cada vista se transmiten ***dos*** de las ***tres*** dimensiones que configuran el volumen de un sólido.

4 FORMAS CILÍNDRICAS

Después de la forma prismática, la cilíndrica es la más utilizada en las construcciones realizadas por el hombre. Ejemplos de estas formas curvas los tenemos en los ejes, ruedas, tubos, taladros, etc.

Geométricamente, la superficie de un cilindro de revolución se genera cuando una recta **g** (llamada *generatriz)* gira alrededor de otra recta **e** (llamada *eje* y paralela a ella), que permanece fija.

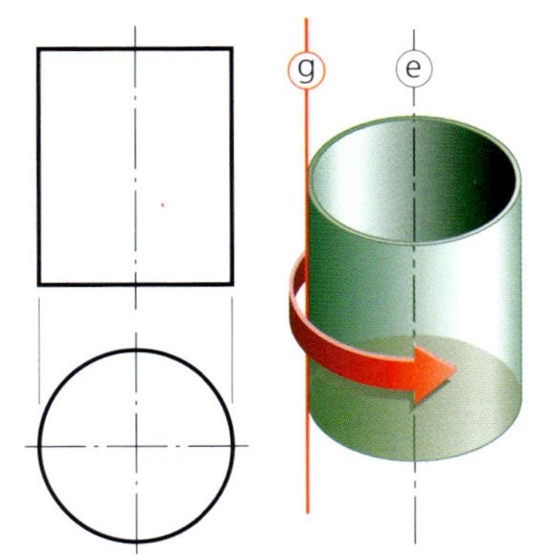

△ *Vistas o proyecciones diédricas.*

△ *Perspectiva de un cilindro de revolución.*

PROYECCIONES DIÉDRICAS DE TUBOS, TALADROS Y FORMAS COMBINADAS

CILINDRO TALADRADO

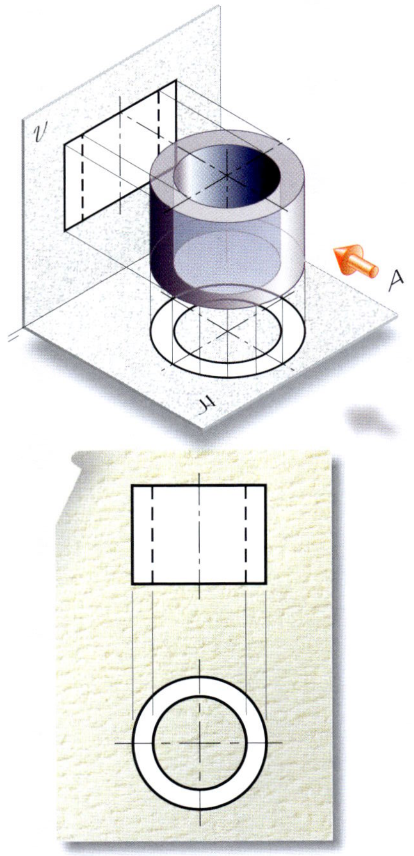

PRISMA CON UN TALADRO CIEGO

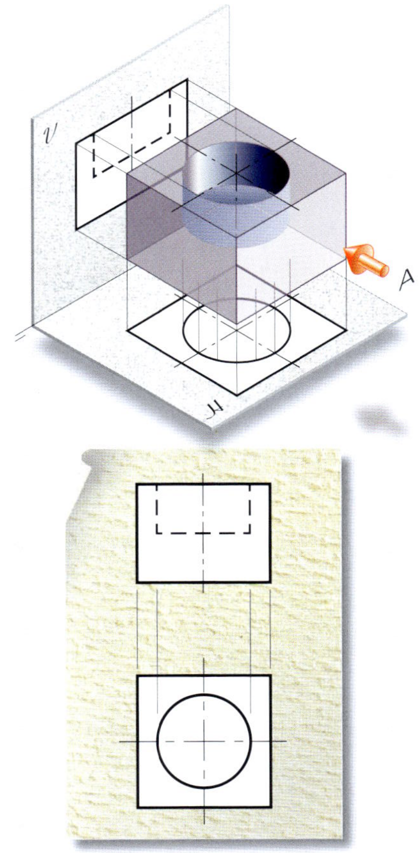

PIEZA CON FORMAS CURVAS

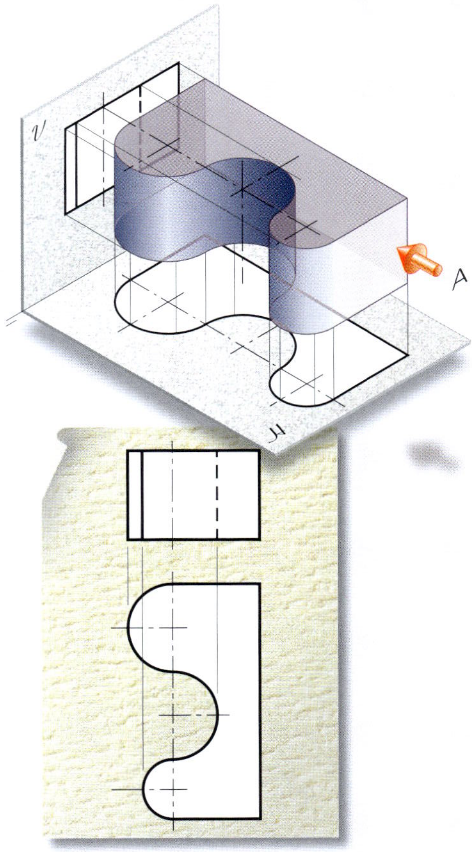

SECCIONES PLANAS Y PARALELAS AL EJE EN UN CILINDRO DE REVOLUCIÓN

SECCIÓN POR UN PLANO ANTERIOR AL EJE

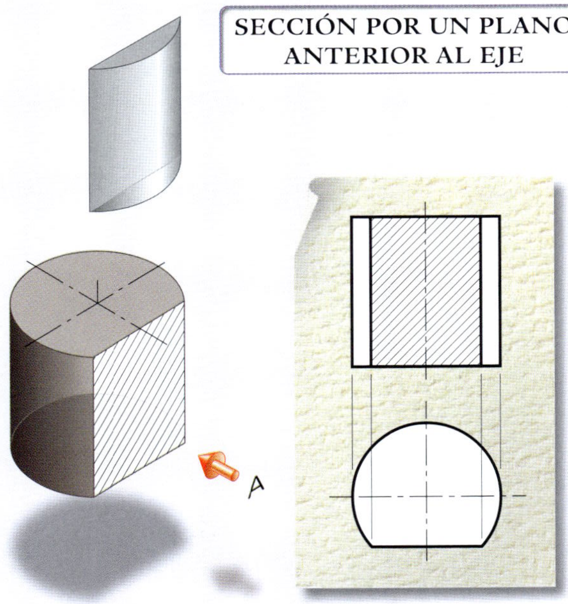

SECCIÓN POR EL EJE DEL CILINDRO

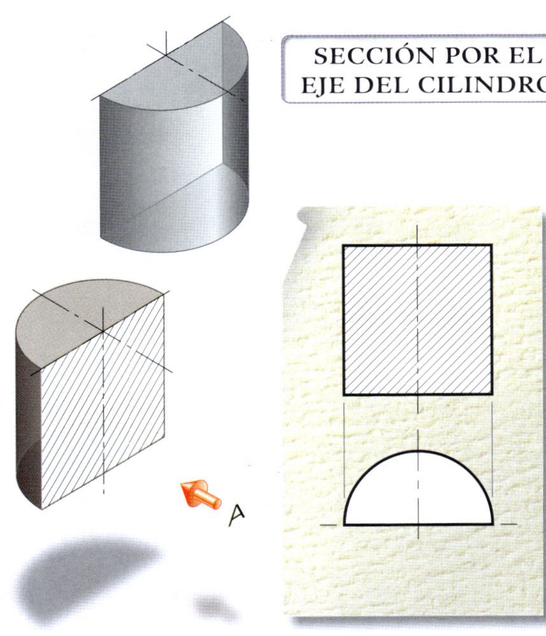

SECCIÓN POR UN PLANO POSTERIOR AL EJE

OBSERVA Y ANALIZA — Ejercicios de aplicación

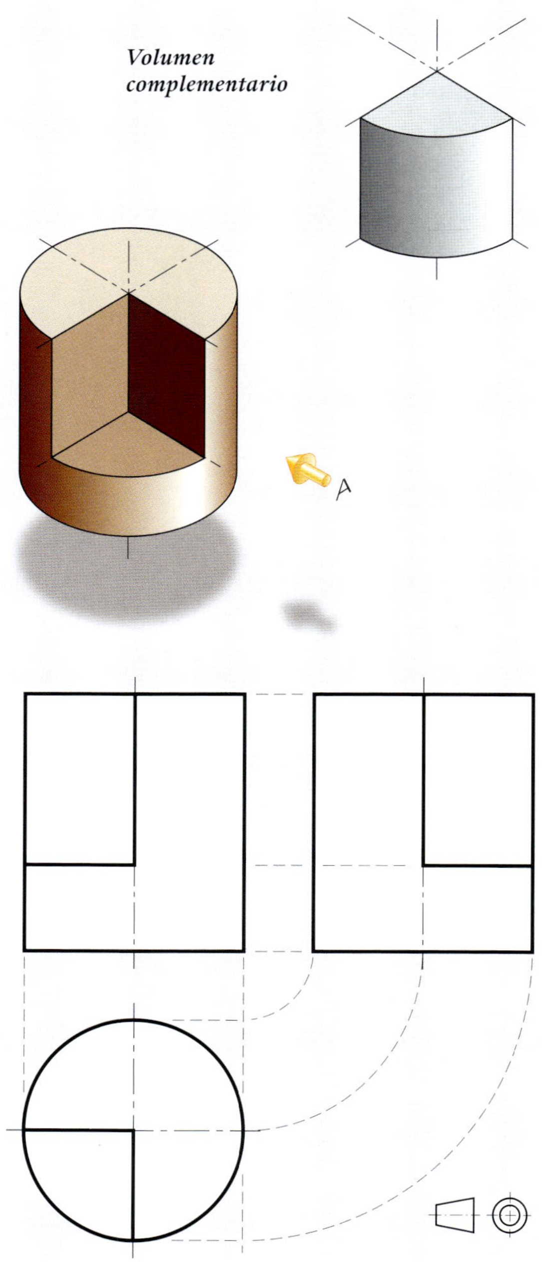

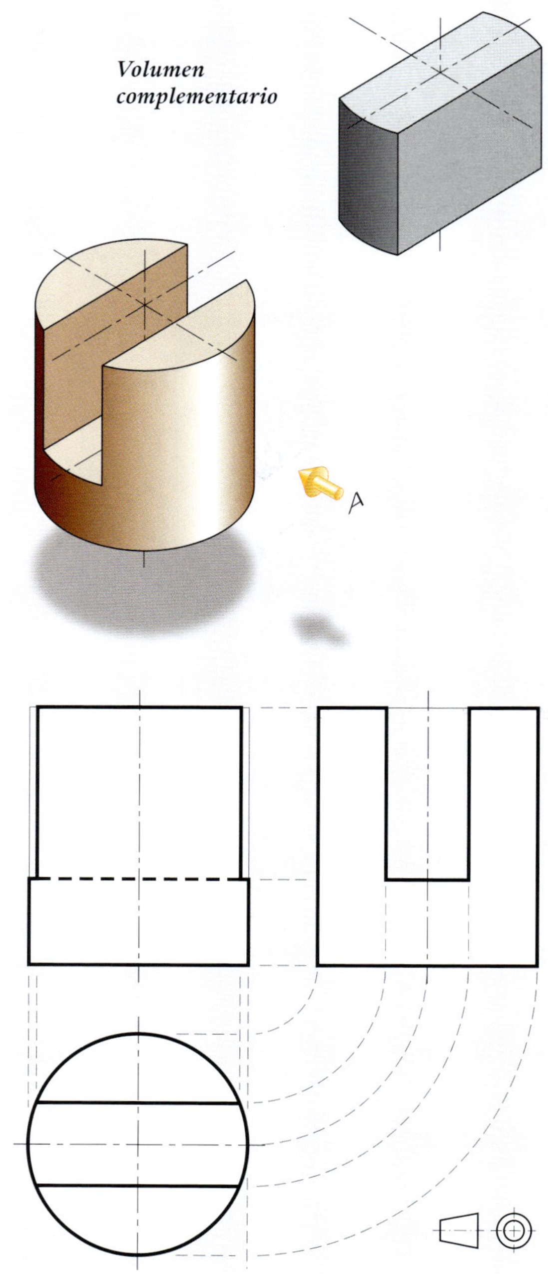

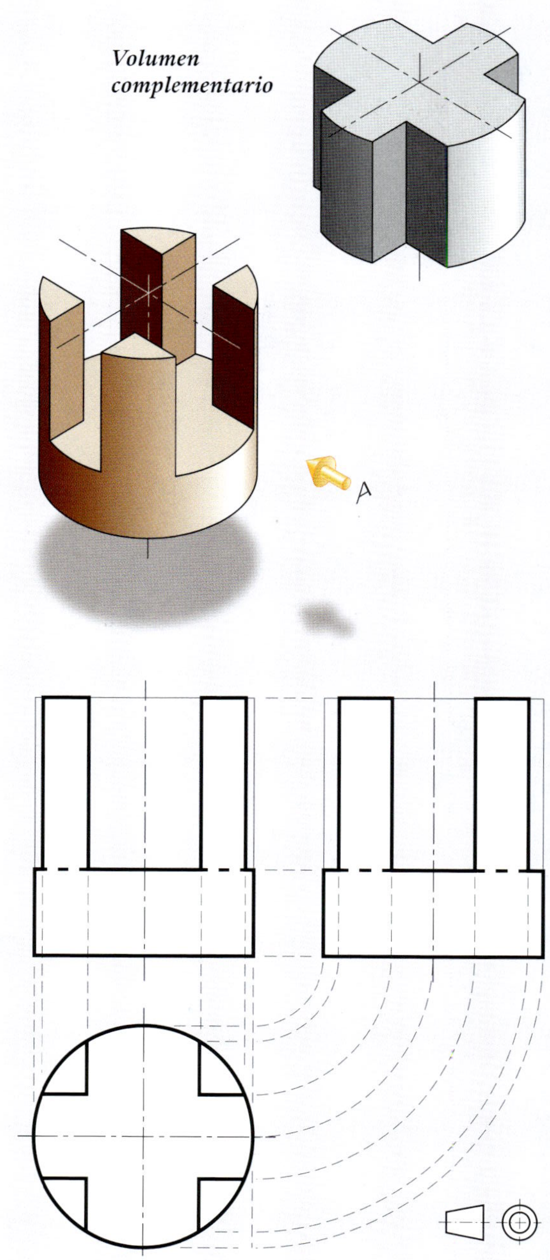

VOCABULARIO

- ***Abatimiento*** *Es el resultado de superponer un plano con otro, mediante un giro alrededor de su recta común, llamada charnela.*
- ***Mano alzada*** *Modo de dibujar sin usar instrumentos como la regla, el compás, las escuadras, el transportador de ángulos, etc.*
- ***Sección*** *Dibujo o figura que resulta de la intersección de un cuerpo con un plano o con una superficie.*
- ***Sistema de representación*** *Conjunto de principios que determinan la representación de un objeto, empleando proyecciones.*

VISTAS DIÉDRICAS DE MÓDULOS CÚBICOS

Las perspectivas que te presentamos representan cuerpos formados por agrupaciones de pequeños cubos que se han tomado como unidad modular.

Partiendo de un hexaedro o cubo mayor, compuesto por 64 cubitos (4 x 4 x 4), se han ido retirando volúmenes menores resultando los cuerpos que componen los tres ejercicios de los que debes dibujar las vistas o proyecciones diédricas.

1. Completa las vistas del sólido, dibujando la **planta** y el **lateral izquierdo**, que se sitúa a la derecha del alzado o vista principal, tal y como se ha expuesto en la página 166.

2 y **3.** Dibuja las tres vistas principales: **alzado**, **planta** y **lateral izquierdo**.

nombre y apellidos

nº | curso/grupo | fecha

1

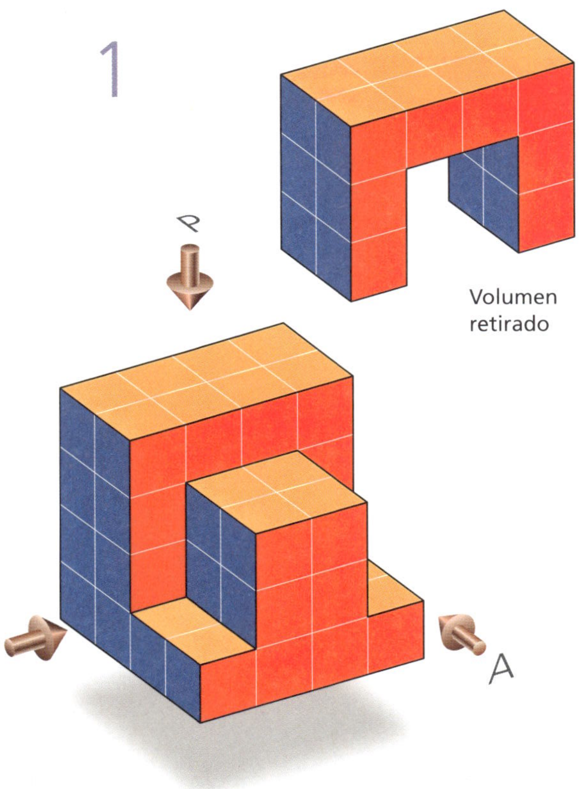

2

3

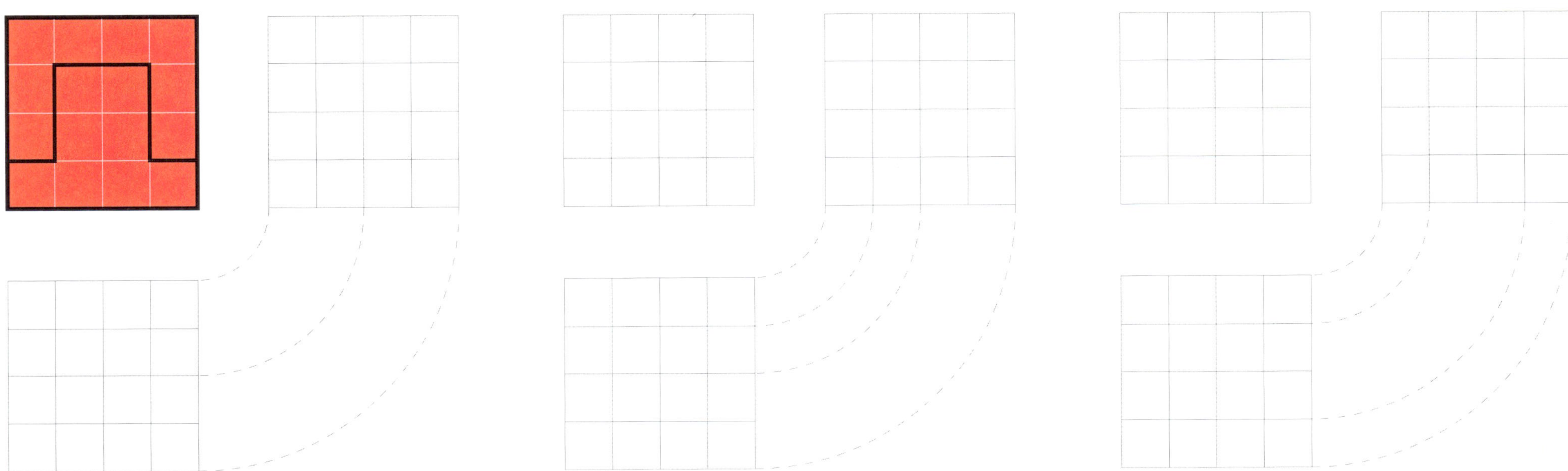

VERIFICACIÓN

1. ¿Qué entiendes por proyección ortogonal de un objeto sobre un plano?

2. ¿Son las vistas diédricas proyecciones ortogonales?

3. ¿Qué entiendes por sistema de medida? ¿Puede considerarse el sistema diédrico un sistema de medida?

ENSAMBLES CON FORMAS CÚBICAS

Siguiendo la metodología de la propuesta anterior, también en esta lámina se presentan tres piezas obtenidas de un módulo cúbico generado por 64 cubitos (4 x 4 x 4) como submódulo unidad de medida para dimensionar el cuerpo.

Se trata de que dibujes las tres vistas principales (**alzado**, **planta** y **perfil izquierdo**) del sólido que se obtiene al retirar el volumen (en cada caso distinto) que acopla, a modo de ensamble, con la pieza base.

NOTA.– En hoja aparte puedes hacer un croquis (a mano alzada) del volumen retirado o pieza de encaje con la principal y, con ello, analizar las analogías y diferencias entre la pieza macho y la hembra.

nombre y apellidos

nº | curso/grupo | fecha

1

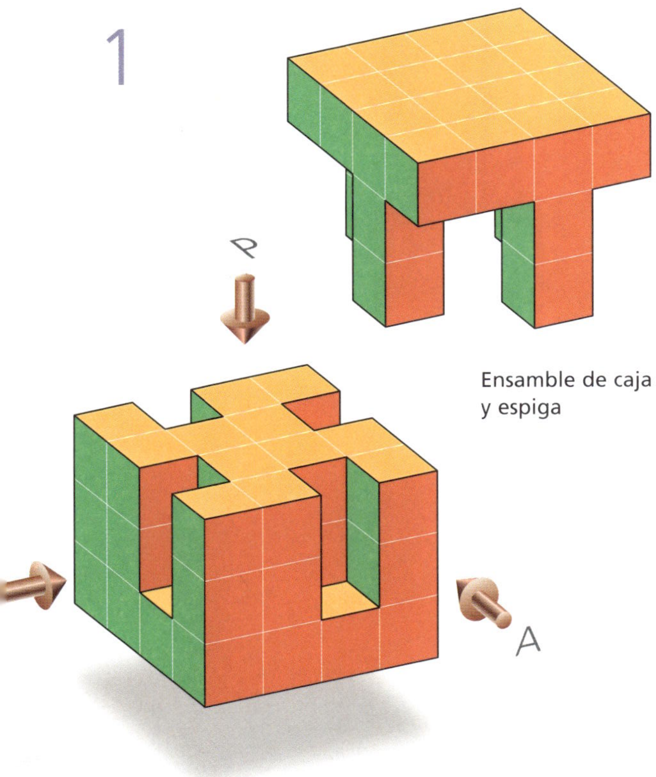

Ensamble de caja y espiga

2

3

VERIFICACIÓN

1. ¿En qué consiste la representación objetiva de cuerpos?

2. ¿De qué manera se representan los cuerpos en el sistema diédrico?

3. Dibuja, a mano alzada, las tres vistas principales del sólido cúbico que muestra la figura, del cual se ha retirado el volumen que se aprecia en la parte superior.

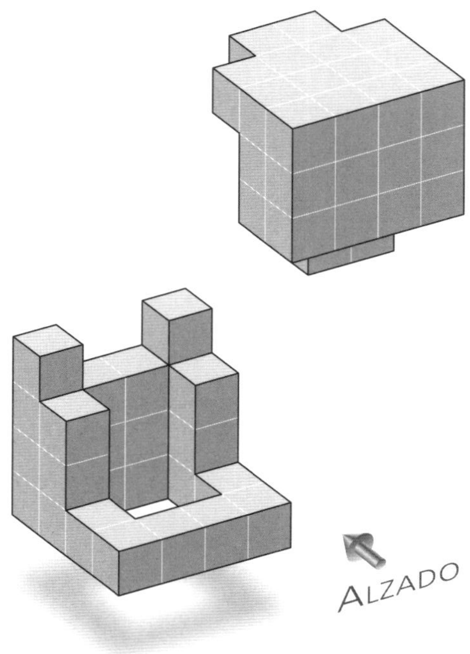

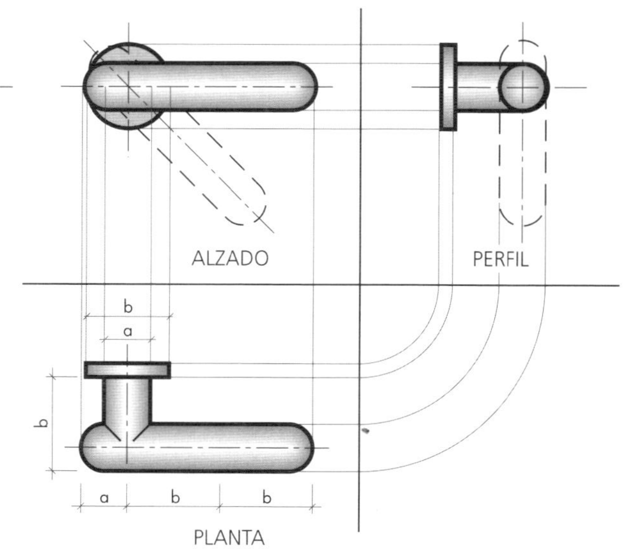

Manilla de puerta. *Proyecciones ortogonales.*

*Todas las dimensiones de la manilla se derivan del módulo **a**, siendo **b = 2a**.*

PIEZAS CON UNA MISMA PROYECCIÓN DE ALZADO

Las cuatro piezas que observas, dibujadas en perspectiva isométrica, son diferentes, pero todas ellas presentan una misma proyección de **alzado**.

Representa y completa con la mayor fidelidad posible –esto es, dimensionando "a ojo" las proporciones entre las partes de la pieza–, la **planta** y el **lateral derecho** de cada cuerpo, juntamente con el **alzado**, que es común a todos ellos.

Asimismo, debes señalar, sobre cada vista, la situación exacta del punto indicado en cada una de las cuatro piezas, siempre y cuando sea visible en la dirección que se analice: así **B'** sobre la planta, **B"** sobre el alzado y **B'"** sobre el perfil o lateral.

Pinta, con lápices de color, cada vista o proyección diédrica con el tono que identifique a la cara de la pieza.

nombre y apellidos

n° | curso/grupo | fecha

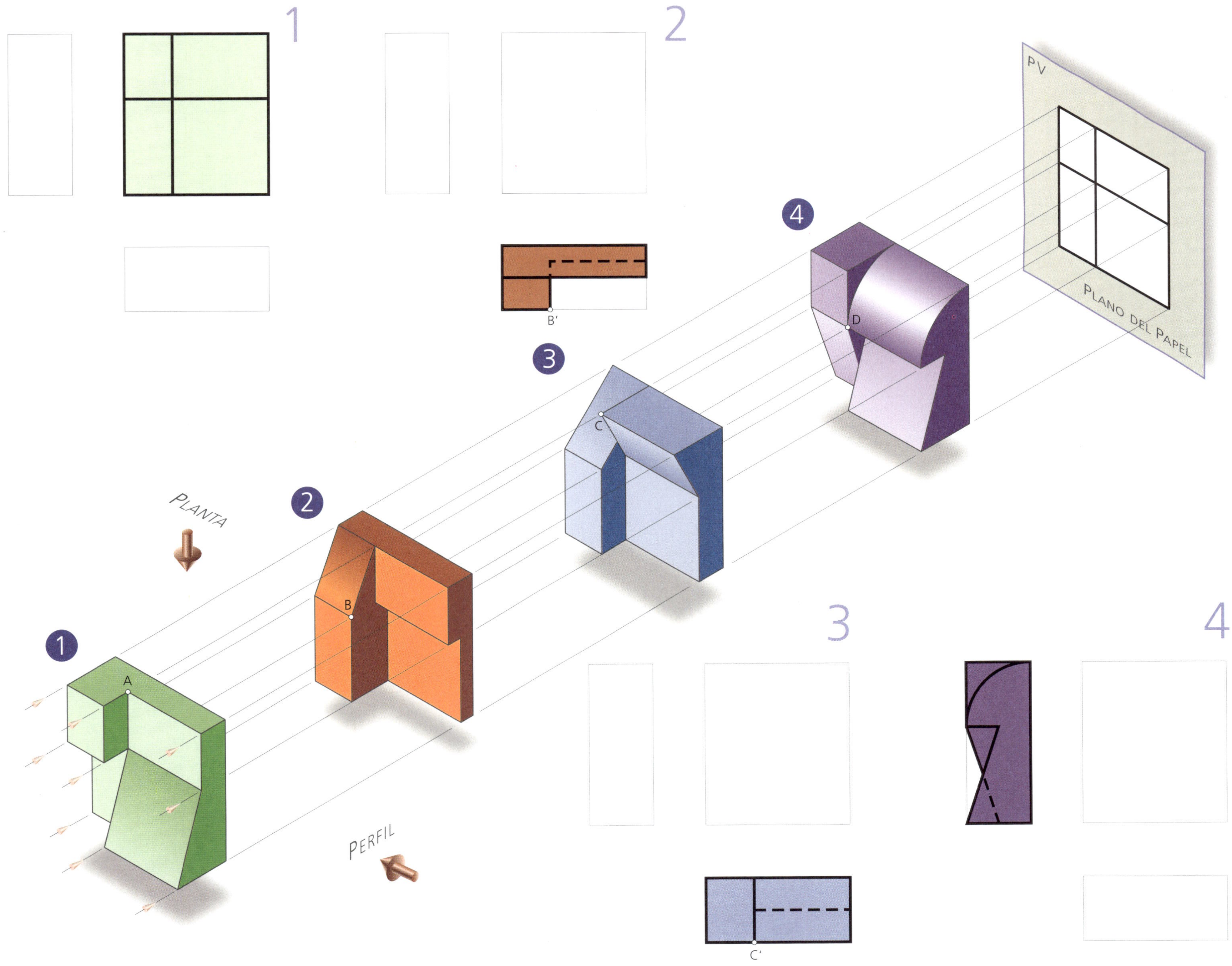

VERIFICACIÓN

1. Dadas las dos proyecciones diédricas (**alzado** y **planta**) de un sólido ¿sabrías dibujar la tercera vista? Es sencillo, inténtalo con la representación de la derecha.

2. Se conoce la vista **alzado** de dos piezas mecánicas como muestran las proyecciones inferiores. Aunque ambos sólidos (**A** y **B**) proyectan el mismo **alzado**, presentan diferentes volúmenes y formas corpóreas. ¿Sabrías diseñar la **planta** y el **lateral** de, al menos, dos posibles soluciones?

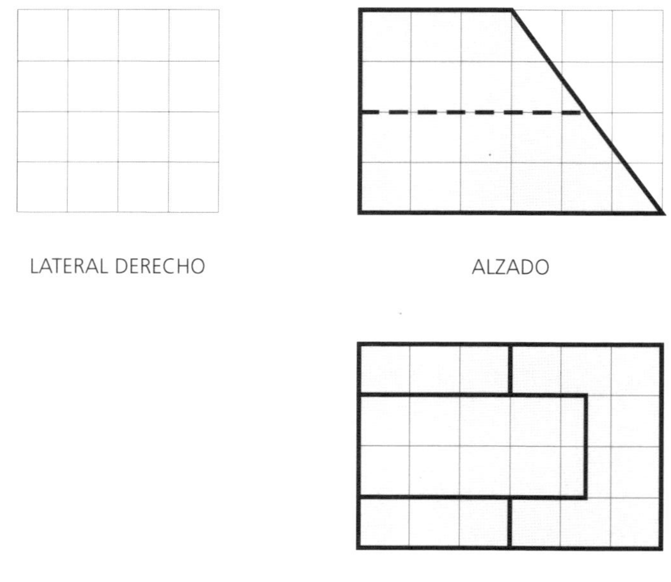

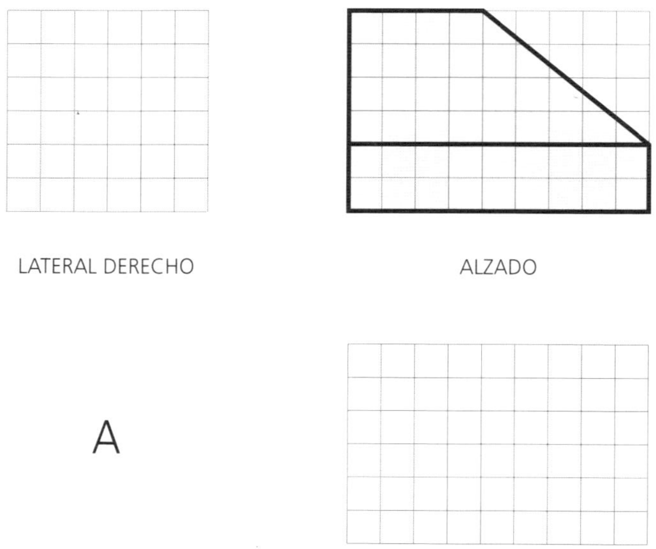

A

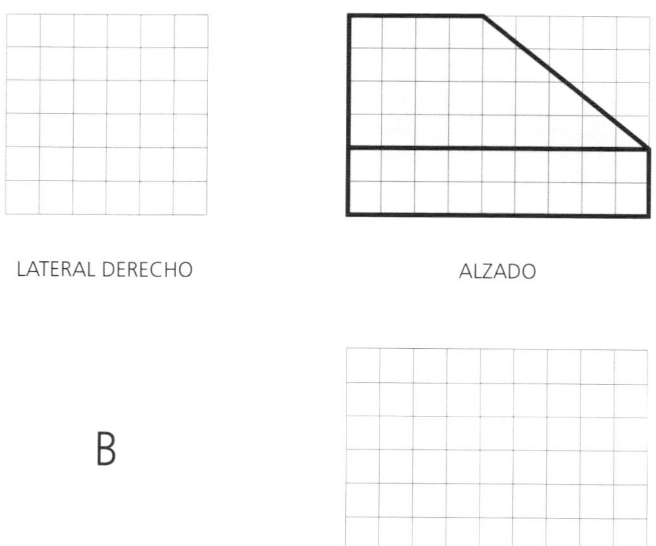

B

PROYECCIONES DIÉDRICAS DE CUERPOS CON UNA MISMA PLANTA

Esta propuesta pretende recordarte que una sola vista diédrica nunca define la configuración de un objeto. Al menos son necesarias dos proyecciones para conocer las tres dimensiones que aseguran la volumetría del cuerpo.

En la parte izquierda de la lámina puedes observar cuatro piezas, dibujadas en perspectiva isométrica, que poseen igual proyección en **planta**.

Lo que te pedimos es que dibujes, completando las tres vistas de cada cuerpo, el **alzado** y el **perfil izquierdo**, juntamente con la **planta**, común a todos ellos. Asimismo, debes señalar, sobre cada vista, la situación exacta del punto (**A**, **B**, **C** ó **D**) indicado en la pieza correspondiente, siempre que éste sea visible.

Observa cómo el alzado y el perfil definen y diferencian la forma que caracteriza a cada una de las piezas.

nombre y apellidos

nº | curso/grupo | fecha

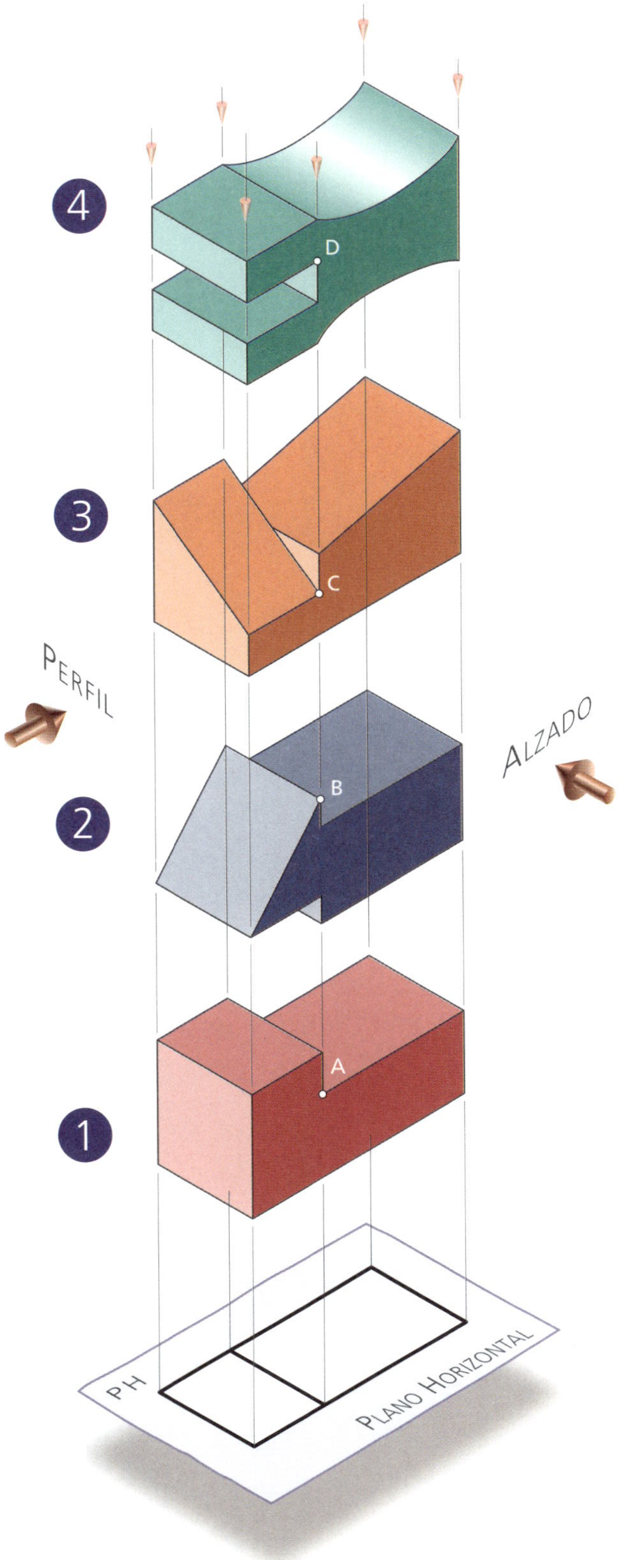

1

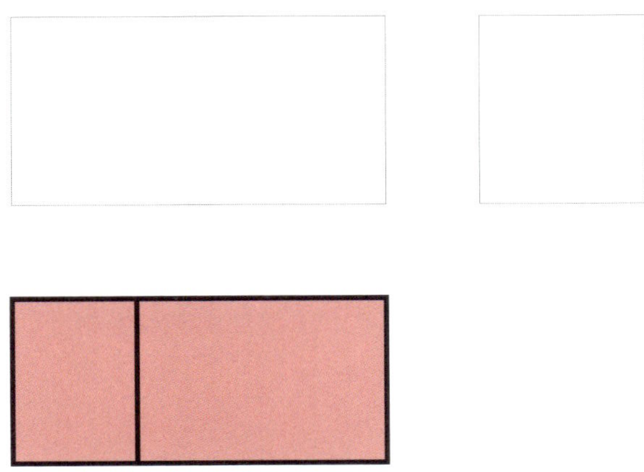

2

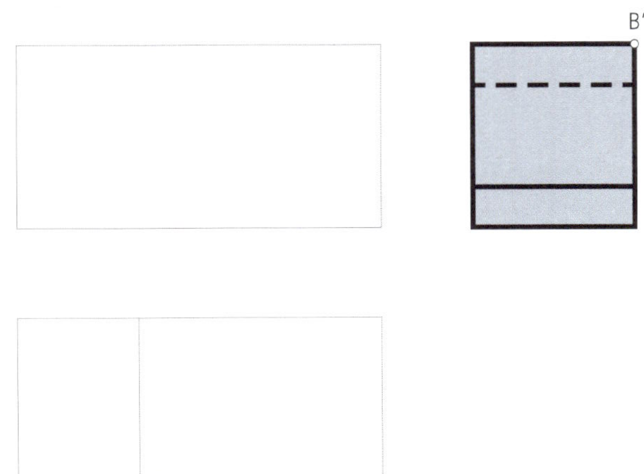

3

4

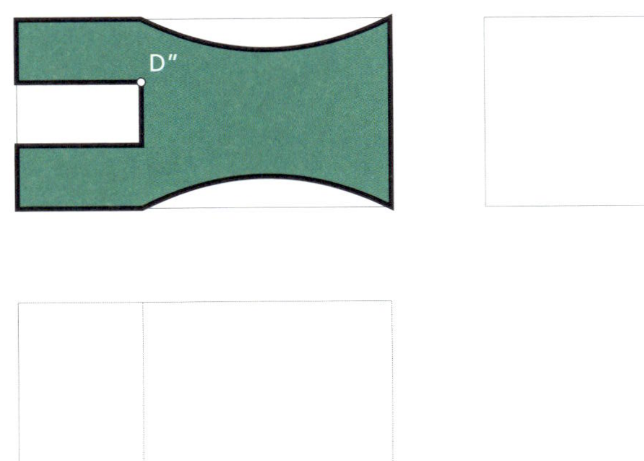

VERIFICACIÓN

1. Las dos proyecciones diédricas, **alzado** y **lateral derecho**, que se muestran a la derecha definen correctamente la forma y volumetría de una pieza prismática. Dibuja la **planta** como tercera vista del sólido.

2. Completa las proyecciones o vistas diédricas, añadiendo las líneas necesarias en las vistas que lo precisen, para definir correctamente el objeto representado.

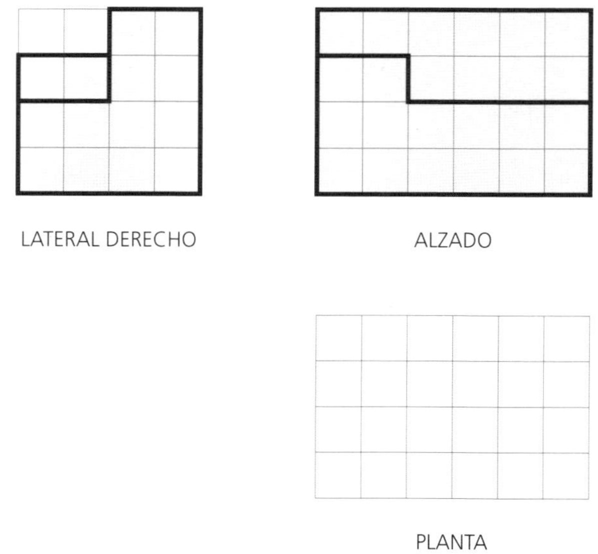

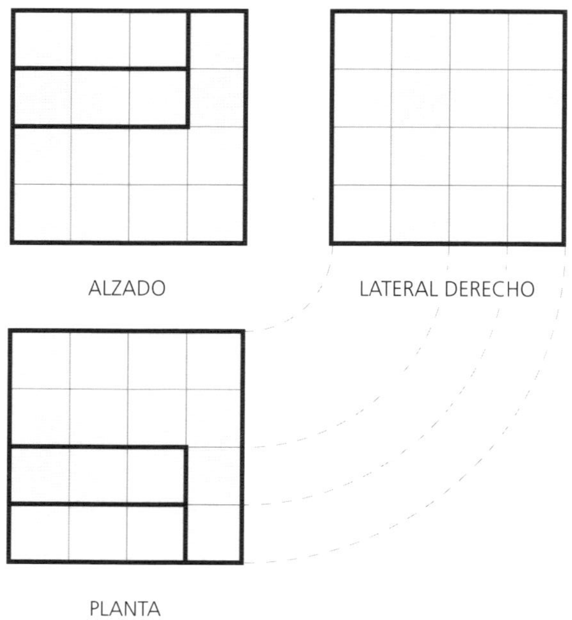

SECCIONES EN SÓLIDOS CILÍNDRICOS

Las piezas mecánicas que te presentamos en la lámina nacen de un mismo volumen: un cilindro recto de revolución. Los tres modelos se han generado mediante cortes por planos paralelos a los de proyección, con la extracción del volumen que, en cada caso, se presenta en la parte superior.

Se trata de que dibujes el **alzado**, la **planta** y el **lateral** o **perfil izquierdo**, considerando como vista alzado la que se obtiene al visualizar cada modelo en la dirección que indica la flecha. Asimismo, señala la posición exacta de los puntos **M**, **N** y **R** sobre aquellas proyecciones o vistas diédricas en que se visualicen.

NOTA.- Al observar las perspectivas isométricas de cada sólido debes intentar dimensionar sus partes en relación al tamaño total de la pieza.

nombre y apellidos		
nº	curso/grupo	fecha

1

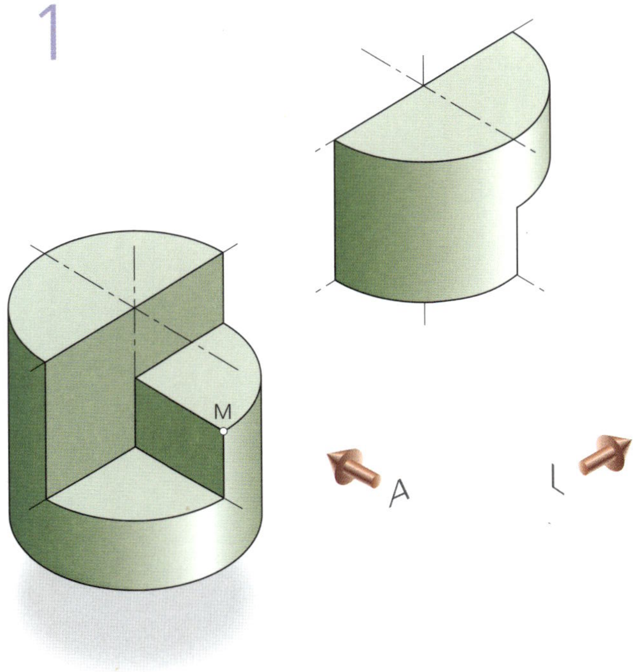

2

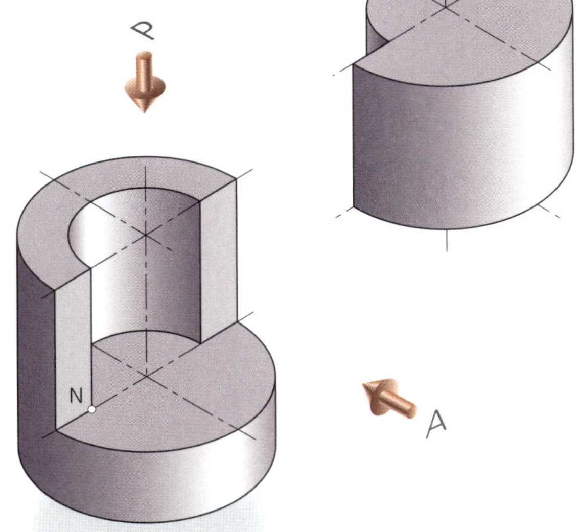

3

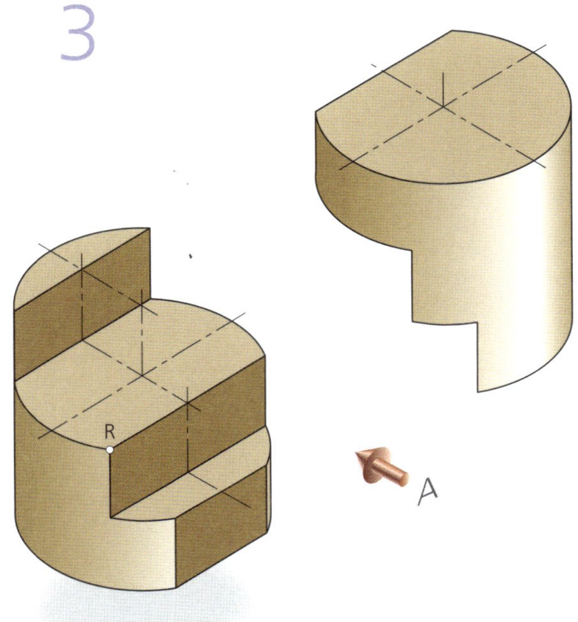

IV

ESPACIO Y VOLUMEN

axonometrías

UNIDAD DIDÁCTICA

13

OBJETIVOS

- Analizar y comprender los fundamentos de la perspectiva axonométrica ortogonal oblicua.
- Saber construir estructuras isométricas de conjuntos prismáticos cilíndricos.
- Saber utilizar la perspectiva caballera como recurso gráfico de carácter técnico para crear sensaciones de volumen en la representación de cuerpos geométricos y modelos sencillos.

DESARROLLO

1. La U.D., diseñada para ser analizada en un máximo de tres sesiones, se inicia con los conceptos teóricos en los que se fundamentan los sistemas axonométricos en sus dos vertientes proyectivas: ortogonales y oblicuos.

2. Se valora y distinguen las axonometrías más usuales: la perspectiva isométrica y la caballera.

3. Se analiza, paso a paso, la construcción isométrica y en perspectiva caballera de cuerpos sencillos.

4. Se trata y estudia la perspectiva isométrica de partes circulares y su similitud óptica a un óvalo, para su aplicación a la representación de elementos redondos.

5. Se experimenta con la creación e ideación de tipologías arquitectónicas modulares en isométrica y la elaboración de objetos sencillos en perspectiva caballera.

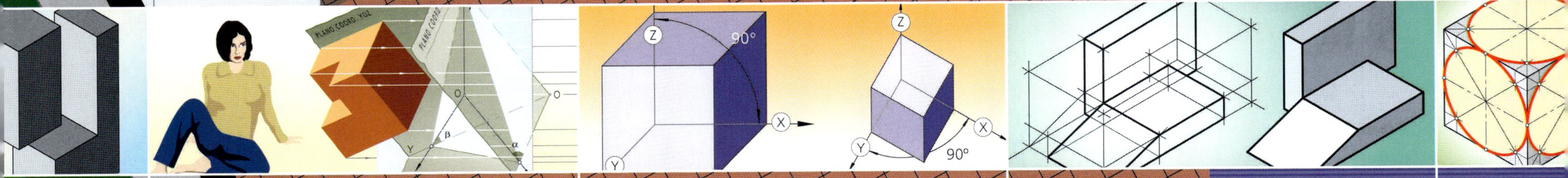

1 LAS AXONOMETRÍAS

Las perspectivas axonométricas tienen como sistema de referencia un triedro trirrectángulo, es decir, un triedro formado por tres planos perpendiculares entre sí, dando origen a tres direcciones (**OX**, **OY**, **OZ**) que dimensionan el volumen del objeto: *anchura, profundidad* y *altura*. En el sistema diédrico, visto en la lección anterior, los planos horizontal, vertical y de perfil constituyen, igualmente, un triedro trirrectángulo.

En las axonometrías el objeto a dibujar se sitúa en el triedro y ambos se proyectan, con proyección cilíndrica, sobre el plano del cuadro o plano del papel. En función de que dicha proyección sea ortogonal u oblicua respecto a dicho plano, se obtienen las **axonometrías ortogonales** *(isométrica, dimétrica y trimétrica)* o las **axonometrías oblicuas** *(perspectivas caballeras)*. Ambas presentan gran similitud con la imagen real, por lo que ofrecen una alternativa adecuada para ilustradores, diseñadores, ingenieros, arquitectos y técnicos en general. Su rápida construcción y fácil trazado las hace muy útiles.

En esta Unidad Didáctica vamos a trabajar con las axonometrías más usuales dentro de cada tipo; en concreto, con la **axonometría isométrica**, basada en la *proyección ortogonal*, y la **axonometría caballera**, basada en la *proyección oblicua*.

1.1 Características axonométricas

1. En las axonometrías, dado que se generan mediante proyecciones cilíndricas, se conserva el paralelismo entre rectas; esto es, *rectas paralelas tienen proyecciones paralelas*.

2. Las proyecciones de las aristas del triedro (ejes **X**, **Y** y **Z**) sirven como sistema de referencia para trazar rectas paralelas a ellos que, en definitiva, serán proyecciones de rectas perpendiculares entre sí.

3. Al proyectarse un objeto sus magnitudes varían; esto es, el objeto se escorza. La razón entre el tamaño de un objeto proyectado y su tamaño real se denomina **coeficiente de reducción**. Dicho coeficiente varía en función de la inclinación del triedro trirrectángulo respecto al plano del cuadro y siempre debe tenerse en cuenta, a no ser que los datos de la propuesta indiquen lo contrario.

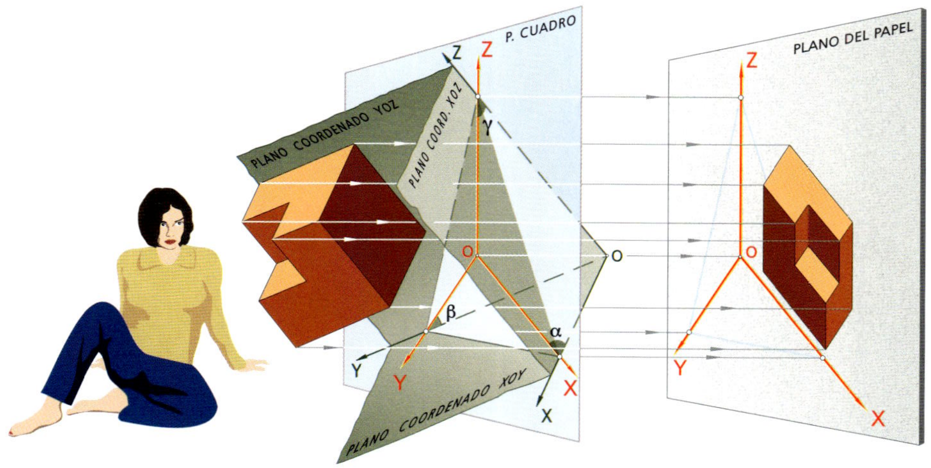

△ ***Génesis de la axonometría ortogonal***: perspectiva isométrica, dimétrica y trimétrica.

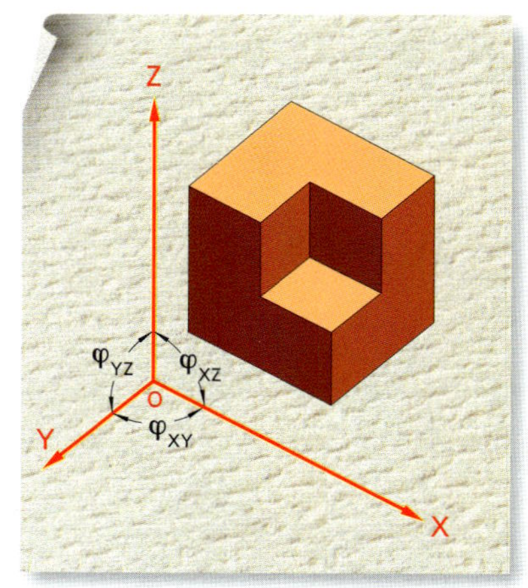

△ ***Perspectiva axonométrica***

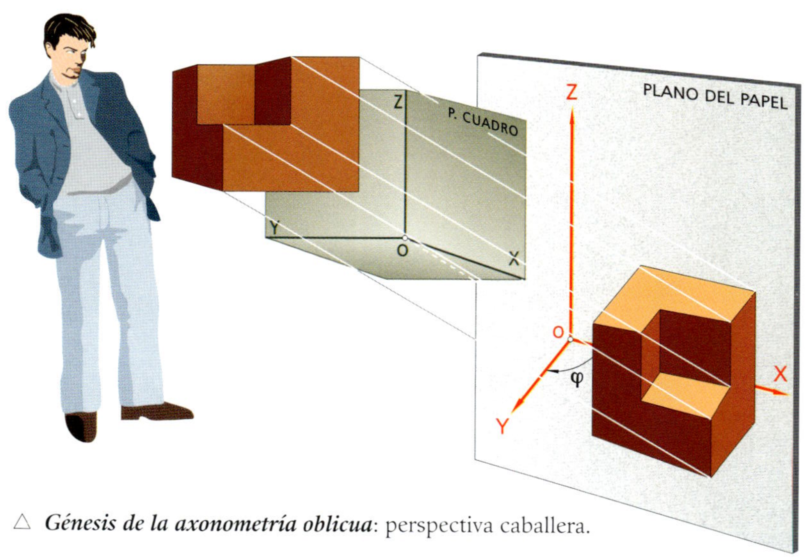

△ ***Génesis de la axonometría oblicua***: perspectiva caballera.

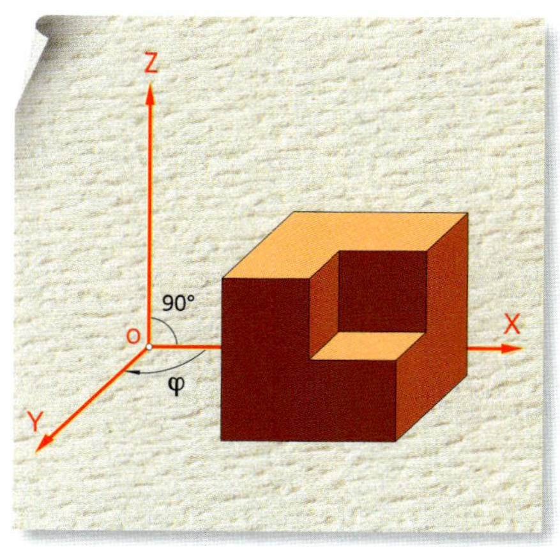

△ ***Perspectiva caballera***

1.2 La axonometría isométrica

En esta axonometría, el plano del cuadro forma ángulos iguales con las aristas del triedro de ejes **X**, **Y** y **Z**; por tanto, las proyecciones de dichos ejes generan ángulos iguales a 120°, lo que hace que el coeficiente de reducción ($\mu = 0{,}816$) sea el mismo para cada eje; de ahí la denominación de isométrica (iguales medidas).

Si aplicamos el coeficiente de reducción realizamos una **perspectiva isométrica**; cuando no le aplicamos, realizamos una **dibujo isométrico**.

1.3 La axonometría caballera

Las axonometrías caballeras son las más usadas entre las axonometrías oblicuas. Son aquéllas en las que el triedro fundamental de ejes coordenados **X**, **Y**, **Z** se considera dispuesto de tal manera que uno de los planos coordenados es paralelo al plano de proyección y, por lo tanto, al plano de las caras del objeto que no sufren deformación en la perspectiva. Los otros dos planos del triedro, perpendiculares al cuadro, sufren deformación, lo cual se materializa en la reducción de las magnitudes que se lleven en la dirección del eje o arista común a ambos.

En definitiva, las magnitudes sobre los ejes paralelos al plano del papel se proyectan sin experimentar reducción alguna, y sólo será necesario aplicar un coeficiente de reducción a las magnitudes llevadas en la dirección del eje **Y** (profundidades) en las **perspectivas caballeras frontales**; o del eje **Z** (alturas) en las **perspectivas caballeras militares**. Dentro de cada tipo y dependiendo de la reducción que se aplique, las perspectivas toman nombres específicos, como a continuación se indica.

PERSPECTIVA CABALLERA FRONTAL

– Posibles ***reducciones*** en el eje **Y**

• $\mu_Y = 1$	RÁPIDA
• $\mu_Y = 3/4$ ó $2/3$	GENERAL
• $\mu_Y = 1/2$	DE GABINETE

– ***Ángulo de fuga***: $0 < \varphi < 360°$

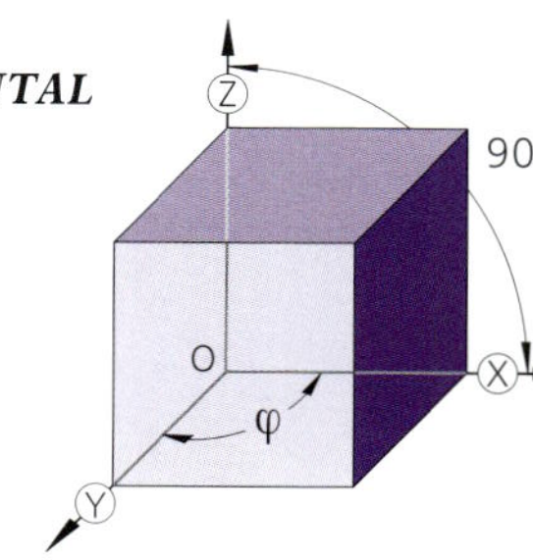

PERSPECTIVA CABALLERA PLANIMÉTRICA

– Posibles ***reducciones*** en el eje **Z**

• $\mu_Z = 1$	NORMAL
• $\mu_Z = 2/3$ ó $3/4$	ACORTADA

– ***Ángulo*** ω (XOZ): variable

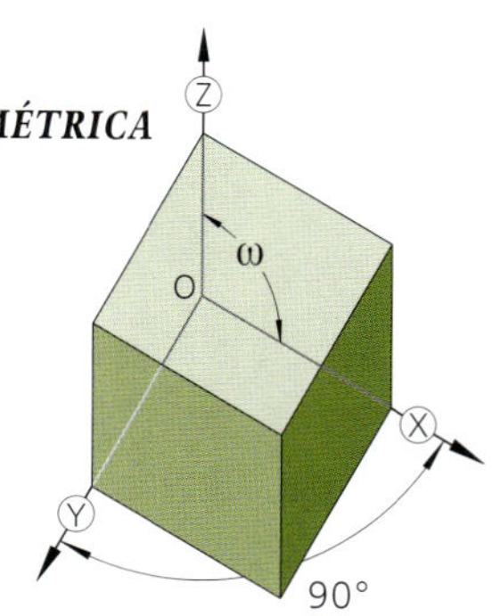

2 TRAZADO DE LA PERSPECTIVA ISOMÉTRICA

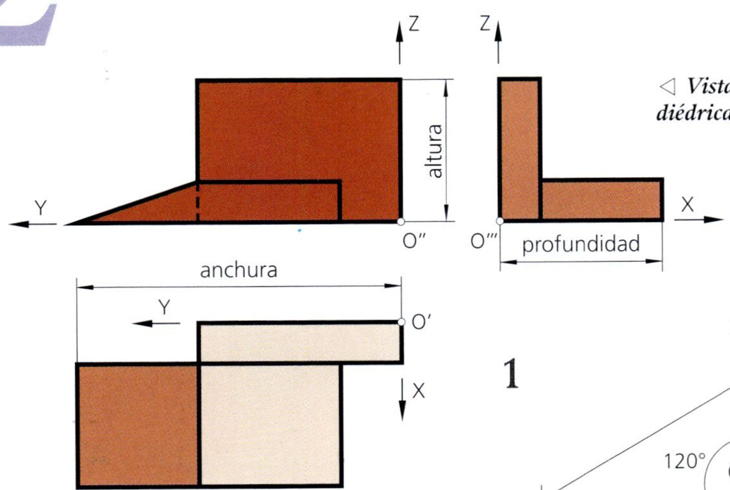

◁ ***Vistas o proyecciones diédricas del objeto.***

Cuando dibujamos una figura en perspectiva axonométrica, es necesario seguir una serie de pasos ejecutados con un orden lógico.

Tras observar el objeto, elegimos, en primer lugar, el punto de comienzo: el punto **O** (origen de los ejes coordenados) resulta ser el punto de arranque idóneo para iniciar la construcción.

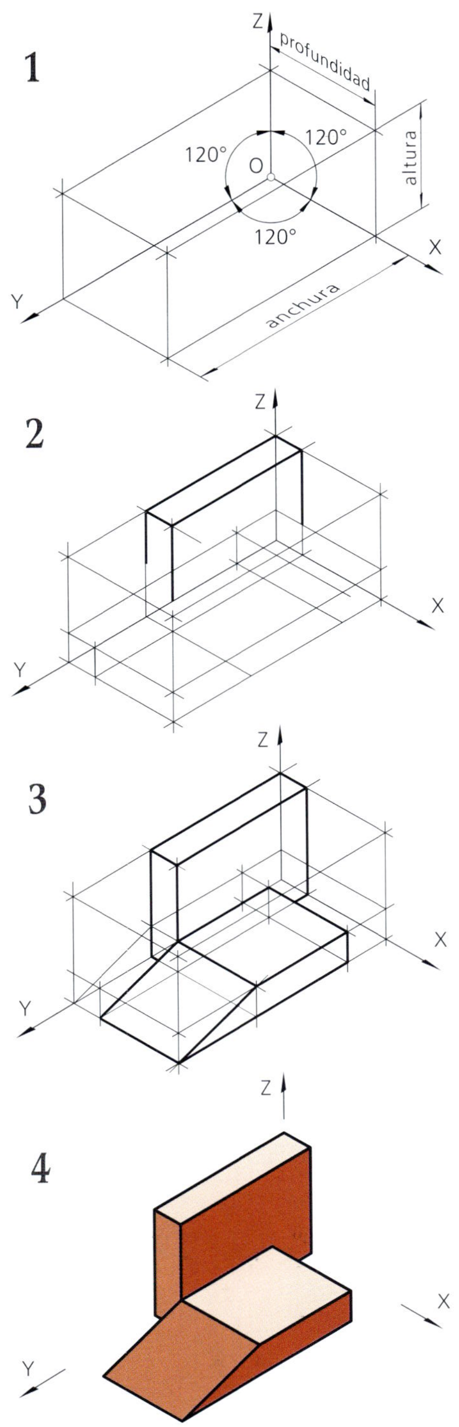

Paso paso

1. Comenzamos por dibujar el paralepípedo o cuerpo de envoltura con las dimensiones totales del cuerpo a representar, tomadas de las vistas diédricas.

2. Dimensionamos, con las divisiones correspondientes a las vistas dadas, el paralelepípedo envoltura. Dado que no conocemos qué aristas del cuerpo serán visibles, es aconsejable dibujar todas las líneas para ir visualizando, a medida que se genera la construcción, las partes que serán visibles y las que quedarán ocultas.

3. Se trazan las líneas que marcan la oblicuidad, esto es los planos inclinados del objeto, lo que se realiza con la intersección de las líneas de limitación en la vista frontal y vista lateral.

4. Finalmente, las aristas visibles del cuerpo se delinean con línea gruesa.

3 TRAZADO DE PARTES CIRCULARES EN ISOMÉTRICA

Las partes circulares situadas en cualquiera de las tres caras paralelas a los planos coordenados de la perspectiva, se proyectan según una **elipse**. No obstante, por precisión y rapidez en la ejecución de los dibujos isométricos, se hace aconsejable dibujar **óvalos** (curvas que, ópticamente, se asemejan a la elipse).

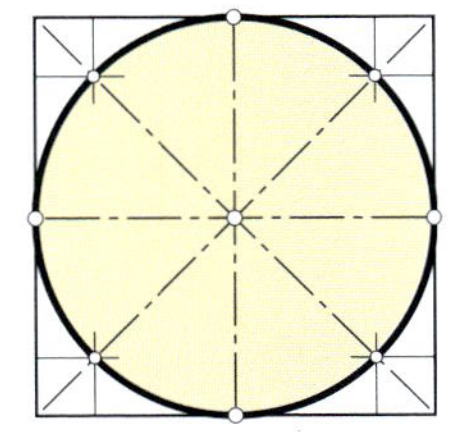

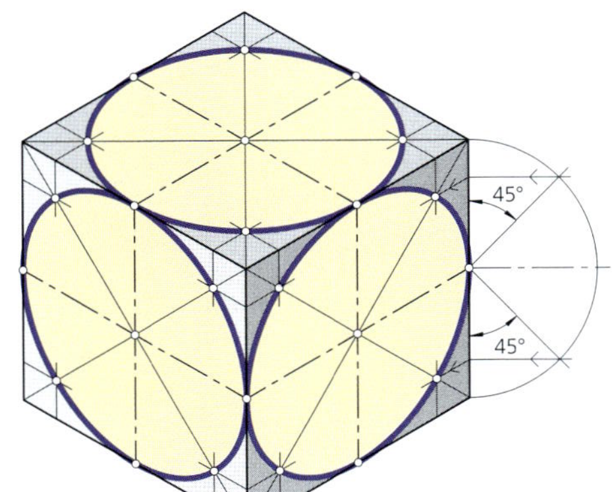

△ ***Circunferencias en isométrica (elipses)***, inscritas en las caras de un cubo.

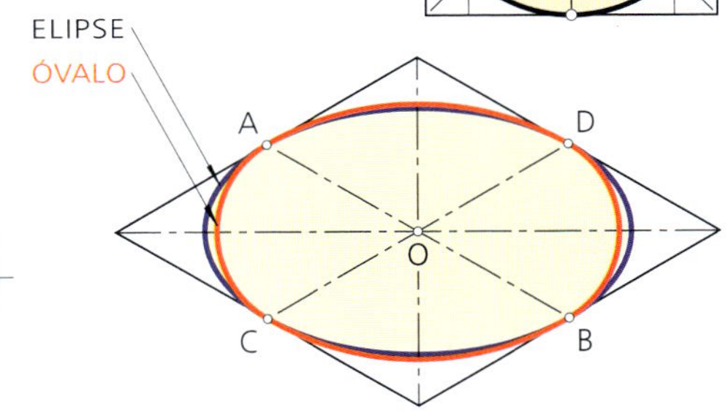

△ ***Diferencias entre la elipse y el óvalo*** en la representación isométrica.

Para su construcción se parte del cuadrado circunscrito a la circunferencia, que se convierte en un rombo en este tipo de perspectiva. Los centros de los arcos correspondientes al círculo isométrico (óvalo), resultan ser los puntos **A** y **B** para los arcos mayores (cuadrantes en la circunferencia real) y los puntos **M** y **N** para los arcos menores (correspondientes a los otros dos cuadrantes en la circunferencia).

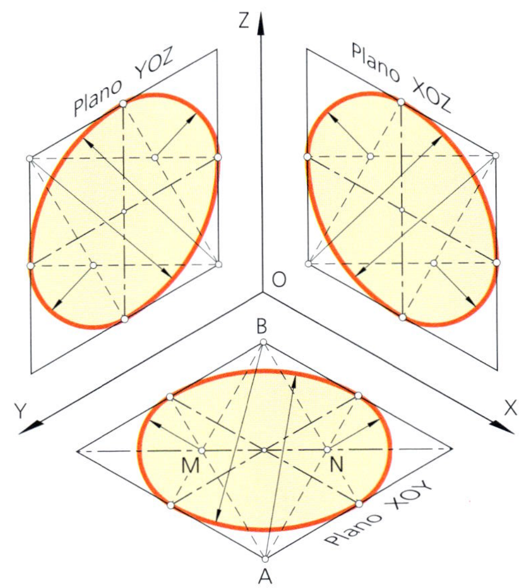

△ ***Círculos isométricos (óvalos)***, situados en los planos coordenados o en planos paralelos a ellos.

Enlace de rectas con curvas

Es frecuente la necesidad de enlazar dos líneas rectas con una curva formando ángulo recto como indica la figura inferior. Para dibujar su perspectiva isométrica se recurre a usar el trazado por arcos de óvalo como se muestra en la perspectiva isométrica inferior.

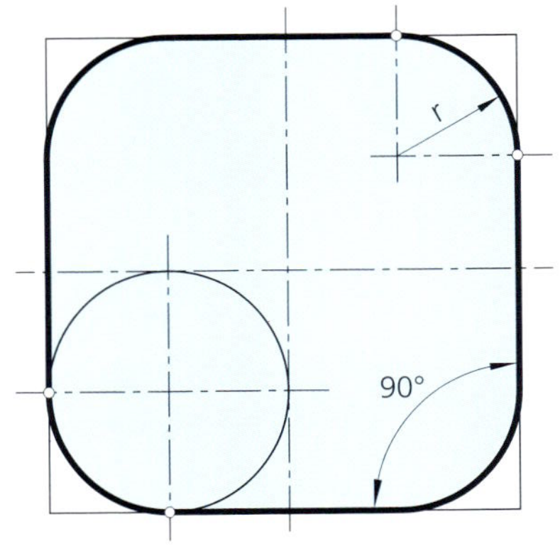

◁ ***Forma plana*** compuesta por rectas y arcos de circunferencia.

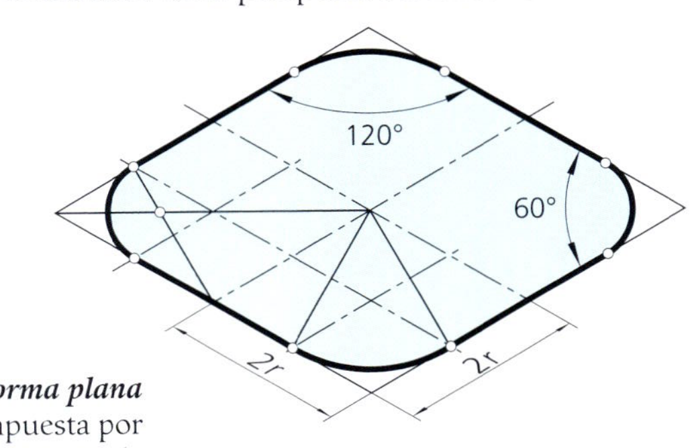

△ ***Isometría*** sobre el plano **XOY**.

4 REPRESENTACIÓN, PASO A PASO, DE LAS PERSPECTIVAS CABALLERAS FRONTAL Y MILITAR

CONSTRUCCIÓN DE LA PERSPECTIVA FRONTAL

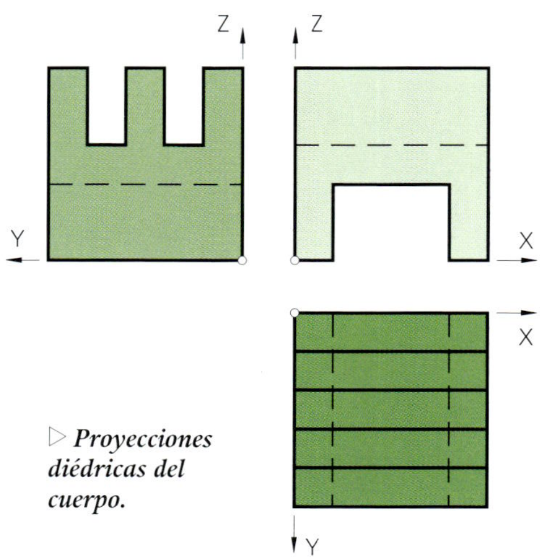

▷ *Proyecciones diédricas del cuerpo.*

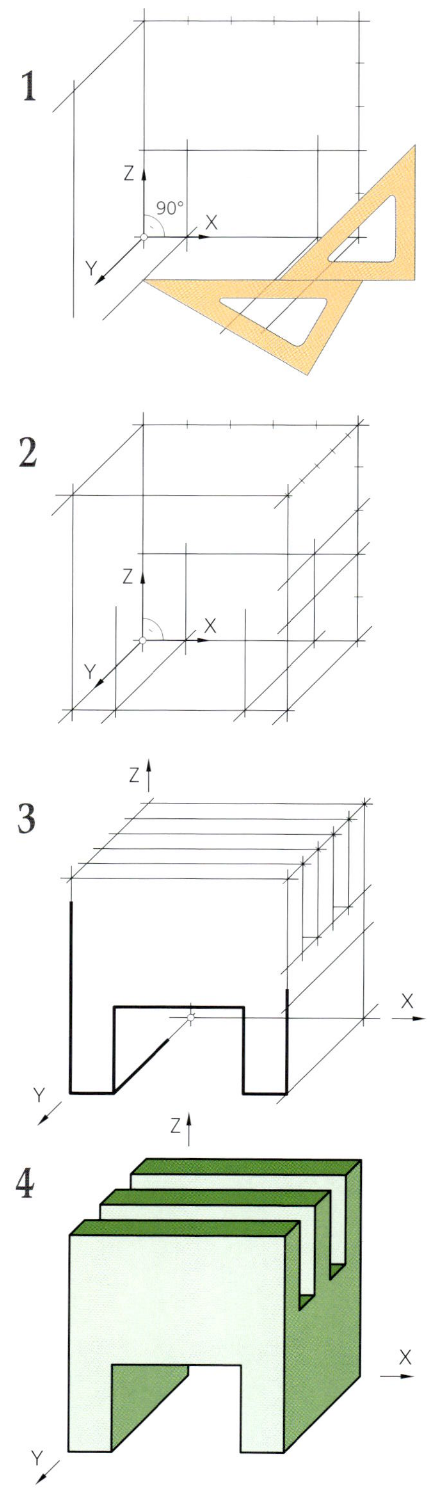

Paso a paso

1. Posiciones de la escuadra y el cartabón en la construcción de la perspectiva caballera para un ángulo de fuga de 135°.
2. Una vez dibujada la parte frontal del cuerpo, fugamos el mismo en la dirección marcada por el ángulo φ = 135° que forma el eje **X** con el **Y**. El eje **Y** es el que lleva la reducción y el único que no está en verdadera magnitud.
3. A la vista de las proyecciones dadas, acotamos las distancias que van dando forma y definen el cuerpo.
4. Se borran todas las líneas auxiliares, o que no vayan a ser vistas en la perspectiva, definiendo con trazo más firme y grueso las aristas de las partes vistas.

CONSTRUCCIÓN DE LA PERSPECTIVA MILITAR

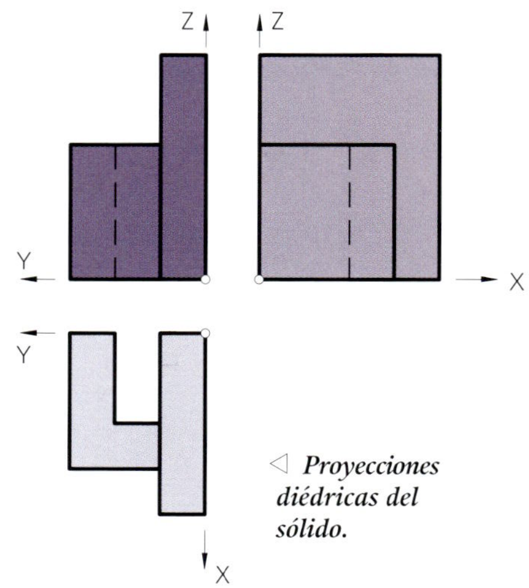

◁ *Proyecciones diédricas del sólido.*

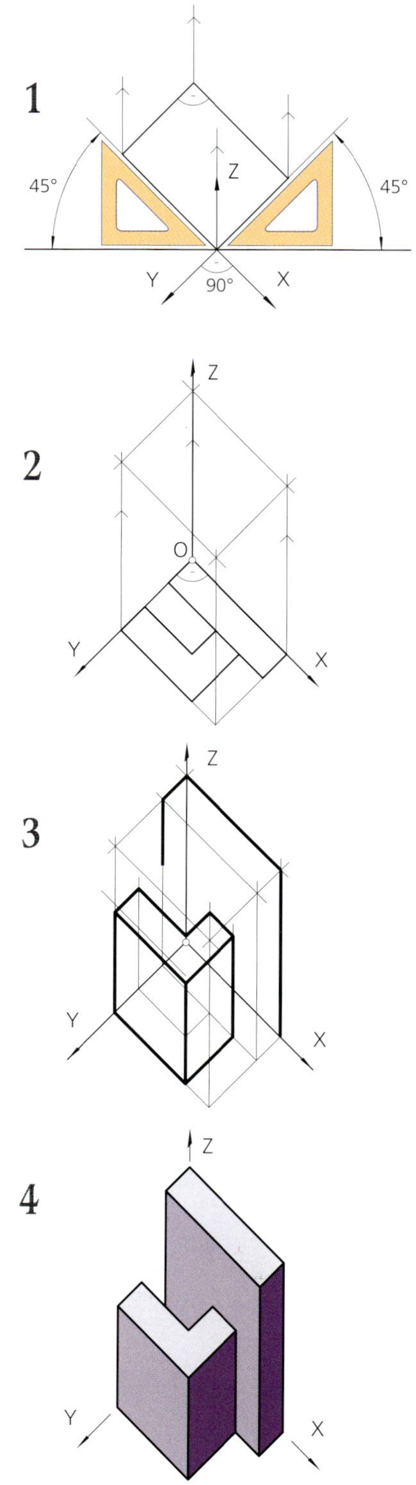

Paso a paso

1. Posiciones de la escuadra respecto a la horizontal en la construcción de la perspectiva militar aérea.
2. Se comienza por situar la planta –en verdadera magnitud– en el plano horizontal **XY** de la perspectiva; a continuación se levantan alturas, verticalmente, paralelas a la dirección del eje **Z**.
3. Se sigue visualizando el cuerpo y determinando las alturas de cada parte del mismo, considerando si en dirección del eje **Z** se levanta el volumen con o sin reducción.
4. Por último, se borran las líneas y trazados no vistos o auxiliares, para terminar remarcando con firmeza las aristas de las partes vistas en la perspectiva.

VOCABULARIO

- ***Axonometría*** *Palabra de origen griego (axón: eje y metrón: medida). Estudia la proyección de figuras sobre un plano, tomando como referencia tres ejes coordenados (X, Y, Z).*
- ***Coeficiente de reducción*** *Valor multiplicador que debe aplicarse a la verdadera magnitud de un elemento para producir una visualización de efecto real.*
- ***Plano del cuadro*** *Nombre que toma el plano de representación o del dibujo, sobre cualquier soporte (papel, cartón, lienzo, pared, etc).*
- ***Triedro*** *Ángulo formado por tres planos que concurren en un punto llamado vértice. Es el caso del triedro de coordenadas cartesianas (X, Y, Z) que se establece en el espacio, para referenciar la posición de los cuerpos en el mismo.*

CONSTRUCCIÓN DE MÓDULOS ARQUITECTÓNICOS ISOMÉTRICOS

Partiendo del módulo principal **MP** y añadiéndole los submódulos **M1**, **M2**, **M3** y **M4** pueden construirse infinidad de formas arquitectónicas como la que te mostramos en el ejemplo inferior, formada por **MP** y **M2**.

Diseña, con la máxima estética y funcionalidad arquitectónica, cinco posibles estructuras comenzando por el ejemplo ya iniciado en la lámina. Las otras cuatro debes construirlas tomando como base **MP** y agregando uno o varios submódulos.

Aunque quizá te parezca un ejercicio sin aplicación práctica alguna, debes saber que el urbanista ***F. L. Wright*** atribuía sus dotes de proyectista al hecho de haberse ejercitado desde joven componiendo formas con pequeños bloques de madera.

nombre y apellidos		
nº	curso/grupo	fecha

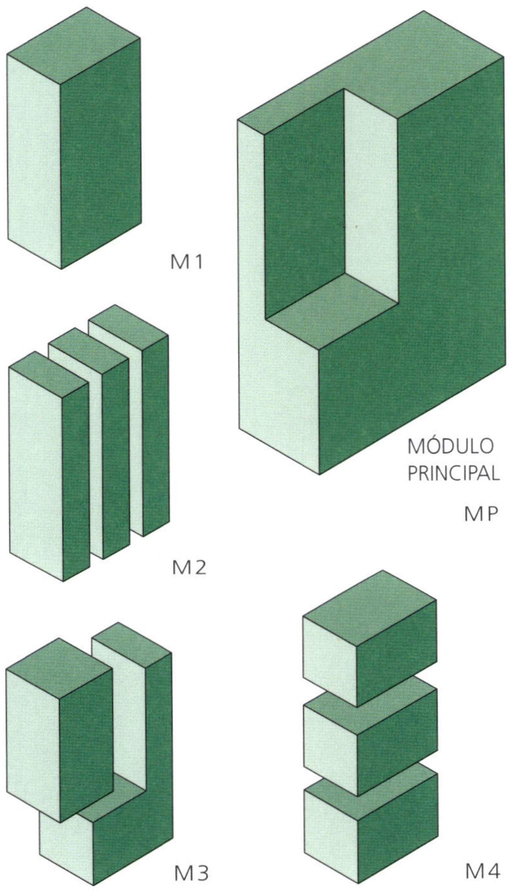

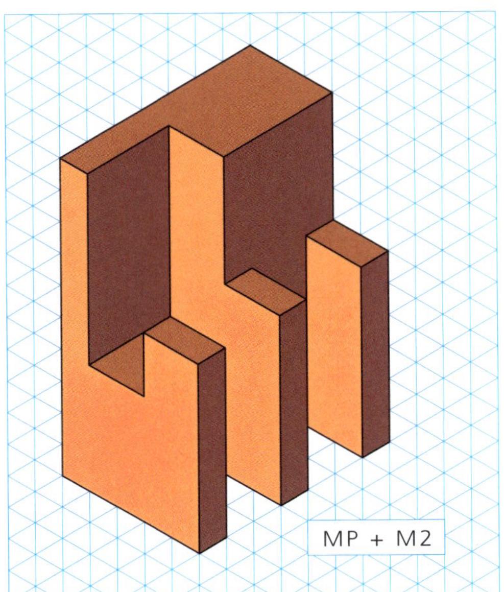

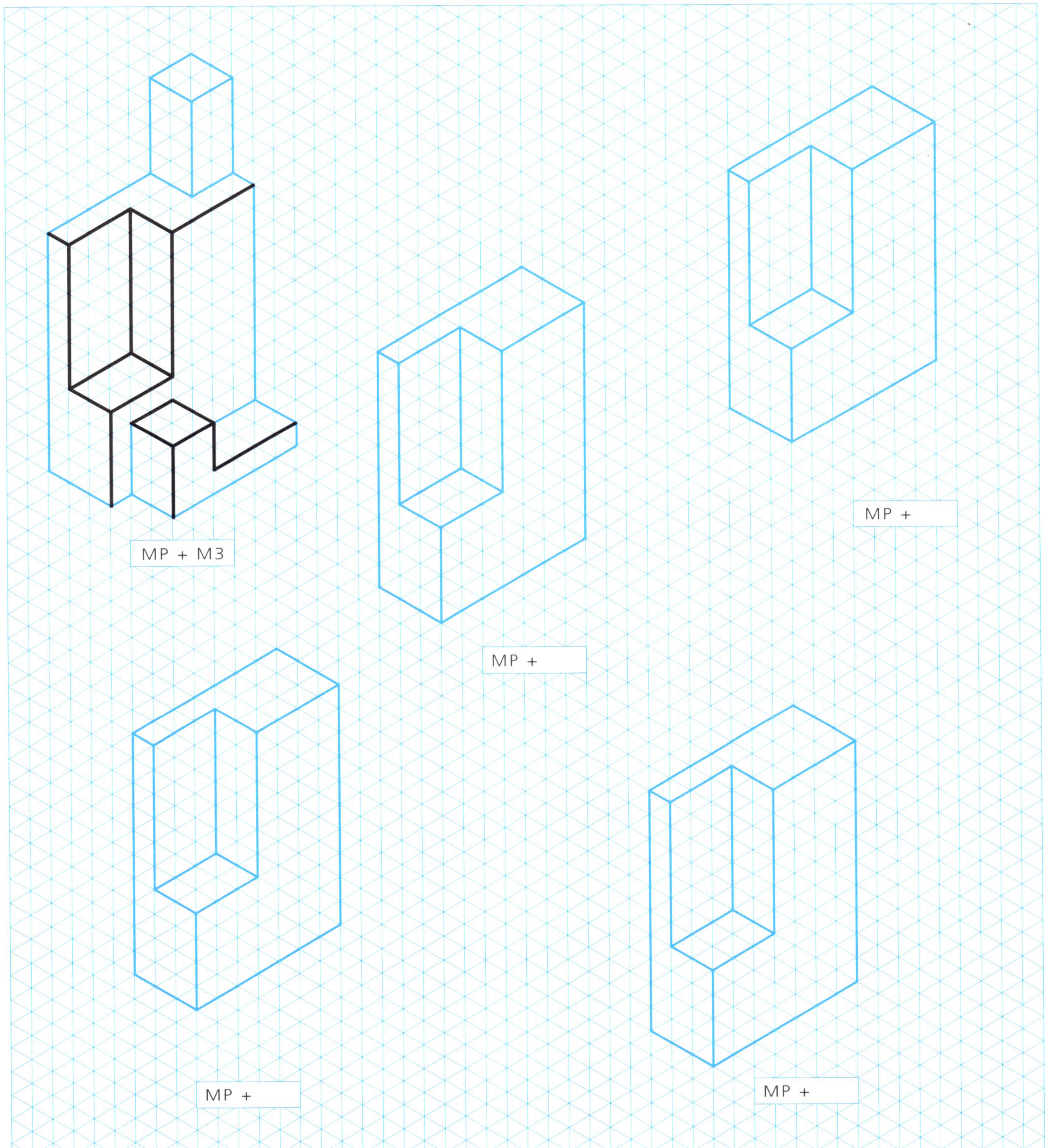

VERIFICACIÓN

1. ¿En qué tipo de proyección se fundamentan las axonometrías? ¿Y la perspectiva caballera?
2. Explica la relación entre magnitudes y ejes en la perspectiva caballera.
3. ¿Sabrías indicar qué tipo de perspectiva presenta el dibujo arquitectónico de la ilustración? ¿En qué se basa tu razonamiento?

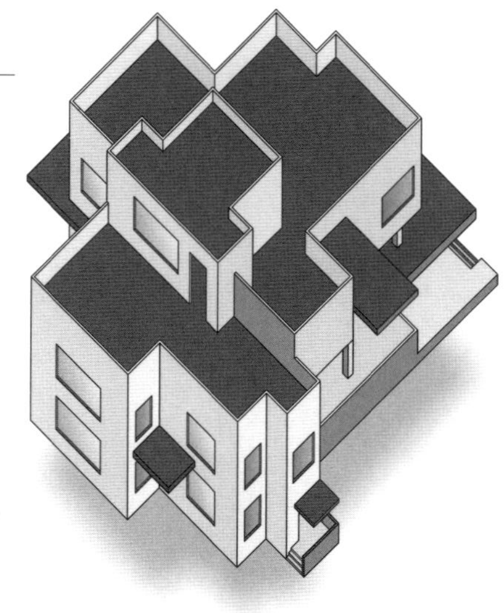

INFLUENCIA DEL ÁNGULO DE FUGA EN LA PERSPECTIVA CABALLERA

En esta propuesta queremos que analices la influencia que tiene el ángulo de fuga en la construcción de la perspectiva caballera. Como puedes ver, aunque las cuatro mesas muestran la misma cara en la parte frontal, la visión de cada una de ellas es distinta debido al ángulo de fuga empleado.

Partiendo de las vistas diédricas acotadas (**alzado** y **planta**) expuestas en el esquema de la izquierda debes dibujar la letra «F» en perspectiva caballera frontal y militar, atendiendo a la posición de los ejes y situación del plano del cuadro que acompañan a cada una de las rejillas-base.

Además, debes señalar al pie de cada ejercicio el tipo de perspectiva caballera del que se trata: frontal de gabinete, frontal rápida, militar, etc.

nombre y apellidos

nº	curso/grupo	fecha

VARIACIÓN DE LA PERSPECTIVA CON EL ÁNGULO DE FUGA

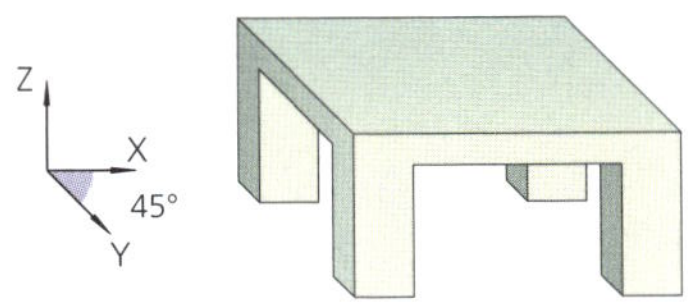

0° < φ < 90°

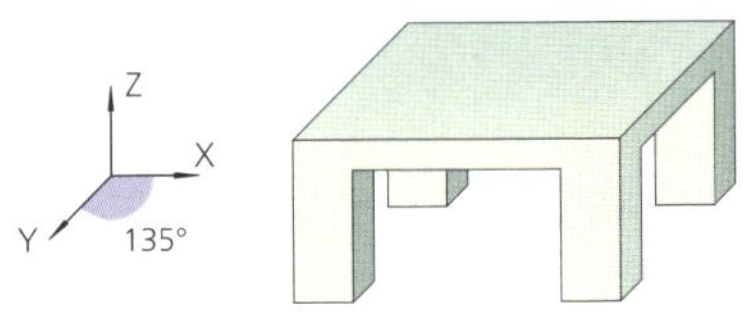

90° < φ < 180°

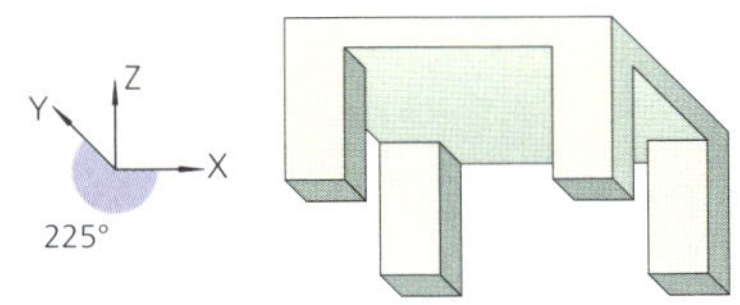

180° < φ < 270°

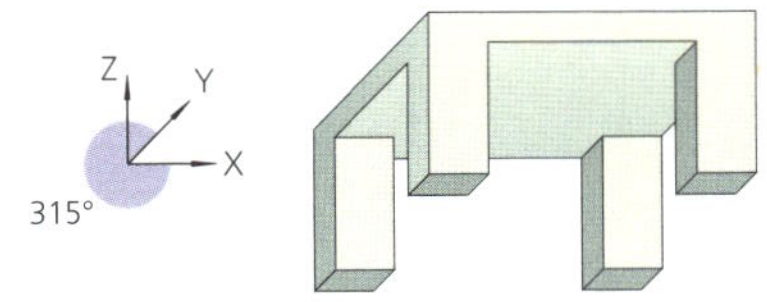

270° < φ < 360°

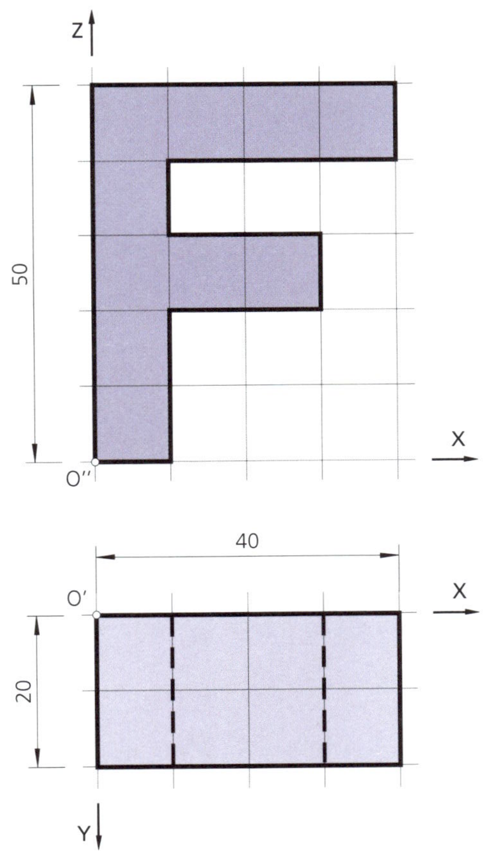

VISTAS DIÉDRICAS DE LA LETRA «F»

1

$\mu_Y = 1/2$

PERSPECTIVA CABALLERA FRONTAL ______

2

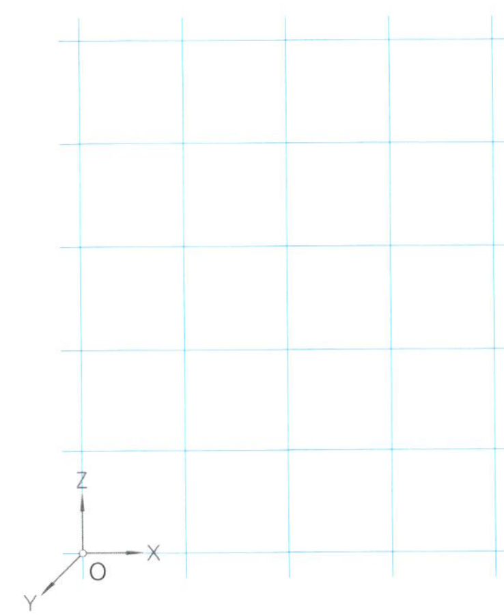

$\mu_Y = 3/4$

PERSPECTIVA CABALLERA FRONTAL ______

3

$\mu_Y = 1$

PERSPECTIVA CABALLERA FRONTAL ______

4

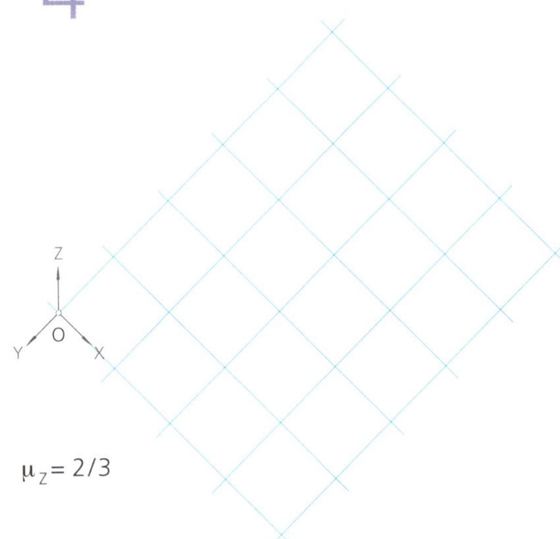

$\mu_Z = 2/3$

PERSPECTIVA CABALLERA MILITAR ______

IV

ESPACIO Y VOLUMEN

perspectiva cónica o lineal

UNIDAD DIDÁCTICA

14

OBJETIVOS

- Analizar y conocer los elementos y reglas básicas que rigen en la perspectiva cónica frontal o paralela.
- Identificar y conocer los fundamentos de la perspectiva cónica oblicua o angular.
- Saber utilizar la perspectiva lineal como recurso gráfico para crear sensaciones de volumen en la representación de cuerpos sencillos.

DESARROLLO

1. En primer lugar, se analizan los fundamentos teóricos en que se basan los métodos prácticos para conseguir la sensación de profundidad o perspectiva, estudiando los elementos de referencia y su significado.

2. Se valoran y distinguen los tres tipos de perspectiva cónica –frontal, oblicua y aérea–, haciendo uso de bocetos, exposiciones fotográficas y visualizaciones del natural

3. Se estudia la situación del punto de vista y la utilidad de los puntos métricos y puntos distancia en el efecto de profundidad.

4. Se desarrollan y ejercitan procedimientos para la construcción, en perspectiva frontal y oblicua, de formas modulares para su aplicación al entorno arquitectónico.

El desarrollo de toda la U.D. debe completarse en cuatro o cinco sesiones.

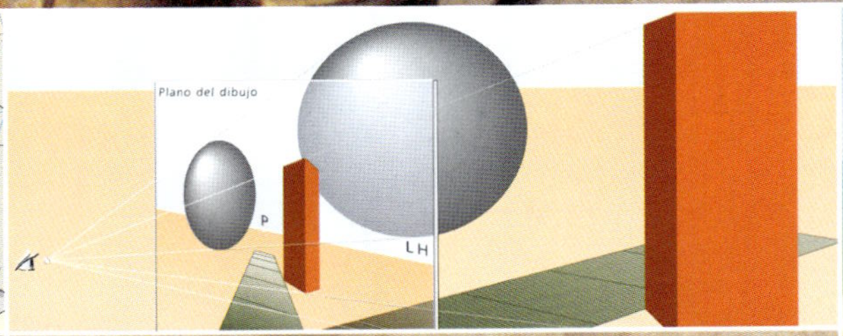

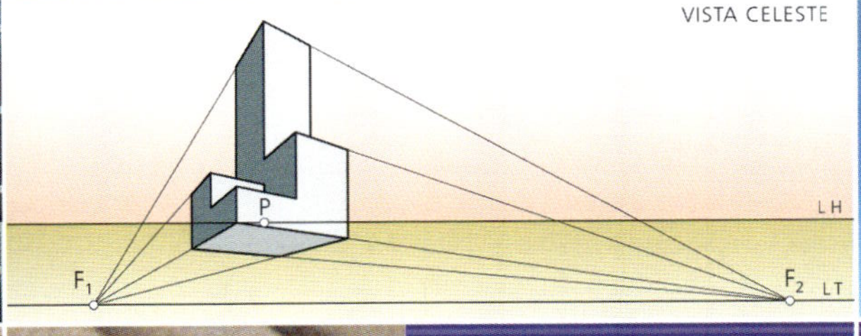

1 LA PERSPECTIVA CÓNICA

La perspectiva *cónica*, también denominada *lineal*, es un sistema de representación que trata de describir los objetos de modo similar a como los vemos, atendiendo a los cambios aparentes de forma y tamaño en la distancia.

La necesidad de buscar la manera de representar el espacio en un papel, y con toda su profundidad, ha sido objeto de frecuentes investigaciones por parte de los artistas desde la Antigüedad, pero hasta *Paolo Ucello, Piero de la Francesca* y *Leonardo da Vinci,* entre otros maestros del Renacimiento, no se abordó este problema con auténtico rigor. Cuentan que el impacto que produjo en el espectador de mediados del siglo XV la perspectiva o sensación de profundidad conseguida por estos grandes pintores en sus lienzos fue evidente, y muchos atribuyeron estos logros a misteriosas y esotéricas influencias, pues jamás hasta entonces se habían contemplado obras pictóricas «en relieve».

Con el paso de los siglos, lógicamente, los mecanismos perceptuales del hombre se han acostumbrado a interpretar los trazados perspectivos, entendiéndoles como lo que son: un conjunto de reglas y métodos que permiten interpretar la realidad con gran fidelidad al alterar las dimensiones y configuración de los objetos en función de su alejamiento y, en general, de la posición que adopten en el espacio respecto al punto de vista del espectador.

1.1 Fundamentos

La perspectiva cónica o lineal se fundamenta en la proyección cónica. El término «perspectiva» implica agudeza y penetración en la observación, visión en profundidad.

Será preciso, para entender los fundamentos de la perspectiva, imaginar que entre el dibujante y el objeto a dibujar interponemos un plano vertical (plano del dibujo), supuestamente transparente, de manera que la intersección de los rayos visuales con dicho plano determinará en él, la proyección de las figuras observadas. Es como si dibujásemos sobre el cristal de una ventana cuanto vemos a través del mismo.

Cualquier objeto tiene tantas perspectivas como posiciones diferentes puede tener éste con relación al observador. Los objetos, a medida que se alejan de nuestra vista, aparecen más pequeños porque apreciamos su tamaño por el ángulo visual, que va cerrándose a medida que aquellos se alejan del observador; su reducción extrema es un punto en la línea del horizonte, llamado *punto de fuga*. Y, a la inversa, si el objeto a representar en perspectiva se acerca, aparecerá proyectado cada vez más grande. Esto quiere decir que medidas iguales de un objeto se verán alteradas por la perspectiva, según su proximidad o alejamiento del plano del cuadro.

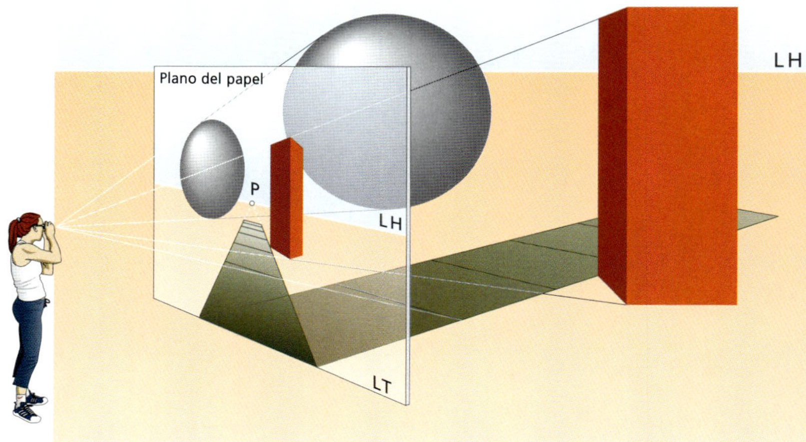

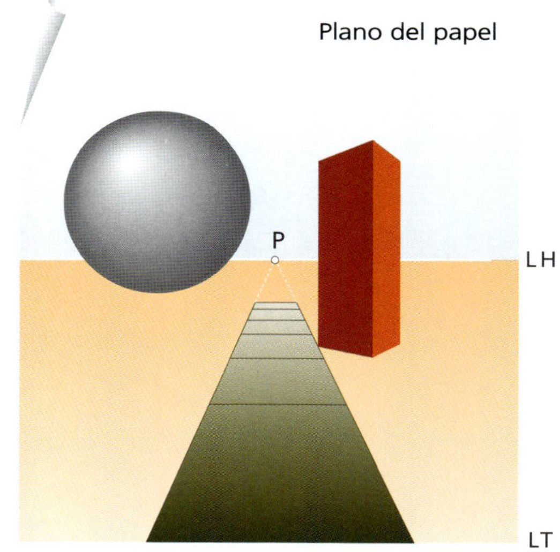

△ ***Perspectiva cónica*** de los modelos situados en el espacio según muestra la ilustración izquierda.

1.2 Elementos de referencia

- ***Plano del cuadro o del dibujo (PC)***

Es el plano vertical que suponemos transparente y situado entre el observador y el objeto. Sobre este plano es donde teóricamente se produce la imagen del objeto. En la práctica será el papel del dibujo.

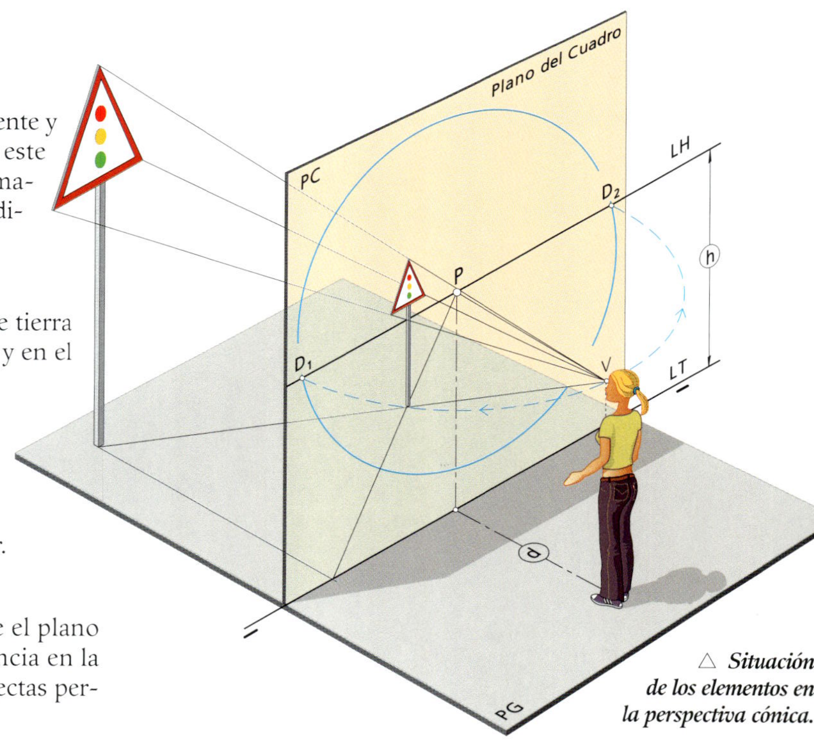

△ ***Situación de los elementos en la perspectiva cónica.***

- ***Plano geometral o plano del suelo (PG)***

Se trata del plano horizontal base o plano de tierra sobre el que se supone se apoya el observador y en el que descansan los objetos a representar.

- ***Línea de tierra (LT)***

Recta común a los dos planos anteriores.

- ***Punto de vista (V)***

Representa la situación teórica del espectador.

- ***Punto principal (P)***

Es la proyección del punto de vista **V** sobre el plano del cuadro **PC**. Es un punto de gran importancia en la perspectiva frontal; en él concurren todas las rectas perpendiculares al plano del cuadro.

- ***Distancia principal*** $(d = \overline{VP})$

Es la distancia existente entre el punto de vista **V** y el punto principal **P**, es decir, la distancia entre el observador y el plano del cuadro.

- ***Línea del horizonte (LH)***

Es la intersección del plano horizontal que pasa por el punto de vista con el plano del cuadro. La distancia entre **LT** y **LH** corresponde a la altura **h** del punto de vista sobre el plano del suelo **PG**.

- ***Puntos de fuga*** $(P, F_1, F_2...)$

Se encuentran teóricamente en la recta del horizonte **LH**, y en ellos convergen todas las rectas horizontales paralelas entre sí que existan en el modelo objeto de la representación. Es decir, cada dirección o recta del objeto tendrá su propio punto de fuga; por tanto, todas las rectas paralelas del objeto real convergen, en la perspectiva, en un mismo punto de fuga.

- ***Puntos métricos (M)***

Son los puntos que sirven para medir magnitudes sobre rectas no paralelas al plano del cuadro.

- ***Puntos distancia*** $(D_1 \text{ y } D_2)$

Son los puntos métricos para rectas perpendiculares al plano del cuadro. Estos puntos son, asimismo, puntos de fuga de todas las rectas que formen 45° con el plano del cuadro.

2 TIPOS DE PERSPECTIVA CÓNICA

Según la posición que adopte el observador respecto al modelo, o la situación de éste con respecto al plano del cuadro (PC), se distinguen tres tipos de perspectivas:

2.1. Perspectiva frontal o paralela

Se trata de un tipo de perspectiva donde los objetos se sitúan con sus caras paralelas al plano del cuadro. Se utiliza un único punto de fuga sobre la línea del horizonte, que coincide con el punto principal **P**.

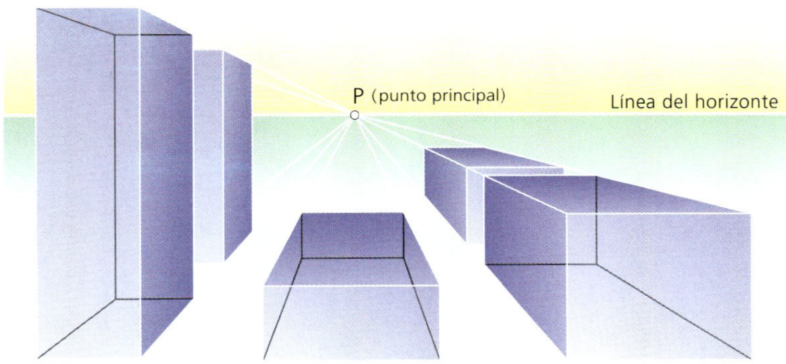

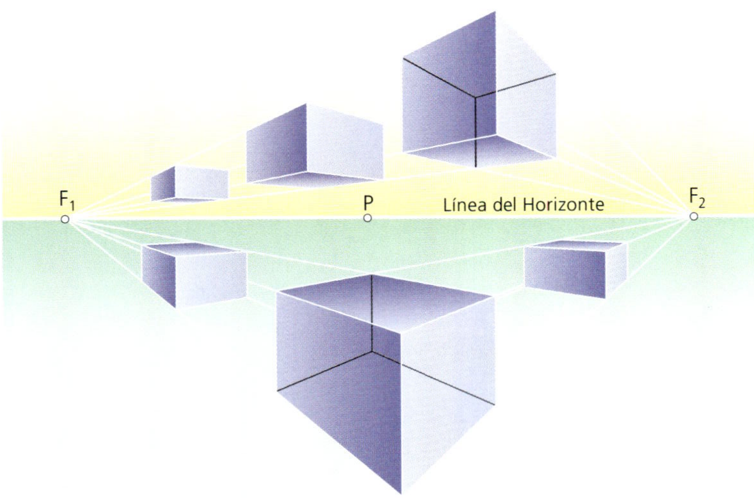

2.2 Perspectiva oblicua o angular

El plano del cuadro es oblicuo con respecto a dos de las direcciones fundamentales, representadas por las caras de formas cúbicas, permaneciendo la tercera dirección perpendicular al plano geometral. Se trata de un tipo de perspectiva con dos puntos de fuga, situados en la línea del horizonte.

2.3 Perspectiva aérea

En ésta perspectiva, el plano del cuadro es oblicuo respecto a las tres direcciones fundamentales. Se trata de una representación con tres puntos de fuga: dos situados en la línea del horizonte y un tercero al que fugan las aristas verticales.

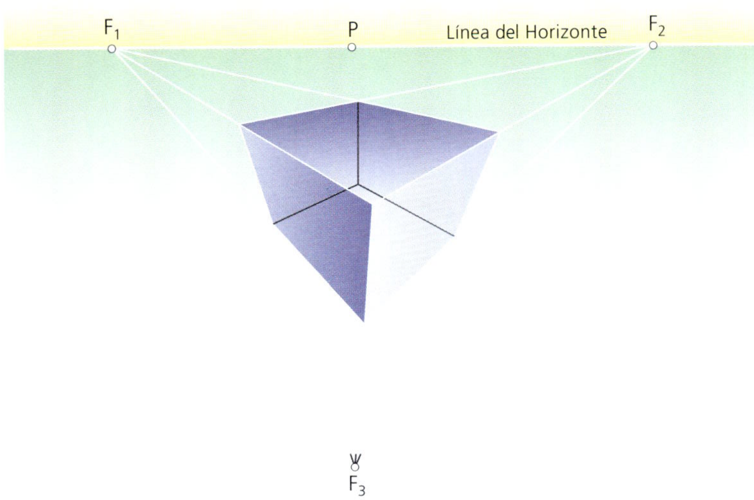

3 ALTURA DEL PUNTO DE VISTA

El observador se encuentra a una altura **h** del plano geometral, que es la distancia entre la línea del horizonte y la de tierra. La vista del objeto difiere notablemente según la situación del punto de vista, como se aprecia en las perspectivas de los bloques arquitectónicos de las ilustraciones inferiores.

Normalmente, se establece una altura para la línea del horizonte semejante a la figura humana (1,70 m.). Un punto de vista bajo apenas muestra el plano de tierra, disminuyendo la distancia entre la **LT** y la **LH**; mientras, la «vista de pájaro», muy utilizada en diseños urbanísticos, eleva la **LH** muy por encima de la **LT**.

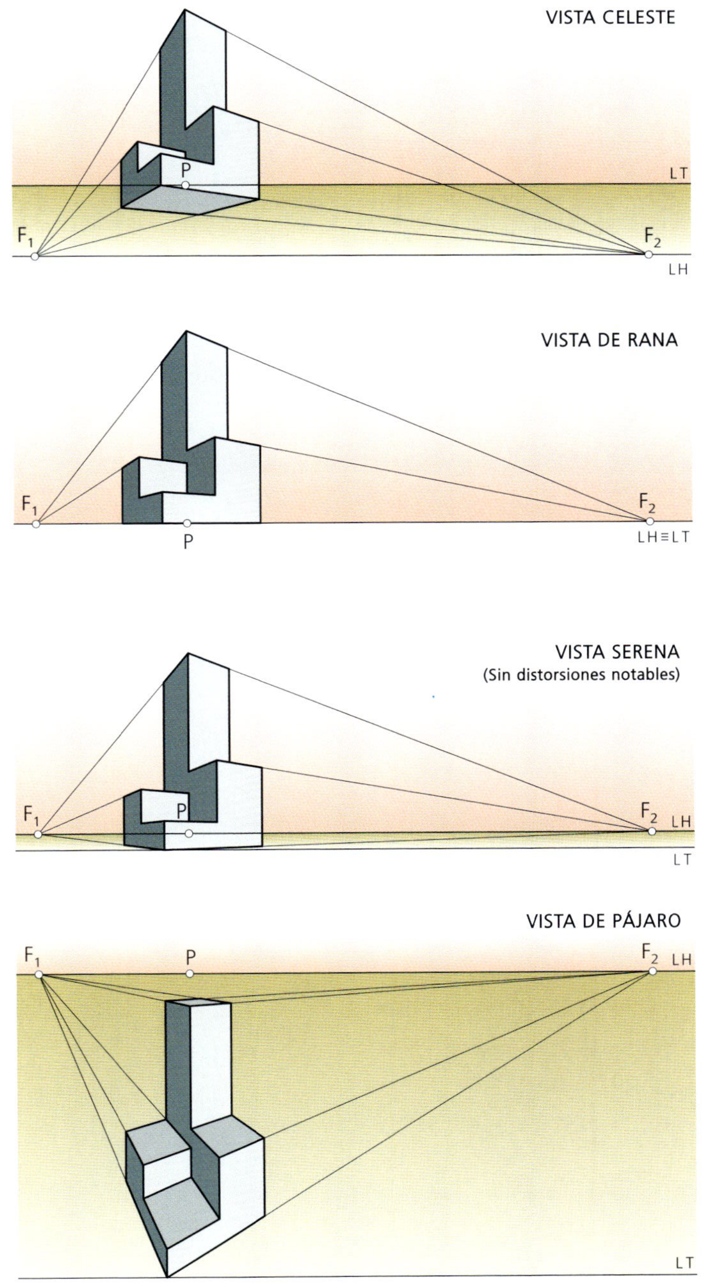

△ ***La variación de la perspectiva con la altura del punto de vista*** se ve reflejada en la distancia existente entre la línea del horizonte y la de tierra.

4 PUNTOS MÉTRICOS

En la perspectiva cónica, las magnitudes sobre rectas horizontales no paralelas al plano del cuadro se miden mediante los puntos métricos. Dichos puntos sirven para medir las rectas dirigidas a los puntos de fuga; es decir, son puntos medidores de la longitud que deberán tener las rectas concurrentes a los puntos de fuga **F_1** y **F_2**. Se les denomina **M_1** y **M_2**, utilizándose para las mediciones de anchuras y profundidades.

La operación para determinarlos se realiza haciendo centro con el compás en los puntos **F_1** y **F_2**, y trazando arcos de circunferencia de radio $\overline{F_1V}$ y $\overline{F_2V}$ respectivamente, que cortarán a la línea del horizonte en los puntos **M_1** y **M_2** deseados. El punto métrico de las rectas cuyas perspectivas se dirigen a **P** (rectas perpendiculares al plano del cuadro) se denomina punto de distancia **D**, que se obtiene haciendo centro en **P** con radio $\overline{PV}$.

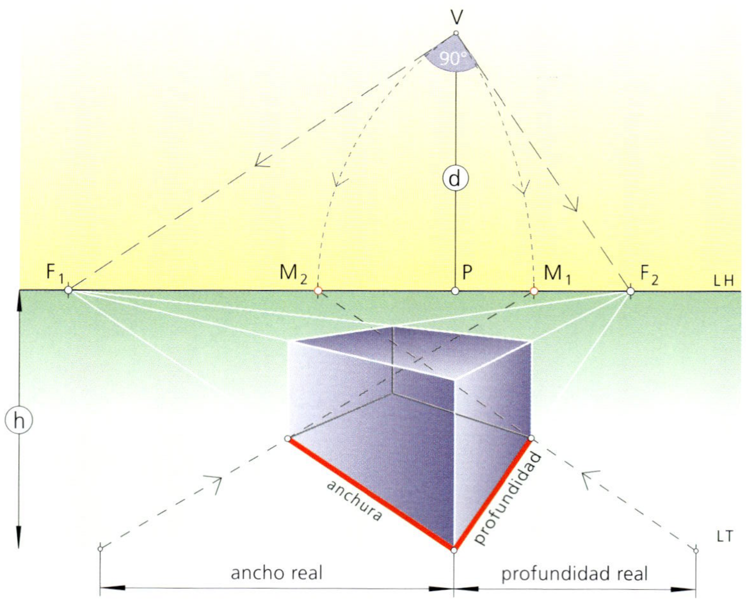

△ *Método de los puntos métricos.*

5 CONSIDERACIONES BÁSICAS

Los fundamentos se pueden resumir en estos nueve puntos:

1. Todas las rectas paralelas al plano del cuadro tienen su perspectiva paralela a dicho plano. La perspectiva de una recta vertical será siempre vertical. La perspectiva de una horizontal y paralela al plano del cuadro será siempre paralela a la línea de tierra y, por tanto, a la línea del horizonte.
2. La perspectiva de una figura paralela al plano del cuadro es semejante a dicha figura. Así, en la perspectiva frontal, las caras de los objetos a representar que se posicionen paralelas al plano del cuadro son semejantes.
3. Todas las rectas horizontales, no paralelas al **PC**, fugan en un punto de la línea del horizonte.
4. Las rectas perpendiculares al plano del cuadro fugan en un punto principal **P**.
5. Todas las líneas rectas paralelas entre sí fugan a un mismo punto.
6. Las rectas que forman con el plano del cuadro 45° tienen su punto de fuga en uno de los puntos distancia **D**.
7. Todas las rectas paralelas entre sí y oblicuas al plano geometral y al plano del cuadro tienen sus puntos de fuga sobre la línea del horizonte (puntos celestes) o bajo ella (puntos terrestres).
8. La perspectiva de cualquier segmento o arista de un cuerpo que se encuentre en el plano del cuadro estará en verdadera magnitud. Sólo en el plano del cuadro se deberán tomar las medidas reales o a la escala en que se represente el dibujo.
9. Las magnitudes que determinan la posición del punto de vista **V** respecto al plano del cuadro **d**, al geometral **h** y la disposición del modelo, se dibujan en la misma escala en la que están representadas las proyecciones diédricas del objeto.

La altura del punto de vista **V** varía con la posición del espectador, lo que trae consigo un cambio de visión del objeto. Cuanto más cerca se encuentra el primero, un mayor escorzo (reducción de magnitud) aparece en la imagen del objeto proyectada en el cuadro, aunque el tamaño del objeto no cambia excesivamente.

PERSPECTIVA DE UN CUADRADO
SITUADO EN EL PLANO GEOMETRAL O PERPENDICULAR A ÉL

1°

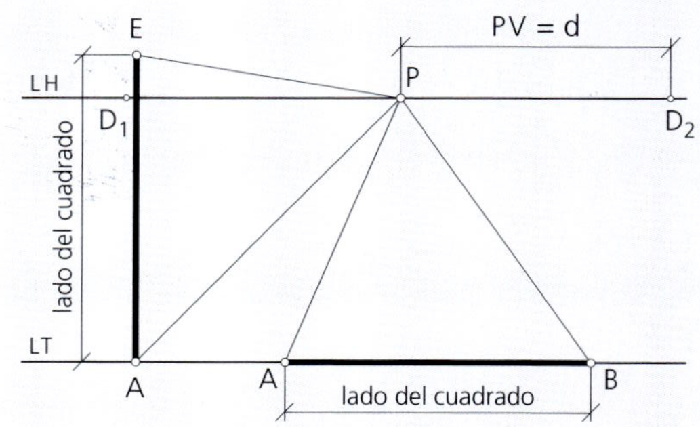

Tanto si el cuadrado está situado en el plano geometral como si se ubica perpendicular a él y con un lado en el plano del cuadro, se comienza por trazar dicho lado en verdadera magnitud y en la disposición indicada. En ambas situaciones, los lados adjuntos fugan en el punto principal **P**.

2°

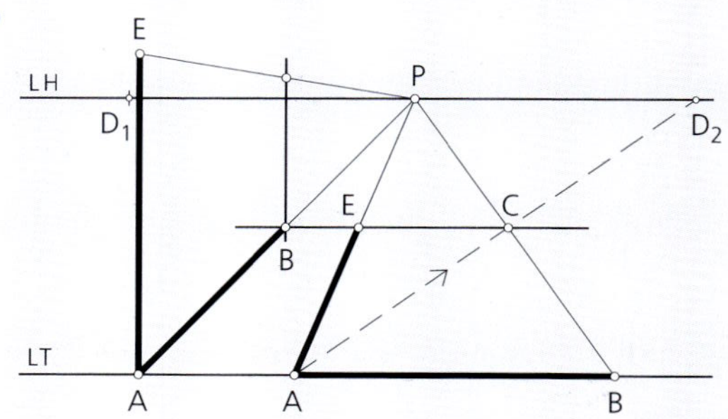

La medición de los lados en profundidad se determina por medio de las diagonales que, por formar ángulos de 45° con los lados del cuadrado, tendrán como fuga los puntos distancia **D_1** y **D_2** que se utilizan como métricos para medir toda recta situada en el geometral y que fuge en el punto **P**.

3°

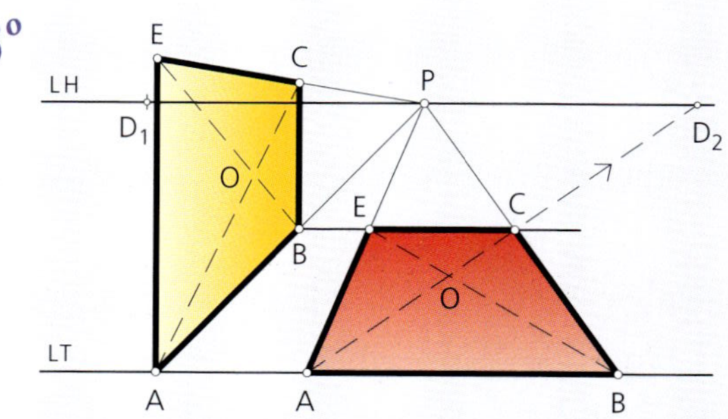

El cuadrado en perspectiva se completa trazando, por los puntos determinados anteriormente, rectas paralelas al lado del cuadrado inicial.

VOCABULARIO

- ***Espectador*** *Observador de un objeto, con agudeza y visión en profundidad y, a la vez, dibujante del objeto en el plano del cuadro o plano del papel.*
- ***Horizonte*** *Línea que limita la superficie terrestre o plano geometral, del suelo, al que alcanza la vista del espectador y en la cual parecen juntarse el cielo y la tierra.*

PERSPECTIVA LINEAL DE UN ESPACIO INTERIOR O URBANO

Vista interior.
Por su gran efecto real, es muy utilizada en el diseño y decoración de viviendas y lugares públicos donde haya que proyectar nuevas formas y ambientes.

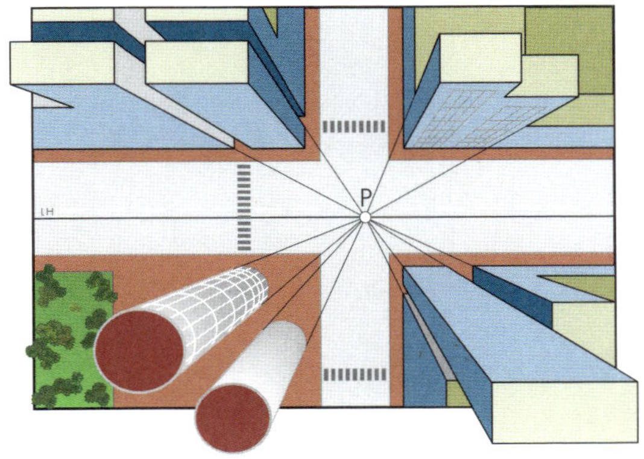

Vista aérea de un espacio urbano.
Resultan fáciles de realizar: basta con dibujar la planta del motivo y luego proyectar el tema hacia ti. Estas vistas dan una visión detallada de la disposición espacial de los elementos.

nombre y apellidos

nº	curso/grupo	fecha

Para dibujar con rapidez y soltura perspectivas lineales se suelen utilizar mallas, previamente impresas, que responden a las direcciones de los tres ejes: anchura, altura y profundidad.

Poniendo uno de estos retículos mallados bajo una hoja de papel transparente, se hace bastante fácil y expeditivo construir los volúmenes y las articulaciones normales de cualquier objeto espacial.

Atendiendo a la diversidad de alumnos y a la vista de la malla frontal que presenta la lámina, te pedimos:

1. Determina los parámetros de la malla: distancia principal **d** y la altura **h** del punto de vista.

2. Diseña una perspectiva cónica frontal de un espacio interior o de un espacio urbano, con el motivo que defina el profesor/a. Observa los ejemplos que se ofrecen en la lámina.

RECUERDA...

- *Todas las rectas horizontales y verticales paralelas a la superficie del papel –esto es, las contenidas en los planos paralelos al cuadro– deberán ser representadas como tales rectas horizontales y verticales. Por tanto: formas o figuras iguales contenidas en planos frontales son semejantes entre sí.*
- *Las demás rectas paralelas, que se alejen del espectador, deberán representarse como líneas que convergen hacia un mismo punto, (punto de fuga). Las distancias que separan estas líneas se reproducirán alteradas en el papel y, por tanto, las distancias de iguales magnitudes se irán reduciendo al alejarse del espectador.*

MALLA FRONTAL O PARALELA

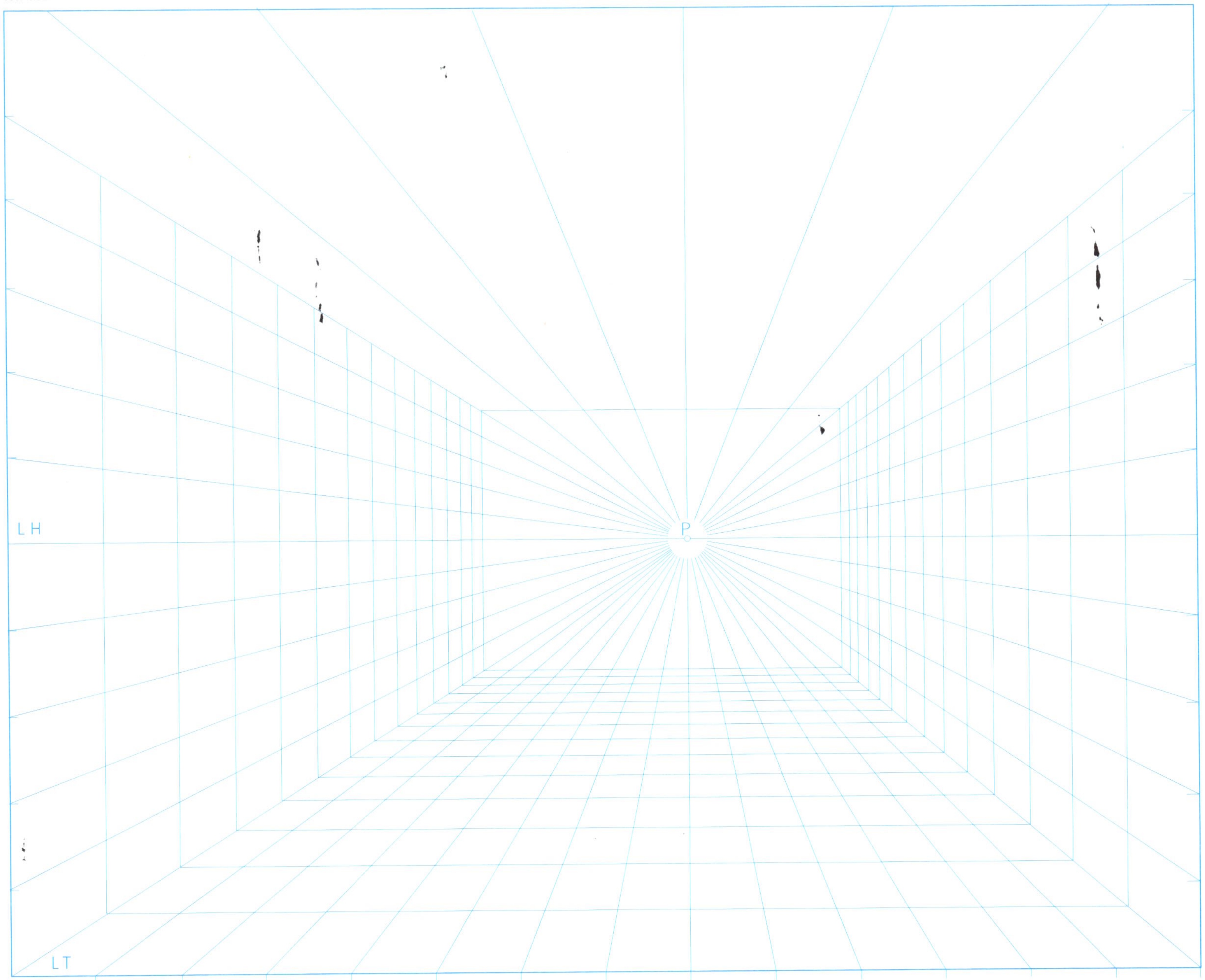

VERIFICACIÓN

Hojeando revistas de arquitectura y de urbanismo puedes encontrar fácilmente interesantes fotografías y proyectos en perspectiva cónica (frontal, oblicua o aérea), como las expuestas en esta página.

Escribe, al pie de cada ilustración, el tipo de perspectiva y señala sobre cada una de ellas la línea del horizonte (**LH**) y los puntos de fuga que creas definen la perspectiva.

Óscar Pérez Silanes y Javier Pérez Herreras.
«Oficinas del Colegio de Arquitectos de Pamplona», 1996.

Minoru Yamasaki Associates, Inc.
«Torre Picasso», 1988.

Gerriet Rietveld (1888-1964).
«Silla en rojo y azul», 1918.

PERSPECTIVA CÓNICA OBLICUA DE FORMAS CÚBICAS

Observa con atención la escultura de formas cúbicas superpuestas dada en proyecciones diédricas.

Debes representar, a escala 4/5, la perspectiva cónica oblicua de las cuatro piezas cúbicas, sabiendo que el valor de la arista de todas ellas es de 45 mm.

La altura del punto de vista, donde se encuentra el observador, es de 80 mm. y la distancia de éste al plano del cuadro de 120 mm.

nombre y apellidos		
nº	curso/grupo	fecha

$F_{30°}$ y $F_{60°}$ = Puntos de fuga del haz de rectas que forman 30° y 60°, respectivamente, con el plano del cuadro.

$M_{30°}$ y $M_{60°}$ = Puntos métricos para dimensionar las rectas que fugan con los ángulos indicados en el subíndice.

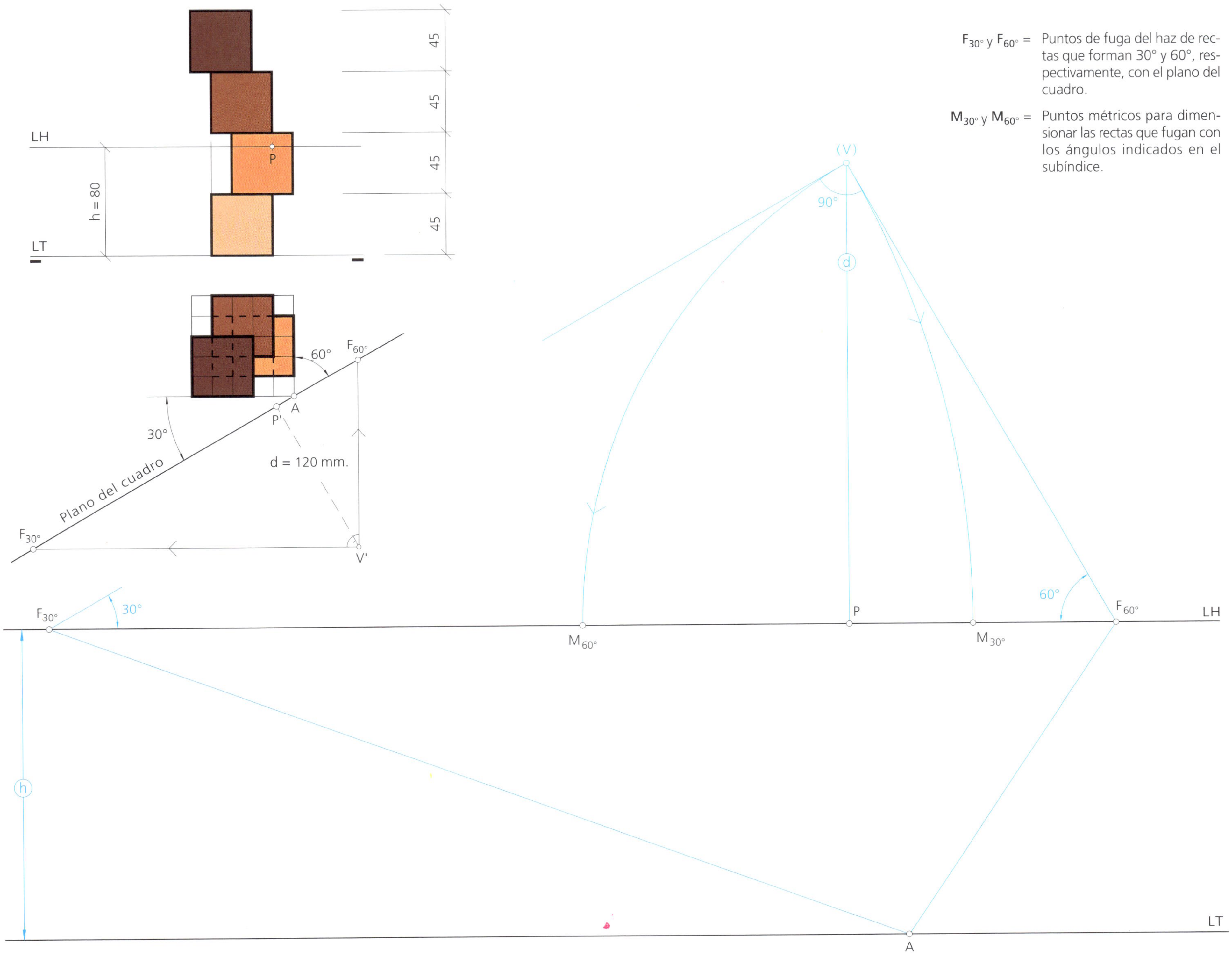

e: 4/5

técnicas secas y húmedas

PROCEDIMIENTOS
Y TÉCNICAS
GRÁFICO-PLÁSTICAS

UNIDAD DIDÁCTICA

15

OBJETIVOS

- Describir y conocer algunos procedimientos y técnicas utilizadas en los lenguajes visuales.
- Experimentar y diferenciar las diversas técnicas gráfico-plásticas.
- Observar e identificar distintas obras realizadas con diferentes técnicas por artistas de distintas épocas y estilos.

DESARROLLO

1. Se recuerdan y describen las técnicas secas: lápiz de grafito, lápices de colores, ceras, pasteles, rotuladores y la técnica del collage.

2. Se continúa con el mismo planteamiento para explicar las técnicas húmedas: tinta con plumilla o estilógrafo, tintas de color con pincel, lápices acuarelables y témperas.

3. Las experimentaciones con las propuestas de trabajo y las cuestiones específicas de las verificaciones serán los elementos que constaten la actitud y aprovechamiento del alumno.

El recordatorio global de las técnicas, junto al desarrollo práctico de las dos propuestas que integran la Unidad, debe completarse en tres o cuatro sesiones de trabajo.

1 TÉCNICAS SECAS

Dentro de las diferentes técnicas de dibujo y pintura, puede establecerse una división entre técnicas secas y húmedas.

Las técnicas secas son aquéllas en las que se emplean pigmentos sin presencia de aglutinantes húmedos, como pueden ser los aceites o el agua. Así, incluimos entre las técnicas secas el lápiz de grafito, los lápices de colores, los rotuladores, las ceras, el pastel y el collage.

A pesar de reunirlas en un mismo apartado, se trata de técnicas muy distintas con las que pueden obtenerse resultados totalmente diferentes.

1.1 Lápiz de grafito

1. Comenzaremos siempre realizando un dibujo a mano alzada que mantenga las proporciones del modelo, intentando encajarle adecuadamente dentro de la superficie de papel disponible.
2. Tras observar las sombras del modelo, se reproducen en el dibujo.
3. Se continúa reforzando las partes más oscuras.
4. Se termina contrastando y matizando las sombras más sutiles. En este caso no se ha utilizado difumino. Si lo empleas puedes dotar al resultado final de un aspecto más suave.

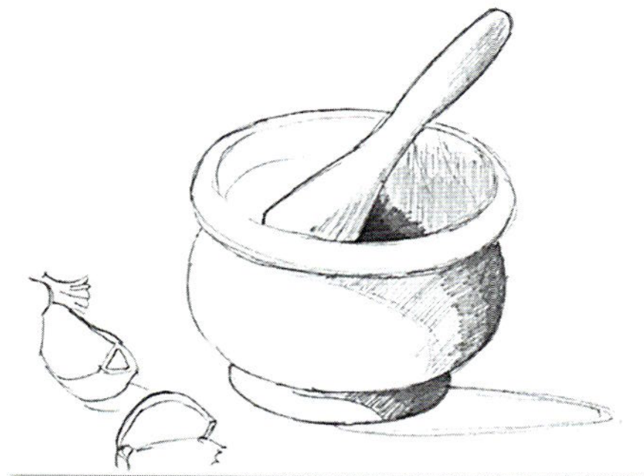

1.2 Lápices de colores

Entre las diferentes técnicas secas, quizá sean los lápices de colores aquélla con la que estamos más familiarizados.

La técnica de dibujo con lápices de colores puede variar notablemente si estos son de mina dura (en cuyo caso conseguiremos trazos finos y perfilados) o de mina blanda (pudiendo obtener entonces perfiles muy suaves y difuminados agradables).

La amplia gama cromática en que se presentan los lápices de colores nos permite realizar gradaciones de tono muy sutiles. Además, el entrecruzamiento de líneas de dos o más colores diferentes puede llegar a crear un nuevo color, así como interesantes texturas.

1. Se realiza un breve dibujo y con los lápices de color se van diferenciando las zonas arboladas de los campos.
2. Se acentúan los tonos y se varían las texturas.
3. Se incorporan detalles y se aumenta la intensidad del color. El cielo se va definiendo.
4. Se acentúan solamente los tonos y rasgos más destacables.

Por el color y el vestido del árbol del primer plano observamos que se trata de un paisaje otoñal.

1.3 Rotuladores

El rotulador es una técnica en continua evolución por la aparición en el mercado de nuevos modelos con distintas posibilidades gráficas.

Cuando se trabaja con rotuladores de punta biselada, estas posibilidades aumentan considerablemente pues, con un solo rotulador, pueden obtenerse trazos de anchuras muy diferentes.

En el trabajo con rotuladores es necesario que recuerdes la importancia de plantear primero los tonos más claros, aplicando sobre éstos las tonalidades más oscuras, nunca al contrario.

En este ejemplo se ha tratado el rotulador casi como una plumilla, utilizando texturas. Para reproducir con fidelidad los detalles, se ha trabajado con rotuladores de punta normal; en otros dibujos podéis probar con rotuladores de punta más ancha si necesitáis menos precisión.

1. Se comienza por esbozar la figura con un lápiz.
2. A continuación, se retocan los contornos y se manchan las zonas de color más importantes.
3. A base de texturas se matizan y oscurecen las sombras.
4. Finalmente, se potencia el color y se añaden los últimos detalles.

1.4 Ceras

Las ceras de color, por su componente graso, proporcionan a los dibujos o cuadros con ellas realizadas una plasticidad muy característica y totalmente diferente a la que puede obtenerse, por ejemplo, con los lápices de colores, cuyo aspecto es siempre muy seco.

Las ceras cuentan con una gran versatilidad en su utilización. Si se emplean trabajando sobre todo con líneas y trazos vigorosos, el resultado es muy dibujístico; si, por el contrario, se emplean para cubrir espacios en forma de manchas, difuminándolas a continuación para ocultar los trazos realizados, el aspecto dibujístico pasa a convertirse en plenamente pictórico.

En el ejemplo que te proponemos aparecen los dos modos de utilizar las ceras que te hemos descrito.

1. Se ha comenzado con un dibujo muy desenfadado (trazo suelto) usando las ceras de costado.
2. Se manchan de color las diferentes zonas del tema y se difumina con el dedo.
3. Se acentúan los colores y detalles, incorporando unos árboles.
4. Se dan los últimos retoques a este improvisado y suelto ejemplo de estudio.

1.5 Pasteles

La técnica del pastel ha sido muy empleada por importantes artistas gracias a sus excelentes cualidades en la plasmación de escenas de suave colorido y atmósfera difusa. Entre ellos se encuentran genios de la talla de *Toulouse-Lautrec* o *Edgar Degas*.

El pastel es un medio de dibujo completamente opaco, por lo cual es posible superponer diferentes trazos sin que estos lleguen a mezclarse. Cobra extraordinaria importancia el papel sobre el que se trabaje, ya que éste confiere su textura al resultado final.

Aunque el pastel, por su aspecto aterciopelado, está especialmente indicado para el retrato, en este caso os proponemos una naturaleza muerta o bodegón, por la menor dificultad que conlleva.

1. Se dibuja directamente con color y se manchan de forma suave algunas partes de la composición.
2. Se difumina con el dedo, teniendo cuidado de que esté limpio y seco. También podéis utilizar algodón o un difumino blando.
3. A continuación, se refuerzan los colores y las sombras.
4. Por fin, se incorporan las luces y los últimos detalles.

1.6 Collage

El collage es una técnica seca muy original que te permitirá crear composiciones muy dinámicas e imaginativas.

El término proviene del francés y significa *pegado*, *encolado*. Se basa en pegar fragmentos de diversos materiales, sobre todo papeles, sobre cartón, lienzo o tabla.

La posibilidad de trabajar también con objetos tridimensionales, así como con fotografías y dibujos recortados, aumenta las posibilidades creativas y decorativas del collage.

Antes de comenzar a trabajar, es necesario tener claro el tema que queremos desarrollar y los materiales más adecuados para conseguir el fin deseado.

1. Para comenzar, se ha escogido como fondo del collage una imagen del fondo marino.
2. Sobre ella se colocan trozos de papel con forma de peces. La imagen es aún plana y con poco movimiento.
3. Se añaden pequeños fragmentos para marcar detalles como las burbujas, las aletas y los ojos de los peces, así como la fotografía de la submarinista.
4. Por fin, se colocan en primer plano unas algas, algunas burbujas más y un dibujo recortado de una langosta.

2

TÉCNICAS HÚMEDAS

Aunque existen muchas técnicas húmedas (aquéllas en las que los pigmentos se encuentran diluidos en un medio acuoso o aceitoso) sólo nos vamos a referir a cuatro de ellas por su facilidad para ser utilizadas en las aulas y por sus amplias posibilidades gráficas.

2.1 Tinta (plumilla y estilógrafo)

El dibujo con tinta y plumilla ha sido empleado por multitud de artistas a lo largo de la historia con resultados extraordinarios. Entre ellos se encuentran *Durero, Leonardo, Miguel Ángel*... La mayor dificultad radica en la imposibilidad de borrar los trazos; por ello, debes prestar mucha atención en su manejo.

1. Tras un dibujo esquemático y proporcionado procedemos a sombrearlo por medio de texturas.
2. Entrecruzamos los trazos para conseguir los tonos oscuros.
3. Variando las direcciones conseguimos trazos rectos en las montañas y curvos en los árboles y las rocas.
4. Se aumentan las direcciones de «cruzado» logrando tonos aún más oscuros y se añaden los detalles finales. Pueden lograrse resultados semejantes con estilógrafo y rotulador o bolígrafo fino.

2.2 Tinta color (pincel)

La técnica del dibujo con tinta de color mediante la aplicación de pincel aumenta las posibilidades creativas del dibujo a tinta con plumilla. Ello se debe a que se trata de una técnica que combina elementos propios del dibujo con otros más ligados a la pintura.

La utilización de la tinta de color es muy común entre diseñadores e ilustradores, que aprovechan al máximo el dinamismo de esta técnica.

Aunque en Occidente el dibujo a tinta con pincel es muy conocido, los mejores resultados los han conseguido los artistas chinos y japoneses, los cuáles han elevado esta técnica a su máxima expresión.

1. Comienza por encajar el tema en el papel mediante un dibujo a lápiz.
2. Se repasan los contornos y se aplican texturas con plumilla o estilógrafo. A continuación puedes comenzar a aplicar tinta de color más o menos diluida en agua con el pincel.
3. Se continúa con la aplicación de color detallando los contornos.
4. Se respetan las zonas claras y se intensifica el color.

Cuando se trabaja primero en blanco y negro y luego se añade color, lo denominamos «grisalla».

2.3 Lápices acuarelables

Al utilizar los lápices de colores normales el resultado obtenido es plenamente dibujístico. Sin embargo, el empleo de los lápices acuarelables permite conseguir texturas pictóricas muy semejantes a las que resultan de trabajar con acuarelas.

Así pues, los lápices de colores acuarelables conjugan en un único instrumento dos posibilidades gráficas y artísticas bien diferentes. Además, el número de tonalidades es tan amplio como en el de los lápices de colores convencionales, con la ventaja de que es más fácil obtener nuevos tonos al diluir los trazos con el pincel humedecido.

Vamos a partir de una composición igual a la utilizada en el ejemplo de los lápices de colores convencionales.

1. Se comienza igual que antes, aplicando el color por frotado del lápiz.
2. Con el pincel mojado, siempre ligeramente, se humedece el color para diluirlo y esparcirlo.
3. Como no se utiliza el blanco, es necesario dejar zonas del papel sin colorear, como el árbol de la derecha o algunas partes del cielo.
4. Por último, se aplica color muy diluido sobre algunos blancos, se contrasta y se termina.

2.4 Témperas

Las témperas constituyen una técnica pictórica muy versátil y muy apropiada para el trabajo en el aula, puesto que se disuelven con agua.

Frente a las acuarelas, que carecen de capacidad para cubrir los colores situados por debajo, las témperas son opacas, lo que permite trabajar con más seguridad e incluso corregir errores, labor impensable con las acuarelas. Pero si lo que quieres es, precisamente, que la pintura quede traslúcida, también lo puedes conseguir añadiendo más agua al pigmento, con lo que perderá su viscosidad característica.

Trabajaremos con un tema sencillo de forma y aparentemente difícil de color. Los brillos metalizados siempre parecen un problema, pero mostrando atención y capacidad de observación veréis como es más fácil de lo que aparenta.

1. Se plantea un boceto a lápiz y se mancha el fondo y las zonas metalizadas oscuras.
2. Se trabajan los brillos intermedios (ni oscuros ni claros).
3. A medida que se matiza el color se define la forma.
4. Se retocan luces y colores; luego, se añade el resto de detalles.

ESTAMPACIÓN Y PROFUNDIDAD

nombre y apellidos

nº	curso/grupo	fecha

En esta lámina queremos recordarte una técnica gráfico-plástica utilizada en cursos anteriores: **la estampación**.

Además de ensayar con esta nueva técnica, pretendemos que trabajes sobre otro concepto fundamental: **la profundidad**. Como sabes, plasmar el mundo real tridimensional en un espacio plano como el papel es un problema complejo. Ahora vamos a practicar, a través de la estampación, dos formas de vencer este obstáculo.

La primera consiste en la diferencia de tamaños: los objetos que ocupan una posición pequeña del campo visual se perciben como más alejados que aquellos que ocupan un espacio mayor.

La segunda es la superposición o solapamiento: cuando un cuerpo oculta la visión de otro se crea la ilusión de que está delante de aquél, cuando en realidad se encuentran sobre el mismo plano.

Crea una composición basada en alguna de las **estaciones del año** estampando sobre el espacio reservado diversas formas (hojas vegetales de diferentes tipos, un trozo de patata, madera o corcho tallado o cualquier otro material como telas o incluso flores…) y empleando, además, los dos modos o claves expuestas para conseguir efecto de profundidad en la composición.

La técnica de estampación

Es la técnica artística que consiste en dejar impresa o grabada en papel u otro soporte la imagen que previamente se ha pintado sobre una superficie.

Se presiona una superficie pintada sobre una cartulina, una tela u otro soporte, consiguiendo con ello transferir la pintura o la tinta a la segunda superficie con una rica variedad de texturas.

Por otra parte, es un buen sistema para experimentar cómo varía la percepción del color al cambiar el tono del fondo.

VERIFICACIÓN

1. ¿Conoces el nombre de algún artista que haya destacado en su quehacer por el empleo de técnicas secas como el collage o el pastel?
2. ¿Recuerdas alguna otra técnica húmeda aparte de las que han sido comentadas en la teoría de la Unidad Didáctica?
3. ¿Por qué razón se emplean fundamentalmente las técnicas secas para el dibujo y las húmedas para la pintura?

INTERPRETACIÓN DE UN CUADRO CON DIFERENTES TÉCNICAS

En esta lámina te planteamos un entretenido ejercicio con el que podrás practicar algunas de las técnicas explicadas en la teoría.

Se trata de que reinterpretes la obra que te proponemos, empleando en cada uno de los cuadrantes una técnica gráfico-plástica distinta.

Aunque puedes utilizar libremente tu imaginación y tu gusto artístico, te aconsejamos que combines técnicas muy diferentes, como pueden ser la plumilla (o un rotulador muy fino), los lápices acuarelables, el collage y las ceras u otra combinación cualquiera en la que el contraste entre técnicas sea acusado.

¡Ánimo!, los resultados compensarán con creces el esfuerzo.

nombre y apellidos		
nº	curso/grupo	fecha

Jan Veermer De Delft (1632-1675).
«La encajera», 1670-1671.
Óleo sobre lienzo, 24,5 x 21 cm.

Pocas veces en la historia del arte se ha representado a una persona tan concentrada y ensimismada en su trabajo como a esta joven encajera retratada por el genial pintor holandés Jan Veermer de Delft. Todos los detalles que podrían hacer desviar la atención han sido eliminados, con lo que la vista del observador se concentra en el rostro y las manos de la muchacha, pintados con ese aire único que Veermer imprimía a sus lienzos.